PREJUDICE Japanese-Americans:Symbol of Racial Intolerance

日米開戦の人種的側面
アメリカの反省1944

カレイ・マックウィリアムス＝著　渡辺惣樹＝訳

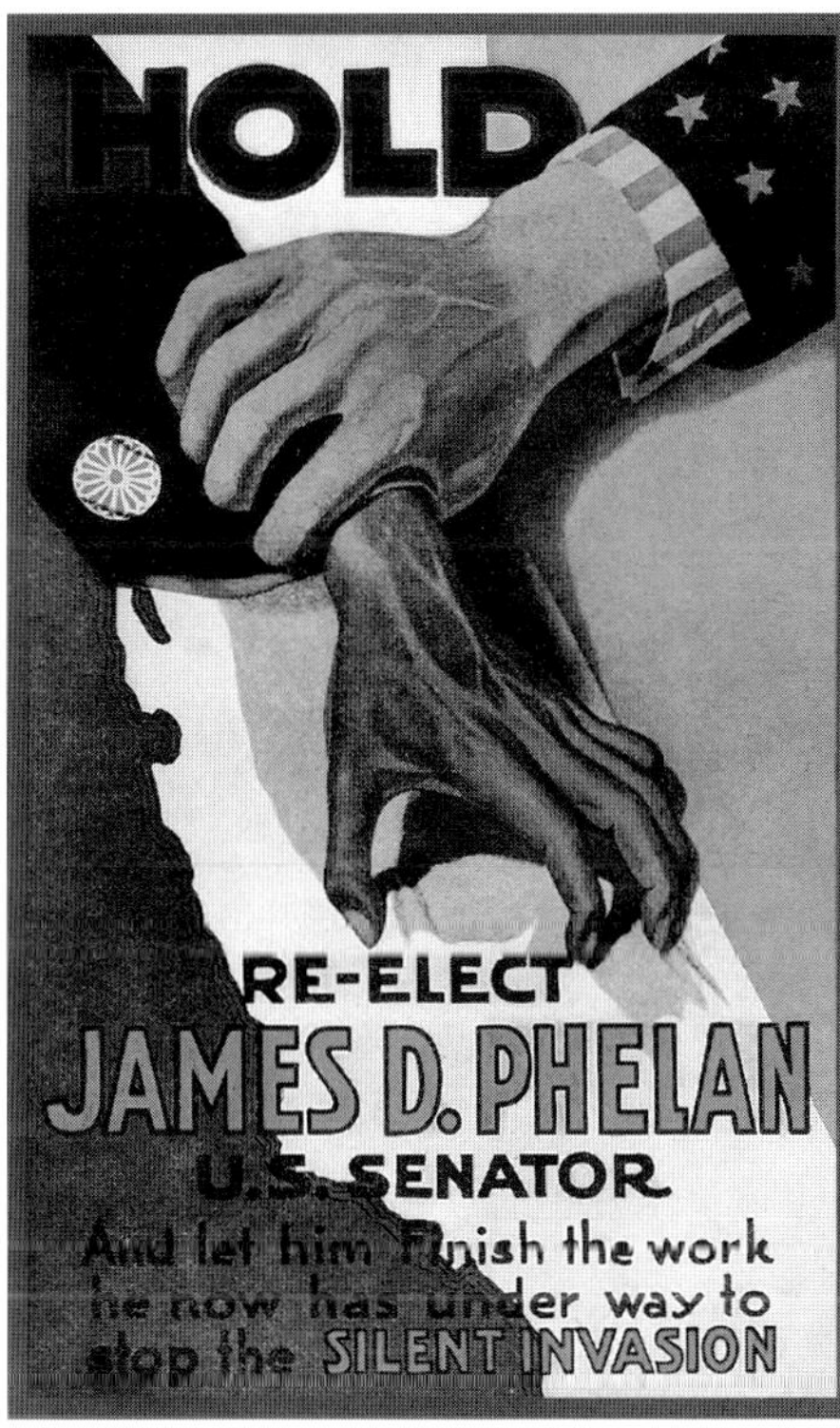

草思社

カバー・扉図版：排日を訴える米上院議員の選挙ポスター
『幕末・明治・大正 回顧八十年史』第21巻（1935年、東洋文化協会）所収
1920年の上院議員選挙で再選を狙う
ジェームズ・フェラン（カリフォルニア州選出）が使用した。
菊花紋章をつけた日本の軍人がカリフォルニア侵略を狙っているという
プロパガンダを視覚的に訴えている。

PREJUDICE
Japanese-Americans:Symbol of Racial Intolerance
by Carey McWilliams,
Originally Published in 1944 by Little,Brown and Company,
Boston,U.S.A.

日米開戦の人種的側面　アメリカの反省1944○目次○

訳者まえがき

太平洋戦争中の一九四四（昭和十九）年に出版された本書の原題は『人種偏見　日系アメリカ人――アメリカの人種的不寛容のシンボル』（*Prejudice: Japanese Americans, Symbol of Racial Intolerance*）である。著者のカレイ・マックウィリアムスは一九〇五年生まれの法律家で、一九三八年に時のカリフォルニア州知事カルバート・オルソン（Culbert Olson）に請われ、移民・住宅局長として同州の移民受け入れ政策の責任者をつとめた。

マックウィリアムスはその職責にあったとき、カリフォルニア州の歴史的な特殊性を学び、季節労働者に対する大規模農家の苛烈な扱いを見聞することになる。そうした経験から彼は、農業にたずさわる労働者への温かい視点を持った施策を推進した。それは一方で大規模農園経営者から構成される強力なロビイスト団体、アソシエーテッド・ファーマーズ（Associated Farmers）の激しい反発を招くことになった。一九四二年に州知事に選出されたアール・ウォーレン（Earl Warren）によって彼は解任されるのだが、新知事ウォーレンは、アソシエーテッド・ファーマーズに代表される政治勢力を背景に徹底的な反日本人政策をとり、日本人強制収容政策を推し進めていった人物でもある。

マックウィリアムスは本書で、真珠湾攻撃後の日本人強制収容の経緯を詳細に描き、この強制収容の背景には、アメリカ白人種の持つ日本人への激しい偏見の歴史があったことを冷静な筆致で解き明かしている。そして日本との戦争は、すでに一九〇〇年前後にカリフォルニア州とのあいだで勃発していたと分析し、それが次第に拡大して国家間の戦いへと変質していくさまを描いているのである。

日米戦争の原因は、もちろん多くのファクターの複合作用の総合であろう。しかし拙著『日米衝突の根源　1858―1908』（草思社、二〇一一年）でも明らかにしたように、日米戦争の本質は「人種戦争」であった。絡みあったいくつかのファクターの中で最も悪質な要因が「人種問題」だったということである。そのことは、日露戦争後すぐに、日米衝突の不可避性に気づき、アメリカ人同胞に警鐘を鳴らしたホーマー・リー（Homer Lea）の著作（『無知の勇気』*The Valor of Ignorance*, 1909）からも明らかである。

確かに日本の満州進出あるいは日華事変に始まる中国との戦いが、アメリカの墨守する中国市場をオープンにしておくべきとの政策（オープンドア政策）、つまり通商外交政策と激しく対立したことは重要なファクターであるに違いない。あるいはまた中国贔屓《びいき》で、共産主義思想にかぶれていたらしいフランクリン・ルーズベルト大統領の異形なキャラクターも日米戦争の大きな要因であろう。同政権内部に浸透したソビエト共産党スパイ細胞の活発な動きも見逃せない。

しかし、これまでの歴史書はそうした面にいささか注目しすぎたと言えるのではないか。白人種の想像を絶する日本人排斥、つまり人種問題こそが日米戦争の根底にあった可能性は大きいのである。マックウィリアムスはそれを冷静に分析し、かつアメリカ人同胞に対して強い自省を促しているのである。

マックウィリアムスは、一九〇〇年前後に始まった日本とカリフォルニアの戦争の火付け役は、宗主国イギリスの圧政から逃げ出してきたアイルランド人移民だったとしている。カリフォルニアにやって来たアイルランド人移民は、最初に上陸した東海岸で嫌われていた。カソリック教徒であることに加え、イギリスに対する激しい憎しみを露わにし、政治的活動も活発で、過激な発言を繰り返したことがその原因であった。

彼らは西海岸にやって来ると、カリフォルニアに根を張り始めていたアジア人移民を忌み嫌うようになる。彼らは初め支那人を、次に日本人移民を憎悪の対象にした。アイルランド人は白人社会で蔑まされていたとはいえ白人であり、市民権を認められる移民であった。当時、白人でない黄色人種移民は市民権を持てず、政治的に弱い存在であった。アイルランド人移民は自らの怨恨《ルサンチマン》を、より弱い立場の黄色人種にぶつけたのである。これがカリフォルニアで発火した「カリフォルニア―日本戦争」の原因であったとウィリアムスは分析する。

だが、彼の分析はここで終わらない。カリフォルニアのアイルランド人移民が始めた日本との戦争は、彼らが憎んでも憎みきれない宗主国イギリスと日本が日英同盟（一九〇二年）を結んだことでさらに悪化した。その上、蔑んでいたはずの黄色人種日本人が日露戦争に勝利してしまうのである。近代戦争において、白人種が黄色人種に初めて負けてしまったということだ。

その結果、カリフォルニアをはじめとするアメリカ太平洋岸の白人種は、日本の軍事力を恐れるようになった。日本海軍の強さを知った彼らは、日本人を忌み嫌う一方で、ロシア艦隊を壊滅した日本帝国海軍の影に怯えることになる。その恐怖に駆られて、太平洋岸に日本海軍の攻撃に備えた砲台まで築いたのだった。

コロンビア川の河口に築造されたコロンビア要塞もスティーブンス要塞も、彼らの潜在的な恐怖心の表れだ。それは幕末に江戸湾防備のために築かれた三浦半島や内房の砲台に似て、新鋭戦艦の攻撃にはひとたまりもない代物だった。日本海軍が導入を進めていたドレッドノート型（弩級）戦艦の砲撃には何の役にも立たないことはわかっていた。

ポーツマス条約（一九〇五年）を仲介したセオドア・ルーズベルト大統領は、カリフォルニアの政界を牛耳る「馬鹿野郎政治家」たちの日本人排斥を、何とかしてやめさせたかった。政治家ルーズベルトは、アメリカ海軍の北太平洋方面の戦力は明らかに日本海軍に劣っていることを知っていた。彼は日本人が誇り高い民族であることも知っていた。日本人を差別するカリフォルニア州の法律や条令を何とか破棄させたかった。日本人移民に市民権を与えることも検討させた。しかし大統領にはそれを実現させる力はなかった。

カリフォルニア州の日本人蔑視政策は、本質的には南部諸州の黒人隔離政策と同じであったから、南部諸州の政治家はカリフォルニア州擁護の姿勢を見せた。自分たちの正当性を主張するためにも、カリフォルニア州がアジア人移民蔑視・隔離政策をやめてしまっては困るのだ。カリフォルニア州には司法も味方した。アジア人は合衆国憲法の規定する「自由な白人だけに与えられる市民権」を獲得する資格はないと最高裁判所が判断してしまうのである。

さらに、このカリフォルニア州と南部諸州の政治家の反日本人の運動に、ホワイト・アングロサクソン・プロテスタント（ＷＡＳＰ）が加勢する。当時は人種の優劣を「科学的に」語る優生学が盛んであった。アメリカ建国時からの支配階級であったＷＡＳＰは、アメリカ国内への移民の増加で少数派に転落してしまうのではないかとの危機感を抱いていた。ＷＡＳＰは人種的に最も優秀な種であるはずだった。黒人種や黄色人種は最も下位に位置する劣性種であるはずだった。その主張は、日本がロシアに勝利したことで危ういものになってしまった。日本人はWASPの優秀性を脅かす象徴になってしまったのだ。WASPの優生学者は、劣勢種日本人を排斥する「科学的理論」を提供した。

こうした反日本人の異なるベクトルが合成され、大波となってカリフォルニアをはじめとする太平洋岸の日本人移民に襲いかかった。マックウィリアムスは、この大波が形成されていく過程を詳述する。その分析を通じて、二十世紀初頭のアメリカの民主主義は、その高い理念とは裏腹に、悲しいほどに未熟であったことが知れるのである。この時代の世相を学ぶ機会のない現代日本人には想像もつかないような社会が、かつてアメリカ太平洋岸に存在していたことを知ることができるのである。

日露戦争後の一九〇七年から〇八年にかけて、ヨーロッパ諸国もまた、日米の戦いは必至と見ていた。ルーズベルト大統領が日本に派遣した「親睦のための偉大なる白い艦隊《ホワイトフリート》」（一九〇八年）が日米の戦いの始まりになると観測していたヨーロッパのメディアは多かったのだ。そうしたメディアの報道は杞憂に終わった。日本は白い艦隊を歓迎した。白い艦隊を指揮する米海軍将官が拍子抜けするほどの歓迎ぶりであった。

日露戦争後に訪れた日米の一触即発の危機の時代を、現代の日本人が学ぶことはほとんどない。しかし日米関係は確実に、この時点から破滅的な衝突への道を歩み始めたのである。両国の関係は、第一次大戦で日本が連合国側についたことで、表向きは良好な関係となる。また大戦後の一九二〇年代は世界中が軍縮ムードに溢れるリベラルの十年であったから、日米の対立はまだ表面化しない。

しかしマックウィリアムスの分析で、飽くことなき日本人排斥の政治運動と、メディアによる悪質な反日本人キャンペーンは依然として続いていたことが知れる。一九二〇年代のアメリカには軍縮を希求する善意が存在していた。アメリカはワシントン軍縮会議（一九二一―二二年）、ジュネーブ海軍軍縮会議（一九二七年）、ロンドン軍縮会議（一九三〇年）と、軍縮のリーダー役であった。しかしこの間に、カリフォルニア州はその政治力を使い、合衆国の国策として、日本人をアメリカから排除することを決めてしまったのである（一九二四年の「排日移民法」）。

　排日移民法は日本が関東大震災（一九二三年九月一日）の惨禍に喘いでいる最中に成立している。それでも日本の政治家は、外交的妥協を通じて軍縮の道を選んだのである。しかし軍部はロンドン軍縮会議の妥協（大型巡洋艦対米比率を六割二厘、当初七割要求）が許せなかった。統帥権干犯《とうすいけんかんぱん》問題を持ち出して軍部が強硬な姿勢に変容していくのはこの頃である。

　多くの史家が、この時代に日本が誤りを犯したと解釈する。あの暗い昭和の一時期を、あたかも日本という国が、その体内から発生した「遺伝性の癌」に冒された時代であるかのように分析する。統帥権干犯問題は大日本帝国憲法の欠陥に起因するとの分析は、筋のよい歴史解釈となる。

　しかし、マックウィリアムスが本書で描いている、カリフォルニア州における白人の反日本人の態度と、それに対する日本のリーダーや知識人、そして一般の人々の激しい反発のさまをバランスよく読み解いていけば、そうした史家の描きだす「悪性の癌」は本当に遺伝性だったのだろうかとの疑念が生じる。むしろ、白人種の激しい日本人差別という外部的刺激に起因した「ビールス性の癌」に冒されたのではないかと疑わせるのである。現代日本人は真珠湾攻撃以前の日本人同胞への激しい差別を知らない。この書に描かれる差別のさまを知れば、当時の日本人の心情の幾ばくかを感じとることができよう。そうした時代の空気を捨象した歴史解釈は空しい響きを残すだけである。

さらに忘れてはならない事実がある。当時のカリフォルニアは堂々たる石油産出「国」だったことだ。一九二〇年代にも、ロサンゼルス周辺に続々と大型油田が発見されていた。ハンティントン・ビーチ油田（一九二〇年）、サンタフェ・スプリング油田（一九二〇年）、シグナルヒル油田（一九二一年）。そして日本は次第にこのカリフォルニア産の石油に依存していくことになるのである。

日本人を忌み嫌うカリフォルニアが、日本のエネルギー資源の生命線を握っていた事実を、現代日本人は忘れがちである。というより、そのことに思いが至らない人が大半だろう。ロンドン軍縮会議の翌年に満州事変が勃発しているが、欧米の歴史家はその原因を、日本の歴史家以上に鋭く読み解いている。日本は、日本人を嫌悪するカリフォルニアに資源を依存することが不安でならなかったとの解釈である。

たとえば、オックスフォード大学のヨルグ・フリードリッヒ博士は次のように分析している。*

「日本が軍事的に強引な展開を開始したのは、彼らが、戦略資源に困窮することがあってはならないと憂慮したことに起因している。一九二〇年代のリベラルな国際情勢が終わると、日本は満州に侵入（一九三一年）し、続いて中国へも侵入した（一九三七年）。日本の究極の目標は自給可能な経済ブロックを作り上げることであった」

「（しかし日本が）満州を選んだことは失敗であった。なぜなら、この地は食糧、石炭あるいは鉄鉱石などの資源は豊かだったが、石油はなかった。（活発化する満州での経済活動で）かえってアメリカへの依存度が高まってしまった」

「アメリカは当時圧倒的な石油産出国であった。日本はアメリカからの石油輸入に大きく依存していた。

九〇パーセントがアメリカからの輸入であり、そのうちの七五パーセントから八〇パーセントがカリフォルニアからのものであった」

「こうした状況を念頭に置けば、日本がアメリカから石油禁輸措置を受けたときの脅威の程度や、その結果、東アジアの戦いが太平洋全域での全面戦争へと拡大していったメカニズムを理解することは、それほど難しいことではない。日本の行動を容認するわけではないが、石油禁輸を受けた日本には、ボルネオやスマトラの石油を略取する方法しか残されていなかったのである」

マックウィリアムスは、カリフォルニア州の対日戦争の原因の分析に続いて、同州で真珠湾攻撃後に始まった日本人強制収容プログラムの経緯を詳述する。誰が飽くことなく反日本人を主張し、安全保障上、必要のない強制収容を進めたのか、実名をあげて非難している。彼の分析で、日本人排斥の動機がいかに不純であったか、そしてアメリカの民主主義がどれほど未熟であったかを知ることができる。

彼の描写は実証的で、日本人への憐れみもそこかしこに見え隠れする。当時の日本人同胞がアメリカで被った悲劇のさまは涙を誘う。しかし、二十一世紀の現代日本人にとっては、日本人移民が強制収容という不条理にどのように反応したかに感情移入することよりも、事実を冷静に凝視することのほうが重要であろう。マックウィリアムスの記述は、日本人とはいかなる民族かを問うているようでもある。私たちは強靱な民族なのか。それとも弱虫なのか。

マックウィリアムスは本書を通じてアメリカの未熟な民主主義を憂い、合衆国憲法の掲げる理念に可能な限り近づくべきであると主張している。本書はアメリカ知識人の自省の書でもある。こうした自省の書は、戦後いくつか出版されている。ヘレン・ミアーズの『アメリカの鏡・日本』がその代表であろう。しかし本書は、未だ日本との戦いが継続している一九四四年に出版されている。おそらく多くの読者は、この書の出版が一九四四年であることに驚きを覚えるに違いない。

マックウィリアムスは本書出版にあたり、ユダヤ系のグッゲンハイム財閥から資金援助を受けている。それは、ユダヤ系の人々が日本人強制収容を対岸の火事とみなすことなく、この事態に強い危機感を抱いていたであろうことを示唆している。

本書の出版はボストンのリトル・ブラウン&カンパニーによってなされた。アルフレッド・マハンの『海上権力史論』を出版した老舗《しにせ》である。こうした有力出版社が、一九四四年の段階で、自国民の内省を促す書を世に問う姿勢は、アメリカという国の懐の深さを感じさせるものでもあろう。

なお原注は読みやすさを考慮して適宜本文中に挿入し、その他は＊数字で示して章末にまとめ、［原注］とした。訳注は割注とし、＊数字で示して章末にまとめたものもある。翻訳作業にあたってはよみやすさを優先した。

＊　Jorg Friedrichs, University of Oxford, Global energy crunch: How different parts of the world would react to a peak oil scenario. *Energy Policy*, 2010 August.
http://www.qeh.ox.ac.uk/pdf/pdf-research/Global%20Energy%20Crunch.pdf

出版社による序文

本書は日系アメリカ人の物語である。彼らがこの国にやって来てから、真珠湾攻撃の後に強制収容所に追い込まれるまでの記録である。日系アメリカ人はアメリカ人でありながら人種的偏見によって、有無をいわさず収容所に追いやられた。それはけっして安全保障上の軍事的な理由によるものではなかった。アメリカ国民である日系アメリカ人が、その国民としての権利を連邦政府によって公然と剝奪された。わが国の歴史上でも初めてのことである。

このアメリカで起きたとは思えないような悲劇は、ひとり日系アメリカ人の身の上に降りかかった特殊な不幸と考えることはできない。本書で詳細に語られる日本人への醜く不快な差別がどのようにして生まれ、その激しさを増していったのか。そして誰がそれを煽ったのか。人種的偏見を煽る政策はファシズムが駆使した効果的な政治手段であった。この人種的偏見が生み出す害毒は、カリフォルニアを中心としたアメリカ西海岸だけでなくアメリカ全土を蝕もうとしている。

著者マックウィリアムス氏は、アメリカの将来は、われわれ自身が正義感を燃やして、この少数民族問題を解決する能力があるか否かにかかっていると敢然と問うているのである。

謝辞

本書執筆にあたり多くの方々の協力を得た。ここに謝意を表したい。まず戦時移住計画局（War Relocation Authority）のスタッフの方々にはワシントン事務所だけでなく全国の事務所で協力を得た。ロサンゼルスのフレッド・ファーティグ牧師およびエミリー・リーハン女史には多くの場面で助けていただいた。ジェシー・スタイナー博士、ブルーノ・ラスカー博士、ケネス・スコット・ラツーレット博士、ジョン・ラデメーカー博士、ジョン・コリエー氏そしてジョージ・ラファブラーク氏にも随分と助けられた。

日系二世の友人からも書簡、公文書、新聞の切り抜きといった資料の提供を受けた。こうした友人の数はあまりに多く、ここでその名を記して謝意を表すことのできないことをお許し願いたい。最後になるが親友であるロス・ウィル君にも、辛口で容赦ないコメントをいただいた。ここに敬意をあらためて表したい。

本研究は太平洋問題調査会アメリカ部会（the American Council of the Institute of Pacific Relations）の依頼によるものであり、必要な資金はジョン・サイモン・グッゲンハイム基金からの助成金によっている。本書は太平洋問題調査会の後援により出版されているが、本書に記述された事件や意見については著者のみがその責任を負うところである。「極東問題調査（Far Eastern Survey）」（一九四四年四月十九日号）に掲載された「日系二世」と題された記事は本書の内容を転載したものであることを補足しておきたい。

本書には出典は示していない記述もあるが、その理由は根拠とする文献が戦時移住計画局のガリ版刷りの文書のためである。もちろんリクエストがあればその出典は示すことができる。

C. McW.

1章

カリフォルニアの特異性

一九四二年春、アメリカ政府は西海岸に居住するおよそ十万人の日本人移民を保護観察下に置いた。このうちおよそ三分の二はアメリカ市民権を持つ人々であった。この決定からわずか三カ月で、日系人は軍の監視のもとで収容センターに集められている。戦争そのもので混乱をきわめていた時期であったから、日系人収容のニュースは戦時における取るに足らない事件の一つとして扱われた。

しかし彼らを強制的に別な場所に移住させる段になると、戦時の高揚した気分が落ち着いたこともあり、世間もこの事件に注目するようになってきた。その理由は、(アメリカ国民である)日系人を強制的に軍の監視下に置くという異常性であり、アメリカ人自身がこの事件の持つ意味をいまだよく理解できずに混乱していることにある。

西海岸からの強制的な排除が現実のものとなってくると、西海岸の日系人に対する憎悪を煽る運動が日増しに激しくなっていった。常識的に考えれば、日系人を収容すれば西海岸は落ち着きを取り戻し、対日戦争により安心して集中できるはずであった。ところが現実にはそうはならなかった。

日系人に対する偏見の火はますます広がりを見せ、荒々しい炎と化していった。日系人を強制移住させ、日系人を絶対に西海岸に戻すことがあってはならない、という声がいっそう高まってきたのだ。アメリカ太平洋岸への日本の侵攻の可能性がほとんどなくなったというのに、この少数派民族に対しては、かつて考えることさえできなかった仕打ちが待っていた。

たとえば政府は、収容所への強制移住について当初は検討していなかったにもかかわらず、その命令が下されてしまっている。強制収容は、その後に続く日本人への数々の報復行為を正当化する序曲であるかのように理解された。

日本人に対して偏見を持つ者が、政府が強制収容を容認し実行したこと自体が彼らの主張を追認し、日本人を疑うのは正しいことだと認めたと考えても不思議ではない。政府が強制収容を決めそれを実行すると、日本人への仕打ちは次のステップへと進んでいった。後戻りできない施策が次々にとられていった。

そもそも日系人はなぜ西海岸から強制的に排除されたのだろうか。どのようなメカニズムによって、それがエスカレートしていったのだろうか。強制収容は太平洋岸に住む人々の人種に関わる倫理観にどういった影響を与えたのだろうか。今日でも現在進行形の反日系人運動の本質は、いったいどこにあるのだろうか。強制収容された十万人の日系人はその後どうなったのだろうか。日系人に対してとられた数々の措置は、彼らを排斥する理由とどう関連しているのだろうか。政府が西海岸の白人からの圧力に屈し、日本人を強制収容することに決めた事実は何を示唆しているのだろうか。

こうしたわれわれ自身への問いかけは重要な意味を持っている。アメリカは国家として真摯に答える必要がある。おそらくここで提起される問題に真剣に答えることは、憐れな日系人たちに起こった悲劇そのものに思いを致すよりも、より重要な意味を持ってくるだろう。

特定の少数人種を選択的に収容し、強制的に排除するこの醜悪な施策は、アメリカの歴史の悪しき前例となってしまった。しかもこの施策は一地方が実行したものではない。アメリカ政府の決定として実行しているのだから始末が悪いのだ。

アメリカ政府がこの不幸な悪例を作ってしまったことに同情の余地はある。つまり西海岸の三つの州〔カリフォルニア、オレゴン、ワシントン〕の横暴な政治的圧力に負けてしまったという側面は確かにあった。そうはいっても、アメリカ政府はそれに屈してしまった責任から免れるものではない。

わが国の歴史上初めて、わが国民の一部にひどい仕打ちを加え、それを人種が違うという理由のみで正当化したのである。より正確を期して表現するなら、ある人種の血を引いている、という事実のみを理由にそれを正当化したのである。

戦時という非常事態だからといって、これほど広範囲に、かつはっきりと人権が無視され、それを裁判所までが看過するようなことはかつて一度もなかったとロバート・レッドフィールド博士は嘆いている。博士はこの問題の本質が人種的偏見にあることを見破っている。戦争はときに非常措置を正当化するものである。しかしわれわれは、西海岸の日本人を強制収容した事実を、それがたとえ戦時の特例だとしても、正しいことだと胸を張ることはとてもできない。

われわれの敵は日本だけではない。ドイツもイタリアも敵国である。しかしドイツ系にもイタリア系にも、日系アメリカ人に対して行われたような仕打ちは、西海岸を含むどの地域でもなされてはいない。ドイツ系にもイタリア系にも適用する必要のなかった仕打ちを、日系に対してだけは、日本人の血を引いているという理由だけで一切の法的な手続きもなしに実行したのだ。少し考えればわかるように、ドイツ系やイタリア系はわが国民の多数派に属している。戦時の破壊活動や諜報活動が危険視されるとすれば、むしろ彼らの方が容易に実行でき、危険なのだ。

「日系アメリカ人に対する非道な扱いはアメリカ一国の問題にとどまらないし、この大戦後の世界のあり方にも影響する問題である」とレッドフィールド博士は憂慮する。日系アメリカ人に対するアメリカ政府の不当な扱いは、戦後に形作られるであろうアジア太平洋地域の新しい枠組みにネガティブな影響をもたらすに違いないのである。

日系移民十万人のうち、アメリカ市民権を持つ者はおよそ七万人である。その日系アメリカ人に対するアメリカ政府の態度は、この大戦の後に続く日本を含む極東地域全体との関係構築にあたって障害になるだろう。

国内的には、西はカリフォルニア州内陸部から東はアーカンソー州の各地にまで、合わせて十カ所の収容所を作り、そこに日系人を強制収容させただけの事件だと単純化してやりすごすことはできよう。しかしこの事実は、戦後になされるべき極東地域の再建作業に重篤な悪影響を及ぼすことになるのは間違いないことである。

「(アメリカは) わずか数万人に関わる国内問題を、理性的にそして民主的に解決することができないのに、東アジア全体の再建が可能だといえるのか。東南アジア地域に限っただけでも、そこには複数の民族が混在し、その数は数千万人にのぼるのである」(ジョン・エンブリー)

日系人強制収容問題は、実は過去数十年にわたって環太平洋地域で繰り返されてきた問題が一気に噴き出したにすぎない。この問題を放置すれば、これからも繰り返し蒸し返されることになるだろう。

「太平洋周辺地域で起こっているこうした問題は、数世紀前に大西洋岸地域で起きたことが繰り返されているにすぎない。アジアにおける混迷とアメリカ西海岸における人種間対立は、一見すると独立した事象に思われる。しかし根は同じである。太平洋を挟む二つの地域でこの問題を永続的に解決する答えを見出さない限り、混迷は続くだろう」（ロバート・E・パーク博士、一九二六年）

現在実施されている日系人の強制収容は、太平洋戦争が始まる以前から、わが国西海岸で長期にわたって繰り返されてきた反日本人の活動と密接に関連している。戦前から続いてきた反日運動は強制収容の前兆だった。わが国はこれまで、この反日本人運動は西海岸に限定された特異な人種的偏見であって、極東アジアで起こっている事件とは無関係だと主張してきた。

アメリカ西海岸はアジアの一部といえるほどアジアと深い関係にある現実を無視してきた。鋭い眼を持った外国人は、アメリカ太平洋岸三州で猛威を振るってきた反日本人の政治運動が、反東洋人運動そのものであることを見逃してはいない。

彼らの眼には、サクラメント郡のイチゴ農園を日本人が経営しようが白人が経営しようがどうでもいいことだった。それよりも白人の反日本人の底意が、太平洋周辺地域全体に広がる反東洋人意識そのものであることが危険と映るのだ。彼らはカリフォルニアが成長著しい環太平洋地域の一部であることを知っている。

カリフォルニアで繰り広げられている人種的偏見は、遠くニュージーランド、豪州、支那あるいは日本で起きている事件と密接に関連していることを見抜いている。それは文明あるいは文化の衝突ともいえる。アメリカ太平洋岸の黄禍論も日本で唱えられている白禍論（White Peril）も、実は一つの事象の表と裏の関係であるにすぎないのだ。

アメリカの支那人排斥政策と北京で吹き荒れた義和団の乱、西海岸の日系人に対する排斥と日本国内で起こった多くの事件、一九二四年に成立した移民法〔排日移民法〕と日本における軍部の台頭。こういった事象は一見独立した事象にみえるが、実は相互に関連している。われわれが日本をみるとき、概ね三つの視点が使われる。宣教師の視点、カリフォルニアの白人の視点、そして対日貿易の視点である。白人種は、西洋の文化や科学を恐るべきスピードで自家薬籠中《じかやくろうちゅう》のものにして発展を遂げた日本に驚嘆する一方で、西海岸にやって来た日本人はアメリカの白人社会と同化できないと決めつけた。

カリフォルニアの日本人問題をより広い視野で理解しようとする者もいた。しかし、ほとんどの場合、それは的外れであり不正確なものだった。たとえば、日本はアメリカ西海岸を武力を使わずに征服しようと企図しているとか、移民をハワイに送り込んで領土化しようと企んでいるといった馬鹿げたものだった。だいたいにおいて、ハワイへの移民も西海岸への移住も、日本がイニシアチブをとったものではない。

日本がハワイやカリフォルニアでの日本人移民排斥運動を外交上利用できると考えたのは、ずいぶん後になってのことなのだ。われわれが勝手に、日本が移民を利用しようとしていると騒いだにすぎない。

仮に日本がカリフォルニアを領土化しようと考えていたなら、もっと賢いやり方があったはずだ。むしろカリフォルニアとは摩擦を起こさない戦術をとったであろう。そのことは日本がいつもこの問題を方便にし問題視していたものの、必ずしも真の解決策を探っていなかったことからも類推できる。カリフォルニアの領土化など考えてもいなかったのだ。

西海岸の反日本人運動が激しくなり無視できない規模になって初めて、日本はこれを別な目的に利用できると考えたのであろう。つまり日本の為政者は、西海岸の反日本人プロパガンダが、日本のアジアでの武力侵攻の正当化や、日本国内の反米感情の煽動に都合がよく、陸海軍の軍備拡張の理由づけにもうまく使えそうだと考えたのだ。

西海岸の日本人差別は、日本国内の政治問題の解決に一役買ったともいえる。国内問題への憤懣を熱狂的愛国主義に変えるのにも都合よかったし、アメリカと外交的に対峙するにも格好の道具となった。日本の支配層にとっては、カリフォルニアで争われている、フローリンの町のイチゴ農園の経営権をめぐる白人と日系人のゴタゴタなど、どうでもいいことだった。彼らは、十万人にものぼるわが国に住む日系人の幸福にも何の関心もなかった。

およそ五十年前までさかのぼって、日本の軍関係者が反米感情を日本の民衆に植えつけてきたことを示すのが本書の意図である。日米両国のあいだには、それ以前に培われた深い友好の絆があり、日本国民もアメリカには好感情を抱いていた。反米感情を日本国民の心に芽生えさせるのは簡単な作業ではなかった。最終的にアメリカとの戦争を覚悟させるほどに憎しみの感情を燃え立たせるためには、小さな事件を積み重ねた反米キャンペーンが必要だった。

本書ではこのことを論じると同時に、こういった日本の軍関係者の企みに、わが国の軍国主義者や人種差別主義者の言動がどれほど役立ったかも示すつもりである。彼らは日本のゲームに加担したともいえるのだ。わが国は大量の移民を日本から受け入れる一方で、彼らに市民権を与えないことを決めた。この時点で、日本のゲームプランに乗ってしまったともいえる。つまり問題の根源を作り出したのはわれわれ自身なのである。

日本は、アメリカ西海岸の反日本人運動を利用してアメリカ全土で人種間の対立を先鋭化させ、この問題を東洋全体に意識させるように仕掛けた。初めは日本一国の問題であった。それを東洋全体の問題に拡大させた。彼らはこの人種問題が日本の野望の実現に相当に役立つことに気づいていたのだ。

このうまい方法を考え出した者たちは日本人の心を蝕んだだけではない。日本国内でやるべき社会改革の作業を遅らせたし、黄禍論は日本人の心理を操作する便利な武器になった。人種に基づく敵意を醸成するのに上手に利用されたといえる。

カリフォルニアの地理的、歴史的、社会的な特殊性を考えたとき、この州は確かに反東洋人思想のメッカであった。このことをわかっている日本は、カリフォルニアの連中をうまく踊らせたともいえる。日本の支配層は実のところ人種の平等などには興味はなかった。帝国主義的な軍事拡張にこそ日本の狙いがあった。カリフォルニアの日本人排斥問題を利用して、すべての東洋人に対して、アメリカ人は人種的偏見に凝り固まった偽善者だというイメージを作り上げようとしたのだ。この戦術は少なくとも日本国民に対しては成功した。われわれアメリカ人のすべてがカリフォルニアの白人のような人種差別主義者であると決めつけた。

アメリカ連邦政府は、カリフォルニア州内の反日本人感情を抑え込むことはできなかった。カリフォルニアの反日感情は条件反射のようなものだったのだ。アメリカ政府には日本の軍国主義者がやったような、新聞を統制する世論操作の術《すべ》はないのだ。

日本はこのことを知っていた。彼らはアメリカ政府が日本に対して融和的な外交姿勢をとってきたことも知っている。これは日本がわが国に対してはっきりと抗議の姿勢を示していないことからも明らかなことだ。日本への融和的な態度が逆に、カリフォルニア問題を日本に都合よく使われる原因になった。もう一つの敵国ドイツも日本のやり方を見習っている。カリフォルニア問題を、先の大戦〔第一次世界大戦〕でも、今次の大戦でも利用している。

日本国民の多くが西海岸での日本人へのひどい差別の存在を知っていた。日本の為政者が自国民に嘘をついて反米感情を植えつけたわけではない。日本国民は海外同胞への差別に憤っていた。これを軍国主義者が利用したというのが真実である。

われわれは、日本の軍国主義者がありもしないことを捏造《ねつぞう》したのではないことだけは理解しておく必要がある。たまたま利用できるものを利用したというにすぎない。読者はこうした事実を頭にとどめておいてほしい。そうでないと、本書での私の分析はあまりにことを単純化しているのではないかとの的外れの批判を招く恐れがある。

ここまでに述べたことが、一九四一年十二月七日〔日米開戦〕以降に日系アメリカ人の身の上に起こった事件の重要な背景である。不幸な日系アメリカ人を強制収容し疎開させた事件は十二月七日以降に起こった最近の事件である。しかしこの事件は、アメリカ全体が抱える問題との関連のなかで語られなければならない。この問題は根深く、複雑に絡み合っていて、すべてを説明し尽くすことはとてもできない。ましてや私の個人的な視点から詳細な歴史解釈をやるつもりもない。要点を押さえながら記述していきたいと考えている。こうした作業なしには、日系人を強制疎開させてからカリフォルニアで何が起こったのかを理解できないだろう。現在起きている事象は昨日の事件の結果であり、明日の事件の原因であることを忘れてはならない。

アメリカ西海岸に住む日系人の辛い経験を理解するには、この地域の人種観がどのように形成されたかを知っておく必要がある。一般論として人種観形成の歴史を語ることは相当に困難な作業である。しかし西海岸の日本人に対する人種的感情はこの地域に特殊な要因であり、それを発見することは容易である。その解読もそれほど難しい作業ではない。大筋を見失うことなく日本人への特殊な人種観が生まれてきた過程を追うことができる。

西海岸の日本人問題は比較的最近になって始まっている。およそ四十年ほどの歴史である。それに加え、この問題はある特定の地域、つまりアメリカ西海岸の三つの州に限られている。なかでもカリフォルニアがこの問題の中心地である。一九四一年十二月七日までは実にローカルな問題だったのである。

カリフォルニアのように歴史が浅い州での人種観の形成過程は、たとえば南部諸州の黒人に対する人種観の形成過程とは異なり、比較的正確にトレースすることが可能である。また黒人のケースとは異なり、日本人のグループはまとまりがよく、その上はっきりと意見を発信できるスポークスマンが存在していた。そういう意味で、問題の発生時期にさかのぼって、どのような意見が交わされてきたかを検証することは難しくない。たとえば日本の文化そのものがカリフォルニアの文化とは大きく違っていて、その違いが歪んだ対日本人観を生んだこともよくわかるのである。

私は本稿で日本人問題を扱っているが、わが国の抱える人種問題そのものにも光を当てたいと考えている。ここで示す分析のすべてがそうだとはいわないが、その一部はわが国の少数民族問題の考察に十分に有用だと確信している。

西海岸の日本人への偏見と、従来からある南部の黒人に対する人種観とは同根である。ステレオタイプの、間違った思い込みの上に形成された人種偏見である。またここで示す分析は、人種問題（race question）がいかに政治的に操作されやすいかも示している。いったん脳裏に刷り込まれた偏った人種観が、どれほど危険で、また厄介なものであるかをわかっていただけるに違いない。

同時に、アメリカ政府の有色人種国家に対する外交方針が、国内の一部地域の特定の州の人種的偏見によって相当に歪められてしまったことを論証したい。これは由々しきことであって、これまで以上にわが国に悪い影響を及ぼすことになろう。

アメリカ自身が国内の少数民族に対するはっきりとした方針を示さずに、本大戦後のあるべき外交政策など語ることはできない。連邦政府がそうした方針を立てることができないのであれば、わが国の外交は胸を張ることのできない惨めなものになるだろう。ある特定の州や地域の少数民族に対する態度が、アメリカ全体の意思だと誤解されても仕方がないからだ。

私と同じような憂慮はメディアの論調にも見出すことができる。ワシントン・ポスト紙はサウスカロライナ州が和平交渉の場に、同州代表としてエリソン・スミス上院議員を送り込もうとしていることに警鐘を鳴らしている。同州は全く時代錯誤のナンセンスである白人至上主義（White Supremacy）の政治を押し進めることを州議会で決定している。

この採択が本当に同州民の意思であるかどうかは知らないが、外に向かっては、サウスカロライナ州は、アメリカが国家として主張している今次大戦の大義とは異なる意思を持っていると表明していることになる。ポスト紙はそう危惧するのである。もちろんわが国が外交方針として孤立主義を進めるのであれば、わが国内でどんな政策を進めようとも、外国政府にとやかく言われる筋合いはない。しかし、われわれは孤立主義を捨てたのだ。

わが国は南部諸州の黒人問題を南部の「特殊問題（peculiar problem）」として甘やかし、南西部諸州のメキシコ人への偏見も、西海岸の東洋人蔑視も「地方問題（regional problem）」として看過してきた。レッドフィールド博士は、現代では人種間対立は、宗教対立、国家間対立あるいは異文化対立といったこれまでの争いの主流だった要因以上に厄介なものになると警告している。

私は本書のなかでもう一つ重要な点を論証するつもりである。それは連邦政府が極東に関わる重要な外交政策決定に、なぜ西海岸の政治が介入することを防げなかったのかを分析するものである。有体《ありてい》に言ってしまえば、わが国は南北戦争で解決しようとした問題が未解決のままだったのである。

セオドア・ルーズベルト、ウィリアム・ハワード・タフト、ウッドロー・ウィルソンそしてカルビン・クーリッジといった歴代の大統領は、西海岸の東洋人問題には南部の黒人問題が深く関連していることを思い知らされてきた。連邦政府は南部の黒人問題をそのままに放置してきた。そのことを知っていたから、太平洋岸の人種偏見に対しても口出しできなかったのだ。

ワシントンの議会で人種偏見を是正すべきだとの動きが出るとこれに反対し、偏見を強化する政策が議論されると直ちに賛成に回ってきたのが南部諸州の政治家だった。黒人問題の解決ができない限り、極東でまともな外交を展開できるはずがないという主張はこじつけに思われるかもしれないが、私はこれが正しい分析だと信じている。日本人を強制収容し疎開させた計画は、わが国が抱える少数民族問題そのものに深く関わっているのだ。

本書のテーマ上、西海岸における人種偏見について詳しく触れざるを得ないが、この地方に住む一般の人々と、人種偏見を煽ってきた個人や団体とは必ずしも一致しないことについては注意して記述したつもりである。西海岸に住んでいる人々は特殊ではない。他の地方の人々と本質的に変わるところはない。

彼らの大多数は西海岸諸州で生まれていない。他州で生まれ育って太平洋岸に移っていった者がほとんどである。そういう意味で私は、西海岸の特定の州、地域を非難するつもりはない。もっと言えば、こうした地域で人種的偏見を飽くことなく煽ってきたグループに属する個人をも批判する気はない。

こうした個人は実のところ、自分が属しているグループの考え方や政策の本質に気づいていないからだ。グループの方針に黙従しているように見えるが、彼らはグループの方針を無条件に支持しているわけではない。無理解、無関心、臆病さ、あるいは面倒くさいという心理がそうさせているにすぎないからだ。彼らの人種偏見は根源的で生来のものではなく、人種間の軋轢《あつれき》の結果として人為的に創造されたものなのだ。この事実を忘れてはならない。

2章

カリフォルニア州の対日戦争（一九〇〇年―一九四一年）

フレデリック・マコーミックはその著書『日本の脅威』*the Menace of Japan* のなかで、「西海岸における異国人（alien）とその変わった文化との接触は、われわれにとって見過ごせない問題になっており、これは同地域の急激な発展と表裏一体のものである」と述べている。この問題が顕著なのはカリフォルニアである。太平洋の中央にあるハワイでも似たような事象が発生しているが、カリフォルニアのケースとはいささか事情を異にしている。

ハワイでは異国人との接触はあったが、文化システムそのものが衝突するようなことは起きていない。カリフォルニアで発生している衝突は先鋭化していて、人種の衝突という側面だけでなく文化、経済、政治まで含む広範囲の衝突になってしまっている。カリフォルニアの現象はオレゴン州やワシントン州にも伝播した。さらにはアラスカやペルーにまでも影響したのだ。いうまでもなく、こうした衝突が、日米が角突きあわせる原因となったのだ。

そういう意味で、カリフォルニア州における反日本人を煽る活動に最も注意を払わなければならない。

またカリフォルニアの反日本人活動の特異性、異常性も忘れてはならない。西海岸の住民は日本人を嫌いだというのだが、嫌いとなる具体的な事由を挙げることはない。ただ日本人が嫌いだという言葉を繰り返すだけなのだ。

西海岸の反東洋人の現象を調査したルース・ファウラーは、反東洋人感情は周りがそう騒いでいるからというだけで発生したもので、個々の東洋人との接触のなかから生まれたという性質のものではないと結論づけている。

反東洋人という全体の空気は、長期間にわたってそのような感情を生みだそうという意思（悪意）の集積である。個人が別な意見を持っていても、全体の空気を変えることはなかなかできるものではない。皮肉なことであるが、個々人はその経験のなかで日本人をよく思う者が多かった（warmly regarded）。カリフォルニアの反東洋人運動のリーダーでさえ、親友の何人かは日本人だと言っているくらいだ。それでも彼らの個人的な体験が全体の空気を変えることはなかった。

この矛盾についてロバート・E・パーク博士は次のように分析する。

「世論というものは移ろいやすい人々の気分の集合である。現在進行形の出来事への感情である。ところが人種偏見は長いあいだ人々の心に残された記憶に根ざしたものだ。伝統とか道徳観念というものと深く関わっている。理念としての正邪の公式からは導き出せない代物である。長い長い歴史のなかで繰り返されてきた衝突やいがみ合いから生まれたものだ」

確かに西海岸における反東洋人の感情は、半世紀にもわたる人種間衝突とそれをめぐる論争の結果として現れている。もちろん東洋人への反感が収まった時期もあったが、それは短期間だった。些細なきっかけで、憎しみの感情はたちまち再燃した。

いったいなぜ、こうした状況が生まれたのだろうか。それはカリフォルニアにおける白人と日本人の対立が特異な経緯をたどって形成されたからなのだ。いつまでもやまない日本人への偏見と、それが引き起こすカリフォルニアでの人種間衝突。その本質を理解するために、私は一九〇〇年頃までさかのぼって分析を始めたい。その頃から一九四一年までのあいだに、いったい何があったのか。それを明らかにすることから始めたい。

私は一九四一年十二月七日からさかのぼること、およそ五十年間にわたってカリフォルニア州と日本は宣戦布告なき戦争状態（a state of undeclared war）にあったと考えている。注意してほしいのは、トーマス・ベイリー博士も述べているように、この戦争状態はあくまでカリフォルニアと日本とのものであって、アメリカと日本との対立ではないということである。このことはアメリカ連邦政府が、不当な扱いを受けて憤る日本が主張する正義を、なんとか実現しようと努力してきた事実をみても明らかだ。

それだけでなく、アメリカ政府はカリフォルニア州に責任ある行動をとらせようとやっきになっていた。ルイス・シーボルトによれば、日本では男も女もそして子供までもカリフォルニアの状況を詳しく知っているという。その結果、「カリフォルニアは平均的日本人にとって忌々しい呪うべきほどの対象（anathema）に成り下がった」と分析する。

注意しておきたいのは、日本人が「対米戦争やむなし」といったときのアメリカとは、アメリカ全土を意味しないということだ。あくまでも対カリフォルニアを敵と考えているのだ。そのことは、日本がカリフォルニアを独立の一国とみなし、これに対してのみ制裁を加えると強硬的な姿勢をみせたことがあったことからも理解できよう。

日本人に対する敵意の始まり

日本人のカリフォルニアへの移民は、一八九〇年から一九〇〇年までの十年間はおよそ年間千人程度で推移していた。しかしアメリカのハワイ併合〔一八九八年〕を受けてその数が急増した。一九〇〇年にはおよそ一万二千人がカリフォルニアに移住している。この劇的な日本人移民の増加は、たちまちカリフォルニア州内に反日本人移民の運動を生んでいる。

カリフォルニアにはこれ以前の三十年間にわたって反支那人感情が渦巻いていた。もともと東洋人移民問題にはナーバスな土地柄だった。支那人移民は支那人移民排斥法〔一八八二年〕の成立によって締め出すことに成功したものの、反支那人感情はその後も根強く残っていた。日本人移民が激増した一九〇〇年にあっても、そうした感情は消えてはいなかった。

こうした経緯もあって、反東洋人はもともと反支那人を意味した。その反東洋人の主張が反日本人と同義になるのは自然な流れだった。次第に東洋人のカテゴリーから、暗黙の了解があるかのように、支那人と朝鮮人は外され、反東洋人の主張は反日本人の主張そのものに変質した。

カリフォルニアの反日本人運動は「加日戦争」（the California-Japanese War）と呼んでもよかろう。加日戦争の発端は一九〇〇年三月に起こった事件にある。サンフランシスコ市長であったジェームズ・フェランが、支那人及び日本人の住む地区の隔離を発表したのである。表向きの理由は市内に発生した腺ペストの拡大を抑えるというものであった。しかし、支那人や日本人がこの伝染病の発生に責任があるというのは根も葉もない噂であった。

市長はこのゴシップを利用したにすぎなかった。日本人は、この隔離政策は日本人を経済活動から排除して白人ビジネスを有利にしようという経済的な動機によるものだと疑った。彼らは、市長は反日本人を煽ることで人気を高めようとする不純な動機を持っている、と猛烈に抗議した。彼らは自衛の手段としてアメリカ日本人協会（the Japanese Association of America）を結成している。

最初の大規模な反日本人の集会がサンフランシスコで開催されたのは、一九〇〇年五月七日のことであった。集会のスポンサーとなったのはサンフランシスコ労働評議会（the San Francisco Labor Council）である。この集会で反日本人の考えを主張したのは、スタンフォード大学の社会学教授エドワード・ロスである。メインスピーカーとして招待されていた彼は、かつて繰り返された反支那人の理屈を反日本人の正当化に利用した。その主張は次の四つであった。

一、彼らはアメリカ社会に同化できない。
二、彼らは低賃金労働を厭わず、アメリカ人労働者の生活水準を低下させている。
三、彼らはアメリカ人にはとても受け入れられない生活水準を喜んで甘受する。
四、彼らはアメリカの民主主義を理解できない。

五月八日付のサンフランシスコ・コール紙は「ロス博士は、どうしてもというときには、われわれは銃をとってでも、日本人移民を乗せてやって来る船を追い払わなければならない」とまで述べたと伝えている。その後も博士がこの考えを改めることはなかった。

この集会では、支那人排斥法を日本人にも拡大適用すべきだとの決議がなされている。この年、州労働問題委員会委員長は日本人労働者の急激な増加の事実を議会報告している。翌年（一九〇一年）の一月八日の州議会でヘンリー・ゲージ州知事は、この州には「日本人問題」（the Japanese Question）が存在すると発表し、州民に注意を喚起している。

こうした動きを警戒した日本政府は、七月にはアメリカに契約労働者として移住しようとする者への査証発行をやめている。これがアメリカへの日本人移民を抑制する最初の米日間紳士協定となった。この協定で一九〇一年の日本人移住者の数は半分に減っている。

日本の融和的な政策にもかかわらず、カリフォルニアの反日本人感情は収まりをみせなかった。この年の支那人排斥連盟（the Chinese Exclusion League）の大会でも、一九〇四年のアメリカ労働総同盟（AFL）の総会でも、日本人移民のさらなる削減を求める決議がなされている。ワシントンの議会への政治的圧力を強めたのだ。どちらの総会でも日本人のグループが、日本人と支那人は違う民族であると訴える冊子を配布して抗議している。

ただ、この時期の反日本人の動きは、あくまで日本人〝移民〟に対しての警戒であって、日本という国家そのものの脅威を煽るものではなかった。この時期には日本国内においても、カリフォルニアの反日本人運動に抗議する大きな動きはみられないのである。

米日関係はもともと蜜月であったのだ。その関係は終わりかけてはいたが、一九〇〇年の段階ではまだ友好ムードは残っていた。一九〇〇年前後から米国も日本も世界の強国の仲間入りを果たしている。太平洋地域における強国といった方が正確かもしれない。

日本は一八九四年に始まった清国との戦いに勝利した。アメリカは一八九八年にはハワイを併合した。ハワイの総人口のうち、四〇パーセントは日本人である。そしてフィリピンを領有した。日本はわが国のハワイ併合に抗議はしたものの、両国の関係は一時良好になっている。

一九〇〇年に至るまでの時期は、米日両国の国益は敵対するものではなかった。むしろ相互補完関係にあったともいえる。タッパー及びマックレイノルズ共著による『アメリカ世論にみる日本』（一九三七年刊）によれば、一九〇〇年の時点で、ある海軍士官が日本を激賞していることが報告されている。日本人は親切で寛容な精神を持っている。礼儀正しく正直で信義に厚い民族である、とこの士官は述べている。

日露戦争のときでさえ、アメリカ世論は日本に肩入れしていた。西海岸でも同じであった。そうした傾向がみられたということではなく、世論の大勢が日本びいきだったのだ。日本の勝利の報が伝わるたびに快哉を叫んでいる。ところがこの戦争が終結を迎える頃に、西海岸の世論に変化が出てきた。日本からの和平交渉団がポーツマスに現れる頃になると、アメリカ世論全体にもそうした変化が現れてきた。ベイリー博士によれば、時を同じくして日本国内にもカリフォルニアの日本人排斥運動を問題視する見方が広がっている。こうした世論のシフトがカリフォルニアの反日本人感情の激化につながっていった。

カリフォルニア州での反日感情の新たな高ぶりのきっかけになったのは、一九〇五年二月二十三日から始まったサンフランシスコ・クロニクル紙による反日感情を煽るキャンペーン報道であった。煽動的で誇張された記事が連日にわたって掲載された。

「アジア人労働者にみられる貧困と犯罪の連鎖」「公立学校に通う黄色人種は悪魔」「白人女性を脅かす日本人」「アジア人職人が白人から職を奪う」「日本人移民はスパイ」。

こうした記事の連載が始まったのは奉天会戦〔三月一日から十日〕の直前のことであった。クロニクル紙がなぜこういった反日のキャンペーンを始めたのか、本当のところはわからない。しかし一つの理由として考えられるのは、同紙のオーナーの個人的思惑である。オーナーのM・H・デヤングは、数年来にわたって上院議員の椅子を狙っていた。反日キャンペーンは彼の野心と関連している可能性があるとみる向きがある。

一九〇五年の二月から三月にかけて掲載されたキャンペーン記事は、日本人移民への敵意を醸成するのには大いに効果があった。世論の変化はカリフォルニア州から全国に拡大をみせている。オールアメリカ（All America）が日本を警戒し始めたのだ。

下院の軍事問題委員会（the House Committee on Military Affairs）委員長までもが、「日本はロシアに勝利すれば、その勢いに乗ってフィリピンを狙い、アメリカに戦争を仕掛けてくる」と述べるまでになっている。サルヴェージ上院議員は「日本はカリフォルニア州だけの脅威からアメリカへの脅威に変貌した」と主張した。

クロニクル紙の記事を受けてカリフォルニア州議会は、日本人排斥法案を成立させるよう連邦政府に求める決議を圧倒的多数で採択（上院＝賛成二八、反対ゼロ、下院＝賛成七〇、反対ゼロ）した（一九〇五年三月一日）。この二カ月後にはサンフランシスコで「日本人・朝鮮人排斥連盟」が結成されている。この組織はわずか一年で七万八千五百人の会員を集めている。

このうちの四分の三はサンフランシスコ湾周辺に住む者であった。しばらくすると排斥の対象は日本人に限定されるようになる。「支那人はまだよかった。真面目な労働者であり、土地を持とうなどとは考えなかった」（クロニクル紙）

しかし、まだカリフォルニア州のすべての階層が反日本人というわけではなかった。デヴィッド・ジョーダンが指摘しているように、カリフォルニアの果樹園経営者はこの頃も日本人労働者を喜んで迎え入れていた。経営者層は概して日本人移民に好意的であった。ただその気持ちを公《おおやけ》にしていないというだけであった。

サンフランシスコ以外の町に暮らす者が日本人を受け入れることに反対だったのかどうか、一般の労働組合員が同じように反対していたかどうか、これはわかっていない。カリフォルニア州南部や郊外に暮らす者は概ね反日本人運動を冷ややかにみていたようだ。セオドア・ルーズベルト大統領も日本人排斥には反対だと、議会に対してはっきりと表明している（一九〇五年十二月一日）。

アイルランド人と「ネイティブ・サン」運動

一八七〇年から一九二〇年までの半世紀にわたる反東洋人運動は、強力な労働組合が主導した。そうした労働組合はサンフランシスコに本拠を置いていた。カリフォルニアはもともと工業に立脚する州ではなかった。それにもかかわらず、一八七九年には強力な労働組合が結成されていた。その核となったのはワーキングメンズ党であった。

この政党は瞬く間に州の政治をコントロールすると、次々に過激な法案を成立させている。背景にあるのは、カリフォルニア州で働く外国生まれの移民の四分の一がアイルランド出身者であるという事実である。アイルランド移民のほぼすべてがサンフランシスコに集中していた。ジュンゾー・ササモリ〔南カリフォルニア日系人協会書記長〕は「アイルランド人移民は政治運動がとりわけ好きな連中」であると喝破している。

初期の段階の反東洋人運動をリードしたのがアイルランド人移民であったことは間違いない。彼らは同時にサンフランシスコの労働運動をリードした。指導者であったデニス・キアニーもウォルター・マッカーサーもP・H・マッカーシーもみな、こうした人物である。彼らはアイルランド人移民を糾合するのに人種問題を取り上げるのが手っ取り早いことに早くから気づいていた。アイルランド人は非常に排他的なところがあるのだ。

「支那人は出て行け」のアジテーションは、経済的な理由というよりも同志糾合という政治目的のために使われた。東洋からの移民がカリフォルニアの白人の職場を奪ったことを示す科学的なデータはほとんどなかった。東洋人移民が白人の労働条件を低下させるという論拠もなかった。それでも一八七〇年代の混乱した時代〔一八七三年にはパニックオブ73という大型不況があった〕にあって「支那人は出て行け」はうまいスローガンであった。

この頃、アメリカ東部の諸都市ではアイルランド人への差別がひどかった。その鬱憤を晴らすには反東洋人のスローガンは心地よかった。これに加えて日本がイギリスと結んだ日英同盟が反日本人の運動の火に油を注いだ。アイルランド人はイギリスの圧政のなかで悲惨な暮らしを強いられてきたのだ。

ワーキングメンズ党自体は一八九〇年代の猛烈な不況のなかで消滅していった。しかし二十世紀に入る頃にはハワイの併合〔一八九八年〕やアラスカでの金発見〔一八九九年〕などでサンフランシスコ経済に活気が戻っている。こうしたなかでカリフォルニア州労働連盟（the State Federation of Labor）が結成された〔一九〇一年一月〕。これに伴って労働運動もあらためて活発化することになる。

一九〇一年七月には運転手組合（the Teamster Union）がゼネラルストライキを敢行している。こうした流れのなかで労働組合に支援された組合労働党（the Union Labor Party）が、サンフランシスコ市長にユージン・シュミッツを送り込むことに成功する。

現職の知事ジェームズ・フェランに対抗するため、シュミッツは反東洋人を煽り、労働運動に好意的でなかったサンフランシスコ・クロニクル紙やサンフランシスコ・コール紙をうまくコントロールした。反東洋人世論にメディアを迎合させることに成功した。組合運動擁護派と反対派の激しい対立を、反東洋人世論を利用してうまく丸め込んでいる。

シュミッツはもともとサンフランシスコにあるオーケストラに所属するバスーン奏者だった。彼はこの町の大物政治家エイブ・ルーフの腰巾着だった。ルーフは汚職に染まった政治家であり、腐敗の権化だった。

組合労働党が権力を握って以降、サンフランシスコは政治腐敗の町に堕していた。レイモンド・レズリー・ブエルの言葉を借りれば、ルーフの悪行は、あのニューヨーク市の政治腐敗の代名詞であったウィリアム・ツイード〔ニューヨーク州民主党政治家で政治組織タマニー協会の政治力を駆使して同州政治を情実人事などで腐敗させた〕のやったことがままごとのようにみえるほどだった。

サンフランシスコが無秩序と無法に覆われた時代がどんなものであったかは、多くの書に記録されている。フレモント・オールダーの自叙伝 *My Own Story*（一九一五年）やフランクリン・ヒッチボーンの分析 *The System*（一九一五年）を読めば、この時代にいかなる政治が行われていたか一目瞭然である。

シュミッツは市長に再選されたものの、一九〇六年には汚職の嫌疑をかけられ起訴されている。シュミッツは、同様に起訴されていたルーフと共謀して、反日本人運動を盛り上げる作戦に出た。二人に対する疑いから世論の目をそらすうまい方法だと考えたのだ。

ちょうどこの頃、アイルランド人の労働運動のリーダーが、ある無垢な組織を政治結社化するのに成功している。「黄金の西海岸の子供たち」（the Native Sons of the Golden West: NSGW）という団体は一八七五年に創設されている。西海岸の歴史を研究してきた真面目な組織だった。このＮＳＧＷがいつの間にか過激な労働運動家に乗っ取られ、一九〇七年になると反東洋人運動の先頭に立つグループに変貌していた。

一九〇七年から四一年にかけて悪名を轟かせた反東洋人運動のリーダーは軒並みＮＳＧＷのメンバー

であることがわかっている。ハイラム・ジョンソン、ジェームズ・フェラン、U・S・ウェブ、V・S・マックラチー（カリフォルニア反東洋人運動の長老格）、J・M・インマン（カリフォルニア州上院議員、カリフォルニア東洋人排斥連盟会長）、ユージン・シュミッツ、エイブ・ルーフ、アーロン・アルトマン、ジェームズ・L・ギャラハー（一九〇六年にはサンフランシスコ教育委員会委員）、アンソニー・カミネッティ（元カリフォルニア州上院議員、合衆国移民局長官）などはこの組織の役員か、あるいは一般会員であった。

全員がカリフォルニアで精力的に活動する名を成した政治家である。一九〇七年から二四年にかけて、カリフォルニア州の名だたる政治家、判事、州高級幹部、州上下両院議員は選挙での支援や人事の場面でNSGWの世話になっている。この組織の引き締めに反東洋人というスローガンが役に立ったのだった。

NSGWはカリフォルニアの歴史や伝統を研究し、カリフォルニアの栄光を語ってきた組織であるだけに清廉なイメージを持っていた。会員となるにはカリフォルニアに生まれた者であることが条件だったが、この条件を満たしていようとも、支那人、日本人、黒人、メキシコ人は加入を認めていない。

唯一の例外は、カリフォルニアを併合（一八四八年）する以前から居住していた有力家族だけであった。NSGWの主張は、カリフォルニアは神の御心によって作られた土地であり、神はここを白人のパラダイスとして創造したというものだった。

彼らは、合衆国の三十一番目の州となったカリフォルニアはけっして有色人種に汚染されてはならないという信念を持っていた。市民権は白人男性だけに付与すべきだと信じていた。NSCWの発行するグリズリー・ベアー《灰色熊》誌は、その記事や論文のなかで、メキシコ人を「薄汚いチンピラ（Cholo）」あるいは「顔がいつも汚い野郎（greaser）」、支那人を「細目人種（Chink）」などと蔑称で表現していた。

合衆国憲法にいうアメリカ国民とは白人のみを意味している、というのがわが国の法律解釈である。最近も第九巡回控訴裁判所でそうした判例ができた。そうであるからこそ、ＮＳＧＷは南北戦争によって黒人に市民権を与えたことは、アメリカにとって痛恨の失敗だったと公然と主張できた。ＮＳＧＷの会員数は近年減少気味である。それでもいまだに二万五千のメンバーを擁する強力な政治団体として君臨している。

ＮＳＧＷに代表されるようなカリフォルニア人によって構成される団体の性格を正しく理解するには、カリフォルニアの人口推移の実態を知っておく必要がある。この州は一八四九年以降十年ごとに人口を倍増させてきた。この人口増加の大部分はよそから移住してきた者である。つまりカリフォルニアの住民のほとんどがどこか別なところで生まれている。ジェームズ・ブライスはこの様を「一夜のうちにいつの間にか育っていたひょうたん」のようなものだと表現している。

さらにこの州に特異なこととして、彼らがやって来たのは近隣の州からではなく、イリノイ州とかミネソタ州といった遠く離れた州からやって来ている者が多いことだった。日本人への偏見が高まりをみせた頃の出身州別のカリフォルニアの人口構成をみると、おもしろいことがわかる。

〔出身州〕	〔人口〕
イリノイ州	九万人
ニューヨーク州	八万人
ミズーリ州	六万八千人

ニューイングランド諸州	六万七千人
ペンシルバニア州	五万一千人
インディアナ州	四万一千人
ウィスコンシン州	三万五千人
テキサス州	二万人
ケンタッキー州	二万人

カリフォルニア州の住民は、全米各地からの寄せ集まりで構成されている。州内のどの郡をみても、住民の出身州は二十を超えている。州議会が外国人土地所有規制法〔Alien Land Act。外国人による土地所有禁止および賃貸条件の強化を図る州法。実質的には日本人が対象。一九一三年成立〕を可決したときの議員の出身州をみると、カリフォルニア州で生まれた議員と他州出身の議員の数はほぼ半々であった。エリオット・グリネル・ミアーズ博士は、他州からやって来てこの州で育った者の考え方は、カリフォルニア州の政治に強い影響を与えていると分析している。

しかし私は少し違う見方をしている。このカリフォルニア州の特異な人口構成は、むしろばらばらなものを一つにまとめようとするベクトルを作り出していて、その動きのなかで生まれた団体が政治力を持ってきたと考えている。カリフォルニア人としてまとまろうとする団体が、州労働連盟、カリフォルニア・グレンジ〔農民共済組織。詳しくは5章の注＊34参照〕、在郷軍人会、NSGWなどの既存の政治組織の活動と連携を深めていったのである。

その連携を生み出すには反日本人のスローガンは格好の手段となった。共通の敵を作れば連帯が容易というわけだ。日本人問題をシングルイッシューとすることで、こうした団体の活動に共通項が見出せた。会員は複数の組織に所属することも珍しくなくなっていった。他州出身者が大半を占めるような組織でも、反東洋人の方針が立てられ、カリフォルニアはカリフォルニア人のものであるというメッセージを伝えやすくした。

かつて存在したカリフォルニア共和国の国旗〔ベアー・フラッグ〕を打ち振るのも、辛酸の末にこの土地に荷車をひいてやって来た開拓者の生き残りの老人たちへ敬意を払う活動を実施したのも、カリフォルニア人の心を生み出そうとする行動の一環であった。しかし現実にはこうした行動はまだまだ「州の伝統」になり得るものではなく、始まったばかりの活動であった。

活動するメンバーは実際のところ、州の歴史などに詳しくなかったが、共和国旗を使用したり、開拓のパイオニアである老人を訪問することで、カリフォルニアにやって来た新参者へのこけおどしにはなった。新参者にカリフォルニア人意識を植えつけようとするこうした活動は、この州で反東洋人の空気を醸成するのに一役買ったのだった。

ＮＳＧＷが、反東洋人のスローガンは政治力獲得に役立つと見抜くのは素早かった。すべての政治的争点となる課題に東洋人問題を絡めた。児童労働を規制する法案に反対したい農家は、白人農場主が自分の子供を労働させるのは当たり前で、そうしなければ安い日本人労働力との競争に負けてしまうという理屈をこねた。

アメリカの国際連盟加入反対の理屈も同じように日本問題をうまく使っている。日本は連盟の場で必ず人種は平等であると主張する。アメリカがメンバーになったら、やり込められるという恐怖感を利用した。

ハワイを州に格上げするかどうかの案件でも、格上げに反対した。ハワイの東洋人人口が多すぎて危険だという理由だ。反東洋人運動の歴史のなかでは、ユージン・シュミッツやエイブ・ルーフの名前はNSGWの幹部として語られる。しかし彼らが汚職で有罪判決を受けた腐敗政治家であった事実は隠されるのがつねだった。

こうした事情をわかっている者にとっては、反日本人運動が大統領選挙のあった一九〇八年、一九一二年、一九一六年、一九二〇年に盛り上がりをみせたに違いないと推理することはそう難しいことではない。上下院議員の選挙も同様だ。ワシントンの議会に選出された議員の多くが反日本人を主張することで選挙に勝利してきた。

E・A・ヘイズ議員などはこうした主張を再選キャンペーンに利用し、当選を繰り返してきた。ハイラム・ジョンソン議員〔第二十三代カリフォルニア州知事、任期一九一一―一七年。上院議員、一九一七―四五年〕が華やかな政治キャリアを誇っているのも、反日本人キャンペーンを上手に利用したからにほかならない。

ただカリフォルニアのすべての地区で反日本人の運動が支持されていたわけではない。真珠湾攻撃以前にはカリフォルニア南部ではこうした運動への関心は高くなかった。一九〇八年以降から日本人移民の数が増えていたロサンゼルス郡でさえも、日本人への関心はほとんどなかった。

つまり、反日本人感情はサンフランシスコ周辺で醸成された限定されたものだった。それが徐々に郊外の果樹栽培の盛んなプレーサー郡やサクラメント周辺、さらにはストックトン市のデルタ地帯にまで広がった。

サンフランシスコや北部カリフォルニアで反日本人運動が活発だった理由は、この地域にはカリフォルニアで生まれた住民の数が比較的多かったことにも起因する。もう一つこの問題の本質を理解するのに忘れてはならない事実がある。こうした地区で発生した反日本人感情の高まりは、そこにどれだけの日本人が住んでいたか、ということと全く関係がなかったことだ。つまり日本人移民が多いところで反日本人運動が活発だったわけではない。

サンフランシスコ教育委員会事件

地震が頻繁に発生する環太平洋地域では地震が起こるたびに人々は結束するようである。一九〇六年四月十八日にサンフランシスコを襲った大地震では、反日本人運動を続けるサンフランシスコに対して日本政府は二十五万ドル[*1]（消費者物価指数換算で現在の六億円相当。この額は諸外国の援助金総額を超えていた）を復興の資金に拠出してくれた。こうしたこともあって震災後しばらくは反日本人の動きは沈静化をみせている。しかしそれも長くは続かなかった。

日本人住民への犯罪的ともいえる暴力行為がすぐに再発している。震災復興にあわせた都市再開発の流れのなかで、日本人社会も拡大した。ビジネスの規模も大きくなり、活動するエリアも広がった。たとえば日本食レストランの数は八つから三十に一気に増えている。また従来はリトルトーキョーに居住していた日本人がエリアの外に出て家を購入し始めている。こうした動きにすぐさま反応したのが日本人・朝鮮人排斥連盟であった。日本人のビジネスをボイコットする運動を開始したのだ。

ちょうどこの頃、日本から高名な科学者がサンフランシスコを訪問していた。F・大森博士（日本地震学の父といわれる大森房吉。同市の地震被害調査に来市していた）とT・中村博士である。両博士とも東京帝国大学教授であった。この二人が市内で暴行を受けたのだ。ユーレカ（Eureka）市（カリフォルニア州中央部太平洋岸の町）でも同様の暴行があった。

サンフランシスコ・クロニクル紙はこの暴行事件を当然だとする論調で、白人を弁護した。[*2] この不幸な事件は日本で広く報道され、深刻な影響を与えたとレイモンド・レズリー・ブエルは伝えている。事件の余韻が残るなかで、日本人・朝鮮人排斥連盟は日本人排斥を組織の公式なスローガンとして掲げた。それに他の組織も賛同している。こうした組織の会員数は四百五十万人（他州のメンバー数を含む）にのぼっている。こうしたなかで一九〇六年、カリフォルニア州は日本人移民排斥を超党派で支持することを決定した。

一九〇五年五月六日、サンフランシスコ教育委員会は東洋人児童の隔離方針を決議したものの、資金不足で実行は棚上げされていた。しかし一九〇六年十月十一日、教育委員会は突如としてこの決議を実施することを決めている。奇妙なことにこの日は、複数の収賄嫌疑でシュミッツとルーフが起訴された日なのだ。これにより、すべての東洋人児童はチャイナタウンにある学校に隔離されることになった。

この時期、二人の汚職事件は係争中であっただけでなく、州議会選挙が十一月に差し迫っていた。こうした状況と、教育委員会のメンバーが完全にルーフとシュミッツの二人に牛耳られていた事実を勘案すれば、東洋人隔離政策実施の決定は二人の汚職スキャンダルから世論の目をそらそうと画策されたものだと結論づけざるを得ない。この頃のサンフランシスコの総児童数は二万五千人だったのだが、日本人児童数はわずか九十三人である。当時を知る者は、白人児童の保護者が日本人児童に対して苦情を申し立てたという事実は全くないと述べている。州教育関係者もこぞってこの施策に抗議の声を上げている。

ベイリー博士は次のように記している。

「この日本人児童隔離のニュースはすぐさま日本に伝わり、日本中が憤慨した。この決定は米日間で結ばれた一八九四年条約[*3]に違反するだけでなく、日本人に対するひどい侮辱であるとの声が巷《ちまた》に溢れた」

サンフランシスコの事件では、わが国が条約に背いていることは明白だった。エリフ・ルート国務長官は直ちに駐東京の米大使に、合衆国政府の日本人移民に対する扱いはヨーロッパ諸国からの移民に対するものと全く同様であることを日本政府に伝えるよう訓電を打っている。このサンフランシスコの事件を契機に、日本人大衆の眼からみたアメリカはもはや日本にとって大恩人（Dai Onjin, the Great Friendly People）ではなくなってしまったのだ。

日本人の憤りは激しいものだった。毎日新聞〔大阪毎日新聞のことか〕はその論説で「日本は戦艦を出動すべきである」とまで主張している。日本国民の反発のどれほどが自然な感情の発露としてあらわれたのか、そのうちのどれほどが煽られてつくられた感情なのか。それはわからない。確かなことは、日本政府が、ワシントンに対する国民の反感を利用して、陸海軍の拡張とその予算づけをもっともなことだと思わせる世論を形成することに成功したことだ。

日本政府はこの問題について、わが国に正式に抗議した。サンフランシスコでも、日本人移民は集会を開き、排日の動きに対抗するための活動資金を集めている。もちろん日本人学童を持つ家庭は、チャイナタウンの東洋人だけを隔離する学校に子供たちを通学させることを拒んだ。

こうした活動にサンフランシスコ日本領事館が関与していることは間違いないだろう。サンフランシスコの日系新聞は抗議の論説記事を掲載しているが、それはかなり興奮した、少々馬鹿馬鹿しい内容であった。

「（日本人に対する侮辱は）日本の尊厳が傷つけられたものである。名刀正宗をいまこそ鞘から抜くときである」[*4]

この論説はその後も四半世紀にわたって、日本人がいかに危険な人種であるかを訴えるのに利用されてしまった。二つの日系地元紙に掲載されたこの論説は、領事館の意向を反映していると考えて間違いない。このような刺激的な文章を領事館の承諾なく書けるはずはないからである。

セオドア・ルーズベルト大統領は、この問題が外交上の重大な危機を生むだろうことにすぐに気づいている。V・H・メトカーフ労働商務長官を現地調査に派遣している。大統領はメトカーフからの報告を待たずに、カリフォルニア教育委員会の政策がいかに悪質で不条理な（a wicked absurdity）ものであるかを訴えている。議会に対しては、日本人に市民権を持たせられるか検討するよう要請している。また大統領は条約によって認められた外国人の権利を守る権限があることをあらためて議会に伝えている。

メトカーフ長官によるレポートは一九〇六年十二月十八日付で提出され、教育委員会の隔離政策を正当化するような事件は一つも見出せなかったとしている。また日本人に対するひどい暴行事件が十九件記録されている。教育委員会の隔離政策は、その後長きにわたって続くことになるカリフォルニア州における日本人排斥運動の始まりを告げる事件であった。

こうした運動の目的は、明らかにワシントン議会に日本人排斥法の制定を働きかけることにあった。十九件の暴行事件もすべて白人の挑発的行為がきっかけだった。実際、船員組合の機関紙コースト・シーメンズ・ジャーナルは、この教育委員会問題は彼らの進める日本人排斥キャンペーンの一環で発生した一つの事件にすぎないと述べている。

ポーツマス条約が締結されて以降に起きた事件のなかで、この教育委員会事件は合衆国政府に最大の恥をかかせることになった。その上、合衆国政府がこの問題への対処に有効な手段を持ち合わせていなかったことは恥の上塗りでもあった。一九〇七年一月十七日、合衆国政府は、カリフォルニア州裁判所にサンフランシスコ教育委員会の隔離政策の差し止めを求める二つの訴訟を起こしている。この訴えを裁判所が受け付けなかったので裁判には至っていない。

仮に裁判になったとしても、合衆国政府の期待する判決は得られなかっただろう。一九〇七年の時点で最高裁判所は、合衆国内各地で実施されている人種隔離政策は憲法違反ではないとの判断を示していたからだ。

隔離する施設に十分な設備が整い、白人の施設と同程度のものが提供されていれば人種を隔離することは合衆国憲法に違反しないという奇妙な判断だった。この憲法解釈は、南北戦争が終わると同時に始まった、合衆国憲法修正十四条[*5]を骨抜きにしようとする政治キャンペーンの成果だった。

ワシントン議会でサンフランシスコ教育委員会の問題について熱い議論が交わされているが、そこで明らかになったのは、カリフォルニアの日本人移民問題は南部諸州の黒人隔離政策と密接に関わっているということだった。南部諸州の政治家は、彼らの抱える黒人問題を背景にして続々とカリフォルニア州のやり方を支持する姿勢を明らかにしたのだ。アラバマ州のバーネット下院議員は、「われわれもこれまでずっと人種問題に悩まされてきた」と述べ、カリフォルニアに同情している。ベーコン上院議員（ジョージア州）、ティルマン上院議員（サウスカロライナ州）、アンダーウッド上院議員（アラバマ州）、バーゲス上院議員（テキサス州）、ウィリアム上院議員（ミシシッピ州）も同様の考えを表明した。ミシシッピ州の下院議員は次のように述べている。

「私は、カリフォルニア州が学校で人種を混合させないと決めたことに大いに同情する。わが国は白人国家であるべきだとのカリフォルニア州の考えを支持する」

こうした議員はみな民主党員だった。一九〇八年には大統領選が控えていた。それをにらんで人種問題を俎上にのせてきていた。ルーズベルト大統領は、カリフォルニアの反日本人運動が南部の人種問題と密接に連動していることに、すぐに気づかされることになる。大統領の介入に対して、カリフォルニアは法律論議を駆使して抵抗した。サンフランシスコ・アルゴノート紙は次のような記事を掲載している。

「一八六五年十二月十八日、憲法修正十三条で奴隷制度を廃止し、同修正十四条で黒人に市民権を与えたが、付与される権利は制限している。この結果、これまで奴隷人口を一定の割合で選挙民の数に換算し、ワシントンの議会に送り込める議員数を確保していた南部諸州はその数を減らすことになったが、それでも黒人に参政権は付与していない。一八六九年二月二十六日、議会は修正十五条を可決し、黒人に参政権を認めている。しかし大統領は本当に黒人が南部諸州で参政権を行使することを支持するのだろうか。われわれは、けっしてそうは思っていない」

「黒人に市民権が与えられてからすでに三十八年がたっている。大統領は、黒人が劇場、ホテル、鉄道、路面電車などで白人と同様の権利を持つと本当に思っているのか。われわれはそうは思わない。われわれのこの考えに少しでも疑いを持つ者があれば、合衆国最高裁判所の判断を教えてあげればよい。修正十四条は州政府の警察権限を奪うものでなく、州内の政治については州が制約を加えることを認めている。それでも南北戦争の勝利の興奮が冷めていない過激な議員連中は、複数の公民権法（the Civil Rights Bills）を成立させ、黒人にも平等の権利を与えようとした。南部諸州の白人に無理やり黒人の公民権を認めさせようとしたこうした法律は、最高裁判所で憲法違反だとされているのだ」

この評論記事の本質は、もし連邦政府がカリフォルニア州に人種隔離政策をやめるよう強要できるのであれば、連邦政府は南部諸州に対しても同様な措置をとれることを示している点だ。

一九〇六年のクリスマスの直前に開催された集会で、シュミッツ市長は連邦政府の要求に絶対に屈しないと演説している。彼は自分が起訴されたのは反日本人移民政策をとっていることが理由であって、汚職の嫌疑は濡れ衣であると訴えた。日本人との戦いに命をかけるとまで言い切っている。

ロサンゼルス・タイムズ紙は、この意気込みにたいした価値はないとしながらも、日本との戦いを多くの州民に覚悟させたことは間違いないとしている。実際この年の十一月にはカリフォルニア州議会選挙があったのだが、多くの候補が日本と戦うことになれば喜んで参加すると言い切っている。ヘイズ下院議員もこうした考えに同調している。

「もし日本と戦争せざるを得ないのなら、今すぐやってしまった方がよい。こちらは準備ができているが、あちらはまだ何の準備もできていない」

P・H・マッカーシーは「ロッキー山脈の西にある州が結束するだけで、日本などわけなくひねりつぶせる」と言い放った。

こうした状況をみて、ルーズベルト大統領は、日本人学童隔離政策をしばらく棚上げさせた上で、サンフランシスコ教育委員会の責任者をワシントンに呼び出している。シュミッツ市長はこの召喚に応じるかどうか一週間検討を重ねた末に大統領の要請に応じることにした。そして自らも同伴することを決意している。

この一行がワシントンに向かったのは一九〇七年二月のことだった。市民は彼らを熱狂的に送り出している。フランクリン・ヒッチボーンによれば、市長の支持者たちは、起訴されている市長であってもワシントンでの交渉をうまくやれば、日本との戦争を回避した英雄として迎えられるだろうと、ほくそ笑んでいたらしい。

これは実に馬鹿げた喜劇だった。バスーン奏者であった市長が汚職容疑で起訴された。その市長が教育委員会の幹部を引き連れてワシントンに向かう。市学校監督官のロンコンヴィエリはもともとトロンボーン奏者で、市長の親友だった。教育委員長のアーロン・アルトマンはエイブ・ルーノの義理の兄弟であった。

三人の両親はアメリカにやって来たばかりの移民であり、「黄金の西海岸の子供たち」のメンバーでもあった。この三人が合衆国大統領と交渉するのだ。彼らはまさに独立国の大臣にでもなったかのようだった。

ニューヨーク・ワールド紙はこの代表団を次のように揶揄《やゆ》している（一九〇七年二月十四日付）。

「一地方都市の市長と教育委員会幹部がホワイトハウスに呼び出され、合衆国国務長官から日本とのあいだで妥協を図る条件を了承するように求められている。彼らはあたかも独立国の代表としてアメリカの外交政策に関与するかのようである。代表のうち一人は汚職の容疑さえかかっているにもかかわらず、である」

かなり前のことであるがロード卿は、次のようにカリフォルニアの特異性を指摘していた。

「合衆国のなかでもカリフォルニアは独立国のようであって、サンフランシスコはその首都だ。カリフォルニアの連中は深層心理のなかで、自分たちは合衆国のなかでも独立した存在であると思っていたようだ」

カリフォルニアは一八八二年に支那人排斥法を成立させるために、南部諸州の支援を得て連邦政府に圧力をかけた。今回の事件でも同じやり方をとったのだ。最高裁判所がアジア人や黒人の公民権排除を憲法違反ではないとしている以上、合衆国政府には州の政策を変更させる権限はなかった。たとえ外国人の権利が条約上保護されるべきであっても、連邦政府はそれを強制することができなかったのだ。

南部諸州の黒人の権利を保護することができないように、カリフォルニアの支那人や日本人の権利も保護はできないのだ。このジレンマは連邦政府が一八七六年に黒人問題で南部諸州に譲歩したことと深く関わっている。クリーブランド、マッキンレー、ルーズベルト（セオドア）、タフト、ウィルソンの歴代の大統領が、ことあるごとに連邦政府の無力なことを嘆いている。

シュミッツ市長一行がワシントンに向かっている頃、新聞各紙は日本との戦争が避けられないものになったと大きな見出しで報道していた。海軍大佐だったリチャード・P・ホブソン下院議員（民主党、アラバマ州）は議会内でも報道陣の前でも、大袈裟に反日本人の考えを披露していた。

「カリフォルニアに居住する日本人はよく組織された軍隊なのである」

カリフォルニア州議会は市長がワシントンに向かっているあいだにも、次々に反日本人の条例を上程していた。セオドア・ルーズベルト大統領は「カリフォルニア共和国のシュミッツ大使」との交渉が終わるまではそうした条例案を一時棚上げするよう、ジレット州知事に懇請せざるを得なかった。

ワシントンでの交渉で、サンフランシスコ教育委員会は日本人学童の隔離政策を引っ込めることに同意した。しかしそれは大統領が、日本にアメリカへの移民をやめさせることが条件だった。この合意を受けて、ルーズベルトはハワイ、カナダ及びメキシコを経由して流れ込む日本人移民を認めない大統領令を発令している。

この妥協を知ったカリフォルニアの反日本人勢力は、シュミッツ市長を裏切り者だとして激しく糾弾している。サンフランシスコ・カソリック教会の大司教さえもはっきりと裏切られた、と述べるほどだった。

市長一行がサンフランシスコに戻るや否や日本人への嫌がらせの暴動が再開した。この騒ぎの二週間後、日本の新聞はアメリカとの戦争の可能性を論じている。フランスは非公式にだが、この米日の対立に仲介を買ってでている。こうした反米感情の爆発は、日本国内の政治状況と密接に関わっている。

六月、サンフランシスコ警察委員会は、日本のレストランに酒類販売ライセンスを許可しないことを決めている。ところがこの件について日本は何の反応もしていない。この頃の日本のメディアの態度は理解に苦しむところがあった。ある事件には過剰に反応してアメリカを強く非難しながら、同じような他の出来事には全く沈黙することがあった。

一九〇七年五月に起こった暴動は、日本人学童隔離事件に比べたら些細なことがきっかけのようだ。*6 そしてそれは日本人問題について（日本政府とのあいだで）解決のめどが立った時期に起こっている。ところがこの事件について日本では大きく報じられ、わが国に対する強い怒りの感情を生んでいる。

事件の大きさと日本の反発の程度に一貫性が見られないのは、いったいどうしたことだろうか。私は、日本の為政者は反アメリカ感情をメディアで煽るために都合のよい事件の発生を待っていたのではなかろうか、と疑っている。移民自主規制を日本側が了承し、日米間に合意ができたにもかかわらず、両国にはまだまだ問題が残っているというふうに国民に思わせておきたかった。だから五月の事件は日本のメディアで大きく報道されたのだろう。

日本政府は一九〇七年までの数年間で、カリフォルニアの反日本人運動をうまいこと利用し、日本の政策目標実現に役立てたようだ。一九〇七年には政府による操作で日本のメディアは反米一色であった。わが国も日本との戦争は近いと覚悟するほどであった。後日この時代を振り返った徳富猪一郎《いいちろう》（蘇峰《そほう》）は、あの当時日本が日露戦争の疲弊から完全に立ち直っていさえすれば、移民自主規制の紳士協定など結ぶことはなかったと述べている。

ルーズベルト大統領は、わが国は日本との関係が悪化し、一触即発の戦争の危機にさらされていると考えた。大統領はヘンリー・ホワイト宛の私信（七月十日付）のなかで次のように憂慮している。

「カリフォルニアの日本人排斥は由々しき問題である。事態が改善する兆しが一向にない」

また友人のヘンリー・ロッジへの同日付の私信では、メディアを強く批判している。

「日本との戦争を避けることができたとしても、（戦争を煽る）メディアの責任は免れ得ない。日本にもわが国にも、この問題を戦争で決着すべしと叫ぶ軍国主義の馬鹿野郎が同じ程度に跋扈《ばっこ》している」

西海岸のメディアで、大統領（の戦争回避の努力）に理解を示してくれたのはシアトル・ニュース、タコマ・デイリーニュース、ロサンゼルス・タイムズのわずか三紙というありさまだった。西海岸のメディアはこぞって戦争を煽っていたのだ。

それでもアメリカ全体という視点でみれば、日本が西海岸の事態を自国の利益にしようと裏で何か画策しているのではないかと疑っていたメディアはほとんどなかった。しかしサンフランシスコ・コール紙は違っていた。一九〇六年十一月十三日付の論説はその典型であった。

「外交交渉を有利に進めるためには、二国間の友好にちょっとした傷をつけたり、あるいはその傷口を広げることも平気で行われる。それがいわゆる外交というものだ。日本は西海岸の日本人排斥運動を、満州での日本のやり方を非難するアメリカの抗議をかわすにはうってつけの言い訳だ、と考えている。同じようにこの問題を、アリューシャン列島付近で不法操業を繰り返す日本漁民を取り締まらない口実に使っている」

日本がアメリカとの戦争を仕掛けようとしている、という噂がそれらしくわが国にもたらされたのは一九〇七年のことだった。この年の五月、ニューヨーク・タイムズ紙がドイツで発行されていた米日戦争を予言する書を翻訳し出版した。同じ頃、週刊誌コリアーズ（Collier's）[*7]が、米日戦争が近々に起こるだろうとのフランスの時事評論家の論評を転載している。

シャルルマーニュ・タワー駐ベルリン大使は、日本がカリフォルニア問題を利用して国民に反米意識を植えつけようとしている、とルーズベルト大統領に報告している。チャールズ・デンビー駐上海領事も、日本がアメリカに戦争を仕掛けそうだと知らせている。カリフォルニア問題は戦争を仕掛けるための単なる口実だというのだ。ドイツの駐ワシントン大使はセオドア・ルーズベルト大統領の友人であったが、彼も繰り返し大統領に日本がアメリカに戦争を仕掛けてくると警告していた。メキシコの事件[*8]も日本によるアメリカ本土攻撃の準備の一環だというのだ。週刊誌リテラリー・ダイジェストは一九〇七年七月二十七日号でこの問題を特集しているのだが、同誌が実施した調査では世論の大勢が米日戦争は不可避ではないかという結果だった。

われわれの眼は一時期、カナダのバンクーバーで九月に発生した反日本人暴動（一九〇七年九月七日）に釘付けになったが、十月十四日にはサンフランシスコで反日本人暴動が始まってしまった。こうした事件の連続のなかで、ニューヨーク・タイムズ紙は日本のフィリピン侵攻計画を報道し（九月二十九日付）、ニューヨーク・トリビューン紙は起こるべき米日戦争の様相を予想する連載を始めている。ニューヨーク・サン紙はもはや米日戦争は不可避であると断定する始末であった。

ルーズベルト大統領はカリフォルニアで反日本人運動を煽る連中や、米日開戦を煽るメディア（イエロー・ジャーナリズム）の浅はかさと野蛮さと軍国主義的な態度に対しては、きっぱりとした警告を発しなければならなかった。

株式市場もこの状況にナーバスになり株価の低落を招いていたが、ベイリー博士によれば、日本はこうした動きに対して何の外交努力もしていないようなのだ。どうも日本はわが国で反日運動が過激になると沈黙し、それが落ち着くと激しくアメリカに憎悪を燃やすという奇妙な傾向がある。

一九〇六年秋の日本人児童隔離問題では日本のメディアはこの事件に激しく反発した。ところが、一九〇七年にはアメリカのメディアが対日戦争は不可避と叫んだのだが、このときには不思議なことに日本はだんまりを決め込んだ。わが国でこうした論調が下火になった一九〇七年の六月から七月にかけて、日本のメディアはアメリカへの反発をあらためて煽っている。

一九〇七年十月に金融危機が発生したため、世間の眼は米日戦争の危機からいったん離れたが、巷間よく知られているように、十二月十六日にアメリカ艦隊が世界一周航海に出発したことを契機にこの危機は再燃した。ここに至って駐アメリカ大使であった青木（周蔵）子爵が日本に呼び戻されている。

彼は帰国前のサンフランシスコで、日本政府はすでにアメリカへの移民を（自主）規制していることを訴えた。日本政府の規制の事実が公にされたのは一九〇八年二月二十五日のことであったが、青木のサンフランシスコでの声明はこの件についての日本政府の最初のコメントであった。両国が満足する形での合意がなされた、というこの青木の発言もメディアを黙らせることはできなかった。この頃、すでにアメリカ艦隊は太平洋海域に向かっていた。

艦隊の出航はわが国内の戦争気分を大いに昂揚させた。出発前日の宵、指揮官のなかでも〝喧嘩っぱやい男〟として名が売れているエヴァンス提督は次のように語っている。

「この航海がたんなるお祭り騒ぎで終わるのか、戦争になるのか誰にもわからない。われわれは何が起きてもいいように準備は怠っていない」

タワー駐ベルリン大使も一九〇八年一月には、日本がメキシコで数千人規模の兵士を参加させた演習を実施しているから気をつけるようにとのドイツ皇帝の警告を伝えてきた。ドイツ皇帝は米日の開戦を促していて、それによってイギリスを日英同盟から切り離すことを画策しているのだと疑う者もいた。

こうしてあちこちで米日戦争必至の噂が流れたのだが、太平洋に向かったアメリカ艦隊はニュージーランド、オーストラリアでの歓迎に続いて横浜では驚くばかりの温かい出迎えを受けて米日の緊張は解けたのだった。一九〇八年十一月にはルート・高平協定が結ばれ、アメリカ艦隊も翌年の二月には無事ハンプトンロードに帰港した。

それでもアメリカ艦隊が東洋に向かって太平洋を航海している最中にあって、カリフォルニアの反日本人感情を煽る勢力は活動を緩めなかった。日本の移民自主規制の方針に対してさえ暴力的な反対運動を続けていたのだ。日本人経営のクリーニング屋を一切利用しないキャンペーンを始め、サンフランシスコの広告塔には反日を唱えるメッセージが躍った。

「愚かな女性たちよ。旦那の稼いだお金を日本人のビジネスを儲けさせるために使ってやしないか。目を覚ましなさい。国を愛しなさい。自国民のビジネスを大事にしなさい。私たちはあなたがたの味方です」

アメリカ艦隊が帰国の途についた一月には、カリフォルニア議会は、艦隊が成し遂げた成果を台無しにする法令をまたもや次々と成立させていった。公立学校での日本人児童の隔離、日本人による土地所有の禁止、一定地域への居住規制、日本人が会社の役員になることの禁止。

一九〇九年一月十六日、ルーズベルト大統領はついに怒りを抑えきれず、カリフォルニアのジレット知事にこうした煽動的な政策の再考を促した。どんな言い訳も許さないという強い姿勢を大統領は示している。それにもかかわらず、一月三十日にはバークレーで群集が日本人を襲うという事件が起こっている。大統領はこの事件の報を受けて、ジレット知事に総計十二本もの電信を打ち、反日本人的な法令の大半を撤回させている。

こうした時期にあって、南部諸州出身の議員や南部のメディアがカリフォルニアの肩を持ち始めた。どんな差別的な法令でも南部は支持するというのだ。この事態に、大統領はカリフォルニアの日本人排斥運動は経済問題ではなく、明らかに人種問題であると確信することになる。

アメリカで日本人排斥の興奮が渦巻くときにあっては、ほとんどの場合、日本のメディアは沈黙していた。ベイリー博士はこの現象をこう解釈している。

「当然に湧き上がっていいはずのわが国への反感がなぜか表に出ていない。この理由ははっきりしないが、アメリカ艦隊のデモンストレーション（横浜寄航）とルート・高平協定の成立で日本側は、わが国との関係にそれなりの満足感を持っていたのではなかろうか」

このときの日本の態度は、カリフォルニア問題を自己の都合に合わせて使い分けているのではなかろうか、という疑念を補強するものになっている。どうも日本政府は満州や朝鮮半島で冒険主義的な事件が起こりそうなときに限って、カリフォルニア問題を俎上にのせてくる傾向が強いようだ。たとえば一九〇九年には反米運動が盛り上がっているが、その頃は満州における鉄道問題でアメリカとの交渉が白熱している時期であった。

A・M・プーリーは「確かに日本の反米感情はアメリカでの反日本人運動に対して自然に起こったものもあるが、かなりの場合、反米の動きは日本政府そのもの、あるいはそれに近い筋の者により操作された節もある」と述べている。そして「そうした反米感情は官僚によって軍備拡張を正当化する絶好の口実に使われた。日本人一般の同胞が虐げられていることに対する義憤は軍国主義者によっていっそう煽られていき、その結果、大砲や装甲用鉄板の生産が増加するという寸法」だった。

カリフォルニア議会は日本人問題を飽くことなく追及する確固たる意思を示すかのように、一九〇九年には日本人問題の農業分野での（悪）影響を調査する予算を計上している。この調査がカリフォルニア州労働長官によってまとめられ議会に報告されたのは一九一〇年五月のことであった。この報告に議会は驚いた。報告書は日本人に対してきわめて好意的な内容になっていたのだ。

「日本人の土地所有者は、農業を営む者のなかではトップクラスの資質を持っている。誠実で真剣に農業に取り組んでいる。彼らが貯めた資金で購入するのは、痩せた、足三文の土地ばかりだった。彼らがそうした土地にかける情熱はたいそうなもので、改良された土地はときにはわずか一年で数倍もその価値を上昇させるほどだった。農地を持ったほとんどの日本人はその一角に住居を構え、アメリカ式の生活やマナーを会得してその土地に長く住もうと考えている」[*9]

驚いたカリフォルニア州議会上院のカミネッティ議員はあわててこの報告を否定する次の決議案を提出し、その案は可決されている。

「カリフォルニア州労働長官は、日本人労働者はこの州に必要なものだという考え方を報告している。しかし彼にはそうした意見を述べる権限はなく、また彼の意見はカリフォルニア州民の意思とは異なるものである。したがってカリフォルニア上院は州労働長官の意見を承認しないことを決議する」

カミネッティはその後のウィルソン政権では移民長官をつとめている。州労働長官は公に非難され、報告書そのものも印刷に回されなかった。そのため今日においてもその全文を入手することはできない。

一九一〇年から一一年にかけても、カリフォルニア州における反日本人の活動は衰えることはなかった。一九一一年に日本とのあいだで条約が結ばれるのだが〔日米通商航海条約〕、その交渉中もカリフォルニア州は反日的な条例を通そうとしていたから、タフト大統領はなんとか阻止しようとした。こうした条例は国際関係上、重大な悪影響を生じかねないものであった。

ちょうどその頃、サンフランシスコでは汎太平洋博覧会〔開催は一九一五年〕の準備が進んでいたから、反日的な態度では日本がこの博覧会への参加を見合わせるかもしれなかった。この危惧は反日の運動を一時的には封じる効果があった。しかし一九一〇年の日本の朝鮮併合と、その翌年に起こった朝鮮人ナショナリストを裁く裁判は、カリフォルニアでの反日運動の火に油を注ぐことになった。いたるところに不穏な噂が渦巻いていた。

一九一一年には、日本がカリフォルニア半島の南太平洋岸にあるメキシコのマグダレナ湾に海軍基地の建設を計画しているという噂がまことしやかに流れている。この前年には、マニラ湾にあるデューイ号と名づけられた乾ドックを機雷で破壊し、同湾をベースにするわが海軍を危機に晒しているという噂があった。ほかにも日本がメキシコと共謀してわが国を攻撃する基地を作ろうとしているという噂も飛び交っていた。

一九一二年には、ドイツがわが国の（外交方針である）モンロー・ドクトリンを潰しにかかっているという噂もたち、世論は危機感を募らせている。この年には日本がアメリカ西海岸のインディアンたちと気脈を通じて、わが国攻撃の前哨基地を作ろうとしているという噂まで飛び交った。

一九一五年には、日本のスパイがパナマ運河を守備する要塞周辺で目撃されたという情報や、その翌年には原住民のサンブラス族を懐柔して、彼らの土地にパナマでの活動拠点を築こうとしているとの情報も入っている。

メキシコのカランザ大統領はアメリカ軍の（メキシコ革命への）介入（一九一六年）に抗議しているのだが、その文書作成に日本の外交官が関与しているとの噂もあった。この頃、二十万の日本軍がメキシコ中央部太平洋岸にあるマサトラン（Mazatlan）に上陸し、そこに駐留するアメリカ軍とのあいだに交戦があったというニュースまで流れている。

噂の真偽そのものはほとんど意味のないことである。こうした報道が西海岸のメディアによって、反日本人運動を盛り上げるためになされたという事実が重要である。もちろんこれらの噂のいくつかは日本自身が意図的に流した可能性も否定できない。しかし一九一二年の大統領選挙のキャンペーンのなかで民主党候補のウッドロー・ウィルソンが次のように述べていることから、この問題の本質が垣間見られる。

「雑多な人種が（アメリカ人として）同化できるかどうか。それが重要なポイントだ。白人種と同化できない人種がいては、同質化した国民の形成は難しい」

民主党はウィルソンのこの発言を印刷してカリフォルニア全州に配布した。十万部もの大量のパンフレットを用意したのだ。

黄禍論（The Yellow Peril）

「階級あるいは人種間の衝突は、単純な、闇雲な反感から生じる衝突から形を変え、より政治的な意味合いを持つようになった。それはあのヒットラーが表現しているように、より精神性を持った、いわば霊的な側面を持ち始めたといえる。つまり人種間の対立のなかでは言葉、スローガンあるいはプロパガンダが〝生き生きとした嘘（vital lies）〟になり、いわば言葉が兵器に変異したのだ。ニュース、論評、コラムといった類いのものがすべてそういう性格を持ち始めた」

こう述べるのはロバート・E・パーク博士である。西海岸で最初に起こった反支那人の動きはステレオタイプの、固定化された人種観が表面化したものだった。支那人を忌み嫌う感情は、高名なカリフォルニアの新聞編集人であるフランク・ピクスレイが一八七六年に語った言葉によく表現されている。

「支那人は、神が想像したすべての人種のなかでも最も劣った人種である」

支那人がカリフォルニアで恐れられたことは一度もなかった。ただ軽蔑され、嫌われていた。ところがカリフォルニアに日本人が移住してくると黄禍論が唱えられるようになり、この論議はより高度な精神論的な側面を見せ始める。

黄禍論こそは、われわれの時代における最も影響力を持った〝生き生きとした嘘〟であった。黄禍論がどのような経緯で生まれたのかはよくわかっていない。アメリカ歴史事典（The Dictionary of American History）は次のように解説している。

「黄禍論は、白人至上主義で過激なナショナリストであるアメリカ白人種の東洋人移民に対する態度から発生し、その起源は太平洋岸地域で支那人労働者に初めて接触した白人種の抱いた感情に因《よ》っている」

黄禍論という言葉を誰が使い始めたのか確定はできないが、この用語がヨーロッパにおけるパワーポリティクス（国家間闘争）のなかで、言葉の武器のようなものとして現れてきたのは間違いないことである。したがって、黄禍論そのものと、わが国西海岸での人種差別問題とは直接に関係するものではな

ヴィルヘルム二世の風刺画

かった。

日清戦争後のことだが、ドイツ皇帝《カイザー》〔ヴィルヘルム二世〕は、いとこにあたるロシア皇帝に風刺画を贈っている。そこには「ヨーロッパの人々よ。大事なものをとられないように気をつけよ（People of Europe, Guard Your Precious Possessions!)」とのメッセージが添えられていた。その絵には極東の地から鬼〔実際は仏陀像〕が姿を現し、両手を広げて西洋に迫る姿が描かれていた。この風刺画はドイツ皇帝自身の作品だった。

カイザーはロシアに対して西部方面を防衛してやると約束していたから、この時点ですでに日露戦争の枠組みを作り始めていたことになる。一九〇〇年の夏、カイザーはことあるごとに黄禍を煽る演説をぶっていた。エミール・エドウィックの言葉を使うなら、「カイザーは自分の作り出した嘘がかなり効果のあることにいち早く気づいた」ということになろう。カイザーは日記のなかに「うまくいっている。愉快なことだ」と書き込んでいる。

対日戦争が不可避と考えられるようになると、ロシアも黄禍論を利用し始めている。ロシアもドイツも、この黄禍論という嘘を西欧メディアに吹き込んでいった。日本も逆にこれを利用することになる。西欧にとっての脅威というレッテルを貼られた日本は、その非難を打ち消す努力をしていない。むしろそれを都合よく利用しようとしていた。したがって、黄禍論の生成とわが国の太平洋岸で実際に起こっている事件とは直接的な関連性はないと考えてよかろう。

黄禍論の登場は、一八九三年にC・H・ピアソン[*10]が発表した『国民の生活とその性格』*National Life and Character* という書物が最初である。かつて黄色人種がヨーロッパを席捲した歴史を顧みながら〔蒙古によるヨーロッパ侵攻〕、また同様なことが起これば西欧人のプライドはずたずたになると述べたのだった。ピアソンの主張は有色人種を恐れる古典的なタイプであって、彼がこうした考えを披露した最初の人物となった。

この主張にアメリカ太平洋岸のアジア人種排斥問題をからめて議論したのはホーマー・リーである。[*11]リーはカリフォルニア出身であるだけに、この地域でのアジア人排斥の感情を肌で感ずることができた人物だった。彼はカリフォルニア人にしては珍しく、東洋について自らの経験で語ることができた。

彼は支那で戦いの経験があり、彼のサンタモニカの住まいを孫文が訪問している。リーは『無知の勇気』〔邦訳『日米戦争』明治四十四年刊〕の出版に先立って、注意深くカリフォルニアの海岸線や地形を調査している。

一九〇九年に『無知の勇気』が出版されると、ウィリアム・ハースト系の出版メディアがこの主張に飛びついた。『無知の勇気』で示された主張が、こうしたメディアの反東洋人キャンペーンの絶好の理論的支柱になったからだ。リーはアメリカ国内に存在する脅威と外部からの脅威が相互に影響しあうことを明らかにしていた。

二つの脅威は合成されて一つの大きな問題になってしまっていることを説いたこの書物の販売部数は、わが国では一万八千部であった。ところが日本では大きな反響を呼び起こし、一カ月のうちに二十四版を重ねるほどであった。わが国では一九二〇年に絶版になったが、一九四二年にクラレ・ブーツ・ルースによって改訂版が出されている。

ホーマー・リーは日本人を毛嫌いし排斥しようとしたのではない。しかしその後に続いた反日本人運動の基調となる論理を提供したことは間違いない。そうはいっても彼の分析態度は日本人に対する敬意を含んでいた。

彼は日本人の能力をしっかりと理解していたのだ。彼は日本人を侮蔑するような態度はみせていない。リーの分析は、日本人が高い能力を持つ民族であることを示していた。だからこそ彼らを警戒すべきだと主張したのだった。日本人には高い道徳精神が存在する。その道徳精神こそがアメリカにとって危険であると説いたのだ。

こうしたリーの論理はその後、V・S・マックラチーなど反日本人感情を煽る人々に都合よく、そして効果的に利用されていった。確かに『無知の勇気』の主張の本質は人種差別的ではある。彼は、国家の支配層が同一種によって構成されている限り安泰であり、民族の同質性を保持することが国家安全保障上の鍵になると主張した。アメリカに入り込んだ移民は異形な存在だとした。その上で日本人はアメリカに同化することは絶対にできないと説いている。

この主張は、カリフォルニアの反日本人を主張するリーダー層には実に好都合だった。たとえば（移民規制を強く主張した）マジソン・グラント[*12]やロスロップ・ストッダード[*13]らの考えは、リーの論理を根幹として構築されたのだった。こうした学者の日本人排斥の主張がカリフォルニアを席捲することになった。

リーは人種差別主義者ではあった。日本人の移民を許すアメリカの政策が悪の根源であるとした。日本人移民に市民権を持たせないことで、アメリカはひどく変則的な人種を作り出した。つまり日本人を社会の最下層人種（caste in a public）に閉じ込めたのだ。このことはきわめて重大な結果を及ぼすことになる。日本人を劣った人種だとして政治的に隔離することが、カリフォルニアの日常生活のあらゆる場面で醜い姿を現すことになった。

政治的に隔離された者たちに対しては、当然のことながら社会は関心を払うことはなく、結果的に社会から侮蔑され冷遇された。多くの行政区が日本人のみを規制する条例を成立させ、彼らに対しては何をしても構わないという無法状態を生んだし、警察も日本人に対してそうした態度で臨んでいる。白人種は、日本人は最下層の人種であるとの固定的な観念を持ってしまったため、日本人からの抗議の声は全く顧みられなくなった。

政治的に隔離された人種あるいは階級の権利など塵ほどの重さもなかった。リーは、日本人の性格に鑑みるなら、カリフォルニアの同胞に対する扱いに対して手をこまねいて座視するはずはないと分析する。それが日本人の民族性なのである。

日本人に対するひどい扱いが、将来問題を引き起こすことを覚悟しておかなくてはならない、とリーは白人種に注意を喚起したのである。リーは必ずや日本の軍部がカリフォルニアの日本人差別を利用し、国民世論を操作し、アメリカとの戦争に臨む日が来ると警告したのだった。

恐らく、リーほどカリフォルニアの日本人に対する態度を憂慮した者はいなかっただろう。彼はカリフォルニアが態度を改めるなどと期待してはいなかった。日本人や他のアジア人に対するカリフォルニアの蔑視の態度は、もはやこの地域の伝統でもあり、当たり前の道徳規範になってしまっていることを彼は見抜いていた。リーは次のようにこのことを説明している。

「日本が日露戦争に勝利する以前は、カリフォルニアの反日本人感情は鳴りを潜めていた。ところがこの戦争後、この感情が再びはっきりと姿を現し始めた。それが労働運動家や社会主義的な考えを持つ者だけの感情ではなく、カリフォルニアの一般社会にまで浸透していったことを見逃してはならない」[*14]

「シスキューの谷の岩にこびりついた苔のような、二十年前の反支那人思想が息を吹き返したのだ。かつての『チャイニーズは出て行け』『（反支那人を主張する）オドーネルを支援せよ』[*15]といったスローガンが再び頭をもたげてきた」

こうした反支那人キャンペーンは、シスキューの谷だけではなく、セコイアの繁茂するメンドチノ（Mendocino County）郡でも、ぶどう園で知られるサンタ・クララ郡でも、南西部のモハーヴェ砂漠地区でも大々的に進められていた。要するにカリフォルニア全体に反支那人キャンペーンが広がっていた。

ユタとの州境の陸の孤島のような場所にまで支那人を嫌悪する空気が蔓延していた。こうした感情の高まりによって、カリフォルニア州では、支那人を排斥し隔離する条例が次々に成立し、ついにはワシントンの政治を動かすほどの高揚を見せた。こうした政治的な圧力から、わが国が清国と結んでいた条約を破らざるを得なくなるほどだった。[*16]

ホーマー・リーは、一九〇八年当時のカリフォルニアの全政党が日本からの移民受け入れに反対していた事実に注目している。彼の分析によれば、同州の人口のうち、日本人に同情的な者が八パーセント、二二パーセントが無関心、三〇パーセントが敵対的、四〇パーセントが戦闘的なほどに敵対的であった。

一九〇九年までには、リーが示したようなイデオロギーに基づく反日本人感情だけでなく、昔から言い古されてきた、意地の悪い、ステレオタイプの日本人蔑視が復活し、日本人に対する風当たりはいっそう激しいものになっていった。作家のウォレス・アーウィン[*17]は、サンフランシスコの日本人学童隔離事件からヒントを得て『日本人学童からの手紙』を創作している。

主人公の日本人の子供の名は「ハシムラ東郷」であった。この作品が最初に発表されたのは一九〇七年のコリアーズ誌上だった。西海岸では人気を博し、この作品を通して「ジャップ（Japs）」のイメージが白人の頭のなかにはっきりと出来上がった。ここで描写される日本人は「出っ歯（bucktooth）」で「メガネをかけ（bespectacled）」、「こずるく（tricky）」「冗舌（wordy）」で、その上「高慢な（arrogant）」ところがあって、「不正直（dishonest）」だった。こうした邪悪な性格を持った人種が日本人で、それに「ジャップ」という蔑称がつきまとった。

コミックや低俗な雑誌にそんな日本人がさかんに描かれた。アーウィンは日本人移民のしゃべるおもしろい英語表現に注目して、日本人をパロディー化してからかっている。日本語に特徴的な謙譲語からくる「立派で立派な閣下殿（Honorable Sir）」とか、「とってもとっても御免なさい、プリーズ（so sorry, please）」といった表現が彼にはおかしくて仕方がなかったのだ。彼の描写する日本人移民の姿が、日本人全体をイメージするものになっていった。「ジャップ」と聞けば誰もがこうした日本人を思い浮かべたのだ。

このような日本人のイメージは一九二七年までにはっきりと固定化されてしまった。

「日本人は生物学的にも文化的にも白人とは全く異なる人種である、との思い込みが定着し、白人は日本人に対して、えもいわれぬ恐怖感を持ち、それは長いこと消えることはなかった」

こう分析してみせたのはルース・ファウラーだった。ミニー・イヌイという少女はカリフォルニア沿岸部で育っているのだが、日本人である彼女でさえ、大きくなるにしたがって日本人を嫌いになったと証言している。ヘレン・スローン・ステットソンという少女は第一次大戦の頃の経験を次のように記している。

「アメリカがヨーロッパ戦線の戦いに忙殺されている頃だった。日本が攻めてきてカリフォルニアを占領するのはもう時間の問題だ、とみんなが恐れていた。それを恐れたから日本人をますます憎むようになった」

「野菜や果物を売る店で働く彼らが怖かった。農園や果樹園で機械仕掛けのロボットのように何の感情も持たないかのように働き続ける彼らが怖かった。奴らはロボットだ。でも私たちは心ある人間なのだ。楽しく生きて（easy going）、たまには浪費して喜ぶ（wasteful）感情を持った人間なのだ。奴らがカリフォルニアに攻めてくることは第一次大戦の頃には起こらなかった。でも今は違う。彼らはこの土地を奪いにくるのだ。私が小さかった頃、本当にそう信じていた」

一九一三年、開戦の恐怖

一九一三年一月、カリフォルニア州議会である法案が上程された。ウェブ・ヘネイ（Webb-Heney）法案である。これは外国人土地所有規制法（Alien Land Act）ともいわれている。似たような法案はこれ以前に何度か上程されていたが、そのたびに強い反対にあっていた。法案は外国人一般を対象としていたから、イギリス資本の入った企業が強く反発していた。こうした経緯を踏まえて、一九一三年の法律案には巧妙な仕掛けがほどこされた。

法律の適用範囲を外国人一般から「市民権を持つことのできない外国人」に狭めたのだ。こうすることで日本人の農地所有を規制する本来の目的が実現できそうだった。当時日本と結んでいた条約では「農地」所有については明確な規定がなかったから、条約違反ではないと言い逃れられそうだったのだ。

ウィルソン大統領は対応に苦慮した。かつての民主党大統領候補であった大物政治家ウィリアム・ブライアン[*18]をカリフォルニア州都サクラメントに遣り、この法案の成立を阻止しようと試みている。ブライアンに州議会とハイラム・ジョンソン知事[*19]の説得にあたらせたのだ。

これまでとは違い、このときの連邦政府は民主党政権であり、カリフォルニア州知事は進歩派共和党員で大統領職にも色気をみせていた。そのせいもあって法案は、大統領の工作にもかかわらず、あっさりとカリフォルニア州上下院で賛成多数となり（上院＝賛成三十五、反対二。下院＝賛成七十二、反対二）直ちに知事の署名で成立している。

これはアメリカ国内で初めて日本人を対象にした差別的法案だった。この法案を推進した者は、これが日本人の同州内の農業分野でのこれ以上の勢力拡大を抑えようとするだけの生ぬるいものでなく、日本人をカリフォルニアから完全に排斥するための一里塚である、と考えていた。

外国人土地所有規制法は最悪のタイミングで成立した。日米関係はこの頃一触即発までに険悪化していたのだ。法案成立の少し前、わが国は日本の反米感情をひどく刺激していた。生まれたばかりの中華民国をさっさと承認してしまったのだ。チャールズ・エリオット[*20]〔ハーバード大学学長〕は次のように述べている。

「私が東洋で多くの海軍関係者と会ったのは一九一二年のことだが、みながみな、数カ月以内に日米戦争は勃発すると予想していた。そうはならないと答えた者はわずか一人だけだった。誰もがついにその日がやって来たと覚悟していた」

外交史家のアンドリュー・M・プーリー[*21]は次のように指摘している。

「この頃、東京で起きた騒乱で桂内閣が崩壊していた。[*22] 外国人土地所有規制法は日本での反米意識の高まりと軌を一にして成立した。桂に反対する勢力は、かつて日本人移民規制問題で日米関係が揉めたときと同様に、この法律の成立を桂政権打倒に利用している」

一九一三年の四月から五月にかけてカリフォルニアの新聞各紙は、東京からの特派員電として日本のカリフォルニアに対する武力行使の可能性を伝えてきている。カリフォルニア州議会で検討されている外国人土地規制法に憤り、二万人もの人々が集会を持ったことを伝えていた。

こういった民衆の反米感情は日本の指導的立場にある人々によって煽られた側面もある、とプーリーは分析する。この時期には、アメリカに対する怒りは日本全土に広がり、日本政府は何らかの対応策をとらざるを得なくなった。反米を訴える結社が日本全国に結成されていった。

日本の経済界では（一九一五年にサンフランシスコでの開催が予定されている）サンフランシスコ万博[*23]への参加をボイコットすべきだとの声が大きくなっていたし、農商務省（一九二五年に農林省と商工省に分離）も非公式ながら経済界のこうした動きを承認していた。日本の主な都市では反米集会が続き、武力行使も辞さずの主張が繰り返されたのだった。

興奮した暴徒を指導する者たちはかつての明治維新の成功を例に出して、今こそ人種差別問題に一気にけりをつけるべきだと訴えていた。排外主義的な過激な国会議員のなかには、群集の心理を煽りに煽って（incendiarism）、アメリカ大使館を焼き討ちすべし、と主張する者まで現れている。大使館を囲う壁には反米を叫ぶポスターが何枚も貼られている。

政治家たちもアメリカに一撃を加えるべしと激高していた。大隈侯爵でさえアメリカ人宣教師を日本から追放すべしと主張していた。一方、日本にいる宣教師たちは日本側の立場に立って日本人を賞賛し、カリフォルニア州同胞のやり方を非難していた。彼らの抗議の電報が無数にわが国に届いたのだった。パナマ運河の完成はもう少し先であったから、日本としては宣戦布告するにはこのタイミングが最適であったのだろう。プーリーは、日本のこの頃の動きから、もし対米戦となった場合に必要な外国からの資金導入が可能かどうか感触を探っていたのではないか、日本が対米戦に踏み込めなかったのは、結局は資金導入の見込みがつかなかったのが原因ではないかと推察している。この頃のヨーロッパ各国は自国の戦争準備でそれどころではなかったのだ。

一九一三年に日本政府は、カリフォルニア問題で苛立つ日本人移民の怒りを沈静化させようと訪米使節を派遣している。[24] その調査結果は使節メンバーであった添田《そえだ》寿一《じゅいち》[25]が「加州日本人問題」として報告している。

添田はこのレポートのなかで、カリフォルニア移民に対して白人と同化するよう勧告している。市民権を持つことができないとしても、日本の風習を捨て、アメリカのよき市民の一員となることを勧めている。この報告書はカリフォルニアでは好感を持って受け止められた。たとえば一九一三年十月二日付のサンフランシスコ・イグザミナー紙は以下のように伝えている。

「報告書は名誉ある解決を求める真に道徳的な優れたものである。報告者は名誉を重んじる真の日本人であって、カリフォルニアの移民たちとは違う。真実を見きわめ、率直に、日米間の（移民規制の）紳士協定に誠実であろうとしている。（この主張に忠実であれば、将来における）日本人移民の市民権獲得や白人との婚姻にも同意できよう。センセーショナルなイエロージャーナリズムの影響を免れる円満な解決が期待できる」

一九一三年の外国人土地所有規制法は、その規制対象を市民権取得のできない外国人と規定していた。これは巧妙なやり方だった。下級審では日本人は市民権を持てる民族であるとの判断がいくつか出てはいたが、一般的には日本人は市民権を持てないと考えられていたのだ。最高裁判所はまだこの問題についての判断を示していない時期だった。

それにしてもわが国はなぜ、日本人と支那人には市民権の付与を拒否することになったのだろうか。一七九〇年以来、わが国の帰化に関わる法律は、市民権を持てる者は「自由な白人（free white persons）」と規定していた。この規定に異議を唱えたチャールズ・サムナー上院議員[*26]は議会で次のように演説し、市民権を白人に限定すべきではないと訴えている。

「市民権の付与を白人に限定することは、わが国にとって実に不名誉なことである。わが国の帰化に関わる法律システムは、独立宣言や合衆国憲法の精神に沿ったものに変えていかなりればならない。独立宣言も憲法も白人に限定するなどとは言っていない」

一八七〇年にはこの問題が大いに議論され、サムナー議員の主張に沿ってアフリカ出身者やその子孫も市民権を持てるように変更され、法律から「白人に限る」の文言を削除させるほどになっている。しかし一八七五年には元に戻ってしまった。

その原因はカリフォルニア州で吹き荒れた反支那人運動であった。それ以後今に至るまで「白人に限る」という規定は法律のなかで明文化されている。しかし法律の編纂に関わる者のあいだでは、この規定は独立宣言や合衆国憲法修正第十四条の精神に反する（distinctly out of harmony）ものであるとの考えが浸透していた。

マックス・J・コーラーが一九三六年にその著書[*27]で指摘しているように、「白人に限る」という規定は確かに一七九〇年以来、条文としてあるにはあったが、裁判所はそれを文字どおりには解釈していなかった。はっきりと文言どおりに解釈するようになったのは一八七八年になってからのことなのである。

この年に支那人が帰化を求める訴訟を起こしたが、カリフォルニア連邦裁判所のソイヤー判事は、帰化できる者は「白人に限り」、白人とはコーカサス人種（Caucasian）を指すとして支那人の要求を認めなかった。これ以後、この白人規定が成立した生来の事情を考慮することがなくなってしまった。

この規定が書き込まれた当時は、「自由な白人」とは「奴隷でなく」かつ「原住インディアン」ではないことを意味しているのであって、その人種がレッドだろうがホワイトだろうが黒だろうが、ブラウンであろうが関係ないことだった。それは「自由な」という形容詞がついていることからも類推できる。つまりすべての白人が市民権を持てるとは規定していないのだ。

この規定が明文化された時点では、人種差別的な意図は全くなかったのである。この規定は「奴隷でない自由な状態にある人間」全般を指していた。ジョン・H・ウィグモア教授は一八九四年に発表した論文のなかで、こうした解釈を敷衍《ふえん》して「日本人は帰化可能な人種である。しかし支那人は、自由な状態にないので帰化できない」と主張している。

ところが「自由な白人」という文言が条文に現れてから百年たった時点で、その解釈は当初の意図とは完全に遊離してしまうことになる。その結果が外国人土地所有規制法であり、それはさらに過激化して一九二四年の排日移民法になって現れてしまった。忘れてならないのは、この法律はただ日本人にのみ適用されたのではなく、支那人、フィリピン人、原住ハワイアンあるいはヒンズー教徒にも適用されたことである。「帰化不能外国人は劣った人種であるというわが国の考え方に東アジアの人々は激しい怒りを燃やした」と述べたのはミアーズ博士であった。

（人種排斥の実効性という観点から外国人土地規制法をみれば）この法律はほとんど意味を持っていない。ただ単に土地の所有権を認めないことを規定しているだけであって、日本人は広さに制限なく農地を三年間にわたってリースできた。リース契約の継続を妨げる規制もなかった。厳密に解釈すれば、この法律はカリフォルニア州の土地事情にそれほど影響を与えるものではなかった。

外国人土地規制法の条文を書き上げた者たちもそのことは認めている。要するに日本人に対する嫌がらせを狙っただけのものだった。日本人をこの国から将来は排除することを目指すとするもので、いってみれば日本人への単なる警告にすぎなかった。ところがこの法律は政治的には時限爆弾のようなものだった。カリフォルニア州には土地所有に起因する実に重要な政治問題が潜在していたのだ。

一八八〇年代にブライス卿[*28]がカリフォルニアを訪問する機会があったが、彼はこの州の富のあまりの偏りに驚いている。その上、成金たちがこれ見よがしにその富を誇っていた。そうした連中は無責任にも社会不安を煽ることに手を貸す始末だった。

異常なまでの土地投機で多くの土地が少数者の所有となった。そうした土地は奴隷のごとき低賃金労働の上に成り立つ農場経営に利用され、それがカリフォルニア州全域に広まっていた。カリフォルニアをローマ時代のような異形な「奴隷農場」が覆い尽くしていたのだ（Latifundia perdunt California）。それがブライスの見たカリフォルニアの醜い姿だった。

反日本人の空気は、こうした土地所有の偏在や「奴隷農場」経営の存在といったカリフォルニアが抱える特異な問題からカリフォルニアの人々の関心をそらすのに役立った。カリフォルニアにとって日本人問題は実はマイナーな問題であったのだ。

一九二〇年に日本人問題の調査にウォルター・Ｂ・ピトキン[*29]がカリフォルニアを訪れているが、彼も

「奴隷農場」の存在と、そこから生み出される金持ちたちの醜い行状をはっきりと記録している。

彼は、「奴隷農場」主があいも変わらず社会的責任など一顧だにせず、勝手気ままに振る舞っている様を目にした。一九二〇年、外国人土地規制法問題が議論されている最中にあって、ロサンゼルス・タイムズ紙などは、この問題は支那から百万人の労働者を連れてくれば簡単に解決するなどといった、いい加減な主張をするほどだった。

こうした空気に反発したのは小規模農園の経営者だった。そうした東洋の低賃金労働者が大規模農園に雇われたら、彼らには全く勝ち目がない。そんなことは簡単に理解できた。こうした状況からわかるように、反日本人の空気は階級間の反目が歪んだ形で表出してしまったものだといえる。カリフォルニアの大規模農園主は、いってみればドイツの地主貴族《ユンカー》のごときものだった。

彼らは一九二〇年という時期にあっても、農園で働く者に何の愛情も示さなかった。「奴らは移動（流浪）しながら、どこにいっても稼げる連中だから、農場の仕事が終われば次の牧場の仕事に流れていくだけの浮き草のような存在だ」と割り切っていた。ピトキンは収穫シーズンに果樹園や農場を渡り歩く労働者を見ている。彼らは収穫シーズンだけに雇われ、寝泊まりの場を与えられ日払いの労賃を得る。それが終わるとよその農場に移っていった。

農場主はこうした労働者をひどい環境のなかで働かせていた。彼らは、カリフォルニア州の移民住宅委員会（the State Commission of Immigration and Housing）がそれを問題視するまでは、ひどい扱いを受けていた。彼らの寝る場所は納屋や、飼い葉の山のなかだった。屋外で寝ざるを得ない者さえいた。彼らは料理場を囲むように立ったまま食事を取った。そこには家畜の糞に集まる蝿が飛び回っていた。こんな環境で働く白人はいなかった。稀にそんなところで働く白人労働者もいるにはいたが、大概が飲んだくれで、全財産と寝袋を抱えてその日暮らしのできる稼ぎを求めて転々とする流れ者だった。

カリフォルニアはこうした環境にあったから、反日本人感情を煽ることは実に簡単で、マッチ一本でからからに乾いた山林に火をつけるようなものだった。小規模農家の地主貴族への憎しみは沸騰点に達していた。特に、こうした憎しみの対象になったのはサンホアキン川の渓谷一帯を所有する地主貴族連中だった。こうした農場で働く日本人労働者が彼らの憎悪の対象になった。

日本人はいわばスケープゴートと化したのだった。地主貴族の象徴であった「カリフォルニア・デルタ農場」や「リンジ・アンド・ナビゲーション会社の所有する農場」には多くの日本人が働いていた。「カリフォルニア・デルタ農場」はサンホアキン川の渓谷の中心部に五万エーカー〔およそ二万ヘクタール〕もの土地を所有する大規模農場だった。ジャベズ・T・サンダーランドはこうした状況を次のように観察している。

「カリフォルニア問題の本質は、こうした大土地所有農場主の存在だった。土地の買い占めと値上がりを見越した投機的な土地購入を続けるこうした連中こそが、この州の問題の根源だった。小規模な農園主や果物や花を栽培する園芸農家は奴隷労働には無関係だった。こうした農家は懸命な作業で荒れた土地を灌漑し、それを豊かな土壌に変えてきた」

「リースした土地を灌漑し開墾する日本人も、カリフォルニアの土地に愛着を持っていた。彼らの故郷が日本である、ということとその愛情にはなんの関係もなかった。彼らは丹精こめて土地を改良してきた。何の利用価値もないと思われていた土地が、すばらしい土地に生まれ変わった。それは汗を流して世話したバラが見事な花を咲かせるようなものだった」

カリフォルニアには、土地所有の寡占化を憂える進歩派と目される人も多かった。彼らは農地改革の必要性を訴えていた。エルウッド・ミードもそうした人物だった。ところがこうした進歩派の人物でさえも、反日本人運動にあっさりと賛同してしまっている。それによって反日本人運動はリベラルな装いをまとうことになった。進歩派と目される政治家もまた反日本人運動に参加してしまうことになる。

サン・シメオン[*30]（San Simeon）の反日家

第一次世界大戦では日本が連合国側についたことで、カリフォルニアでも反日本人運動はしばらく鳴りを潜めている。戦争によって食料需要が大きく増えたことから、成立したばかりの外国人土地所有規制法は厳密には適用されなかった。しかしこの法律が多くのトラブルを惹起するのは時間の問題だった。

ウィリアム・ハースト系の新聞[*31]はつねに反東洋人の姿勢で多くの記事を提供した。ハーストの父ジョージはワシントンの上院議員に選出されているが、その選挙キャンペーンでは反支那人を訴えていた。そうした主張が票につながることを知り尽くした政治家だった。息子のウィリアムはもともと反日本人の姿勢であったが、そのやり方はあまり上手ではなかった。

ところが第一次世界大戦の勃発で彼は実に巧妙なやり方を考えだした。戦争が勃発した頃、ハーストは、どちらかといえばドイツびいきで、日本とメキシコを徹底的に嫌っていた。ハースト家はメキシコのセロ・デ・パセオ鉱山の所有権を持っていて、太平洋方面で戦争が起こると利益が上がると予想されていた。彼が反日、反メキシコのキャンペーンを張った理由はそこにあると考えられている。

第一次世界大戦勃発後しばらくして、ドイツの工作員がハースト系の新聞に定期的に寄稿していた。その一人がエドワード・ライエル・フォックス[*32]だった。彼は後にナチス成立の陰謀に加担して名が知られることになるフランツ・フォン・パーペン[*33]に、アメリカが日本と戦争状態になるのは間違いない、と報告している。一九一三年のことである。彼は、その確信はカリフォルニアで得たとしている。そのなかで、「カリフォルニアの問題をうまく利用すれば米日を戦わせることは可能である」と報告していた。彼はこれに続けて次のように述べている。

「アメリカ世論の眼をヨーロッパから東洋に向けさせる必要がある。ドイツに好意的な新聞の論調はあてにならない。しかしハースト系の新聞は、アメリカを日本との戦争に仕向けられそうだ」

彼のこの主張は、現在でもさかんに繰り返されている「まず日本を叩け（Fight Japan First）」の主張に通じている。フォックスは、日本との戦争の恐怖を煽ることで、アメリカの武器がヨーロッパに振り向けられることを妨害できると分析している。

フォックスの期待どおり、ハーストは対日戦の恐怖を煽っている。一九一五年九月二十八日、ハースト系のニューヨーク・アメリカン紙[*34]などが一斉に日本を非難する記事を掲載した。その記事にはセンセーショナルな見出しが付けられている。

「日本のアメリカ本土攻撃征服計画、日本の軍国主義者によって明かされる[*35]」

記事は、日本国内で「日本軍事協会（the Japanese Military Association）」なる組織によって発行された文献を翻訳したものだと伝えていた。この記事にはカリフォルニア沿岸上陸を想定した演習を重ねる日本兵の様子と称されるイラストも掲載されていた。ところがこの記事の信憑性について調べてみると、翻訳者の存在も確認できず、イラストは一八九五年の日本と清国の戦いの様子を描いた原画をリタッチしたものだった。

その上、報じられたアメリカ本土攻撃計画なるものは日本の三流雑誌に掲載された夢物語で、わずか三千部程度が発行されたにすぎず、ハースト系新聞が伝えるような、五十万部が発行されたという報道は嘘だった。翻訳も歪曲してなされていた。

ニューヨーク・アメリカン紙は一九一五年から一六年にかけて、センセーショナルに反日を煽る記事を掲載し続けていた。一九一六年七月二十三日付の記事では「危ない日本人の歌（Hymn of Hate）」なる歌詞の一節を紹介している。


奴ら（the Japs）は戦艦持ってるぞ。（メキシコの）マグダレナ湾[*36]に向かってる。[*37]

政府の皆さん、聞いてくれ。

奴らはいつでも笑い顔。ところが心中悪巧み。

カリフォルニアを狙ってる。

東郷には気をつけろ。

彼のポッケにゃ地図がある。カリフォルニアの地図がある。

奴らは信用できないぞ。


こうした新聞キャンペーンに加えて、ハーストは自らの影響力を行使できる映画産業を使って「パトリア（Patria）」なるシリーズ物の反日映画の製作も行っている。当時有名だった社交ダンス界のスターヴァーノン・キャッスルの奥方イレーヌ[*38]を登場させている。ウィルソン大統領はこの映画の一部を見ているが、そのあまりの偏向ぶり（extremely unfair）に驚いて製作者に苦情の文書を出している。

「この映画は明らかにアメリカ人のあいだに日本への敵意を煽るという目的をもって製作されたもので、

上映されるべきではない」

後日、ウォルター・B・ピトキンは、この時代に繰り返されたハースト系新聞の記事を検証している。ピトキンは、日本を非難する記事は実に馬鹿げていて、こうした記事を真に受けるのは子供や能無し連中（moron）ぐらいのものだと結論づけている。

より公平を期すなら、この時期の日本の言論界の記事にも同じようなことがいえたのも確かなことだった。いずれにせよ、一九一五年から一六年にわたって、ハースト系の新聞が煽りに煽った反日本人の卑劣な人種差別的な記事が、その後カリフォルニアで勃発する次なる反日本人運動の下地を醸成したことは間違いなかった。

反日を主張する人々

この頃、かなりの影響力を持つカリフォルニアの新聞に、サクフメント・ビー（Sacramento Bee）紙があった。V・S・マックラチー[*39]はこの新聞の発行人であり編集人でもあった。マックラチー家はカリフォルニアにやって来たアイルランド人のパイオニアのような存在だった。婚姻関係の積み重ねでサクラメント周辺では有力な一族になっていた。

マックラチー家はサクラメント・ビー紙だけでなく、フレスノ・ビー紙やモデスト・ビー紙を発行していたから、サンホアキン渓谷地方では政治的に強い影響力を持っていた。この三紙は進歩主義的なメディアで、清廉な政府、公共事業体の公営化などといった主張を繰り返していたから、リベラルなイメージがあった。それだけにこのマックラチー系新聞が反日本人運動の側についたことは、カリフォルニアの世論形成に大きなインパクトを与えた。

カリフォルニアの州都サクラメント市の郊外にフローリン（Florin）という町がある。サクラメントからおよそ八マイル〔一三キロメートル〕ほどの距離にある町だが、ここにはカリフォルニアでも数少ない日本人だけで経営する農園があった。そこには日本人が多く暮らすウォルナット・グローブとメイヒューの集落があった。V・S・マックラチーは子供の頃、荷馬車にサクラメント・ビー紙を積み、こうした村に配達していた。

彼は後年、反日本人の論客となるのだが、その動機は経済問題ではないと繰り返していた。しかし一九一九年頃、彼は日本人の住むフローリンの町では英字の地元紙が全く売れないと嘆いていたことがある。穿《うが》った見方かもしれず、彼自身気づいていないかもしれないが、彼が日本人を嫌いになったのは、フローリンの日本人にサクラメント・ビー紙が読まれなかったことと関係しているかもしれない。ただ大事なポイントは、マックラチー本人は真面目で誠実で勇気のある人物だった点にある。

一九一九年のことだが、このカリフォルニア中心主義のマックラチーは東洋の旅に出ている。彼がソウル〔京城〕に滞在しているとき偶然にも独立を求めるデモがあった。そのときに配布された独立を主張する文書を彼は持ち帰っている。彼は新聞人らしく、日本政府が情報を統制し、不都合なニュースがカリフォルニアのメディアに伝わらないようにしていることに気づいている。

カリフォルニアに戻ると、あたかも聖戦を仕掛けるように日本人移民に対する攻撃を始めた。一九一九年九月、マックラチーは「カリフォルニア移民を考える合同委員会（the California Joint Immigration Committee）」を組織している。スポンサーには、「黄金の西海岸の子供たち」「カリフォルニア・グレンジ」「カリフォルニア労働連盟」や新しく結成された「アメリカ在郷軍人会」も名を連ねている。

マックラチーは新聞業界の仕事から身を引くことを決め、残りの人生を反日本人活動に捧げている。言ってみれば、彼自身が「カリフォルニア移民を考える合同委員会」そのものだった。この委員会の運営資金を捻出し、多岐にわたる活動を指導した。

マックラチーは反日本人を煽る宣伝家（publicist）として実に有能な人物だった。彼はむやみやたらに日本人を貶《おとし》める悪口を喚くような男ではなく、日本人の長所を褒めることにも躊躇しない。日系二世のリーダー層との交流もあり、ときにサンフランシスコの自宅に彼らを招待するほどの関係を築いている。

マックラチーの主張に真っ向から対立する論陣を張ったのは、シドニー・ギューリック牧師[*40]だった。ギューリックは宣教師の息子として日本で生まれている〔実際は日本生まれではなくマーシャル群島エボン環礁で生まれている〕。二人の論争は十年の長きにわたって繰り返された。

ギューリックは東洋で三十年以上も暮らし、一九一三年にアメリカ本土に帰国している。彼は人生のほとんどを極東で過ごした人物であり、その大半は日本での生活だった。彼は同志社大学や京都帝国大学で講義している。そういう意味ではアメリカ国内の動きにはひどく疎かったが、徹底的な日本びいきであった。

彼の主張は非科学的で曖昧なところがあり、論理も破綻していることが多かった。彼は日本の朝鮮政策を支持したし、支那に対する日本の二十一ケ条要求が問題になったときも日本を擁護した。フランク・ヘロン・スミス牧師[*41]もギューリックと同様、日本の立場を伝える宣教師スポークスマンとして知られている。

一九一四年頃、連邦教会評議会（Federal Council of Churches）は、一九〇七年に設立された日本協会[*42]（the Japan Society）と提携し、カリフォルニアの日本人問題を考える特別委員会を設立している。評議会の収入の五分の一がこの委員会の運営経費に充てられたと言われている。こうした評議会の動きの背景には、日本で活動する宣教師たちの強い要望があった。彼らはカリフォルニアの反日本人の運動が、日本での布教活動の大きな妨げになると危惧したのだった。

特別委員会の指導に当たったのはギューリック牧師だった。牧師は豊富な活動資金に加えて、ハミルトン・ホルト[*43]が影響力を持つアウトルック誌[*44]やインディペンデント誌[*45]にその主張を伝える記事を存分に書いてもらえた。ホルトは日本協会の幹部だったのだ。こうして日本を擁護する運動はカリフォルニアの日本人排斥の運動と表裏一体の政治運動になっていった。

ギューリックらの運動はカリフォルニアの日本人移民を擁護するだけでなく、日本そのものを擁護するものだった。カリフォルニアの日本人移民にとってはフェアな視点で彼らの主張を伝える媒体が必要だったのは確かなことだったから、ギューリックらの活動はありがたいことだった。しかしこれがかえって逆効果になってしまった。ギューリック牧師はあまりにストレートに日本人を擁護した。彼のしつこいほどの主張が逆に、日本人への反感を煽ることになった。

この問題は、第一次世界大戦の勃発した一九一四年以降もやむことはなかったのだが、ギューリック牧師はK・K・カワカミ[*46]と緊密に協力しながら日本の立場を代弁する活動に没頭している。その後の言論活動で明らかなように、カワカミは日本政府を擁護する典型的な人物であった。この二人の手で日本を擁護する書物、パンフレットが溢れんばかりに世に送られ、新聞記事がそうした論調になるような工作もしていた。この二人に加えてT・イエナガ博士も活発に動いていた。彼の給料は日本協会から出ていた。

こうしたアメリカ国内の日本人の言論活動は、日本人移民は危険だと主張してきたマックラチーの疑念をいっそう深める結果になった。マックラチーはギューリックら宣教師の進める日本擁護の論調は薄っぺらく、論拠の曖昧な主張だと考えた。またカワカミの立場は、ジャーナリスト以上の何かがあると疑ったのもむべなるかなであった。

つまり日本を強く擁護するグループの活動がかえって日本人を排斥する道筋を作ってしまったということになる。一九二四年には日本人移民を完全に排除する法律[*47]（排日移民法）が成立してしまうことになった。ギューリック牧師は、日本人移民が完全に排除されることになるよりも、受け入れ割り当てを確保する方向で論陣を張った。

しかし反日本人のグループは、それではせっかく紳士協定で規制した日本人移民を逆に増やすことになると反発し、完全排除を主張したのだった。ギューリック牧師らの主張は日本の極東における政策が強硬なものに変化していることを無視し、ぼんやりとした和平を訴えるものだったから、カリフォルニアの差別主義者（race bigots）にとっては、その主張に反駁するのは実に簡単なことだった。マックス・J・コーラー[*48]が次のように述べている。

「日本人移民に数量規制を設けるという案は、もともとギューリック牧師から出されたことに注目すべきである。彼は長期にわたって日本で暮らしていたことがあり、東洋との摩擦を和らげようとしてきたことは事実である」

「私は十五年前に彼に忠告したことがあった。彼のそうした活動はカリフォルニアの日本人問題を解決することにはけっしてならないだろうと。むしろ他の民族に対してもダメージを与え、わが国そのものにも深刻な問題を引き起こすと警告した」

第一次世界大戦後の反日キャンペーン

大戦中の一九一五年から一七年にかけて、カリフォルニア州議会は反日本人政策の法案を何度も通そうと試みたが、日本がこの大戦で同盟関係にあったことから棚上げされている。しかし戦後になると事態は変化した。一九一九年四月一日、カリフォルニア州上院議員二名によって、同州議会に日本人排斥を目論む複数の法案が上程された。まだパリで和平の条件を詰める交渉が続いていた時期だった。

パリで交渉に参加している国務長官ロバート・ランシング[*49]に電報が打たれ、意見が求められている。ランシング長官はこうした法案がカリフォルニアで成立することに不快の念を示し、法案を引っ込めるように直ちに要請している。いったん収束したかに見えた反日本人の運動も、六月二十八日にパリ条約〔ベルサイユ条約〕が調印されるとあらためて大きな波となって再燃した。

このときの反日の論調は、それまでのものとは少し違っていた。従来の運動は日本人移民に対するもので、その対象は「日本人移民」だった。ところがそれが「日本そのもの」を対象とする「反日」の運動に形を変えているのだ。その上、これまであまりこうした運動に関心を示さなかった一般の人々が、この「反日」運動に加わり始めた。

このような変化の原因は、日本の朝鮮、シベリア、支那あるいは特に山東半島方面での外交に対する反発にあった。朝鮮やハワイにおける日本の動きを問題視する政府報告書も反日感情を悪化させることになった。

こうしたなかで、カリフォルニアの労働組合の日本人問題に対する取り組みに若干の変化が見られた。

彼らは反日本人運動を先頭になって煽ってきた組織だったが、そうした運動とは少しばかり距離を置き始めた。あまりに反日本人運動を高めることで、郊外の農場で働いている日本人労働者が再び都市部に戻ってくることを懸念したようなのだ。

サクラメント労働組合連盟評議会（the Federated Trade Council of Sacramento）は、反日本人運動はむしろ労働運動を弱体化させることになるとして、これを非難する決議（一九一〇年九月十日）までしている。こうした変化の予兆は確かにあった。一九一六年にはアメリカ労働連盟（the American Federation of Labor）が仕掛けた反日本人法案が否決されている。

これを受けて、サンフランシスコで労働運動を指導していたユーゴ・アーンストは、反日本人を煽るよりも、むしろ彼らをわれわれの仲間に引き込むほうが「日本人問題」の解決になるのではないかと主張し始めている。ウォルター・マッカーサーも労働運動の指導者の一人だったが、日本人を人種的に劣っていると攻撃することに疑義を唱えている。ボイラーマン組合のリチャード・ケイヴェリーもこうした論調に加わっている。

「日本人はわれわれと同化することができない人種だ、と攻撃することはできない。かつて同じような中傷があの品のない（lousy）アイルランド人にも向けられていたことを思い出してみようではないか」

これまで反日本人を煽り続けてきた労働組合が日本人問題を冷静に考えるようになったことは、確かに大きな変化であった。しかし、こうした動きとは裏腹に、第一次大戦後には一般人のあいだに反日本人の空気が広く充満してしまっていた。

こういった空気の醸成は一九一九年にいよいよはっきりしてくる。「これは翌年の連邦議会選挙で有利な立場になろうとする政治家の思惑と関係していた」とタッパーとマックレイノルズは前出の著書

『アメリカ世論にみる日本』のなかで分析している。

この当時、サンフランシスコ市長からワシントンの上院議員（民主党）となっていたジェームズ・フェランは再選を目論んでいた。しかし来たる選挙では共和党が圧倒的な勝利を得るだろうと予想されていた。そこで彼は白人至上主義を主張することで人気浮揚を図ったのだった。一九二〇年二月のグリズリー・ベアー誌で次のように主張している。

「日本人が、わが同胞の白人女性と結婚するような状況を想像してみてほしい。農作業にいそしむ彼らは大喜びだろう。しかし、こんなことがカリフォルニアで起きるようなことがあっては絶対にならない」

選挙戦で苦戦するフェラン議員の仲間は、政府の移民・帰化委員会（the Committee on Immigration and Naturalization）の聞き取り調査をカリフォルニアで実施させることに成功している。サンフランシスコで聞き取り調査が始まったのは一九二〇年七月十二日のことだった。その作業にはフェラン議員本人が当たっている。そして彼は自身で証言までしている。

「日本人は実に不道徳な人種である。（そうした不道徳行為で）わが民族の雑種化を図り、退廃させようと目論んでいる。カリフォルニアはそうした脅威に晒《さら》されている。（こういう恐れを抱く自分は）命まで狙われている。ボルシェヴィキ思想に染まった日本人を叩き出し、そういった危ない思想からカリフォルニアを護《まも》らなければならない」

彼は仏教と神道の思想をごちゃ混ぜにした説明を続け、日本人の恐ろしさを訴えた。また財産家でもあった彼は、反アジア人連盟や東洋人排斥連盟といった組織に資金を出している。どちらも彼の選挙運動を支援している組織だった。

パリ条約が調印され第一次大戦後の処理に一応のめどがつくと、カリフォルニア州議会は特別議会を招集し、日本人問題に関わる法律を成立させようとしている。ランシング国務長官の要請で一時棚上げされていた法案を立法化しようとしたのだ。

しかしウィリアム・スティーブンス州知事[*50]は特別議会の招集を拒否した。「黄金の西海岸の子供たち」のグループは直ちにスティーブンス知事の弾劾を叫び始めた。彼らは知事が日本に肩入れしていると非難した。

「スティーブンスは親日の危険な政治家！　カリフォルニアは白人のパラダイス！」

スティーブンス知事はこうした攻撃をなんとかかわそうと、日本人問題についての調査報告書をまとめさせている。それが「カリフォルニアと東洋人（California and the Oriental）」と題した報告書になって提出されたのは一九二〇年六月のことだった。その内容は過激なほどに反東洋人的色彩の強いものだった。これは知事自身も反日本人運動の側に立つことを決心したことを示すものだった。

それでも反日本人の勢力は知事が特別議会を招集しなかったことに対して怒っていた。そこで彼らは反日本人法案を住民投票にかけることにした。アジア人に人頭税[*51]を課す法案（Alien Poll Tax Bill）と外国人土地所有規制法案（Alien Land Act）の二つの法案の是非を住民に問うたのだ。結果は賛成六十六万六千四百八十三、反対二十二万二千八十六。圧倒的多数の賛成で二つの法案が成立している。

一九二〇年の上院議員選挙期間中に繰り広げられた反日本人のキャンペーンは、日本国内に強い反発を引き起こしている。この年の秋、大隈重信侯爵は、カリフォルニアのアメリカ人の態度に抗議する運動を始めている。加藤高明子爵は一九二〇年の外国人土地所有規制法に対して「日本として絶対に看過できない由々しき法律だ」と怒りを露わにしている。東京の学生たちは「アメリカに宣戦布告すべきではないか」と真剣な議論を始めていた。

前出のピトキンは「アメリカは本当に日本と戦う必要があるのか」と疑念を呈している。一九二〇年に起こった反日のアジテーションはアメリカ全土に伝播していった。タッパーとマックレイノルズは「拡大した反日の空気がますますそれを煽る者たちを勢いづけたし、新聞各紙は昔から使い古されてきた東洋人排斥の理屈を一面に大きく掲載し始めた」と分析している。

カリフォルニア東洋人排斥連盟（the California Oriental Exclusion League）は、米国東部や中西部の都市に弁士を派遣し、同時に東洋人排斥の主張を満載したパンフレットや小冊子をばら撒いている。あの長い大戦をやっと終えることができ、平和をもたらすはずのベルサイユ条約調印のインクがまだ乾きもしないのに、アメリカは日本との戦争の危機を迎えたのだった。こんな状態になるとは誰もが想像だにしていなかった。

一九二〇年の反日運動はそれまでとは様相が変わり、その醜悪さは際立っていた。在郷軍人会は映画『西部の暗部』（Shadows of the West）をカリフォルニア全土で上映した。これまで繰り返された反日本人の主張を正当化する理屈がすべて盛り込まれたストーリーだった。

日本人の頭領のような男がカリフォルニアの野菜の価格をコントロールしている。価格をつり上げるために野菜を海に投げ捨てる日本人たちが映し出され、そこかしこに日本のスパイが活動しているシーンもある。二人のいたいけな白人の少女が日本人のグループに誘拐され、危機一髪のところで在郷軍人に救出される場面もある。この下品な映画の上映に反対するグループが集会を開くと、たちまち散会させられた。

この反日本人キャンペーンの高揚にシンクロナイズして、二つの小説が出版されている。一つはウォレス・アーウィンの『太陽の種』*Seed of the Sun* であり、もう一つはピーター・B・カイン[*52]の『パロマの誇り』*The Pride of Palomar* だった。アーウィンがこの小説を書くことになったのは、反日本人運動の長老V・S・マックラチーの勧めがあったからだと私は耳にしたことがある。

どちらの小説も続きもので、アーウィンの小説はサタデー・イブニング・ポスト紙に、カインの小説はコスモポリタン誌に掲載されている。ルース・ファウラー女史によれば、この二つの小説は長いあいだ、カリフォルニアの多くの図書館でよく読まれたらしい。コーネリウス・ヴァンダーヒルド・ジュニア[*53]は、アメリカ各界の指導者層にカインの小説を送付し、彼らのコメントを求めている。そうしたコメントは「アメリカ世論の日本人問題についての最終宣告（the Verdict of Public Opinion on the Japanese Questions）」として小冊子にまとめられて配布された。カイルの小説は概ねモンタヴィーユ・フラワーズの論文「日本によるアメリカ世論の征服[*54]（the Japanese Conquest of American Opinion）」（一九一七年）に述べられていた構想に拠っている。カイルは巻頭でフラワーズに献辞を捧げている。

小説のなかでカイルが描写する日本人の性格はきわめて低劣（abominable）である。日本人は強欲で、自己中心的で、計算高い。喧嘩っぱやくて、疑い深く、ずるがしこい。その上、短気で信用できない。彼らにはスポーツマンシップはひとかけらもない。品性もなければ高潔さもない。こうした分析はまだ日本人そのものではなく、わが国に住む日本人移民に向けられたものである。高貴なるノルマン人の血統を受け継ぐ者でさえ、こうした有色人種と交わってしまうと、自然の法則を破壊していく、と主人公に分析させている。彼は物語のなかで日本人を激しく嫌悪するのだ。

「あの忌々しい日本から来た野郎ども（cock-sure sons of Nippon）にも黒人専用車ならぬジャップ専用車を用意して隔離しなくてはならない」

小説のなかにはアングロサクソン人種の優秀性を褒めそやす賛歌が出てくるのだが、それはホーマー・リーやモンタヴィーユ・フラワーズの著作から一字一句違わず引用したものだった。小説の主人公はメキシコ人の血が入った人物で、上流階級出身の男だった。主人公は支那人（John Chinaman）についてのコメントを求められるのだが、おもしろい答えをしている。

「チャイナマンは気にしなくていい。奴らはおれたちが優秀であることがわかっているから、われわれの立場を脅かすことはない」

これがカリフォルニアの典型的な考え方だった。わが国の独立宣言の趣旨との矛盾を衝《つ》かれると、主人公は、あんなものはちょっと格好つけたがりの間抜けな連中（sublimated jackass）が書いたくだらない代物だと嘯《うそぶ》いている。哲学者のジョシア・ロイス[*55]はカリフォルニアで育っているが、日本人に対する差別は見るに見かねるほどのひどさで、その中身も欺瞞に満ちていたと述べている。

つまり一九二〇年までに、カリフォルニアに住む白人たちはこうした論調にドップリと浸《つ》かってしまっていて、日本人そしてすべての東洋人を忌み嫌うようになっていた。わが国が、西海岸における東洋人移民問題をワシントンの議会で初めて取り上げたのは一八七六年のことだった。そのときの公聴会や調査の際に交わされた議論がカリフォルニアで繰り返されたのだ。

カリフォルニアの大衆は、責任ある立場にある人々の言葉や新聞や広告塔に現れた反東洋人メッセージを何度も何度も聞かされ、読まされることになった。選挙運動で繰り返されたそうした主張に彼らは慣れっこになっていった。チャールズ・レイノルズ博士は「過去四十五年にわたって、カリフォルニアの住民はつねに人種を意識しながら生きることになった」と述べている。

レイノルズ博士はある地方紙で報じられた日本人に関わる記事を調査しているが、そうした記事の総数は二八七七にも及び、行数を総計すると二万四五三インチ分に相当することがわかっている。論調に共通しているのは日本人移民に対する苛立ちが、敵意にも似た感情にまで高ぶっていることだった。

博士はもう一つおもしろい傾向を見出している。日本人に関わる記事の量には明らかに山と谷があることだった。博士は、その山と谷は選挙の時期や経済が悪化した時期とはっきりと相関関係があることを見出している。こうした事件のない時期には反日本人の記事はほとんど見ることはできなかった。この事実から「反日本人運動は実は誰かが都合よくなるために捏造《ねつぞう》した性格（fictitious character）が強い」と博士は結論づけている。

一九二〇年の反日本人運動は相当に過激なものだったから、その影響はかつてないほどの広がりを見せてしまっている。この年の夏には「アルメニア人は出て行け」と主張する広告塔が往来の激しい道端に出現している。[*56]カリフォルニア北部の内陸の町ロディ（Lodi）では、排斥の対象は日本人だけではなくアルメニア人、トルコ人、ギリシャ人、ヒンズー教徒にまで拡大していた。

一九二一年七月十八日の夜、同州中央部の内陸の町ターロック（Turlock）では、数百人の白人が日本人労働者五十八人を列車に放り込み、町から追放するという事件があった。明らかに警察はこの行為を黙認するという立場をとっていた。この事件はたちまち日本に伝わり、アメリカへの激しい抗議の声が沸きあがっている。[*57]ルイス・シーボルトは「最近の日本での反米感情はかつてないほどの高まりを見せている。しばらく前にターロックの町の果樹園で働く七百人の日本人労働者が町から追放された事件があったが、そのときの反米感情を超える激しさである」と述べている。

東京、大阪、神戸あるいは長崎の新聞各紙は、ミカドの臣民に加えられた侮辱に対してアメリカ政府に補償を要求すべきだと主張していた。この「ターロック事件」は、選挙のたびに繰り返されてきた反日本人を煽る運動がもたらした当然の帰結である、とブエル氏は分析していた。

つまりこの事件は、これまで日本人問題を解決するとした手段が、逆に東洋人の対白人感情の悪化を助長するだけだったことを示している。これによって日本人のアメリカ社会への同化はますます難しいものになった。ターロックの町に続いて、中部の町マーセド（Merced）でも、北西部のホップランド（Hopland）でも日本人労働者が追い出された。この動きは他の町にも拡散していった。

一九二〇年から二一年に発生したカリフォルニアの一連の事件は、外交にも重大な影響を与えていた。一九二一年十一月十二日からワシントンで海軍軍縮に関わる国際会議が開催されている。この会議は翌年の二月まで続くのだが、カリフォルニアの事件はこの会議の交渉にも影響を与えた。

「カリフォルニアの事件は一般の日本人にもわかりやすい性格のものだった。合法的に米国に居住している日本人同胞への攻撃が続く限り、その差別が不正義なもので、その差別の動機も単純で、ただいたずらに日本人を蔑む意識が根底にあると考えるのも自然だった」

これが前出のブエルの分析だった。またこうした分析に劣らず重要なことは、このような事態を日本の軍部が利用していたという点である。当時の日本人民衆はまだ、よこしまな考えを持つ日本の支配者の方針に唯々諾々と追随する状態には陥っていなかった。軍部は、アメリカが日本の帝国主義に反発するのは自らの極東政策の真の狙いをごまかすための煙幕だと主張した。日本人移民へのわが国の態度は、そう解釈されてもしかたがないところが確かにあったのだ。

外国人土地所有規制法は、日本人問題を解決する最後の切り札（final solution）として一九二〇年に成立している。一九一三年の法律には多くの抜け道があったが、それらをすべてなくすことを狙った法案だった。カリフォルニア州での規制法の成立を受けて、アメリカ全土で同様の法律が次々と成立した。ワシントン州、オレゴン州、アリゾナ州、コロラド州、デラウェア州、ネブラスカ州、テキサス州、アイダホ州そしてニューメキシコ州と続いた。

カリフォルニア州ではこの法律が合衆国憲法に違反するとして訴訟になっていたから、法律の施行は連邦最高裁判所の判断待ちになっていた。一九二三年十二月にその判断が示されたのだが、それは合憲というものだった。これにはカリフォルニアの土地を多く所有する会社は驚いた。違憲の判断が下されるだろうと法務の専門家からアドバイスされていたのだ。

新聞各紙は、今後三万人もの日本人が五〇万エーカー〔約二〇万ヘクタール〕の生産性の高い農地を放出せざるを得なくなるだろう、とセンセーショナルに伝えていた。誰もが、ついに日本人はカリフォルニアの農地から追放されると考えた。

ところが現実にはそうはならなかった。日本人農家が野菜や果物の生産の大部分を担う状態がそのまま続いたのだ。こうした作物が日本人によって生産される割合は一九二〇年から一九四〇年の二十年間にわたってほとんど変化を見せていない。確かに日本人の生産するレタスの量は減っているのだが、その他の作物は増えていた。つまり日本人農家がカリフォルニアで担う役割はほとんど変わりがなかったのだ。

日本人経営の農園の平均規模は確かに縮小している。八〇エーカー〔約三三ヘクタール〕から四四エーカー〔約一八ヘクタール〕に減少した。日本人農家全体の面積でいえば、三六万一二七八エーカー〔約一五万ヘクタール〕から二二万六〇九四エーカー〔約九万二〇〇ヘクタール〕への減少である。しかし生産額はこの間に増加を見せている。農場で働く日本人の数はこの法律によって減少し、かなりの数の日本人が都市に移動していった。しかしそのほとんどが戻ってきている。非日本人の農作では競争力のある農業生産ができなかったのが原因だった。

外国人土地所有規制法の運用は地方の役人の手に委ねられている。実際のところ、白人の地主が日本人に土地を貸したいと思えばどうにでもなった。違法行為を摘発するのは地方検事の仕事だが、摘発するかしないかの判断はきわめて恣意的だった。ハワイ人やアメリカ生まれの日本人を名義人として土地を貸し、耕作する日本人は小作人としてではなく、マネージャーの肩書をつければよかった。

これ以外にも抜け道はあったし、役人たちも黙認していた。つまり平気で法は無視されていた。法律の施行で州の所有になった土地はほとんどなかった。一九二四年からフィリピンから多くの農業従事者がカリフォルニアに呼び込まれているが、それでも日本人が少なくなることはなく、逆に彼らは管理者に格上げされた。

一九二〇年の外国人土地所有規制法の施行による日本人への嫌がらせや、「日米戦争一触即発」と危機を煽ったアジテーションで、いったい誰が得をしたのだろうか。白人の土地所有者もかえって安い地代を甘受せざるを得ず、農業従事者も労賃が下がってしまっていた。労賃は、一九三三年にかつてないほどの低いレベルにまで落ち込んでいる。日本人経営以外の農場が利益を上げたかというと、それもなかった。

一九二〇年以降は野菜の生産は全国的に大規模経営に変化していった。カリフォルニアの野菜は、イタリア人の多く働くニュージャージー州やメキシコ人農業従事者の多いテキサス州の野菜と競合せざるを得なくなっている。

カリフォルニアの消費者も結局は損をしている。カリフォルニアでは野菜の価格は下がり続けていた。種類によって異なるものの（日本人農家の高い生産性で）野菜の価格が一〇から五〇パーセント下がっていて、西海岸の住民は十分な利益を享受していたのだ。しかしそれもなくなってしまった。ジョン・ラデメーカー博士は次のように分析している。

「この法律は政治的グループの生み出した机上の計画から出来上がった代物だった。こうしたグループにとっては、日本人が農場で働いていようがいまいが、さほど関心はなかった。彼らにとっては、法律を作る行動そのものに価値があった。政治運動として重要だったのだ」

日本人排斥

日本人は市民権を得られない。確かにずっとそのように考えられてきた。しかしそれが法律の解釈として確定したのは一九二〇年の外国人土地所有規制法成立以後のことである。日本の領事はこの件について、アメリカ側の司法判断を意識的に曖昧なままにしておきたかったようだ。おそらくその方が国内の世論工作に都合がよかったのだろう。

土地規制法の成立によって、さすがにこの問題をこれ以上放置しておくわけにはいかなくなった。一九二二年十一月十三日、連邦最高裁判所がいわゆる「オザワ事案」についての判断を示している。オザワはカリフォルニア・バークレー高校を卒業し、カリフォルニア大学バークレー校に三年間学んでいる日本人である。

市民権を要求する彼の訴えに最高裁は、「オザワは『自由な白人（free white）』ではない、したがって市民権は持てない人種だ」と結論づけた。この決定は大きなインパクトがあった。外国人土地所有規制法の解釈に影響を与え、なによりも（日本人を本格的に締め出す）移民法の成立（一九二四年）に向けて大きな弾みとなった。

日本人は白人ではない、したがってアメリカ市民権を持つことができない。この決定は日本国内に激しい反米感情が巻き起こした。大阪毎日新聞は「アメリカ人は実に意地悪な（spiteful）民族である。彼らは毒蛇のように邪悪である。アメリカ政府は実に狡猾にわれわれを騙してきた。そのことが如実になった」と怒りをぶちまけた。時事新報は「守られなかった約束」と題した風刺画を掲載し、アメリカの偽善を詰《なじ》っていた。

つまりわが国は第一次世界大戦の際、兵役を志願する者には（人種とは関係なく）市民権が与えられると約束していた。ところがその約束をいとも簡単に破棄した、と伝えている。こうしたなかで関東大震災が発生した（一九二三年九月一日）。カリフォルニアから義捐金が贈られたことから、日本の怒りはしばらく沈静化している。それでも日本人の憤りが、さらに過激な形で爆発するのは時間の問題だった。

連邦議会に割当移民法案（Quota Immigration Act of 1924）が上程されたのは一九二四年のことだった。より過酷な修正案を提出したのは、カリフォルニア州選出のサミュエル・ショートリッジ上院議員[*58]だった。ショートリッジ議員は修正案のなかで「市民権を得ることのできない外国人」は移民として一切認めないとする条項を挿入しようと目論んだ。

埴原《はにはら》駐米大使[*59]はヒューズ国務長官[*60]に対して、ショートリッジ議員の修正案が可決されることになれば日米関係に重篤な悪影響（grave consequences）を生むだろう、との不快の念を書面で伝えている。この文書は、ヘンリー・ロッジ上院議員[61]らの格好の餌食になってしまった。（この書面は反日意識を高めるのに利用され）一九二四年三月十五日、圧倒的多数の賛成で法案は成立している。

ヒューズ国務長官は、これによってワシントン軍縮会議の成果は台無しになるだろうと懸念を表明した。クーリッジ大統領はこの法案にしぶしぶ署名している。市民権資格のない外国人を排除する条項は、カリフォルニア州出身の議員によって挿入された。その動機はカリフォルニアという地域のきわめて特殊な事情からくるものだったが、法律が成立したことで、そこで示された意思はアメリカという国全体の意思となってしまった。

レイ・ライマー・ウィルバー博士[62]は、この法律成立の背景には一九一九年から二一年にかけて吹き荒れた反日本人暴動が大いに関係していたと分析している。こうした暴動で国全体が人種問題に異常なまでに敏感になっていた。注目すべきことは、この時期に高名な学者や評論家による人種差別的な発言が相次いだことである。マジソン・グラント、ロスロップ・ストッダード、ヘンリー・フェアフィールド・オズボーン[63]といった人物がそうした主張をリードした。彼らの発言がこの法律の成立を後押ししたことは間違いないことだった。

この法律については日本の学者もコメントしている。ツルミ・ユウスケ[64]という人物は「現代日本（Contemporary Japan）」という論文のなかで、一九二四年の移民規制法は日本人にとって最悪のタイミングで成立したと述べている。

「この頃、日本は未曾有《みぞう》の震災に苦しみ、膨大な財産が灰燼に帰して日本人は呆然としていた。崩れた建物の下敷きになり、燃え盛る火の海のなかで死んでいった者は二十万を超えていた。多くの産業が壊滅的な打撃を被り、日本経済は停滞し日本人すべてが喘いでいた」

「それに輪をかけるように、日本人移民を完全に排斥する法律をアメリカは成立させた。日本が塗炭の苦しみに喘いでいるまさにそのときに、長きにわたって日本人に開かれていたドアをバタンと閉めたのだ。日本人はアメリカがこうした挙に出るなどとは思いもしていなかった。その動機も全く理解できなかった」

日本人を排除するこの法律は日本に深刻な影響を及ぼした。トインビー教授[*65]は次のように日本の抗議の様子を伝えている。

「移民法の成立で日本全国に危険なほどの興奮と憎しみが満ち溢れた。数週間にわたってその憤懣があちこちで爆発した。五月三十一日[*66]と六月四日に、二人が抗議の自殺を遂げている。六月十日にこの自殺した二人のうちのどちらかの葬儀があったが、この会場で反米の大きなデモが実施されている。また六月五日にはウッド駐日大使[*67]が帰任している」

「六月七日には東京の帝国ホテルで舞踏会が催されたが、アメリカに抗議する一団が乱入している。なかにはサムライ姿の者もいた。この舞踏会には日本人も西洋人も招かれていた。抗議の矛先はアメリカ人のような服装で西洋人と親しくする日本人の参加者に向けられていた。七月一日には一人の男がアメリカ大使館に侵入し掲揚されている星条旗を引きずりおろし、それを二つに引き裂いて逃走している。犯人は見つかっていない」

ハリー・エマーソン・ウィルデス[*68]もその著作『危機にある日本』*Japan in crisis*（一九三四年）のなかで次のように語っている。

「移民法の成立した年は日本の衆議院の選挙があった年に当たる。アメリカに復讐心を持つ者が立候補すると、彼らは移民法に報復的な法律を作るべきだと主張した。そうした候補者の多くが当選した」

繰り返しになるが、一九二四年の移民法が重要な意味を持つのは、この法律が日本人に対して差別的であり、そしてそれが連邦政府の法律として成立したことである。

ロバート・オーラ・スミス[*69]は次のように語っている。

「これまでアメリカ政府は、カリフォルニア州がどのような態度で日本に臨もうが、合衆国は日本との強い友好関係の保持を希求していると繰り返し表明してきた。しかしこの法律の成立によって、政府の主張はもはや意味をなさなくなった。日本人移民に対するアメリカの態度が両国間の外交関係に重大な悪影響を与えたと結論づけざるを得ないのである」

この法律は同時に、日本国内にあったアメリカにはリベラルな態度で臨もうという勢力の息の根を止めてしまった。

日本はかつてベルサイユ会議の場で人種平等を希求する旨を言明した。ジュネーブで国際会議〔児童の権利に関する会議〕が開かれた際に、日本は再びこの問題を提起している（一九二四年九月）。西海岸ではこの法律の成立によって、日本人移民を排斥する事件が再び起こっている。一九二五年にはオレゴン州のトレドの町で日本人労働者を町から追放する事件があった。ただこの事件はすぐに裁判沙汰になり日本人の被った損害は補償されている。

こうした事件を通じて、わが国の立場ははっきりとしない、疑わしいものに成り果ててしまった。ある評論家はこの状況を次のようにコメントしている。

「アメリカは国家として条約を締結するのはよいのだが、州も国民もその条約の義務を守れない。国務長官ができることといえば、わが国の憲法の精神を説明し、そうした義務違反の結果、傷つき損害を被った移民やその家族に補償するようワシントン議会に求めるだけだ」

排日移民法に対して広範囲の反対が巻き起こったことは紛れのないことだ。そのことは先述のウィリアム・タフトの書にも詳述されている。

排日移民法が成立してしばらくのあいだは、太平洋岸の多くの商工会議所でこの法律の排他性を緩和しようとする動きがあった。しかし、一九二九年初頭、カリフォルニア州議会は両院あげて、アジアからの労働者を規制する排日移民法の内容は一切変更すべきではないと決議した。この決議がなされた後も見直しを訴える活動はあった。一九三一年にはカリフォルニア東洋問題評議会（the California Council on Oriental Relations）が結成され、同州の東洋人排斥の態度を緩和させようとしている。

しかし、そうした動きも一九三一年九月十八日に発生した満州事変（the Mukden incident）と一九三二年一月二十七日の上海事変で息の根が止まってしまった。こうした事件を前にして評議会はなす術もなく、一九三四年末には解散に追い込まれている。

排日移民法は、それを目論む人々が四半世紀にわたって主張した成果であった。彼らは最終的な目標をこの法律で達成した。そのこともあって、カリフォルニアの東洋人排斥の動きは沈静化をみせている。一九二九年から始まる不況の時代にあっても、排斥を煽るアジテーションは起きていない。反日本人感情は消えたかのようにみえたが、日本との関係に少しでも変化の兆しがあると、そうした感情はいとも簡単に目を覚ましている。

日本がアメリカの競合国家としてその姿をはっきりと見せ始め、極東情勢が緊張すると、カリフォルニアはすぐさま緊張感を高めている。カリフォルニア州議会では一九三五年、三七年、三九年と相次いで反日本人的政策を成立させた。一九三四年にはアリゾナで何者かが日本人移民を襲撃する事件も発生した。*70

一九三五年春には、またしてもハースト系のメディアが東洋人移民を激しく攻撃するようになった。東洋人移民はアメリカ人から不公正な競争で経済基盤を破壊し、不況からの回復を妨害しているという主張を始めた。この頃、得体の知れない百人委員会という組織がカリフォルニア南部で結成されている。百人委員会は組織の機関誌アメリカン・ディフェンダーを通じて、使い古された反日プロパガンダを繰り返した。

「日本人農家は野菜に砒素をかけている」

「彼らは人糞を肥料にしていて、その結果、赤痢菌が撒き散らされている」

「彼らはペルーで軍事訓練を行っている」

一九三五年四月二十七日号の記事は、そうした反日本人移民の典型的な内容であった。

「日本人移民が棲みつく場所は彼らによって汚される。彼らは癩病患者の傷から流れ出る汚れた沁みのようにカリフォルニアを汚染する」

「日本人移民は灰皿から溢れ出そうな煙草の吸殻と同じだ。反吐《へど》が出るような悪臭を放ち、空気を汚す」

「不幸にもこうした日本人を目にしてしまった者は、気持ちが悪くなり、あわてて身を清めたいと思ってしまうほどだ」

一九三五年四月九日、西海岸の新聞各紙は一斉に、輸送艦ショーモント（Chaumont）のメスボーイ〔司厨部の助手〕に日本人が働いていたことを報じている。なんらかの工作活動を疑ったのか、サンタ・バーバラのある会社がこの報道を受けて、ガスマスクの製造許可を申請する事件に発展した。日本人は工作活動の準備を進めている。おれたちも準備しなくてはならない。それが彼らの言い分だった。

これに似た報道が一九三五年から三九年にかけて何度も繰り返されたのだった。しかし、カリフォルニア州内の日本人と非日本人との関係にはさしたる変化は起きていない。注意しておきたいのは、いわゆるカリフォルニアの対日戦争（the California-Japanese war）では、対日関係が緊張するたびに振子が揺れるように、反日の動きを牽制する勢力も現れていることだ。

論争がそこら中で繰り広げられた。地方紙から全国紙までがこの問題を扱った。教会では牧師たちがこの問題を話題にした。議会でもたびたび問題にされ、国際会議でも議論された。多くの書籍が発刊され、その是非を議論した。

賛否両論が渦巻くなかで、そうした問題があたかも存在しないかのような態度をみせる者も多かった。両国間には友好関係を乱すものは全くない、と主張する連中の言葉は滑稽なほど実態を無視したおとぎ話だった。

この時期、日本は何度も友好親善を深めるための使節を派遣してきている。わが国もそれに応えるように同じ目的の使節を送っている。出版界でも日本を賞賛する書籍の発刊が相次ぎ、日本でも同じようにアメリカを讃える多くの本が発行されている。

互いを讃えあう書籍の洪水は、こうした事態を批判的にみる者をかえって増やしている。先述のウォレス・アーウィンの作品に登場する「ハシムラ東郷」の観察は興味深い。

「白人種と黄色人種は共存できるか否かと誰もが質問する。ぼくはもちろん一緒には棲めると答える。でも仲良くはできないね。サンフランシスコでもバンクーバーでも一緒には棲んでいた。でもその結果、そこら中にガラスの破片が飛び散って、銃声と叫び声が街に溢れ、軍隊が出動した。日本人は柔術が得意で、アイルランド人はガスパイプを作るのがうまいからね」

日本からわが国に友好親善使節がやって来て、相互理解の言葉を発している先で、日本ではメディアが、アメリカ人は日本をいじめるのを喜んでいるとか、二枚舌の泥棒だとか、卑怯者だとか、傲慢な破廉恥野郎だとかの悪口雑言を繰り返していた。

同じようにわが国のメディアも、われわれの親善使節が横浜に着いたと同時に日本を詰り倒している。日本を実際に訪れ、現実のものになってきた日本の危険性を感じたわが同胞もいた。彼らがそれを国内で伝えようとすると、好戦主義者だとか、不満分子のいかれた記者だとかの攻撃が待っていた。

日本の情勢に詳しい連中がそれを本で発表するたびに、シドニー・ギューリック牧師やカール・カワカミから瞬く間に反駁された。この頃には日本政府のプロパガンダ組織が精力的に活動していた。ニューヨークではチラ・チュウゴ[*71]が東西通信社を、サンフランシスコではカール・カワカミが太平洋通信社を指揮していた。[*72] 日米間の摩擦に関する案件では、こうした組織がすぐさま介入してきた。日本政府は数人のカリフォルニアのジャーナリストを雇い入れ、コントロールしていた。

カリフォルニア州での反日本人運動の炎は消えることなく何年も続いた。ルース・ファウラーはこうした状況を次のように描写している。

「カリフォルニアに住む者は、反日本人の活動が日常茶飯事の事件であることに気づかされることになる。反日本人の動きは政治の場でも、社会経済活動でも、あらゆるところでついてまわった。だから日本人と接触するたびに、それが直接的であろうが間接的であろうが、いつもこの問題の存在を思い起こされるはめになった」

眼に見えないカリフォルニア・日本戦争は飽くことなく続いていた。この戦争の犠牲者がカリフォルニアの日系移民になることは明らかだった。それがはっきりと現実になったのが一九四一年十二月七日から始まった本物の物理的な米日戦争であった。

注

＊1　*Four Immigrants Manga: a Japanese Experience in San Francisco, 1904-1924*, Henry Kiyama, Bridge Stone Press, 1998, p140.
＊2　地元紙は暴行に関与した若者を英雄とまで持ち上げた。同右。
＊3　一八九四年に結ばれた日米通商航海条約を指す。
＊4　*the Japanese American* 一九〇六年十月二十五日付及び *the New World* 同日付。〔原注〕
＊5　具体的には合衆国憲法修正十四条の第一節を指す。内容は以下のとおり。
「修正十四条（一八六八年）第一節　合衆国に生まれ、または帰化し、その管轄権に服しているすべての人は、合衆国及びそれぞれの居住する州の市民である。いかなる州も、合衆国の市民の特権または免除を縮減する法律を制定し執行してはならない。いかなる州も、人から法のデュー・プロセスによらずして生命、自由もしくは財産を剝奪してはならない。またいかなる州も、その管轄権の中で何人にも法の平等な保護を否定してはならない」
＊6　一九〇七年五月二十日にサンフランシスコで暴徒およそ五十人が日本レストランを破壊し、客などに暴行を加えた事件。
＊7　コリアーズ誌はアイルランド人移民ピーター・コリアーによって一八八八年に創刊された週刊誌。一八九〇年代には発行部数は二十五万部を超えている。一九〇〇年代はイラストを多用した調査報道で定評があった。
＊8　メキシコ国境からテキサスの町エルパソなどに不法入国する日本人の増加を指していると考えられる。
＊9　Anthony Caminetti 一八五四—一九二三。一九一三年から二一年まで連邦移民長官。反アジア人政策を強く主張した。
＊10　Charles Henry Pearson 一八三〇—九四。オーストラリアの歴史学者。有色人種の強み、特に高い出生率を警戒し、白人種の衰勢を憂えた。これがオーストラリアにおける白豪主義の理論的基礎となった。彼の考えは

セオドア・ルーズベルトやグラッドストーン英首相などに影響を与えている。

＊11 Homer Lea 一八七六—一九一二。カリフォルニア生まれの歴史家、軍略家。孫文の軍事顧問であった。著書に *The Valor of Ignorance*, 1909 がある。彼の生い立ちについては拙著『日米衝突の根源 １８５８—１９０８』（草思社）、15章・白い艦隊の「日米戦争試論」（五五二頁）を参照されたい。

＊12 Madison Grant 一八六五—一九三七。優生学者。環境保護の指導者。セオドア・ルーズベルト大統領やハーバート・フーヴァー大統領らと篤い親交があった。移民規制を強く主張した。彼の生い立ちと事績については『日米衝突の根源 １８５８—１９０８』14章・米西戦争「優生学者マジソン・グラントの危惧」の節（三八四頁）に詳しい。

＊13 Theodore Lothrop Stoddard 一八八三—一九五〇。優生学者、ジャーナリスト、歴史学者。一九二〇年に『有色人種の白人世界への挑戦』*The Rising Tide of Color against White World Supremacy* を出版し、有色人種の台頭を強く警戒した。

＊14 北部カリフォルニア州にある渓谷。深い谷と早い瀬で有名な観光地。

＊15 Charles. C. O'Donnell 反苦力《クーリー》クラブ第四区会長（The President of the Fourth Ward Arti-Coolie Club）。一八七〇年代に反支那人キャンペーンを主導した。
http://www. columbia. edu/cu/history/resource-library/Batzell_thesis. pdf

＊16 アメリカおよび清国両国民の自由な移住を定めたソワード・バーリンゲーム条約をさす。同条約については『日米衝突の起源 １８５８—１９０８』5章・大陸横断鉄道開通「低賃金労働者供給条約」の節（一五〇頁）を参照。

＊17 Wallace Irwin 一八七五—一九五九。作家。著書に『日本人学童からの手紙』*Letters from A Japanese School Boy*, 1909 がある。

＊18 William Jennings Bryan 一八六〇—一九二五。民主党政治家。一八九六年、一九〇〇年及び一九〇八年の三回にわたり民主党大統領候補に選出されている。

＊19 Hiram Johnson 一八六六—一九四五。一九一一年から一七年まで、カリフォルニア州知事。以後四五年に死亡するまでワシントン上院議員。共和党。一九一二年の大統領選ではセオドア・ルーズベルト元大統領の結成

した進歩党の副大統領候補となった。

＊20　Charles W. Eliot 一八三四―一九二六。ハーバード大学学長（任期一八六九―一九〇九）。一九〇五年、伏見宮貞愛親王の訪米時、同大学を訪問した親王を直々に案内している。

＊21　Andrew. M. Pooley 著書に『林董伯爵の思い出』*The secret memoir of Count Tadasu Hayashi*, 1915、『日本の外交政策』*Japan Foreign policy*, 1920 などがある。

＊22　第三次桂内閣（一九一二―一三）。

＊23　Panama-Pacific International Exposition 一九一五年二月二十日から十二月四日までパナマ運河開通を記念して開催された。

＊24　派遣されたのは添田寿一と神谷忠雄。渋沢栄一は下記のように記録している。

「大正二年五月八日（一九一三年）　是日当会、渡米スル添田寿一及ビ神谷忠雄両氏ノタメ、東京商業会議所ニ懇話会ヲ兼ネタル送別会ヲ開ク。栄一出席シテ意見ヲ述ブ。十日二氏出発ス。カリフォルニア州外国人土地所有法ハ十九日同州知事ノ署名ヲ得、州法トナル」（『渋沢栄一伝記資料』第三十三巻、目次詳細）

http://www.shibusawa.or. jp/SH/denki/33.html

＊25　添田寿一。一八六四―一九二九。銀行家、経済学者。日本興業銀行総裁、鉄道院総裁などを歴任。

＊26　Charles Sumner 一八一一―七四。マサチューセッツ州上院議員、反奴隷制度を主張。

＊27　*Immigration and Alien in the United States*, 1936.［原注］

＊28　James Bryce 一八三八―一九二二。イギリスの歴史家、政治家。一九〇七年から一九一三年まで駐米大使。

＊29　Walter B. Pitkin 一八七八―一九五三。コロンビア大学教授。哲学者、ジャーナリズム論研究者。

＊30　San Simeon は後述のウィリアム・ハーストの築いた城のような豪邸の建つカリフォルニアの町である。

＊31　William Hearst 一八六三―一九五一。カリフォルニア出身の新聞王。サンフランシスコ・イグザミナー、ニューヨーク・ジャーナル社主。ハーストの詳細については『日米衝突の根源　１８５８―１９０８』14章・米西戦争の「『戦争を売る』ジャーナリズム」を参照されたい。

＊32　Edward Lyell Fox 一八八八―一九二〇。著書に Armgaard Karl Graves との共著 *The Secret of the German War Office*, 1914 がある。三十二歳で没。

＊33　Franz Von Papen 一八七九―一九六九。第一次大戦後ドイツ首相。一九一三年から一五年まで駐アメリカドイツ大使館付武官。ニュールンベルグ裁判で被告となるが無罪。
＊34　New York American はハーストの発行していた New York Journal が一九〇一年に紙名変更した新聞である。
＊35　原文は「Japan Plans to Invade and Conquer the United States Revealed by Its Own Bernhardi」となっている。Friedrich Von Bernhardi はドイツ帝国将軍で、ドイツの戦いを聖戦とする主戦派。軍事史家でもあった。
＊36　Magdalena Bay カリフォルニア半島とメキシコ本土のあいだにある湾。
＊37　原文は以下のとおり。
They've battleships, they say,
On Magdalena Bay!
Uncle Sam, won't you listen when I warn you?
They met with us with a smile
But they're working all the while,
And they're waiting just to steal our California!
So just keep your eyes on Togo,
With his pockets full of maps,
For we've found out we can't trust the Japs!
＊38　Vernon Castle（一八八七―一九一八）とその妻 Irene（一八九三―一九六九）は当時流行だった社交ダンス界のスターだった。二人の始めた新しいステップは現在でもキャッスル・ウォークとして残っている。
＊39　V. S. McClatchy 一八五七―一九三八。カリフォルニアからの日本人排斥を訴えるパンフレットを多数作成し、ワシントンの議会に配布した。
＊40　Sidney Gulick 一八六〇―一九四五。日本に布教に向かったのは一八八八年のことで　熊本に二十五年在住している。一九〇五年には日本の視点から日露戦争を論じた『極東における白禍論』*The White Peril in The Far East* を上梓している。日米関係が緊張するなかで、アメリカから日本に「青い眼の人形」を贈る活動をは

じめ両国の親善に努めている。
＊41 Frank Heron Smith 一八七九―一九六五。
＊42 日本協会は、高まるカリフォルニアでの反日本人の動きを牽制する目的で、一九〇七年にニューヨークで設立された。初代会長はニューヨーク市立カレッジ学長のジョン・フィンレイ。
＊43 Hamilton Holt 一八七二―一九五一。ジャーナリスト、ローリンス・カレッジ学長。日本協会創立当初からのメンバー。
＊44 The Outlook 一八七〇年から一九三五年まで発行。
＊45 The Independent 一八四八年から一九二八年まで発行。
＊46 河上清（Kiyoshi Karl Kawakami）。一八七三―一九四九。キリスト教社会主義者。ジャーナリストとしてアメリカで活動。
＊47 the Immigration Act of 1924 国別に受け入れ移民数を設定した法律だが日本人については完全に排除された。
＊48 Max. J. Kohler 一八七一―一九三四。
＊49 Robert Lansing 一八六四―一九二八。ウィルソン政権下の国務長官。一九一七年には石井・ランシング協定を結び、日本の満州・内蒙古の特殊権益とアメリカの一般権益の利害調整を図っている。
＊50 William D. Stephens 一八五九―一九四四。共和党進歩派の政治家。一九一七年から二三年までカリフォルニア州知事。
＊51 Poll Tax 一人当たりいくらという税額が決められる税。
＊52 Peter B. Kyne 一八八〇―一九五七。小説家。米西戦争ではフィリピンで戦う。第一次世界大戦にも従軍している。
＊53 Cornelius Vanderbilt JR. 一八九八―一九七四。鉄道王コーネリウス・ヴァンダービルドの子孫。四代目にあたる。ジャーナリスト。ニューヨーク・ヘラルド紙やニューヨーク・タイムズ紙に寄稿。
＊54 The Japanese Conquest of American Opinion は一九一七年ニューヨークの George H. Doran 社から出版されている。

＊55 Josiah Royce 一八五五―一九一六。アメリカの哲学者。カリフォルニア州立大学バークレー校を卒業し、同校の教授となる。
＊56 Armenian オスマントルコ帝国内の少数民族。第一次世界大戦中にトルコ国内での激しい差別を逃れアメリカに移住するものが増えていた。
＊57 Louis Siebolt ニューヨーク・ヘラルド紙の記者。一九二一年に同紙から日本の海外拡張政策をまとめた *Japan: Her Vast Undertaking and World Expansion* を出版している。
＊58 Samuel M. Shortridge 一八六一―一九五二。一九二一年から三三年まで共和党上院議員。
＊59 埴原正直（はにはら・まさなお）。一八七六―一九三四。「大正時代、埴原正直という異能の外交官がいた。私学の東京専門学校（現・早稲田大学）を卒業し、東洋経済新報の記者を経て外務省に入った変わり種ながら、卓越した英語力と人間的魅力で米国各界に深い人脈を構築。外務事務次官など枢要ポストを歴任し、外務大臣も嘱望されたたたき上げの傑物だ。しかし駐米大使時代の一九二四年、米国での『排日移民法』成立の責任を負わされ、外交官生命を絶たれた」（産経新聞、二〇一二年二月十九日付）
＊60 Charles Evans Hughes 一八六二―一九四八。第四十四代国務長官。任期は一九二一年から二五年まで。
＊61 Henry Cabot Lodge 一八五〇―一九二四。マサチューセッツ州選出共和党上院議員。ロッジ議員の生い立ちについては『日米衝突の根源　1858―1908』14章・米西戦争「政治家セオドア　ルーズベルトの危惧」の節を参照。
＊62 Ray Lyman Wilbur 一八七五―一九四九。スタンフォード大学学長。医学者。
＊63 Henry Fairfield Osborn 一八五七―一九三五。地質学者、優生学者。
＊64 鶴見祐輔（一八八五―一九七三）のことかと思われる。鉄道省出身の政治家。著述家。
＊65 Arnold Joseph Toynbee 一八八九―一九七五。英国の歴史学者。
＊66 一九二四年五月三十一日、アメリカ大使館脇で抗議の遺書を残した割腹自殺があった。六月四日の自殺事件はどの事件を指すか不明。
＊67 Cyrus Wood 一八六一―一九三八。駐日大使の任期は一九二三年六月二十一日から二四年六月五日まで。
＊68 Harry Emerson Wildes 一八九〇―一九八二。歴史学者、社会学者。

＊69　Robert Aura Smith 一八九八―一九五九。ジャーナリスト。一九二〇年代後半から三〇年代にアジア情勢をクリスチャン・サイエンス・モニター紙やニューヨーク・タイムズ紙に寄稿。著作に *Your Foreign Policy,* 1940 や *Divided India,* 1947 がある。

＊70　日本人移民で農業に従事するタダシ・タダノがアリゾナ州フェニックス郊外で覆面の集団に襲われた事件（一九三四年九月十一日）。Jack August, Anti-Japanese Crusade in Arizona's Salt River Valley 1934-35, *Journal of Southwest,* 1979 Summer, p113.

＊71　人物の詳細不明。

＊72　「第一次大戦の始まった一九一四年に、日本の外務省はサンフランシスコに河上清をマネージャーにして太平洋通信社を、ニューヨークに家永豊吉を使って東西通信社を作らせている。その前年の一九一三年から牧野伸顕（当時の外務大臣）の訓令で、対米『啓発運動』を展開していた日本外務省には、その運動を展開するためにも通信社を是非とも必要としていたのである」（小川真理生「広報は戦前に始まる」）http://www.edogawa-u.ac.jp/~hamada/etc/prhistory.pdf

3章

西海岸の日本人

二十世紀初頭から長きにわたって続けられてきた西海岸における反東洋人のアジテーションは、この地域の人種に対する思考を固定化させた。こうした感情、特に日本人に対する嫌悪が当然だと思わせてしまった原因として、日本人移民の性格の特異性あるいは彼らをとりまく当時の環境があることもまた事実である。

カリフォルニアの反日本人感情は、前述のスタンフォード大学のエドワード・ロス教授の発言に凝縮されている。彼はカリフォルニア州で初めて企画された反日本人集会で演説しているが、プロの煽動家でもなければ政治家でもなかった。その頃は単なる社会学を研究する大学教授にすぎなかった。彼が全国的に知られるようになったのは、その後のことである。

一介の社会学者が、言い古された反日本人の理屈を繰り返したときに、多くの賛同者が現れたのはなぜなのか。彼の主張にもっともだと思わせる何かがあったのだ。確かに彼の主張には首肯できるものがあった。しかしそれは一般に理解されているものとは少し違う。

日本人の場合は、単純な文化の違いに属する差異が「人種そのものの違い」と誤解された。日本人移民が西洋風に変わるスピードは他の人種よりも確かに遅かった。カリフォルニアでは、その多少遅い西洋化を見ただけで、「日本人はアメリカに同化できない民族である」と決めつけてしまっている。「同化」というプロセスは一般的には移民第二世代に進捗をみせるものである。移民第一世代で「同化」プロセスが進むことは本来あり得ない。特に日本人移民のように文化、言語、容貌などに大きな差異を持つグループの第一世代が同化することは簡単ではない。

カリフォルニア人は、第一世代は単なる移住プロセスが可能になる世代であって、同化プロセスまで行き着かないことを理解しなかった。日本人の特殊性からか、日本人は移民と看做されず、むしろカリフォルニアへの侵入者（interloper）として異端視された。彼らはカリフォリニアに後れてやって来たグループでもあった。

カリフォルニア人が、後れてやって来た日本人移民に対して、同化できない民族というレッテルを貼るのは早かった。なぜか日本人がこの州に移住する十年も前から、そう理解されてしまっている。二世世代での同化は容易に進む、という考えはどこにもなかった。日本人は後れてやって来ただけに、同化世代である二世が成年になる時期が遅れている。一九四一年頃に第二世代が成人となる時期をやっと迎えたのだった。

おそらく日本との戦争があと十年遅ければ、日本人移民が強制的に収容所に送られる事態は避けられたかもしれない。その十年のあいだに多くの日本人移民の第一世代は世を去り、第二あるいは第三の世代に代替わりしていたはずなのだ。日本人移民にとっては真珠湾攻撃が一九四一年に起こってしまったのは残念なことだった。二世世代がアメリカ市民として物が言える前の段階で戦争が勃発してしまった。

この視点を明確に理解するには日本人移民とはそもそも何か、ということを議論する必要がある。そして日本人はどうしてこの国にやって来たのかについても掘り下げて考える必要がある。

パイオニアから定住者へ

一九〇〇年から一九一〇年にかけての日本人移民のおよそ九〇パーセントは男性で、その大半が三十歳未満であった。彼らがこの国にやって来たのは経済的な理由によるもので、信教や政治の自由を求めて来た者はいなかった。一八九五年の日清戦争の勝利を経て日本は経済的にも、あるいはまた国民心理的にも拡張期にあった。日本人の眼に、新しい世がはっきりとした形で現れた時期であった。多くの日本人が新たな期待や希望を持った。しかし、いまだ封建制度を色濃く残す日本にあって、そうした野心や野望を実現し得たのはほんの一握りの人々だった。

ハワイやアメリカ西海岸にやって来た者のほとんどが、いわば渡り鳥（Birds of Passage）だった。居を構えて一カ所に留まろうと考えていた者はいなかった。この地で成功したら故国に帰ろうとする者ばかりだった。彼らの移民の動機はあくまで金を貯めることであった。[*1] 移民たちが日本で就いていた職業は雑多であるが、およそ三分の二が農業従事者であった。彼らは日本にいたら、日にわずか十六セント稼ぐのがやっとだった。[*2]

貧しい農民が大半だったとはいえ、彼らはけっして無学だったわけではない。ほとんどがわが国の八年生に相当する教育を受けていた。彼らの多くは日本の下層階級の出身者で、公権喪失者あるいは「Eta」と呼ばれる階層（*outlaws or Eta class*）に属する者も少なくなかった。

ハワイ諸島から西海岸に渡ってきた人々のなかには、ハワイでのつまらない生活に飽き飽きしていた者も多かった。しかし、彼らは概して仕事熱心であり肉体労働を厭うこともなかった。どの民族の移民でも見られることだが、日本人移民の場合でも最初にやって来たのはエネルギーに溢れた若い世代だった。アメリカ本土が豊かな土地であるということは、人々の噂や情報を持っている親族らの見聞を通じてよく伝わっていた。豊かな国アメリカに移住したい。それが日本人移民の主たる移住の動機であった。アメリカにやって来た日本人移民は、出身地を同じくする者が固まる傾向があった。たとえばパロアルト（Palo Alto）の町の近郊に住み着いた日本人移民の二八パーセントは広島県の出身であった。移民の出身地は特定の県に偏る傾向があるものの、そうした地域が必ずしも人口過剰であったわけではない。

初期の日本人移民には女性はほとんどいなかった。そのため移住者の結婚は遅れているし、およそ二〇パーセントの男性は結婚できていない。彼らはしばらくしたらアメリカから引き揚げると考えており、定住は想定していなかったようだ。家庭をもった者は、妻や子供たちに自分と同じように一所懸命働くように勧めている。彼らの結婚の三分の一が写真花嫁のシステムを通じてなされたものだった。

こうした写真花嫁がわが国にやって来たのは一九一〇年から二一年のあいだである。一九二一年になって、日本政府は花嫁を目指す女性へのパスポートの発行を自主規制している。その規制は紳士協定ならぬ淑女協定（Ladies'Agreement）と呼ばれている。

写真花嫁は船に乗って押し寄せてきた。着物を身にまとい、顔が青白くみえるほど白粉を塗り、髪をポンパドール風に高く結い上げた特異なスタイルで下船してくるこうした女性たちは、地元の新聞に格好の話題を提供した。

写真花嫁の大半が同じ階級の出身であり、伴侶となる男性と出身地を同じくする者が多かった。男たちに後れること十年にしてやって来たこうした女性たちも、アメリカの環境に同化するにはいささか難しいところがあった。それでも子供ができると、子供の関係を通じてアメリカ社会との接触が増え、女性たちの方が男性よりも早い同化をみせたこともまた事実である。

日本人移民の歴史は明らかに三つの局面に分けることができる。「パイオニアの時代」「定住の時代」「二世の時代」の三つである。日本人の男性移民の二〇パーセントは農業に従事した。そのほとんどが五年から八年にわたって、農繁期の農場を渡り歩いて生計を立てていた。

日本人移民が港で下船すると、手配師の待つ日本人専用の宿に案内される。手配師はいってみればギャングのボスのような存在である。こうしたシステムのおかげで、やって来たばかりの者であれ、言葉の問題もなく簡単に職をみつけることができた。それは西海岸の経済的ニーズとしっかりとリンクしていた。

彼らはまずシュガービート（甜菜《てんさい》）農場や、ぶどう園での作業に携わったがたちまち農業全般に働く場を広げている。一九〇九年までには、カリフォルニアの農業従事者の四一・九パーセントを日本人移民が占めるまでになっている。特に大規模経営の農園は日本人移民を文字どおり大歓迎したのだ。一九〇七年の末期にはこうした歓迎ぶりは顕著になっていた。

農場経営者は、移民の数を一層増やすことを目論み、国際人種平等連盟（the International Equality League）を結成した。ワシントン議会に対するロビー活動を目的として設立されたのだ。農業だけでなく、北はバンクーバーから南はサンディエゴに至る西海岸沿岸を中心にした漁業（缶詰業界含む）、鉱業及び鉄道建設の三つの業種で多くの日本人移民が雇用されていった。

移民の数が増加するのに伴い、シアトルやサンフランシスコなど移民受け入れの港町では新移民を相手にするサービス業の仕事も増えていった。当初はギャングのような組織を通じて職を得た移民のなかには小金を貯めてこうした港町で小売店や、木賃宿を開く者が現れた。彼らがこの種の商売を始めたのは、すでにあったチャイナタウンの近辺だった。こうした地域は、いってみればドヤ街（skid row）と呼ばれる危ないところだった。

二十世紀初頭のこの頃、西海岸の港町で需要が高かったのは、安宿、床屋、レストランだった。絶え間なくやってくる大量の移民のほとんどが男性だったから、こうした需要があるのは当然だった。一九〇八年を過ぎると、日本人の営むサービス業へのボイコット運動が高まり、それが労働組合によって組織化された。そのため、彼らの商売は大きな打撃を受けることになった。多くの日本人移民はボイコット運動に失望し、故国に帰っていった。残った者も金さえあればそうしたかった。

農業従事者でそれなりに満足できる成果を挙げた者は結婚を考え、わが国で家庭をもって暮らすことにした。その結果として、一九〇八年以降には都市部から郊外への日本人移民の移動が顕著になっている。「パイオニアの時代」から「定住の時代」への移行が始まったのだ。

一九一四年、第一次世界大戦の勃発で西海岸は好況に沸くことになった。都市部に残った者も郊外に移った者もそろってその恩恵を受けた。好況のブームのなかで、日本人移民に対する嫌がらせも偏見もその姿を消している。しかしそれも長くは続かなかった。大戦の終了で日本人移民への敵意が再びその勢いを取り戻した。

外国人土地所有規制法に続き、一九二四年には排日移民法が成立してしまうのだ。こうした状況を目の当たりにして多くの日本人移民がわが国に留まることを諦め、日本に帰ることを決めている。それでもわが国に留まると決意した者は、移民一世の幸福は二の次にして、次の世代の幸せを願うようになっていった。この頃が「二世の時代」の始まりと考えられる。[*3]

日本文化という所持品

わが国にやって来た日本人移民は、わずかなドルを衣類に縫いつけていた。ぼろぼろの鞄の中身が彼らの全財産だった。鞄のなかには値打ちのあるものはなかったが、一つだけ眼に見えない財産が入っていた。「日本文化（the culture of their homeland）」という所持品であった。この眼に見えない日本文化とはいったい何なのだろうか。

島国の国民はどこでもそうなのだが、自らの民族が他民族とは違うユニークな起源を持ち、誇るべき発展を遂げたと考えている。ジョン・エンブリーも指摘しているように、日本人移民は強烈な民族の誇りを持っていた。西海岸の白人にとっては彼らのこの誇りは実に不愉快なものだった。

フランク・ミヤモトは、民族の誇りというファクターに加えて、伝統を重んじる日本人の社会規範の存在によって、日本人移民は一つのグループにしっかりと凝集した、と分析している。彼らの文化が、人々をあたかもモザイク画のようにしっかりと一体化したのだった。日本人移民にとっては仲間内の関係がきわめて重要な意味を持っていた。彼らは家族や共同体の価値観が個人のそれよりも重要と考えていた。伝統的な価値観に支えられた大きな擬似家族集団。カリフォルニアの地にあってそれは特異な集団であった。

日本人移民は県人会や頼母子講《たのもしこう》（tanomoshi）のような組織を通じて結束していた。こうした組織の存在は、外部からのプレッシャーへの防波堤となり、おそらくより強い結束の根源ともなったのだろう。日本人の性癖をカリフォルニア人は氏族意識（clannishness）に基づく排他的なものだと非難した。

しかしその非難に一貫性はなかった。カリフォルニア人はこう非難する一方で、日本人移民をけっして個人として理解しようとせず、つねにグループとしてしか見ようとしていなかったからだ。

日本人移民は、きわめて厳格に定められた階級の垣根から解放されてわが国にやって来た。封建社会からの解放はつい最近になって起こったものだった。ジョン・ラデメーカー博士は、この事実が彼らのわが国での成功のモティベーションになっている、と指摘している。ヘレン・ミアーズ[*4]も似たような分析をしている。

「日本人はあの島国で息の詰まるような生活を強いられていた。限られた空間、それほど豊かでない食生活、多湿な環境。日本での彼らは、いってみれば眠ったままの蕾であり、息をひそめてじっとしていた菌（life-germ dormant）のようなものだった。彼らは故国のこうした息苦しい環境から解放されるとカリフォルニアの日の光と爽やかな空気のなかで、驚くほどのスピードで活発に動き始めた」

彼らの持っていた潜在的なパワーは誰もが驚嘆するほどで、わが国にやって来てその力が解放されると、数年後にはすばらしい前進を見せている。彼らに対する偏見や敵意をものともしない力強さだった。

もちろん彼らの成功には幸運な外部環境もあった。彼らがやって来た時代は、わが国が眼を見張るほどの経済的発展をみせた時期だった。日本人移民のあいだでは個人における起業家精神の大切さが強調された。それがこの国での成功に大いに役立った。わが国には成功のチャンスがそこかしこにあった。

しかし彼らの成功は既存勢力の強い反発を買ってしまうことになる。

日本人の成功は彼らの攻撃的な性格によってもたらされたものだ、という悪口を生んだ。その頃のアジアにおける日本の攻撃的な外交と相俟って、カリフォルニア人は、日本人移民は危ない存在であると思い込むことになる。日本人にとって夫婦揃って野良に出たり店で働くことは当たり前の行為であった。この文化はカリフォルニア人からたちまち、女を強制的に働かせ虐待する悪習で、カリフォルニア人は日本人のこの（強制労働による）アンフェアな価格競争に晒《さら》されている、という非難に格好の材料を提供した。

彼らの「民族の誇り」意識も反感を買うのに一役買った。日本人は他の民族と結婚することはまずなかった。そのことが彼らは他の人種を見下しているという根拠になった。しかしその非難は全く不合理なものだった。日本人との婚姻を禁ずる法律が早くも一九〇五年頃から制定されていたのだ。日本人のこうした性質は「文化」に由来するものではなく、人種そのものの違いからくると理解されてしまった。そのため彼らの風習は日本人が人種として持つ性癖とされ、変わることのない生来的なものだと考えられた。奇異に映る行動は、すべて日本人の細い眼や、黒い髪や、黄色い肌と関連づけられた。

日本人移民は西海岸にそれまで知られていなかった労働集約型の耕作方法を持ち込んでいる。彼らは土そのものの知識があった。土と作物の関係をよく理解していた。だから耕作しようとする作物に適合するよう土壌を改良していった。肥料や施肥の方法にも専門知識を持ち合わせていた。開墾、灌漑、排水の知識に加えて、労力を惜しみなく注ぎ込む不屈の精神があった。こうして日本人移民は数々の農作物栽培のパイオニアとなった。

彼らが開墾した土地はカリフォルニアの肥沃なデルタ地帯だけではなかった。太平洋岸北西部の切り株だらけの木材伐採地などもあった。日本人を差別する記事を書き続けたサンフランシスコ・クロニクル紙でさえ「カリフォルニアの荒れた土地や痩せ地を豊かな果樹園やぶどう園や庭園に変えたのは日本人の農業技術だ」と賞賛するほどであった。

カリフォルニア人に良質のジャガイモ栽培を伝授したのはジョージ・シマだった[*5]。西海岸のイチゴ生産を激増させたのも日本人移民だった。彼らは生産量を四倍から五倍に増やしている。彼らはブドウの木を植えると同時にイチゴを植えるやり方を採った。三年目にイチゴの苗の植え替えが必要になるのだが、ちょうどその時期にブドウが実り始めるのだ。

リビングストンの町は打ち捨てられ荒廃していたのだが、この町を豊かな耕作地に変えたのも日本人の農民だった。カリフォルニア北東部のネバダ州境にあるプレーサー郡の丘陵地帯では、果樹栽培が失敗したまま放置されていた。日本人はここでも果樹園経営を成功させている。ロバート・ウェルズ・リッチー[*6]は次のようにこの様子を伝えている。

「丘陵や山間部、あるいは豊かなデルタ地帯のどこをとっても日本人が白人を追いやったという事実はない。日本人が開墾した場所は白人たちが手を加えようともしなかった土地である。山間部の果樹栽培ではまず支那人がやって来て、その後に日本人が来た。誰もが開墾に失敗した後にやって来て成功させたのが日本人移民だった」

後年、カリフォルニア人は日本人がカリフォルニアの最も肥沃な土地を独占したと非難したが、素直に事実をみれば、こうした土地はもともと限界的耕作地だったのだ。

漁業についても同じような傾向が見出せる。西海岸の漁業は昔から移民たちが就いた職場だった。日本人移民はここでも漁獲量を増やすのに貢献した。漁業に従事した日本人移民の大半がもともと漁師だった。

彼らはガソリンを動力としたエンジンをつけた船で、かなり沖合まで漁場を求めて出ていった。新しいタイプの網や釣針を考案し、エサも工夫した。その結果、一回ごとの漁獲高は大きく増えたのだった。[*7]また彼らは通年で漁をしたから、市場にはいつも新鮮な魚が溢れることになった。

粗削りなカリフォルニア人

日本人移民が持ってきた文化とカリフォルニアの文化。この二つの異文化ほど強烈な隔たりを見せるものはなかっただろう（sensationally contrarious）。同質で一体化した日本の文化は、島国で長いあいだ隔離され、少ない資源のなかで生活してきた日本民族の産物であった。これが、異文化が混ざりあったばらばらな性質を持つカリフォルニアの文化と衝突した。カリフォルニアの文化は、豊かな資源、あり余るほどの土地、拡大し続ける経済を基盤に形成されたものだった。

カリフォルニアは日本全体の広さに匹敵する広大な土地を持っている。北米大陸にやって来る者は、日本人だけでなく誰もが、何もかもが大きいことに驚いた。高い建物や樹木、そこに暮らす人間までもが見上げるほどに背が高かった。大地はどこまでも広がり、どんな資源も豊かだった。なんでも手に入るアメリカに恐怖感さえ覚える者がいるほどだった。

一九〇〇年という年にもカリフォルニアは成長を続け、その外縁を広げていた。ブライス卿は次のように分析する。

「他所者《よそもの》がいろいろなところからやって来て、それぞれが独特のマナー、習慣あるいは信条を持っていた。カリフォルニアという土地柄は、決まった考え方とかやり方には支配されず、また流動性も高かった。そのことが社会の不安定度を高めていた。アメリカのなかでもその度合いは突出していた」
カリフォルニアの独特の社会風土のなかでは、日本人移民のまとまりのある集団行動は特異な性格として目立ってしまうことになる。カリフォルニアにやって来る白人には伝統などはなく、カリフォルニアの文化が育まれるには時間がかかった。その頃はむしろ伝統などくそ食らえ、と考える空気に満ちていたのだった。

日本人は概して権威に対して従順であった。そうした態度は、この土地に秩序など存在しない時代からやって来ていた男たちの気風と真っ向から対立した。カリフォルニアには荒っぽい気風を洗練させるような、しっかりとした教育機関はほとんどなく、社会全体の文化程度も低かった。この粗削りの風土と文化はカリフォルニア人の精神に深い影響を与えている。

彼らは暴力にも鷹揚で、法を無視しても平気なところがあった。その特異さは、わが国のなかでも際立っていた。また日本人は倹約の精神を持っていたが、カリフォルニア人はむしろ浪費家だった。農耕に対する考え方も日本人は集約型（intensive）であったが、カリフォルニア人は開放型（extensive）であった。

カリフォルニアは、こうした特殊な性格を残したまま、アメリカのなかでも半独立国のような雰囲気を温存した。外に外にと向かう荒っぽさを落ち着かせるはずだった東部諸州の文化の影響をほとんど受けなかった。カリフォルニア人には、最高の土地に住んでいるという感覚と、誰の世話にもならずカリフォルニアだけでやっていけるという自信が溢れていた。

カリフォルニアでの日本人移民の経験は、まとまりがなく不安定で流動的なカリフォルニア特有の事情から説明ができる。この土地には、日本人移民を一つの完成した文化のなかに吸収し同化させる、という能力はなかったのである。カリフォルニア自体がばらばらな文化を持った特殊な社会だったのだ。「州内のさかんな人口移動は、カリフォルニア社会の特徴を形成する重大なファクターだった」

こう主張するのはロバート・E・パーク博士である。

こうしたなかで、太平洋岸の町のあちこちにチャイナタウンが生まれ、リトルトーキョーが形づくられた。ロサンゼルスにはメキシカンの集中する一角があり、郊外の渓谷部ではそこかしこに果物を売る彼らの移動スタンドが現れた。カリフォルニアの外からやって来た者はそれなりに特定のグループでまとまっていたが、カリフォルニアの文化そのものの基本的な性格は、他所の文化とははっきり隔離されたものだった。

チャイナタウンやリトルトーキョーは、ロサンゼルス市内では他の文化から遊離していた。こうした特徴はひとりロサンゼルスに限られるものではなく、パサデナやサンタ・バーバラの町でも見られた。どこの町でもカリフォルニア人の共同体意識は希薄で、共同体の構成員としての義務感といった精神などありはしなかった。

不況の時代には、比較的早くにオクラホマ、アーカンソーあるいはテキサスなどからこの土地にやって来たWASP（White Anglo Saxon Protestant）がいたが、彼らですら侵入者（interloper）として侮蔑されていた。日本人移民に浴びせられた悪口が彼らにも向けられていた。「汚い」「とんでもない大家族でやってくる」「アンフェアな低賃金労働者」あるいは「カリフォルニアの文化を破壊に来た奴ら」とまで蔑まれたのだった。

WASPの白人労働者でさえも、日本人やかつての支那人のように排斥されることがあったのだ。オクラホマから来た連中はオーキーズ（Okies）と呼ばれ、劣った種族で不道徳だと攻撃された。オーキーズの娘がカリフォルニアの男と色恋沙汰にでもなると、必ずひと悶着起きた。もちろん男女の立場が逆の場合も同様だった。

ＷＡＳＰの白人労働者も町の外縁部にリトル・オクラホマやリトル・アーカンソーを作りあげている。彼らが初めてカリフォルニアにやって来た頃には、日本人移民と同じように、出来上がった町や農村部の片隅で暮らすことを余儀なくされた。当然のことながら低賃金で働かざるを得なかった。確かに彼らも日本人移民と同様な差別を受けた。しかしそれは人種として差別されたわけではなかった。

移住地集中の悪しきイメージ

日本人移民に対しての差別がひどくなった理由の一つに、一つの場所に固まって住む彼らの習性がある。一九四〇年、わが国には十二万六千九百四十七人の日本人がいたが、このうちの十一万二千五百三十三人が太平洋岸の三州に居住していた。その八〇パーセントがカリフォルニア州に住み、その多くがロサンゼルス郡に集中していた。

他の移民とは違い、日本人移民はいつまでもまとまる傾向が強かった。一九四一年十二月七日には、その二十年前よりも彼らはまとまっていたといってよい。けっしてばらばらになることはなかった。カリフォルニア州への集中化傾向は数字にはっきりと表れている。一九一〇年には五七・三パーセント、二〇年には六四・八パーセント、三〇年には七〇・二パーセント、四〇年には七三・八パーセントとなっているのだ。その上、彼らの落ち着く先はカリフォルニア州全体に広がっていなかった。州内の特定の地域に集中した。

日本人への偏見がひどくなった時期にいったんは内陸の州への分散が起こり、およそ二割がそうした州に移住した。それも一九三〇年になると八・二二パーセントに落ち込んでいる。日本の領事館も日本人が分散することを好まず、こうした傾向に拍車をかけた。この事実は見逃してはならない重要なポイントである。領事館は移民がその居住地を分散させることで摩擦が各地に広がることを極端に警戒した。日本領事館は日本人移民が規制され、この国にやって来る者がいなくなった時期にあってもこの方針を堅持している。

日本人が特定の地域に集中的に暮らしていた事実は、カリフォルニア州内で発生する摩擦を大きくする原因になりこそすれ、問題を小さくする方向には向かわなかった。確かにわが国での移住の傾向はつねに西へ西へという流れがあった。だから、日本人移民が流れに逆らって東に向かうのは無理だった、ともいえる。それでも日本の領事館が日本人移民を分散させないようにしたことは間違いない。むしろ日本領事館は日本人問題をカリフォルニアに温存しておきたかったのではないか、と疑われても致し方ない面もあった。

日本人移民をまとめておきたいという領事館の方針は、カナダでも同様だった。カナダにやって来た日本人移民の四分の三は、バンクーバーから半径五〇マイルから七五マイルの圏内に住み着いた。

こうした集中が、日本人の数が実際の数字よりも大きいと思わせてしまう原因にもなっている。それと同時に、どこかにそうした移住の仕方を指導する指令センターのような組織があるのではないか、と一般の人々に思わせてしまった。当然ながらこうした思い込みは対日関係に好影響を与えるはずはなかった。

都市空間でも郊外の村でも、日本人の住む場所は何かの陰謀でも企まれているかのようにみなされ警戒された。日本人移民の野菜農園の大半が郊外の主要道路沿いにあって、近くには缶詰工場や鉄道の引込線があった。そのためチャイナタウンに身を寄せ合って暮らす支那人よりも疑われやすかった。支那人は住宅街に住み着いたから、彼らは「囲い込まれていた（hedged in）」と表現してもいいかもしれない。

日本人が都市近郊の周辺部でも集中しなくてはならなかったのは合理的な理由もある。彼らの得意とする集約的農業に適する土地はそれほど多くはなかったし、都市部の消費地から離れるわけにはいかなかった。前出のジョン・ラデメーカー博士は、彼らの居住のパターンそのものが社会的な立場の形成に大きな影響を与えたと分析している。日本人移民の集中化傾向が、彼らの行動を目立つものにしていった。

さらに注意しておきたいのは、カリフォルニアでの日本人移民の出生率が他の有色人種より高かったことである。一九〇〇年から二〇年にかけて支那人および原住インディアンの人口の総人口に占める相対的比率は減少していた。黒人人口の比率は若干増加していたが、それでも総人口に占める比率は〇・〇七パーセント（一九〇〇年）から一・一パーセント（一九二〇年）への上昇であった。

日本人移民の人口は一九〇〇年には黒人と同じ〇・〇七パーセントであったが、一九二〇年には二・一パーセントに増加している。アメリカ全土の日本人移民の数は一九一〇年から二〇年までに五四パーセントの上昇を見せている。なかでも目立つのが日本人女性の増加であった。同じ時期に三〇〇パーセントもの増加を見せた。増加の原因は、日本人移民規制の紳士協定では写真花嫁は制限しなかったからだった。

（女性の増加もあって）日本人移民の出生率は高かった。他の人種でも同じような傾向があったが、日本人の場合一つの州の特定の地域に集中して居住していたことが、この出生率の高さを際立たせてしまうことになる。カリフォルニア人は日本人移民の人口が増えることに強い警戒感をもった。わが国全体の人口の増加傾向からすれば、日本人移民の人口増はたいしたことではなかったにもかかわらず、カリフォルニア州では、日本人が人種として近い将来、カリフォルニア人と競合し衝突すると恐れられた。それが人種間の緊張をもたらした。

一カ所に集中して居住する日本人移民の傾向は、日本文化の特殊性を目立たせることになったし、同時に日本人移民を結束させることにもなった。それが日本型家族制度を温存した。また日本人移民は日本人だけで構成される団体を数多く作り上げている。そうした団体はロサンゼルスで三百五十、バンクーバーでは二百五十にのぼっている。

西海岸で日本人移民が排斥されたのは、日本人だけで集まって大騒ぎをする特殊性も原因になっている。確かに排斥されて特定地域に押し込められたようになっていたが、同質の文化のなかで十分に楽しみ満足していた。この傾向は他の人種とは違って、いささか特殊だった。

彼らはよく組織された集まりを通じて営まれる社会生活に満足していた。まとまりを見せる集団的行動は他のグループとの競争にも有利に働いた。しかしその集団の力は他のグループから強い反発を招くことになる。何か悪意をもった（sinister）陰謀を秘めた（conspiratorial）悪巧みの計画があるに違いないと思わせた。

彼らは組織化されていたから、何事についても領事館に駆け込むことができた。しかし、領事館が日本人移民を保護しようと動くたびに、かえって日本人移民への差別がひどくなる始末だった。日本人移民は彼らの世界で棲む限り、それなりに我慢できる社会が構成されていたから、彼らへの差別を温存させてしまった。

彼らが街の片隅に作り上げたリトルトーキョーはゲットーではあった。しかしそれはカリフォルニアでは一番レベルの高いゲットーであった。そこに棲む者は有色少数民族のなかでは最も裕福だった。カリフォルニアでは少数民族のなかにはっきりとした序列があった。日本人が最も高位に位置して、以下支那人、黒人、フィリピン人、メキシコ人そして原住インディアンと続いていた。一九二〇年の段階で日本人は少数民族のブルジョワジーと看做されていた。

日本人移民は集団生活でまとまりを見せるだけではなく、職業の選択においても集中する傾向があった。一九四〇年の統計では、西海岸諸州の日本人移民の四三パーセントが農業に従事していた。農業のなかでも野菜農園、果樹園あるいは温室栽培への集中が目立っていた。

彼らがこうした分野に集中したのは試行錯誤の結果だった。他の分野でもいろいろ試したが、うまくいかなかったのだ。日本人の経営する農場は次第にベリー類や野菜栽培に特化していった。一九三〇年代には他の作物の栽培はほとんどやめてしまっている。他の作物栽培では競争に勝てなかったのだ。

ここからわかることは、日本人は低賃金を武器にアンフェアな競争を仕掛けている、という非難は間違っているということだ。もしこの主張が正しいなら、日本人移民の生活水準は低くなければならない。それに加えて低い賃金で勝負しているのなら他の作物の栽培でも優位に立っていてもおかしくない。日本人移民がベリー類や野菜栽培で成功したのは、ひとえに彼らの文化的特性に負うところが大きかった。

農業分野への集中傾向は農業従事者が多いからだけではなかった。一九四〇年には二万二千二十七人が農業分野で働いていたが、ほかにも一万千四百七十二人が野菜や果物の流通や小売に携わっていた。これは日本人賃金労働者の二六パーセントにあたる大きな数字だった。彼らの扱う農産物の大半が日本人移民の農家で栽培されたものだった。

このほかにメイドサービス、クリーニング業、床屋、レストラン、木賃宿といったビジネスに日本人は集中した。日本人移民の一七パーセントがこうした分野で働いていた。顧客の多くは農業に従事する日本人であったから、日本人が農業分野に特化していたことは紛れもない事実だった。製造業や建築業で日本人移民の姿を見ることはほとんどなかった。

日本人移民は小さな共同体を作り上げ、そのなかで十分に成功していた。一九四〇年の数字で見ると、カリフォルニア州には五千百三十五の日本人経営の農場があった。耕作地は二二万六〇九四エーカー〔九万二〇〇〇ヘクタール〕に及び、付帯の建物は六千五百七十八万千ドル〔現在価値八百億円〕の価値があった。日本人経営の農園は概して小規模であったが、集約的な栽培で生産量は高かった。

一九四一年には、毎日トラックで運ばれる生鮮作物の四二パーセントが日本人の農場からやって来た。彼らはカリフォルニアのわずか三・九パーセントの土地を使い、穀物では全体のわずか二・七パーセントしか生産していなかったが、特定の野菜類ではきわめて高い出荷量があった。セロリ、ペッパー、イチゴ、キュウリ、アーティチョーク、カリフラワー、ほうれん草、トマトといった野菜は、カリフォルニアの生産量の五〇パーセントから九〇パーセントが日本人農家によって供給されていた。西海岸の都市部に供給される野菜類については、日本人農家がそのほとんどをほぼ独占供給する状況にあった。

日本人は機械化された穀物生産のような大規模農場経営に携わることはほとんどなかった。彼らは野菜に特化した。野菜の流通にも多くの日本人移民が携わった。一九四一年のロサンゼルスではおよそ千軒の日本人経営の八百屋《グローサー》があったが、そこで働くおよそ五千人の店員のほとんどが日本人だった。年間の売り上げは二千五百万ドル〔現在価値三百億円〕にのぼっている。つまり野菜についていえば、生産から流通小売までの垂直的な統合を日本人移民が完成させていた。

彼らは入念な年間生産計画を立てていた。リトルトーキョーで生計を営む者は、直接的にも間接的にも、高度に垂直統合された野菜生産一つに依存していた。

しかし一九四一年までに、日本人移民の人口は、日本人の共同体のなかで自己完結する経済だけで暮らしていくには増えすぎてしまった。たとえば小売業では、顧客の中心だった移民第一世代（一世）の好みに合うものだけを扱っていればいいという時代ではなくなった。一世の平均年齢はもう五十・一歳に達していた。店は第二世代の嗜好に合うように品揃えを変えていかなければならなかった。つまりアメリカ的な嗜好に変わった第二世代（二世）の需要に沿った営業が必要になっていった。

アメリカ人的な需要を満たす営業スタイルへと変わることによって、白人の経営する大型チェーン店と競合せざるを得なくなっていった。一九四一年以前はリトルトーキョーでの商売の失敗はよくみられた。フランク・ミヤモトはリトルトーキョーで商売をしていたが、「日本人経営の店は店先だけは小奇麗にしていたが、経営そのものはまともではなかった」と証言している。多くの店が時代遅れで、扱う商品も質がよいとはいえなかった。

一九三〇年には日本人移民は十三万八千八百三十二人であり、およその半分（五〇・二パーセント）は日本生まれであった。一九四〇年には日本人移民十二万六千九百四十七人のうち、日本生まれの者は三七・三パーセントに減少している。こういう数字をみると、リトルトーキョーで商売を続けることがもはや難しくなっていたとわかる。このことは一九四一年十二月七日以前からはっきりしていたことだった。

多くの二世が成人になるにしたがって、リトルトーキョーの外に出て商売を始めている。一九二八年のロサンゼルスの統計が残っている。二百三軒のフルーツスタンド、二百九十二軒の食品雑貨商、七十四軒の花屋、六十九軒の種苗店、百八軒のレストラン、六十八軒のドライクリーニング店があった。こうした業種も日本人以外の顧客ベースを増やしていた。そのスピードは遅々たるものだったにしろ、リトルトーキョーを出て白人を顧客にしようとする日本人経営者は確かに増えていった。

これは太平洋岸の都市での一般的に見かけられた傾向だった。ヤングとリードは、すでに一九三八年にはバンクーバーにおいてこうした拡散がみられたと報告している。日本人街を出て白人を相手に商売する者は町全体に広がっていた。バンクーバーでは食品や雑貨を扱う小売店の十二軒中七軒が日本人経営であった。彼らは日本人だけを相手にする商売から脱却していたのである。

一九四一年に行われた調査で、太平洋岸の町の野菜を扱う日本人経営の小売店の顧客はほとんどが白人であったことがわかっている。経営者も従業員もその多くは相変わらずリトルトーキョーに暮らしていたが、働く場所はもはやそこではなかった。

二世世代は一世の歩んだ道とは違う道を進み始めていた。彼らは種苗を育成したり、木賃宿で働いたり、庭師になろうなどとは思わなかった。ホワイトカラーの職を選び始めた。相変わらず日本人経営の事業で働いてはいたが、セールスやマネージメントに携わることが主流になっていた。二世はアメリカでしっかりとした教育を受け、英語も達者だった。白人の友人も多かった。白人世界との接触も彼らが担っていた。一九二八年から三四年にかけて、ロサンゼルスの生鮮野菜卸業では二世の数が五割も増え、小売業では三倍にもなっていた。

二世世代は、ほぼすべての業種で一世にとってかわっていた。一世の日本語能力は貿易、花の卸業あるいは絵画などを扱う商売では相変わらず必要であった。しかし、それ以外の業種では一世は第一線から離れていった。こうした傾向は都市の中心部に二世人口を増やしていくことになる。一九二七年には日本人移民は都市には住まないグループの筆頭に挙げられていた。しかし一九四一年には日本人の五〇パーセントが都市に移っていた。特にロサンゼルスは多くの日本人を惹きつけた。一九三〇年以降、およそ三千人がこの町に移り住んでいる。

この傾向が続いていれば、日本人移民集団との競合という現象は遅かれ早かれ消えていくはずだった。日本人への偏見もなくなるはずだった。ヤングとリードも、一般的な傾向として、移民の集団が経済的な発展をみせれば、彼らは次第にアメリカ社会に同化するものだ、と述べている。白人文化への同化が、経済的な発展とともに進んでいくはずだった。ところが日本人移民集団についてはそうはならなかった。

西海岸の日本人移民集団の過去四十年の動きを、ラデメーカー博士は次のように分析する。

「日本人と白人グループとのあいだには、あまりに大きな壁が存在した。言語、文化、エチケット、習慣、家族関係、親族との関係、近親者間の労働配分についての考え方、食習慣、価値規範。何もかもが白人のそれとは違っていた。極端な文化の差異が日本人と白人は全く異なる人種である、という考え方を固定化させることになった（the crystallization of a feeling of difference）」

それでも、こうした違いは互いを補完するものだ、という考えがそれなりのあいだ続いた。相互理解を通じて日本人と白人が一体化し、二つの文化がうまく融合すると思われた時期があった。しかし、結局は二つのグループの違いは、競争者としての側面を際立たせることになってしまう。互いが競争相手であるという感情は景気が悪いときに目立っている。

一九〇七年、一九二〇年が特にひどかった。そうした感情は政治的な反日本人アジテーションによって繰り返し煽られた。日本人集団との競争は白人の社会的、あるいは経済的なステータスを脅かすものとして意識された。日本人の脅威が現実に起こっているのか、あるいは単なる想像の産物にすぎないかは、どうでもいいことだった。白人たちは日本人移民の集団に対してはっきりと一線を画すようになる。

補完的な職業に就いている限り、日本人グループはカリフォルニア経済の枠組みのなかにうまく組込まれたと考えられた。それ以外の場面では全くの異分子だと理解されていた。しかし、学校教育については異分子として捉えられてはいなかった。

日本人のグループはカリフォルニア社会に同化していた、と分析できないこともない。しかし、白人社会のシステムから独立した、別個の存在として認識された分析であった。政治的、社会的、宗教的な活動でも、レクリエーションや互助会運動といった活動でも白人の集まりからは独立していた。

排日移民法の成立した一九二四年以降になると、こうした白人集団とのあいだにあった壁が徐々に低くなるという現象が現れた。二世世代が成人に達し、二つの集団のギャップを埋め始めていた。日本人集団と白人社会が角突きあわせるような関係が緩和されることで、対立がなくなり始めたのだ。したがって一九四一年以前の段階でも、日本人の移民集団は遅かれ早かれ、アメリカ社会に完全に同化するだろうと予想されていた。ヤナガ・チトシ博士は一九三九年に次のように述べている。

「現時点で日本人移民グループの白人社会との接触は、子供を学校に通わせることから生ずる学校関係の活動に限定されている。しかし白人社会との溝は年ごとに埋まってきている。五、六年したら二つのグループのあいだで、相当に自由な交流が行われるだろう」

日本人との対立が起こるのは文化的な差異が原因であり、人種そのものの差でないことは最近の研究でもはっきりしている。ラデメーカー博士は、日本人への偏見は人種的特徴ではなく、あくまで文化の違いが原因になっていると考えている。だが、日本人グループが社会的あるいは経済的な問題で少しでも違う動きをとると、白人社会とのあいだにはやはり溝があることに気づかされた。

労働組合が忘れてしまった事実

一八九〇年代は、白人労働者が東洋人を農業分野から徹底的に排斥した時代だった。それは暴力を伴う激しいものだった。一八九三年、九四年には都市近郊の農場から支那人の農夫が追い払われた。白人労働者は徒党を組み、あたかも軍隊のように振る舞って、ヴァカ・ヴァレー[*8]（Vaca Valley）から日本人農民をも追い払った。

しかし、かなり早い段階から、白人労働者に排斥された日本人が、賃上げを要求して雇用者にストライキをしかけていたことも忘れてはならない。ヘイワード[*9]でもサッター郡[*10]でもストライキが行われた。日本人労働者は日給を一ドル二十五セントから一ドル四十セントに上げることに成功している。

州南部の沿岸部にあるヴェンチュラ郡で、甜菜農場のメキシコ人と日本人がストライキに入ったことがある。このストライキに関連してロサンゼルス労働評議会は東洋系労働者組織を後押しする決議を行うほどだった。評議会の書記長はその決議を積極的に評価し、次のように述べている。

「この決議は評議会にとって実に意義あるものだ。東洋人を組合員に迎え入れれば、彼らがストライキ破りに使われることがなくなるのではないか、それによって白人の職を奪うということがなくなるのではないか、という考えが大勢を占めることになった」

一九〇三年の収穫時期も終わる頃になると、白人農場主連中は日本人を警戒し始めている。日本人労働者は「生意気《saucy》で、慇懃《debonair》で、糊のきいた白シャツを着、カフスボタンまでつけた上に、襟まで立てた格好で、与えられた仕事を気取ってこなそうとしているようだ」と憤懣をぶつけている。

一九〇六年、労働運動の高まりのなかで、カリフォルニア州アップランド市に住むH・シェーラという人物がシカゴ労働者連盟（the Chicago Federation of Labor）に対して、労働組合が組織されていない農場のレモンやオレンジをカリフォルニアから入荷することを拒否するよう提案している。[*11]

同じ頃、日本人労働者はウォルナット（walnut）農園で高賃金を求めて経営者を悩ませていた。パシフィック・ルーラル・プレス紙は、日本人労働者はストライキをするのになんの心痛も感じない連中だと非難し（一九一〇年六月十一日付）、日本人同胞のジョージ・シマでさえ日本人はストライキばかりしていると不平を洩らすほどだった、と伝えている（一九一一年九月十六日付）。

州の産業委員会（the Industrial Commission）の調査報告書でも、現在の団結と比べたら多少緩いものの、日本人労働者はしっかりとまとまって行動していた、と分析されていた。また同じ報告書のなかで、彼らのストライキ戦術の結果、労働時間は十二時間から十一時間に短縮され、賃金水準も上げられた。それはすべての人種が享受できる成果だったとも伝えている。またサンノゼの農場で働く日本人労働者は、早くオルグに来て組合を結成してくれと労働運動組織に訴えるほどだった。

一九三〇年から三五年にかけて、缶詰・農作物労働者連盟（the Cannery and Agriculture Workers Industrial Union）の結成に日本人労働者が積極的に関与していた。T・ホリウチという人物はこの組合の設立メンバーの一人だったが、組織化運動を理由にインペリアル・ヴァレー地区から放逐されている。労働組合結成期ともいえる時期に日本人移民がこれに積極的に関わっていた事実は、日本人移民は支那人苦力《クーリー》と同一種ではないことを如実に示していた。もちろん彼らは労働環境の改善を望んでいたのであって、そうした職場の破壊を狙っていたのではなかったのである。[*12]

実際のところ、日本人移民は早くからカリフォルニアの労働運動の中に入り込んでいた。ただ忘れてはならないのは、この州の労働運動の中心がサンフランシスコであり、その運動のリーダー連中は反東洋人を煽動する政治運動に深く関与していた事実である。

一世たちの落胆

日本人移民ほどわが国で成功しようと固く決意した移民グループはいなかっただろう。移民委員会(the Immigration Commission)は、日本人移民は馴染みのない環境になんとか適応しようと努力していると報告し、彼らを賞賛していた。日本人移民は懸命に学ぶ姿勢をみせている。そうすることで多くの困難を克服することができている。大きな隔たりのある文化を持ちながら、激しい偏見や日本人隔離政策に対してもよく対応してきた。これは他の民族グループとは大きく違っている。これが委員会の評価だった。

日本人はこの土地にやって来ると早い段階で白人のやり方に馴染もうとしていた。身に着けるものも、そろえる家具類も、宗教的な習慣も白人風に変えていこうとしていた。日本人に対する凝り固まった偏見のなかにあって、白人との友好的な関係を築こうと努力していたことは間違いなかった。日本人の移民グループは犯罪を犯さなかった。これもすばらしいことである。他の人種グループではこんなことはなかった。日本人移民は貧しくても、借金を踏み倒すようなことはなかった。

彼らは良き市民になるべく努力した。売春や違法ギャンブル反対のキャンペーンを張ったのも彼らだった。彼らの住む家が古いとか汚いとか非難されると、すぐさま家をきれいに、そして庭を美しくしようとキャンペーン活動を始めている。

学校で日本語を教えることが問題視されると、彼らは日本人学校を公の教育委員会の管理下に置き、そのカリキュラムのなかで日本語教育を実施するよう働きかけている。前向きな提案であった。二重国籍が問題にされると、国籍離脱条件の緩和を日本政府に掛け合っている。[*13]

こうした日本人移民グループの努力で、「日本人はよく学習している。経済のこともわが国の歴史についてもだ」と高く評価されることになった。彼らはまとまりを見せた行動で、よりよい人種間関係を構築しようと試みた。ヘレン・ミアーズは彼らを以下のように観察している。

「海外に暮らす日本人は、その土地の人々と見分けがつかないくらい同化している」

「それは日本人が生来持っている、集団としてまとまる能力と組織に対する高い忠誠心の賜物である」

ロバート・パーク博士も次のように述べている。

「日本人移民は他の人種グループに比べてこの国への順応が早い。日本人に向けられた偏見を克服し、この国での地位を確かなものにしようと妥協を重ねたのが日本人だった。彼らほど見事にオーガナイズされた人種グループはなかったし、彼らは懸命に不慣れな環境に習慣を合わせていこうとした。われわれが好むと好まざるにかかわらず、それは厳然とした事実だった」

日本人移民はこのように白人文化への順応を示しているが、彼らの持つ文化のすべてを捨て去るようなことはできなかったのもまた事実である。彼らは日本の文化伝統をすべて捨て去り、違う文化に合わせることを本当に願っているのか、そうする能力を持っているかという問題とは違う性質のものだった。日本人移民にとって日本の伝統はあまりに強いものであり価値のあるものだったのだ。

こうした感情も時の経過とともに断ち切ることができるようになった。フランク・ミヤモトはそのきっかけが第一次世界大戦だったのではないかと分析する。この頃、日本人移民に対する偏見はほとんど見られなくなったのだ。[*14] これを機会に多くの日本人移民は妻となる女性を呼び寄せ、家庭を持った。

しかし（排日移民法の成立した）一九二四年になると、一世たちはこの国ではどんなに努力をしても受け入れられることはないと諦めてしまうことになる。サイキチ・チジワは一九三三年にその諦めを綴っている。

「この国は日本人を絶対に認めない。人種が全く違う、肉体的な特徴が違いすぎる。そうした理由でわれわれは異種として扱われる」

一九二三年の最高裁判所の判決が、一世のこうした絶望の原因だった。この年、わが国の最高裁は、日本人は帰化不能と判断した。この判断は日本人移民を絶望させただけではなかった。彼らへの偏見を煽るアジテーションの火に新たな油を注いだのだった。

デヴィッド・スター・ジョーダンは早い時期から、移民が参政権を持てないままでいることは社会不安ひいては政治的不安定をもたらすと警告していた（アウトウェスト誌、一九〇七年三月号）。彼はニューリパブリック誌（一九二四年五月十四日号）でその危険性をあらためて喚起していた。

「市民権を持てない移民は外国人のままである。そのことは彼らが本国の領事館の影響を受け続けることを意味している。したがって彼らに認められている権利に何らかの制限が加えられれば、それはつねに国際問題とならざるを得ない。一地方の条例が国際問題になるような状態にアメリカを晒しておくことは危険である」

「すべての移民に対して帰化できる道を残しておくことは、国家としてのまとまりを保つ上できわめて重要である。どんな人種であれ、彼らを法益の外に置いたままにするのはまずいことであり、こうした政策が歴史的にも惨めな結果を生んだことはすでに証明されている」

アメリカに移民した者は一般的にアメリカを愛する傾向（nationalistic）をみせた。この傾向は程度の差はあれ、どの人種でも同様であった。一九二四年までは日本人移民は「抑圧された愛国心精神障害（suppressed nationality psychosis）」とでも名前がつけられそうな疾患を発病させてしまうことになる。

必ずしも成功したとはいえないにもかかわらず、彼らは日本語学校の運営を続行した。子供たちに日本人としての誇りを持たせる方法の一つとして、そうした学校がどうしても必要だった。一世は子供たちの世代が、原住インディアンと同じように 民族の誇りを失ってしまうのではないかと危惧した。

カリフォルニアの政治家たちは、日本人に対して、大人にも子供にも、あらゆる罵声を浴びせていた。がに股の化け物（bandy-legged bugaboos）、女々しい意気地なし（miserable craven）、サル（simian）、ヘンタイ（degenerated）、腐ったちび野郎（rotten little devils）。こうした情け容赦ない罵りの言葉の数々は日本人の誇りを深く傷つけたに違いない。

画家ヨシオ・マキノは「私の少年時代」のなかで自らの体験を語っている。一八九二年、少年の彼はサンフランシスコのゴールデンゲートパークで白人たちに石を投げつけられたのだった。彼らは「ジャップ（Japl）」やら「すけべ小僧（Sukebei）」とか叫びながら石を投げつけてきたのだった。こうした苦い経験はそう簡単に記憶から消せるものではなかった。

一世たちにとって最も辛かったのは、子供たちが親たちに背を向け始めたことだった。一世は子供たちに夢を託していた。一世はもはや自らの生活の向上を目指して働いてはいなかった。次の世代がよい服を着て、車を持って、持ち家に住んでほしい。それが彼らの夢だった。*15

一世にとって、カリフォルニアの白人からの拒絶よりも、あるいはこの後に彼らが経験することになった強制収容よりも、子供たちに背を向けられることの方が何倍も辛かったに違いない。

世代間ギャップ

カリフォルニアで移民排斥を熱狂的に叫ぶ連中は、いわば職業としての愛国者といってもよかった。彼らは相変わらず日本人は白人社会に同化不能な人種だと騒いでいた。しかしその矛先は一世世代に向けられていた。確かにこうした連中がいうように、一世世代は同化の兆候はほとんどみられなかった、という面もある。

彼らの英語能力は低かったし、仲間同士でかたまって暮らしていた。彼らはカリフォルニアの世情に疎く、故国日本の動向もよく知らなかった。ただひたすら故国を懐かしむだけの者も多かった。こうした一世の性癖は、日本人は白人社会に同化できない人種である、との思い込みをますます強めさせることになった。

この思い込みともいえる日本人移民への偏見について、カリフォルニアで初めて論考したのはポール・B・ウォーターハウス牧師であった。[*16] ウォーターハウス牧師に東京のモリス駐日大使から、[*17] 日本人の白人社会への同化状況を調査するよう依頼があった。一九二〇年代初めのことである。この依頼により、十五歳未満の日本人児童千五百名ほどに的を絞った調査が行われた。

調査で明らかにされたのは、二世世代では同化現象が目に見えて進んでいることだった。日本人児童のおよそ三分の二がプロテスタント系の日曜学校に通っていた。子供たちは他の人種の子供と何の人種的なわだかまりもなく交流していた。伝統的に日本の子供は親の職業を継ぐことになっていたようだが、ウォーターハウス牧師の調査ではそうした傾向はみられなかった。親がどんな職業であっても、父親の職業は継ぎたくないという者がほとんどだった。女の子たちも農作業はしたくないと述べていた。「調査の結果は、第二世代の圧倒的多数の子供たちが白人社会に同化できることを示していた。いや、むしろすでに同化しているといってもよかった。アメリカ的な考え方、慣習を身につけているだけではなく、生活水準も立派に白人的である。子供たちのアメリカ的生活への適応はその親の世代がどれほど時代遅れであっても、それとは関係なく順調に進んでいる」

これがウォーターハウス牧師の見出した傾向だった。

二世世代のこうした白人社会への高い順応度は、順応できない一世世代とのあいだに大きな世代間ギャップを生んだ。この溝は親と子供の年齢に大きな差があったことと関係している。一世世代の結婚は遅かったから子供との年齢の差がかなりあった。二世世代は白人社会の文化に容易に染まることができた。この世代間ギャップは「明らか（apparent）」という形容詞よりもむしろ「みじめな（notorious）」という表現が当てはまるものだった。

この問題はカリフォルニアの地方紙が取り上げるほどになっていた。リトルトーキョーでの世代間不和がもたらす事件がよく報道された。二世の若者は一世世代からよく叱られていた。いやむしろ罵倒されていたといったほうがよさそうだった。

「成り上がり」「うぬぼれ屋」「無作法」「親不孝もの」「木偶の坊《でく》」。

一世の頑固者のなかには二世の若者のモラルの退廃を激しく詰《なじ》るものも多かった。

「あいつらは全くの馬鹿野郎（nitwit）だ。そして不道徳だ。その辺のドラッグストアで避妊具を買いさえすればセックスの自由があると思い込み、不埒な行為を楽しんでいる馬鹿どもだ。ド派手なアメリカの衣装を身にまとい、美容院に行っておしゃれをし、夜な夜なダンスに興じ、映画館に入りびたっている」

カリフォルニアの白人たちが「日本人に生まれたら、絶対的に日本人のままである（Once a Jap, Always a Jap）」「彼らは氏族意識が過剰な同化不能人種だ」と叫んでいる時期に、現実には、日本人社会にはこうした世代間ギャップが存在していた。このギャップは絶望的ともいえるほどに大きなものだった。

一世世代は仕事に一所懸命すぎた。つねに商売のことばかり考えていた。子供たちにとって日本人の家庭はけっして住み心地がよいものではなかった。彼らはそうした家庭の縛りを抜け出して外の空気を吸いたいといつも思っていた。こうした感情は世代間に軋轢《あつれき》を生んでいた。「うるさいな。どうせぼくらのことなど理解できない（skip it）」が二世の口癖だった。

口喧嘩をするたびに二世の心は親の世代から離れていった。それは日本的なものすべてを拒否する態度になっていった。一世世代が次世代を何とか制御したいと考えたのは、日本文化へのあくなき執着だったのかもしれない。

日本人の家庭では世代間の隔たりが大きすぎ、互いを理解しようとする態度は微塵もなかった。調和がなかった。二つの世代は全く異なる道を歩もうとしていた。日本人移民社会の長老連中は二世の将来を危ぶんでいた。何か得体の知れない恐ろしい出来事が彼らを待っているのではないかと恐れたのだった。

日本人のなかには妻と子供を日本に帰した者もいた。あるいは子供を幼少期だけ親類縁者に預けて日本の文化に馴染ませようとした。日本で育ち教育された子供がアメリカに戻されると、今度は子供には親たちがひどく違ってみえた。全く違う人種にみえた。親子の愛情さえも消えてしまっていた。彼らはアメリカの生活文化を現実のものとして受け止めることができなかった。恐怖感さえ持つ子供もいたくらいだった。日本で育った子供はアメリカの人種差別に免疫がなかった。一九二四年の排日移民法の成立で、帰国していた妻と子供のなかにはアメリカに戻らない人々もいた。

日本人移民の家庭が閉鎖的であったことは誰もが認めていた。二世のジョージ・モリミツは次のように語っている。

「両親の母国の文化は歌や食事や祝日と深く関わっていた。それはわかっていたが、ぼくらは両親とこうした文化について深く話したことなどなかった。両親の世代との隔たりはあまりに大きすぎた」

同じ二世であるアイジ・タシオはこの頃の日本人移民の家庭の様子を詳しく述べている。

「ぼくらには朝食がアメリカ式でランチは日本式が当たり前だった。日本式の『いただきます』も、組み合わせはご馳走だった。ナイフとフォークも箸と同じように操った。ライスにコンビーフとキャベツの食事の前に神に感謝する白人のやり方も同じようにやっていた。クリスマスには暖炉の前に靴下をぶら下げたし、お正月には餅を食べた。『舌切り雀』や『桃太郎』の話も聞けば、『赤頭巾ちゃん』や『シンデレラ』の話も聞いた」

「今振り返ってみると、両親は日本の文化を単純に楽しもうとしていただけであって、ぼくらにそれを押しつけて、日本人としての教育をほどこそうなどとは考えてはいなかったろう。東郷提督がロシア艦隊を壊滅させた話を聞かされたかと思えば、次の日にはアーサー王やガリバー物語やらトム・ソーヤーやらの話が出てくるのだった。そんな話を日本語でしてくれることもあれば英語でしてくれることもあった。ぼくらはそんな話をする両親にときに英語でときに日本語で、要するにちゃんぽんの言葉で質問したものだった」

カナダにやって来た日本人移民を見たヤングとリードは「日本人移民の家庭には二つの世界があるようなものだ」と表現している。彼らは日本人でもカナダ人でもないといってもよかった。「日系カナダ人（Japanese Canadian）」という言葉でしか彼らを表現することはできなかった。心は故国日本にあり続け、現実世界では新しい環境に支配されている。これが日系カナダ人の特殊性だった。

仏教会〔仏教徒の礼拝所〕も同じようなものだった。J・ミズノ師によれば、仏教の作法もキリスト教会のやり方を取り入れていったと述べている。仏教会ではサンデースクールを設置し、日曜の礼拝日を設けた。各種の集まりが教会を中心に出来上がったように、日本人も仏教会を利用して集まった。仏教会のなかでは、賛美歌を替え歌にして仏陀を讃える歌を歌った。

一世のなかにはキリスト教徒がいたし、二世のほとんどがその信者だった。彼らには言葉の問題があったから日本人のための教会を作った。一九四〇年にもなると、日本人教会は同化を阻害する原因だと攻撃されることになった。

二世世代に文化的同化が進むと、生物学的にも似たような変化が起こったようだ。H・L・シャピロ博士、イヌイ博士、イチハシ博士などが指摘しているのだが、二世世代は肉体的な変化を遂げている。文化の違いをみせるだけでなく体つきも変わってきた。二世たちは背が高く、体つきもがっしりして丈夫そうだった。日本に帰って日本で育った子供よりがっしりしてきた。歯科治療もよくなったせいか、口の形まで変わってきている。食生活の改善で、不足していたビタミンを摂取し体格がみるみる変わってきた。

ロサンゼルスのP・P・ススキ医師とポール・フランプトン医師がアメリカ生まれの日本人児童を計測しているが、日本生まれの子供たちとは多くの点で肉体的特徴に差異が現れていることを認めていた。

西海岸の二世たちは一世世代に比べると相対的に幸せな時代に成長したのかもしれない。一九二四年に排日移民法が成立すると、反日本人を煽るアジテーションはかえって少なくなった。日本人だけを隔離した学校というのもほぼなくなっていた[*18]。残っていたのは日本人が多い郊外の町だけだった。たとえばフローリンとかウォルナット・グローブといったところである。

日本人の子供たちは、ほとんどの何の軋轢も人種的摩擦を感ずることもなく中等教育まで進んでいった。どの町でも彼らはよい成績を修めていたから、教師に褒められ、気に入られていた。高校に入っても大学に進学しても他の人種グループと自由に交流した。

黒人たちのように仲間はずれにされるようなことはなかった。友人をたくさん作ったし、スポーツや文化活動にも積極的に参加している。クラスの委員に選ばれることも稀ではなかった。ある日本人二世の高校生が卒業のときに次のように述べている。

「学生時代にはアメリカ人の先生や級友たちと普通に馴染んで生活していた。人種の差などは感じなかった。ぼくらの嗜好や興味は彼らとほぼ同じだったから、自分が日本人であることも忘れそうだった」

しかし、高校卒業後あるいは大学に進んでから人種の違いに気づかされることになる。高校時代にはスポーツクラブにも文化クラブにも分け隔てされることなく参加できた。しかし大学では違った。そこではやはり日本人学生は疎外されていた。

それでも二世は卒業するとほとんどが日系企業に職を求めたから、卒業した後でも比較的差別を感じてはいない。このように二世世代は、一世の世代とは格段に緩やかになった反日本人の空気のなかで成長している。皮肉なことに、これが一世世代と二世世代のあいだの溝をいっそう深くする原因になっていった。

もちろん二世にとっても差別を感じさせられる事件がなかったわけではない。ジョン・アイソという二世は有能な中学生だった。彼がロサンゼルスの中学校で生徒組織の代表に選出されたのは一九二一年のことだった。それも生徒四人のうち三人までが彼を支持する圧勝の選挙だった。これに不快感をもった白人の父兄連中は選挙のやり直しを求めている。これを地元紙までが後押ししたのだった。

こうした嫌がらせにもかかわらずアイソはよい成績で卒業しブラウン大学に進学し、ここでも優秀な成績を修めて卒業している。

高校での偏見が少なかったのは事実だろう。カリフォルニアの田舎町の某高校の校長は、彼の十二年間の勤務で人種偏見を原因とした生徒処分を一度たりともするような場面はなかったと筆者に語っている。

短期大学《カレッジ》や大学を出た二世たちも、一九三〇年にもなると強烈な不況の影響で職を見つけることは難しかった。日系社会にも働く場が少なくなっていたから白人社会に職を探さざるを得なかった。二世たちが本当の日本人差別の存在を知るのはそれからのことだった。

一九四一年になると、職を求めて日本に帰らなくてはならないかもしれないと考えるほどに問題は深刻だった。これまで二世に職場を提供してきた日系社会では二世の若者を吸収する余力はなくなっていた。都会からもう一度郊外に戻って、一世のようにやり直すことも真剣に語られていた。二世たちの働く場がほとんどなくなっていたのは明らかだった。そのことはカナダの日系新聞ニューカナディアン[*19]も報じていた。「二世たちが日系社会の外に生活の糧を求めなければならなくなったのは確かなこと」だったのだ。

二世世代が直面した困難は、経済的な外部環境や人種観によるものだけではなかった。日系人社会の性格にもその原因があった。西海岸にあったリトルトーキョーはゴシップが渦巻く社会でもあった。ウィリアム・ヒンメル氏は二世世代が白人社会と同化するには、日本人移民の家庭やリトルトーキョーで繰り返されるゴシップの世界から脱出することが必要だと述べている。

一世世代は生活を営む上では必ずしも同化の必要はないと考えていたようだ。適当に同化しておけばよいと考えており、二世世代にもそのような態度でよいと教えていた。まだ一世世代が財布のひもを握っている時代であったから、二世たちに相応の影響を与えていたことは間違いないだろう。二世たちの見せた白人社会との不調和やいい加減な態度の責任の一端はやはり親たちが負わなければならないだろう。

高校の弁論大会ではアメリカ国民としての立場を鮮明にして演台に立ったが、そこには白々しさがあった。弁士の親たちは演説集を冊子にすると、日本の領事館に序文を書いてくれるよう頼む始末だった。一世たちがこうした不自然さを意識していたかどうかはわからないが、彼らは子供たちを「二股をかけたアメリカ人（Compromise American）」（ロサンゼルス・デイリーニュース、一九三九年六月十四日付）として育てていたのだ。つまりアメリカでも日本でも生きていける人間を育てていたということだ。こうした教育が私は成功したとは思っていないが、少なくとも二世の子供たちの同化の機会を狭めたのは間違いなかろう。

他の人種でもそうだったが、日本人移民も白人グループの理解を求めようと努力はしている。日本人移民は白人社会でも特に権威のあるグループとの接触を求めている。たとえば建国の英雄の末裔と称する女性団体「アメリカ革命の娘たち[*20]（The Daughters of the American Revolution: DAR）」、各地の「商工会議所」「在郷軍人会」といった組織と交流しようとしていた。これらのグループは祝賀や記念の多くのセレモニーに参加する。彼らと付き合っておけば、何かの危機に見舞われたときには支援が得られるのではないかという甘い期待があった。彼らから何らかのアドバイスをもらおうとしていたのも確かなことだった。

ビジネスの世界でも似たような傾向があった。日本人のビジネス組織のリーダーは反組合運動の意識が強かった。彼らは「商業者製造業者連盟（the Merchants and Manufacturers Association）」に加入し、共産主義思想に反対し「赤の恐怖」を訴えている。彼らは保守的な立場をとった。一九三六年の大統領選ではインペリアル・ヴァレー地区の日本人の九割がアルフ・ランドン[*21]候補を推していた。

カリフォルニアの地方官吏は日本領事館とも協力して赤狩りに取り組んできた。ロサンゼルス市警の赤狩り部隊のリーダー、ウィリアム・F・ハインズ[*22]は日本領事館から資金援助を受けていた（ロサンゼルス・デイリーニュース、一九三九年六月十四日付）。このような状況にあって二世たちは、支那における日本の武力攻勢に対する反対意見を表明することも、リベラルな政治運動に関わることもできなかった。それでも彼らは日本へのくず鉄禁輸を求めるキャンペーンには参加していた。

一世たちの開催する会合や晩餐会には保守層の白人リーダー格や役人が顔を出していた。彼らは一世のグループとともにくず鉄禁輸に反対し、日本の支那における軍事行動を支持した。白人リーダーたちが日本人の集まりで日本人を褒め称えた言葉は枚挙にいとまがなく、一冊の厚い本ができるほどだった。こうした蜜月の光景は一九三〇年から四一年までよく見られた。しかし皮肉にも、日本人と連携していた白人連中こそが真っ先に日本人の強制収容を主張したのだった。

日本人のビジネス世界では誰が何をやっているかを皆が知っていた。ゴシップ社会であった。そしてまた彼らはちょっとしたブルジョワ（petit bourgeois）にまでなっていた。もちろん大資本家という者はほとんどいなかったが、そこそこの小金を持った資本家は増えていた。とてつもない金持ちも、貧乏な労働者も少ない中間層ばかりだったといえる。

したがって、日系社会はこうした中間層の考えでまとまりをみせていたと分析できる。しかしそのことは同時に日系社会から幅広い考えや発想を奪うことにもなっていった。リトルトーキョーは物理的に狭いだけでなく、許容性に欠けた狭量な世界でもあった。

このリトルトーキョーの文化こそが二世たちのフラストレーションの根源であった。G・T・ワタナべはエッセイのなかでその憤懣をぶつけている。[*23]

「このくそ狭い日本人街を歩くたびに反吐《へど》が出そうになった。こんな気分で二十年にもなる」

ワタナベの日本人街への罵倒の言葉は、いかに二世たちが彼らを取り巻く環境に辟易《へきえき》していたかを示すものだった。彼らは自分たちがこの社会の一員なのか、それとも排除されているのかわからなくなっていた。二世の若者の感受性は圧殺されていた。彼らはその憤懣をどんちゃん騒ぎと無意味な馬鹿笑いのなかで忘れようとしていた。

彼らの暮らす街では、けばけばしい格好のフィリピン人移民がカフェでせわしなくコーヒーをすすっていた。道端には外れた宝くじが散乱し側溝に詰まっていた。日に焼けた埃だらけの店と、新装なったぴかぴかの洒落た店がごちゃごちゃとしたコントラストをみせていた。そこには東洋人の街特有の空気が充満していた。

まだ陽の高いうちから玉突きに興じる男たちがいて、薄暗いビリヤード場から玉がぶつかり合う音が聞こえてくる。日が暮れるとカフェのネオンが赤と青と緑のぼんやりとした光を放つ。ジュークボックスから弾けたような音楽が流れ、ディキシーバンドは物悲しい曲を演奏する。これがワタナベの見たリトルトーキョーだった。

強制収容が始まる前の二世たちのお気に入りの短編小説にはたいてい、バイロン卿[*24]の作品に描かれるような主人公が出てくる。いつも満たされず人生に絶望した男。感受性は強いが内向きで反抗的。こうした二世の性格はつねに日系紙に「二世問題」として取り上げられていた。

二世たち自身、自分たちの心の問題の原因を探ろうとしていた。彼らの内省は強すぎた。自信がなかった。いつも親族のそばにいてその関係を大事にした。敗北主義的なところがあった。いつもつまらないことを気にしていた。二世は混乱し、自らを不幸せだと感じていた。一世から浴びせられた「白人文化に染まって遊び呆けている」という言葉からかけ離れた二世たちがいたのだった。彼らはリトルトーキョーという世界のなかで窒息せんばかりにもがき苦しんでいた。

一九四〇年になると、こうした世界から少しずつではあるが脱出する者が出てきた。日系新聞の論調も変わってきている。ケニー・ムラセは次のように述べている。

「二世もそろそろ思い切って外の世界との接触が必要だ。これまではイタリア人もポーランド人もユダヤ人も支那人も黒人もみな外の世界に存在するものとして無視してきた。日系人社会のなかだけで孤独に悩み、無意味な嘆きを繰り返すのはもうやめにしたい」

「そうでないと二世たちも、日系人への敵意や侮蔑のなかで生きていくことになる。いつまでも殻に閉じこもらず、アメリカという国にダイナミックに貢献しようとしてきた他の人種グループと接触すべきだ」

二世のなかにこうした傾向がはっきりと見え始めたのが一九四一年であった。ところがこの年、対日戦争の可能性が高まっていた。二世たちの行動は他の人種グループの関心を集めるようになった。いやアメリカそのものが彼らに注目し始めたともいえる。

「きみたちはアメリカに忠誠を誓えるか」

「きみたちは日本のスパイか」

「戦争が始まったらどうする」

二世たちにはこうした恐ろしい質問に答える準備ができていなかった。戦争が始まるのは彼らにとって十年早すぎた。そして一九四一年十二月七日がやってきた。この世が終わってしまうような、とてつもない激変が彼らを襲うことになる。

注
＊1　Lawrence Guy Brown, *Immigration: Cultural Conflicts and Social Adjustment*, Longmans Green and Co, 1933, Chapter XV.［原注］
＊2　一九〇〇年の十六セントは、二〇一〇年の実質貨幣価値では四ドル二五セント程度である。
＊3　Frank Miyamoto, *Social Solidarity Among the Japanese in Seattle*, December 1939. 参照。［原注］
＊4　Helen Mears 一九〇〇―八九。ジャーナリスト。一九二五年に初めて支那を旅し、その十年後、日本に九カ月間滞在。日本の敗戦後、アメリカ労働諮問委員会（Labor Advisory Board）のメンバーとして来日。一九五〇年代にはアメリカ反戦連盟（the War Register League）の委員となり、反水爆活動に参加。著作に *Mirror for America*（邦訳『アメリカの鏡・日本』）、*Year of the Wild Boar; an American women in Japan* がある。
＊5　牛島謹爾。一八六四―一九二六。現福岡県久留米市出身。一八八八年に渡米。ストックトン市において馬鈴薯生産で成功。初代在米日本人会会長。

＊6　Robert Welles Ritchie 一八七九―一九四二。ジャーナリスト。ハーパーズ・マガジンなどに寄稿。
＊7　Junzo Sasamori, *Facts about the Japanese in America*, 1921.〔原注〕
＊8　Sacramento サンフランシスコ間の丘陵地帯。
＊9　Hayward サンフランシスコ湾東岸のアラメダ郡にある町。
＊10　Sutter County 州都サクラメントの北、サクラメント川流域の地帯にある郡。
＊11　Upland ロサンゼルスの東部、サンベルナルディーノ郡にある。
＊12　南部カリフォルニアの南東部。
＊13　一九二九年に結成されたJapanese American Citizen League (JACL) の活動を指している。ＪＡＣＬは参政権獲得が最も重要と考え、善良市民の育成や二世の日本国籍離脱を指導した。
＊14　「アメリカは一九一七年に参戦する。翌年アメリカ議会は、市民権を得ることのできない移民であっても義勇兵として勇敢に戦った兵士には市民権が与えられるとする法案を可決した。アメリカの参戦で国内の帰化不能移民への偏見がこの時期には一時下火になっている。しかし後日、日本人一世の復員兵士はこの法案から除外されることが最高裁で決定された。これに猛反発した復員兵士トクタロウ・ニシムラらのロビー活動の結果、こうした元兵士の市民権が認められたのは一九三五年のことである」Brian Niiya, *Japanese American History*, VNR AG, 1993, p312.〔原注〕
＊15　George Morimitsu, *These Are Our Parents, Asia and the Americas*, October 1934.〔原注〕
＊16　Paul B. Waterhouse 南カリフォルニア州日本協会会長。
＊17　Roland Sletor Morris 一八七四―一九四五。一九一七年から二〇年まで駐日大使をつとめた。
＊18　Walnut Grove カリフォルニア内陸中央部のサクラメント郡にある町。
＊19　The New Canadian カナダ・バンクーバーで二世のための新聞として一九三八年十一月に創刊。
＊20　建国の英雄を顕彰し、あわせて歴史的重要事件を語り継いでいくことを目標にした愛国的組織。一八九〇年創立。
＊21　Alf Landon 一八八七―一九八七。カンザス州知事を経て一九三六年の大統領選に共和党候補に選出される。現職のフランクリン・ルーズベルト大統領に敗れる。

＊22　William F. Hynes 詳細不明。
＊23　New Canadian 一九四一年六月五日付。〔原注〕
＊24　George Gordon Byron 一七八八―一八二四。イギリスの詩人。恋愛詩や叙事詩で明治期日本ではよく知られていた。男爵。

4章

西海岸からのエクソダス

一九四一年十二月七日、西海岸の社会に大規模な地殻変動が起きたような亀裂が走った。それは、日本人移民を他の人種グループからはっきりと引き裂いた。太平洋岸に走る活断層のように、裂け目は同地を南北に縦断した。ところによっては恐ろしく深かった。社会断層ともいえるこの亀裂は地震学の活断層に似て、長いあいだおとなしくしていたものが突然目を覚ましたのだが、ちょっとしたきっかけで暴れだす代物だった。

真珠湾攻撃は大変な騒ぎだった。大地震の激震のように、太平洋岸のすべての土地を強烈に揺さぶった。この「社会的大地震（social earthquake）」の犠牲者となったのが日本人移民だった。西海岸から日本人を強制的に追い払う「アメリカの歴史上で最も苛烈な強制移住」（ポール・S・テイラー）[*1]が始まった。

この大地震を起こした断層は地表近くでしばらくじっとしていた。おとなしくしていたから気づかれなかった。陸軍でさえ、たとえ戦争が起こったとしても強制収容の事態が発生するとは考えてもいなかった。しかしこの断層、つまり根の深い反東洋人思想はカリフォルニア社会の奥底にしっかりと根を張っていた。そうした思想を持つ者はこの断層が動き出すことを密かに期待していた。そして着々と準備していた。言い古された人種的偏見や日本人に対する恐怖心を訴える作業は綿々と続けられていた。

一九三五年三月、あるカリフォルニア州下院議員は、日系移民の存在を念頭にしながら仲間うちで次のように語っている。

「米日戦争に備えて、日本はこのカリフォルニアに二万五千の軍隊を置いているようなものだ」

この頃、サンフランシスコ・クロニクル紙は州の役人の言葉として次のように伝えている。

「カリフォルニアの日系人は戦いの準備を密かに始めている」[*2]

一九三六年五月、ベルナール・マックファッデンはリバティー誌上で日本人移民の危険性を訴えている。彼はカリフォルニアの「日本人兵力」を二十五万だと、とんでもなく誇張して語っていた。わが国ではこうした論調の記事が消えることはけっしてなかったのだ。[*3]

一九四〇年二月二十一日付のロサンゼルス・イグザミナー紙上の論評で、ウィリアム・ハーストは次のように力説し、反日本人の気運を煽っている。

「ノックス大佐[*4]は一度カリフォルニアを視察すべきである」

「ちびの日本人がそこらじゅうで果物や野菜や花の栽培をしている。いかにも牧歌的である。しかし奴らは『おいらは日本の軍隊待っている。いつか必ずやって来る。そうなりゃここにあるもの何もかも、みんなおいらがとってやる。そんなときが来るまでは、はいはいわかった、ありがとう。静かにへつらい面従さ』なんて歌ってやがるのだ」

「太平洋に眼を向ければ、そこには何百という漁船が平和そうに漁をしている。漁師は日本人ばかりだ。

奴らは魚を追いながら、沿岸部の写真を撮っているのだからたちが悪い」

日系移民に関心を持っていたこうした人物たちは、いったん事が起こったら何をすべきかをわかっていた。すでに一九三九年の段階でライル・ケインは次のように語っている。[*5] 彼は在郷軍人会第二七八支部で国防委員会会長の職にあった。

「日本との戦争が始まったら最初にすべきことは奴ら（日系移民）を一人残らず（every one of them）強制収容することである」

強制収容は彼の狙いどおり実施されてしまった。現時点で、この国の白人社会と日本人移民のあいだに絶望的な溝があるか否か議論するのは意味のない作業である。問題は、このカリフォルニアだけにあった溝がアメリカ全土に広がってしまったことにある。この断層が白人社会と日本人とのあいだだけではなく、わが国の少数民族すべてとのあいだに存在すると認識され、少数民族はすべて国家への忠誠心が欠如した、信用できない連中だと喧伝《けんでん》されたことだった。

私たちが今考えなければならないのは、国内の少数人種に対する疑いを、どのようにしたら払拭できるのか、である。そうした問いに答えるには、日系移民の強制収容がどのように行われたかをまず知っておかなければならない。

強制疎開

一九四一年十二月十一日、西部方面防衛軍（the Western Defense Command）が設置され、アメリカが戦時状態にあることが宣言された。太平洋岸を担当する責任者に任命されたのはJ・L・デウィット中将[*6]であった。

司法省は大統領令に基づき、十二月七日、八日にわたって、把握している限りのすべての危険な敵性外国人（all enemy aliens）の逮捕に踏み切った。翌一九四二年一月二十九日から次々に類似の大統領令が発令された。司法省は港湾、空港あるいは電力供給施設をもつ軍事上重要な一帯を指定すると、敵性外国人をそうした場所から排除することを決めている。

真珠湾攻撃に関わる最初の暫定調査報告書（ロバート調査報告書[*7]）が発表されたのは、一月二十五日であった。西海岸においては反日本人世論が澎湃《ほうはい》として沸きあがり、この月の後半の新聞紙上では、西海岸からすべての外国人、特に日本人を隔離すべきであるとの論調が強まっていることが報告されている。

新聞でのキャンペーン開始に足並みをそろえるように、ワシントンの議会では西部諸州出身の議員がこの問題を協議している。中心となった人物はあのハイラム・ジョンソン（Hiram Johnson）上院議員で、彼はカリフォルニアの反東洋人運動の古株であった。

一九四二年二月十三日、こうした議員たちは大統領に対して「日本人の血を引く人物（all persons of Japanese lineage）」はすべて隔離すべきであり、その実施にあたって戦時戒厳令の布告[*8]は不要であるとする意見書を提出している。デウィット中将が日本人隔離を陸軍省に提案したのはこの翌日のことであった。

要請をうけて、フランクリン・ルーズベルト大統領は大統領令九〇六六号を発令した（二月十九日）。陸軍省に対して軍事的重要地域の設定と同地区からすべての外国人を排除することを命じるものだった。二月二十日、スチムソン陸軍長官はデウィット中将をその責任者に任命し、対象となる重要地区を設定するよう命じた。指令が出たのは三月二日のことであった。

三月二十七日には、指定された地域に住むすべての日系人が無断で地域外に出ることを禁じる命令が発せられた。こうした命令は合わせて一〇八にものぼっている。第一地域、第二地域として指定されたのはワシントン州、オレゴン州、カリフォルニア州及びアリゾナ州の一部であった。

議会はこうした命令を承認（三月二十一日）するとともに、新たな法律（Public Law No. 503）を成立させ、該当地域からの隔離を拒否することは刑事罰の対象とすることを決めている。第一重要地域とされた地区からすべての日系人が隔離されたのが六月五日、第二地域からの隔離は八月七日に終了した。

一連の経緯をみると、日本人隔離政策を主導したのはデウィット中将であることがわかる。彼の政策は西海岸出身の議員の主張を背景に進められていた。この時期は大統領も陸軍長官も他の政務に忙殺されていたから、日本人隔離政策は中将にすべて任されていた。何もかもが彼の責任で実行されており、彼の意思決定を分析することが重要である。彼がなぜ、日本人全体の隔離（mass evacuation）を決めたのかを分析しなくてはならない。

当時の公式な説明はあくまでも軍事的な理由（military necessity）であった。その「軍事的理由」ははっきりと明示されてはいなかったが、中将の隔離政策についての最終報告書（一九四三年七月十九日）によって、われわれはその詳細を知ることができる。この報告が公開されたのは一九四四年一月のことであった。

同報告から、真珠湾攻撃以来わが国西海岸は侵攻されるかもしれないという危険性が確かにあったことがわかる。日本軍の侵攻がすさまじかったのだ。グアム占領（一九四一年十二月十三日）、香港陥落（同十二月二十四日）、マニラ陥落（一九四二年一月二日）。そしてシンガポールも二月にはすでに陥落している。

わが艦隊は真珠湾で運用不能となっていたし、日本海軍の連合艦隊の挙動は不明であった。一九四二年二月二十三日には日本の潜水艦がカリフォルニアのサンタ・バーバラ沿岸部に砲撃を加えている。[*9] わが国に対する侵攻の危機は現実に存在していた。ハワイが攻撃を受けたように本土も危ない状況にあった。

デウィット中将は重大な責務を負っていた。彼は軍隊組織の長である。迅速な決断が必要なポジションである。彼らは可能性を判断の基準にしなくてはならない。指揮官には科学者が実験室でのんびりと研究するような余裕はない。ハワイで屈辱の憂き目にあったキンメル提督[*10]やショート提督[*11]の二の舞になるわけにはいかなかった。

西海岸には軍事的に脆弱な箇所が多かったことは間違いないのだが、しかしデウィット中将はそうした危険性と日本人移民をなぜ直接に結びつけたのか。このことを冷静に考えることが重要である。

彼自身はこれについて、破壊行為及びスパイ行為という二点の心配があったと述べている。しかし純軍事的な視点からいえば、どちらも直接的な危機ではなかった。安全保障の意味合いが強い。すでに一九四二年二月十四日の時点で、ハワイでは破壊行為などは見られないことは、はっきりしていた。仮に日系移民が破壊行為を計画していたのであれば、真珠湾攻撃の最中にそうした計画が実行されないわけはなかった。日本は明らかにこの攻撃でわれわれに強烈なダメージを与えようとしていたのだから、それに伴う破壊行為は当然に実行されていなければならなかった。

デウィット中将は奇妙な論理を持ち出している。破壊行為が見られないのはむしろ怪しい兆候であり、そうした行為は必ず近いうちに実行されるだろう、というのだ。言葉を換えていうなら、日本人が誰一人として破壊行為など行っていないという事実こそが、彼らがこれから破壊行為に走ることを示しているという主張である。

これは実に奇妙なロジックであった。もう一つ解せないのが、こうした論理を適用した対象が日本人だけであったことだ。むしろドイツ系やイタリア系の移民の方が破壊行為の実行は容易であったのは誰の目にも明らかだった。

西海岸でスパイ行為があることはほぼ間違いないことだった。それを示す証拠もあった。デウィット中将は、日本人移民社会を管理下においても、そうしたスパイ行為を止めることができないと主張する。たとえば海岸沖での敵国との交信はやんではいない。それでは誰がこうした諜報活動を行っていたのだろうか。デウィット中将の報告書にはそれは記されていない。日本人でない者がこうした行為に加担していた証拠もあった。

真珠湾攻撃前の時点で、二人のアメリカ人がスパイ行為で有罪となっている。彼らは本土で生まれた白人で日本政府のエージェントだった。ジョン・ファンズワースは海軍士官であり、ハリー・トーマス・トンプソンは航海士だった。

戦争勃発後には、フレデリック・ビンセント・ウィリアムスとデヴィッド・ワーレン・ライダー[*12]の二人も日本政府のエージェントであるとして起訴され、どちらも有罪判決となっている。ライダーは長年にわたって西海岸ではよく知られたジャーナリストであった。

本土生まれの白人で陸軍伍長でもあったアーサー・クリフォード・リードも同様の理由で起訴された。またハイザー・ライトも真珠湾攻撃前の十年間にわたって日本政府のエージェントであったとして起訴された。ライトはニューヨーク・デイリーニュースの編集委員の一人であった。

一九四三年六月十四日、戦時情報局（Office of War Information: OWI）は、真珠湾攻撃の際、信号で日本軍と交信していたのはナチスのエージェントであったことを明らかにしている。その人物は現地の日本人ではなく、ジョゼフ・ヒルトン・スミスという人物であった。[*13]

ラルフ・タウンゼントも日本政府エージェントとして逮捕、投獄されている。彼はアメリカ・ファースト運動のリーダーの一人であった。アメリカは戦争に介入すべきでないと主張する運動のリーダー的人物であった。[*14] ロサンゼルスのある警察署長が日本領事館から資金提供を受けていたことも発覚した。資金提供の表向きの理由は日本人移民の活動を調査報告させることであった。

要するに日本政府は真珠湾攻撃前に必要であった情報は、すべて非日本人を通じて入手していたのだった。理由は説明するまでもないだろう。目をつけられやすい日本人移民にスパイ行為など任すわけはないのだ。わが国を裏切ったのは日本人移民ではなかった。白人アメリカ人だったのだ。

日本人移民は誰一人として日本政府の秘密エージェントであるとかスパイ行為をしたという理由で逮捕されていないのである。日本人移民にばかり注意を向けてしまったことで、実際にスパイ行為に加担している者たちの行動を容易にしてしまったともいえるのだ。

デウィット中将はまた、日系移民は暴動を起こす可能性が高い、それが強制隔離しなくてはならない理由の一つであるとしている。しかし実際の調査では、日本人が危険であるとの証拠は一切なかったし、危険を告げる情報はみな同じ事件についてのもので、情報ソースが重複しているものばかりだった。

実際のところ西海岸では何が起こっていたのだろう。実は一九四一年という年には日系移民に対して、むしろ同情を示す論調が目立っていた。[*15] 真珠湾攻撃後も日本人移民に対する集団ヒステリーのような反応は起きていない。バイアスのかかっていない世論が形成されていた。一九四二年一月の調査でチェスター・ローウェル氏は次のように指摘している。

「アメリカにいる日本人は、日本人であると簡単に見分けられる。もし日本人の行為が原因で彼らに対する集団ヒステリーのようなものが発生していたなら、彼らに対して怒りをぶつけたい、という心理になるのは当然だ。しかしそうした事例は観察されていない」

またカリフォルニア大学のエリック・ベルクイスト教授[*16]も、「あの卑怯な真珠湾攻撃の後であっても、二世を含めた日系移民に対して疑いの眼を向けるような動きはほとんど見られない」と述べている。日本人移民への疑念が高まったのは、いわゆるプロの煽動家が騒ぎ始めてからのことだった。ベルクイスト教授は次のように分析を続けている。

「コメンテーター、コラムニスト、愛国を商売にしている連中（professional patriots）、魔女狩りが好きな連中、外国人嫌いといった者たちがある目的をもって煽動を始めたとたん、集団ヒステリーが始まった。そうしたアジテーションが始まったのは一九四二年一月のことだった。おきまりの愛国主義的言動が跋扈《ばっこ》し、日本人移民を制限する規制を導入せよ、という主張が喧《かまびす》しくなった。彼らの要求する規制は、わが国に相応しい性質のものではなかった」

一九四三年の報告書[*17]で、セルデン・メネフィーが西海岸では騒乱も秩序の乱れも何ひとつ見られないと報告していることがわかっている。逆に日本人移民への同情をみせる者が多いくらいだった。一九四一年十二月七日以降何が起こったかは、時間刻みに記録されたタイム、ライフ、フォーチュンの三誌の記者の報告書[*18]でよくわかる。その記録は『最初の三十時間』という題名で出版されている。

報道を通じて確認できたものとして、カリフォルニア州で発生した日本人に関わる暴力事件はわずか二件である。一九四一年十二月二十七日にストックトン市で起きたフィリピン人と日本人の喧嘩と、一九四二年一月一日にギルロイ市で日本人の家が何者かによって放火された事件だけなのだ。[*19]もし日本人移民が危険であるなら、司法当局がハワイで実施されたような措置（戒厳令）をとったはずである。アクションをとらないにもかかわらず、行政当局は本土における破壊行為の危険性はないという声明も出していない。

どうもデウィット中将の頭のなかには、彼なりの思惑があったに違いない。日本人はわが国に対して忠誠心をもっているか。彼らは今後どのような態度を示すのか。確かに彼らのなかには日本への忠誠心をみせる者はいる。しかしグループ全体としてみた場合はどうなのか。要するに彼は、すべての日本人がわが国に対して忠誠心をみせているわけではない、という風に考えていたのだ。

上記報告書では彼の考え、つまりそれは仮説なのだが、それを裏づけるような事件だけが取り上げられていて、それを否定するような事実は何も語られていない。日本人移民たちが真珠湾攻撃以前からわが国への忠誠心を示そうとしていたことなどは一切報告されていない。この報告書は公式文書であったから、このような事実を削除することは日本人移民全体に対して疑いを持たせるのに有効であった。

一九四〇年から四一年にかけての議会報告書（Congressional Report）をみればわかるように、西海岸の日本人移民のグループからわが国家への忠誠を示したいという請願書が数多く寄せられていた。[*20]一九四〇年十月二十一日、インペリアル・ヴァレー地区の日本人のすべてがエルヤントロ市の裁判所前に集まり、アメリカへの忠誠心を示そうと気勢を上げている。

一九四一年三月九日、JACL（日系アメリカ人市民同盟）はロサンゼルス市議会に対して同じような趣旨を伝え、それを示すためにはどのようなことでもすると伝えていた。JACLは三月二十一日には陸軍および海軍の情報局の担当者を招いて集会を開き、情報部門当局に、JACLの施設をその活動のために存分に使ってほしいと伝えている。こうした事例はほかにもたくさんあった。

シュウジ・フジイは帰米者でドーホー（同胞、Doho）紙の編集者であった。彼は常日頃、同紙のなかで、西海岸の同胞がファシスト的な行動をとることのないように訴えていた。ロサンゼルスの日系紙ラフ・シンポー（羅府新報、Rafu Shimpo）[*21]の編集者は、日清戦争での傷痍軍人への基金活動に抗議までしている。ドーホー紙（一九四〇年四月一日付）によれば、海軍情報部リングル中佐の言葉として、多くの日系人が彼に協力し、八五パーセントの日系人は完璧にアメリカへの忠誠心をみせている、と伝えていた。

こうした事実もデウィット中将の報告書では一切触れられていない。逆にこうした日本人移民の行動そのものが怪しいと勘ぐっている始末である。ロサンゼルス市長のフレッチャー・ボウロン[*22]もそうした人物の一人である。

確かに西海岸に住む日本人のなかには危険人物もいた。一世のなかには母国に強い愛情を示す者もいた。しかし忘れてはならない点は、こうした人物はすでに当局に特定されていたことである。ハワイだけではなく本土においても一九四一年十二月七日、八日の両日に彼らは逮捕されている。

ジム・マーシャル[*23]はコリアーズ誌上（一九四一年十月）で、過去五年以上にわたって日系人移民は一世二世を問わず常時監視されていたと伝えている。そして同時に、情報部当局は圧倒的多数の日本人移民はアメリカ国家に忠誠を誓っているとも報告していた。そうでない者もわずかにいたが、そうした連中はしっかりと監視されていた。そして開戦と同時に逮捕・収監されている。

カリフォルニアには昔から、日本との戦争が現実になったら日系人は強制収容すべきだとの議論があったことは確かである。しかし陸軍も海軍もＦＢＩも公式にはそうした施策の必要性を認めていなかった。日系人が危険でないことは長期にわたる観察でわかっていることで、彼らは危険でもなければ何か騒動を起こすような気配もなかった。

西海岸の新聞記者たちはこの見方に全く同意見であった。上述のリングル中佐も日本人移民の強制隔離などの必要性を認めていなかった。軍当局は軍事的作戦として、そうしたことをする必要性はないと判断していたのだ。

しかし隔離の必要性を社会問題の視点から考える者はいた。デウィット中将である。

「わが白人社会に同化されず、強い結束を保っている人種がいて、その人種が母国に強く愛着を感じている。そうした移民が数多くいる。これがわが国にとっては大いなる脅威であることは厳然とした事実である」

将軍のこうした考えは、日系人問題に詳しい西海岸の社会学者の分析とは全く逆であった。いうまでもないことだが、こうした学者がデウィット中将から意見を求められることはなかった。彼には強制隔離を予防的施策として実施することについて、道徳的な視点で考慮しようとする意思はなかった。

西海岸においてドイツやイタリアの領事館がどれだけの破壊活動を密かに画策していたかについても考慮しなかった。日系移民と本国との関係を読み解く作業は軍人に任せるべきではなかった。日本人移民の危険性に対処しなければならないとしても、強制的な集団隔離という方策だけが唯一の方法ではなかったことにも留意すべきである。

しかし時間を経るに従い、集団隔離の措置があたかも軍事上の観点からも必要だと考えられるようになっていった。デウィット中将は次のような論を展開した。

「日本人は敵性人種である。わが国で生まれた二世あるいは三世は確かに市民権を持っている。アメリカ化（同化）されている。人種的穢《けが》れも薄められている。しかし軍事的に重要な太平洋岸各地に十一万二千の潜在的な敵国民が野放しになっているのは厳然たる事実である」

つまり中将は日本人移民を個人で見ることなく、その血が敵国人種につながっていることを問題にして、日系移民全体を一つのグループとして捉えているのだ。その上、彼の報告ではアメリカ化（同化）した、という表現の最後にクエッションマークまで付けていた。

後にデウィット中将はきわめて人種差別的な人物であったことが、中将自身の証言を通じて明らかになっている。彼は一九四三年四月十三日にサンフランシスコで開催された下院海軍問題小委員会で次のように証言している。

「ジャップはどこまでいってもジャップである（A Jap is a Jap）。彼らがわが国への忠誠をみせていようがいまいが、危険な人種であることは間違いないことなのだ。日本人のなかで誰がわが国に真の忠誠を誓っていて、誰がそうでないかなどわかるはずがない。アメリカ国籍を持っていようがいまいが、日本人の性質は変えられはしない。アメリカ市民であるとの証明書一枚で彼らが変わったと考えるのは甘いのである」

中将には政治的な強い圧力もかかっていた。直接的なものだけでなく間接的なものもあった。たとえば組織化されたキャンペーンなどである。ダイズ委員会[*24]がロサンゼルスで開催されたことがあるのだが、そこでバウロン市長は興味ある発言をしている。

「私はロサンゼルス及びその周辺から日本人を追い出すことに熱心であるといえよう。この問題について私は何度も現合衆国司法長官であるトム・クラーク氏[*25]と協議した。彼が太平洋岸での敵性外国人の活動を監視する責任者であった頃のことだ。クラーク氏のほかに当時州司法長官であったアール・ウォーレン・カリフォルニア州知事も加わっていた。われわれの協議は長時間に及ぶことが何度もあった。われわれはデウィット将軍の決断に一役買っていた」

太平洋岸議員代表者会議（the Pacific Coast Congressional Delegation）は一九四二年二月十三日に、日本人移民は隔離されるべきだとの報告をまとめている。代表者会議はトーラン委員会に対し、太平洋岸に出向いてでも西海岸の声を聞くべきだと主張していた。地域住民の声は委員会が検討している計画に反映されるべきだ、との主張だった。

トーラン委員会はこの要請に応えている。西海岸での公聴会は二月二十一日から三月二日まで開催されている。しかしよく考えるとこのやり方はいささかおかしい。日本人を「軍事上の理由」で強制隔離しなくてはならないのであれば、住民の意見など聞く必要はない。住民の意向とは関係なく実施すればよいだけである。

合衆国司法長官は強制隔離に懐疑的であった。当該地域に戒厳令さえ出ていないなかで、そうした措置をとる必要はないと考えていた。これに太平洋岸議員代表者会議は反発した。司法省がそのような態度をとるのであれば、同省の予算づけに嫌がらせをすると脅した。

西海岸の経済団体は戒厳令の施行に反対であった。たとえばロサンゼルス商工会議所会頭のポール・シャウプはトーラン委員会でその旨を伝えている。日本人が隔離されることになれば西海岸に戒厳令が敷かれる危険性が低くなるだろうと、彼らなりの思惑を持っていた。彼らはハワイのように戒厳令が敷かれたら、ビジネスに悪影響が出ると恐れたのだった。

公聴会を西海岸で実施することがルーズベルト政権への圧力になったのは間違いなかった。その公聴会は強制隔離賛成派によって仕切られた。公聴会で一世が証言することは許されなかった。証言を許された二世たちは、委員会でどのような提案がなされてもそれに同意するように言い含められていた。そうすることこそがアメリカ国家への忠誠の証だと迫られていた。西海岸ではフィリピン人と日本人のあいだで衝突があるかもしれないと噂されていたから、委員会ではこうしたことも議題になるはずであった。しかしフィリピン人移民が委員会に呼ばれることはなかった。要するに日本人以外の人種は呼ばれなかったのだ。ドイツ系もイタリア系もユダヤ系もこの状況に危機感を持っていた。彼らはいつ自分たちが日本人移民と同じ目にあうのかとびくびくしていた。

公聴会では日本人強制隔離に向けて入念な工作が行われていた。これは委員会そのものがアンフェアであったというのではない。むしろ隔離を望む勢力が公聴会そのものを乗っ取った、と言った方が正確な表現である。

そうした勢力はみなそれぞれの思惑を持ちながら、強制隔離が実現した場合にその責任だけは連邦政府に押しつけたいと考えていた。政治家や政治団体、日本人の隔離で利益を上げられそうなグループ、もともと日本人が嫌いな在郷軍人会や反東洋人移民団体、あるいはカリフォルニア統合移民問題会議（the California Joint Immigration Committee）といったグループがこうした勢力の代表であった。ロサンゼルス、サンフランシスコ、ポートランド、シアトルといった大都市の市長もみな強制隔離に賛同していた。

多くの市議会、大陪審（grand juries）あるいは市の幹部組合といった組織も隔離に積極的であった。公聴会に呼ばれた証言者はみなこういった勢力と関係があった。一般市民はそこにはいなかった。すでに一九四二年一月後半から新聞が隔離政策推進のキャンペーンを張っていたが世論の関心は薄かった。ロサンゼルスでの公聴会でも一握りの証人とせいぜい一ダースほどの市民の傍聴があったにすぎなかった。

公聴会でのいわば〝職業的〟証人（〝pro〟witness）たちの証言から二つの重要な点が浮かび上がってくる。第一点は、日本人はドイツ人やイタリア人とは違うカテゴリーの人種であるとの主張である。第二点は、ハワイでの破壊行為はすべて日本人が実行したという主張である。州司法長官だったウォーレン州知事は次のように証言している。

「われわれは白人については、彼らの国への忠誠心を試す方法がわかっている」

彼はこうした主張を通じて一世は二世よりも危険な存在であることをも仄めかしていた。

公聴会では証人の発言も委員長の質問も、ハワイで日本人が破壊行為を実行したことが既定の事実であるかのような前提でなされていた。彼らは日本人移民に対する復讐の危険から彼らを守るには強制隔離が適当だ、というロジックまで持ち出している。こんな主張をする一方で、戦争が終結しても日本人は沿岸部に戻してはいけない、などと主張するのだから始末が悪かった。

証人はハワイの破壊行為が日本人によるものだと信じ込まされていた。ウォーレン知事のいう「西海岸もいつそうした目にあうか知れたものではない」という意見を裏付けることになった。それが西海岸にあった反日本人感情に新たな火を点けることになる。過去およそ四十年にわたって点いては消え、消えては点いていた憎悪の感情が再び燃え上がることになった。

公聴会では重要な軍事施設と、その周辺に居住する日本人集落を示す地図が使われた。それは彼らの主張を裏づけるには都合の良い地図だったが、日本人がそうした場所にいるのは単なる偶然だった。確かにロサンゼルス湾の中心に位置するターミナル島[*27]には日本人の集落があった。それは危険といえば危険であった。しかしそこにそうした集落ができたのは三十年も前のことで、魚の缶詰工場があったからなのだ。それに加えて、その工場を建設したのは日本人ではなかった。

魚を積んだ漁船は昼夜を問わず入ってくる。工場で働く者はその周辺に住んでいなければならない。魚が入ってくると工場から合図の汽笛が鳴らされる。作業開始のための集合の知らせである。日本人労働者は工場近くに住むことが決められていたのだ。ところがこの集落がスパイ行為の巣窟だと糾弾されることになる。

近郊の住民は調査を要求し、実際にＦＢＩと海軍情報部はそれを実行した。しかしその調査をもとに逮捕された者はいない。彼らは日本人がスパイ行為などしていないことは知っていたはずだ。なぜならここで暮らす日本人は長年にわたって監視下にあったのだ。

日本人漁民は真珠湾攻撃のずっと以前から、セーヌ＆ライン漁民組合に所属していた。彼らは開戦以前から、日本との戦いが現実になったらわが国に忠誠を誓うと言明していた。日本人漁師たちが家庭や子供たちを大事にし、日本人学校で教える教師たちに敬意を払っていることはよく知られていた。ローカル紙がたびたび記事にしたお気に入りの話題だった。

ところがこうしたことは一夜にして忘れ去られた。缶詰工場に生活を依存しながら形成された小さな日本人の漁村は、日本人移民がいかにわが国にとって不忠義で危ない存在であるかの証明に使われてしまった。

ウォーレン知事の日本人への警戒はこれで終わらなかった。トラック一台を持って生花販売で生計を立てている日本人移民の家屋の多くが、重要な工場、発電所あるいは製油所近くにあるとして日本人の危険性を煽った。

すでに述べたように、多くの日本人農家は都市郊外で生鮮野菜の生産に従事していた。都市に供給する以上、農場は都市近郊にあるのは当然のことだった。その農場が工業用地の近くにあっても仕方がないことだった。

彼らの所有する土地は小さかったが、それにもかかわらず成功したのは、彼らが十分な生産量を確保できたからだった。工業用地に近い土地は当然に地代が高かった。そうした地代を払ってでも生産が続けられたのは日本人農民だけだった。日本人はロサンゼルスからサンペドロ―ロングビーチ地区にまたがる地域で野菜を生産していた。ここは製油所、軍事施設などが多い工業地域であった。

野菜生産の農地の一部には送電線の真下に位置するものもあった。これも日本人移民を怪しむ理由にされたが、こんなところで日本人農民が野菜を栽培していたのには理由があった。電力会社が送電線を建設する場合、その下の土地は三〇〇メートル幅で購入しておかなければならなかった。もちろんそんな土地を住宅地や商工業地として貸すわけにはいかなかった。こうした事情もあってサザン・カリフォルニア・エジソン電力は一エーカー〔一二〇〇坪〕当たり十五ドルから二十ドルで日本人農家に貸し出していた。これが送電線の真下で日本人が野菜生産していた理由だった。

日本人農民のなかにはパロスヴェルデスの丘陵地帯[*28]で野菜を栽培している者もあった。そこからはロサンゼルス市が一望でき、海上の艦船に信号を送ることも可能であった。晴れた日には遠くカタリナ島[*29]まで見えた。この地域での日本人農民は最も疑われやすかった。この一帯を日本人が野菜生産地に選んだのも当然に理由があった。

この丘陵地帯には霜が降りない。トマト、豆類などの野菜を生産し消費地ロサンゼルスに届けるには絶好の立地だったのだ。ロサンゼルス郡農業顧問の一人は、この辺りでは、生産に適し、かつ市場に近いという立地条件を満たすのはこの丘陵地しかなかった、と証言している。だからこそ「晴れた日にはカタリナ島が見える」ほどの場所に日本人農民がいたのである。

この辺りのイタリア人の漁師も農民も敵性国家の移民として同じように疑いの目を向けられても仕方がない立場にいた。しかし彼らに対しては何の非難の声も上がっていない。このことは、トーラン委員会で証言した政治的リーダー連中の考えがいかに人種的バイアスがかかっていたかを示す証拠である。そして彼らこそが委員会のメンバーに、あたかも真実であるかのように、眼に見えない日本人の破壊工作がいまにも始まるかのような幻想を抱かせた張本人であった。

人種的紐帯

日本人移民の隔離を委員会で主張する政府高官は、日本人に加えられるかもしれない暴力から日本人を守っておく必要があるなどといった理屈を持ち出す一方で、昔ながらの反日本人のアジテーションのロジックを繰り返していた。特に日本語を教える日本人学校の存在、二重国籍問題[*30]、仏教や神道の強い影響の三点を問題にしていた。

常識で考えればよくわかることだが、西海岸の日本人移民には彼ら独特の悩みがあった。家族としてのまとまりを維持するために、そして子供たちと自国語で意思疎通ができるように日本語を教えようとした。子供たちは教室や運動場では英語を使っているわけで、日本語を勉強する機会がないのは当然だ。

日本語を教える教師を探すのは容易なことではなかった。それでも資金を出し合って日本語学校を設立している。彼らにはどうしても必要な教育機関だった。一世の視点だけでなく二世にとっても日本語を学ぶことは重要だった。彼らが貿易商社あるいは日系の企業に職場を求めるときに必要なスキルなのだ。

日本語学校での教育が破壊活動の一部だと疑うのは実におかしなことだった。日本人移民が、子供たちが日本語を学び、日本の歴史や文化を学んでほしいと望むことはごく当たり前のことだった。もちろん教材のなかには好ましくないものもあったかもしれない。

ハワイでは日本語を教える条例が必要だとする動きもあった。アメリカ日本人協会（the Japanese Association of America）が同様の条例をカリフォルニアで要求したのは一九二〇年十二月のことであった。しかし裁判所は一九二七年にそうした条例は憲法違反であるとの判断を示している。

カソリック教会もこの条例案には反対であった。教区学校にそうした条例が適用されることを恐れたのだ。彼らの意見が憲法違反とされる原因にもなっている。こうしたなかでオレゴン州では公学校の一つに日本語クラスを設置することに成功している。日本人学校の設置問題は日系新聞などのメディアでは長いあいだ議論されてきた懸案事項だった。わが国でもカナダでも、彼らは既存の公学校に日本語教育をどう組み込ませていくかに腐心していた。そのための提案も多くなされていた。

こうした動きは日本人移民の問題とは捉えられていない。むしろわれわれの現行のシステムの方に少数移民教育に関わる欠陥があったといえる。このことはロサンゼルス郡教育長であったヴィアリング・カーシー[*31]が「（日本人移民の）こうした要望に反対する理由は何もない[*32]」と発言していることからも明らかだ。

実際のところ日本語クラスでの教育はうまくいかなかった。日本人の悪たれ小僧たちは一時間半の授業時間に、つばをつけた野球のボールを教師にぶつけたり、英語で悪口をたれたり、わかっている日本語をわからない振りをした。授業に対する態度はひどいものだった。席に着いていても心ここにあらずだった。時計ばかりを気にして、終業の鐘が鳴ると教室から一斉に飛び出していった。

サイキチ・チジワは三年間にわたってこうした学校で日本語を教えていたが、「この国から日本人が消滅する」と一九二七年に述べている。このことは、陸軍が強制収容所で日本語に堪能な日系人を探そうとしたときの経験からも裏づけられている。収容所内の二世のうち、日本語をしゃべれる者は一五パーセント、読み書きのできる者はわずか五パーセントしかいなかったのだ。

カソリック教会の学校でも長年にわたって移民の子供たちに母国語を教えていた。それが問題視されたことは一度もなかった。イタリア領事館はカリフォルニア州内のイタリア語学校にファシスト思想に満ちた教科書を配布したことがあった。それでもトーラン委員会の公聴会でそのことは取り上げられていない。

日本語学校だけが破壊行為を筆頭とする各種の疑いをかけられている。カリフォルニア州の調査委員会が後になって設立され、イタリア領事館のファシスト的教科書の配布が問題とされたのは一九四三年になってからのことだった。

日本人移民の「二重国籍問題」も言いがかりのような案件であった。日本の国籍法は父系血統主義(jus sanguinis)をとっていたから、父親が日本人であれば日本国籍を持つことができる。しかしわが国は憲法修正第十四条に基づく出生地主義である。わが領土内で生まれた者はアメリカ国籍を持てる。国籍付与の考えにこうした違いがあるのは当然のことである。移民を送り出す側の国は大概において父系血統主義をとり、逆に大量に受け入れる側の国は出生地主義をとる。これはヨーロッパ諸国の大半で見られることで、日本が特殊だということではない。

もう一つ忘れてはならない事実は、一九一四年に西海岸の日本人移民は本国政府にこの国籍法の修正を求めていることだ。実際、この要請を受けて法律が変更されている。最初の変更は一九一六年三月、次の修正は一九二五年十二月であった。この修正でアメリカに生まれアメリカ国籍を持った二世は日本国籍を捨て、二重国籍状態にならなくてもすむようになった。実質的にこの修正で何かが変わったということはなかっただろう。ふだんの生活で二重国籍が支障になることなどまずないからだ。

しかし、一九二五年以降、多くの二世が日本国籍を捨てていった。ＪＡＣＬもしつこく彼らにそうすることを勧めていた。一九二五年十二月一日以降、手続きはさらに簡素化されている。それでもほとんどの二世は無知や無関心といった理由で、なんのアクションもとっていない。反日本人を煽るグループはこのたわいもない二重国籍問題を煽りに煽っているが、一世世代と二世世代のあいだに横たわる深い亀裂に気を留めることはなかった。

私は神学者ではないので「日本人移民のあいだの強力なナショナリズム形成に仏教と神道が深く関わっている」という議論には参加できない。ただわが国で行われている仏教信仰は本国のそれとは大分違っているのではなかろうかと思っている。この推測を裏づける証言は多い。わが国に入ってきた仏教会も、かつてのキリスト教会と同じようにその布教のやり方を変えざるを得なかった。幼稚園を併設したり日曜学校を開設したりしている。

仏教に深く帰依する信者からは、仏教を信仰するためには日本語能力が必要だと聞いている。二世の日本語力の低下で、仏教儀式にどんどん関心が薄らいでいるらしい。また子供たちが日常生活を通じてキリスト教に馴染んでしまっているようだ。一般的にいって仏教は都会よりも田舎の方でよく信じられている。鄙びたような仏教寺院は、二世世代にとっては、自分たちの生活には馴染まない存在だと感じていた。

私は青年仏教会（the Young Buddhist League）といった仏教系グループの布教や信仰の進め方を研究したことがある。それはメソジスト系の若者たちがやっているようなものとなんの変わりもないものであった。

彼らの会合には、政府職員が講師に呼ばれ、土壌についての解説をすることもあれば、ソーシャルワーカーが参加して二世世代の問題を話し合うこともあった。市のリーダー格の連中による、地域についてもう少し責任感を持ってほしいなどといった講話もあった。仏教会の活動にアメリカの民主主義を否定するような要素は一切なかった。

一九三七年以降、日本語学校や仏教会を通じて日本政府のプロパガンダ工作がなされたことは、おそらくあったと考えられる。それはハワイだけでなく本土でも同様であった。一九三七年二月十三日付のリテラリー・ダイジェスト誌は、京都にある仏教系大学から四十人の学生がやって来たことを意味ありげに伝えている。何を信じているかで国家に対する忠誠心を測ることはできない。そのような主張は人種の違いによって忠誠心も違うという理屈と同じようにアンフェアである。

日本人学校、二重国籍問題、仏教信仰は昔から反日本人運動の常套的主張として使われていて、それほどのインパクトはなかった。しかし、こうした主張を通じて、日本人移民は非常に密度の濃いネットワークを持った社会を構成し、彼らの組織的な活動は日系協会に主導されていて、領事館との関係も濃密であるという疑いが醸成された。それは相当なダメージになっている。日系企業の活動も同じようなものだと警戒された。一九四一年の時点で、こうした日本人組織や、日系企業の指導者層はみな一世世代の人間だった。

日本との戦争で状況は激変した。日本人学校も領事館も閉鎖された。一九四〇年にはすべての外国人移民は登録されていて、一九四一年夏には日系企業の資産は凍結された。一九四一年十二月七日の真珠湾攻撃を受けて、日系人のリーダー格はみな逮捕され収監された。ハワイでも状況は同じであった。

もう一つ忘れてはならない大事な点がある。日本人及び日系アメリカ人の所有する資産は巨額であり、このことは安全保障問題と関連していると考えられることだ。彼らの資産の合計は軽く二億ドル〔現在価値二千四百億円〕を超える。純経済的な視点からみても、こうした資産を持つ者が、日本の勝利を望むとは思えないのである。

日本の勝利はカリフォルニアの混乱を意味する。カリフォルニアが戦場になれば、日系の所有する資産価値が上がるなどということはあり得ない。万が一、日本が太平洋の覇権を握れば、アメリカ西海岸の経済は壊滅する。一世はこの国ですでに三十年も住んでいる。なかには五十年もこの国で生活してきた者もいる。そのほとんどが、わが国で生まれた二世の子供を持っている。一九四一年十二月七日の時点で、数千人の二世が軍隊に入っていた。

一世世代のなかに激しいナショナリズムがあるという指摘が仮に事実だとしても、一世の七二パーセントは日本に旅したことさえなかった。経済的視点、日本人の氏族を大事にする特殊性あるいは普通の個人としての損得勘定。これらすべてのファクターを総合的に勘案すれば、日本人移民たちがわが国への忠誠を示すことは当たり前のことだった。

経済的プレッシャー

トーラン委員会に対して多くのグループが意見を述べた。経済的な損得について、はっきりとした目安を持ってしゃべっていたとは思えないが、明らかに日本人移民を強制的に海岸部から追い出すことで利益を狙えるグループがいた。ワシントン州では野菜や果樹の生産者は集団隔離に反対であった。しかし最左翼とみられていたワシントン共栄連盟（the Washington Commonwealth Federation）は賛成の立場をとった。

カリフォルニア全体でみると、州内の野菜や果樹の生産者のグループは概ね強制隔離に賛成で、その理由は彼ら自身も認めているように経済的な利益であった。サリナス市の生産者組合はオースチン・E・アンソンという人物をワシントンに送り込み、強制隔離に向けたロビー活動を行っている。彼は次のように主張した。開き直ったかのような強弁だった。[*33]

「われわれは、日本人追い出しの動機がこずるい金儲けにある、と非難されている。そのとおりである。奴らはこの一帯に働きにやってきた。そしていまやその土地を乗っ取ろうとしている。要するに太平洋沿岸部に住むのはわれわれ白人なのか、それとも肌の黄色い奴らなのか、という問題なのである」

花や苗を生産する白人のグループも、日本人生産者との競争がなくなれば、それはそれで望むところだった。

日本人隔離によって利益を狙っているグループの立場をより理解するために、彼らの視点がいかなるものだったかを確認しておきたい。一九四一年十二月七日以前の花や苗や野菜の日本人生産者は白人生産者からみて、「まあ、その程度の進出なら仕方がない」というレベルの生産量であった。要するに白人にとっての許容範囲での経済活動であった。暗黙の了解のようなものが存在していた。

しかし十二月七日以降、小売価格が上昇していた。白人生産者はこの傾向は持続すると判断した。強制隔離で日本人が生産から排除されれば、なおさら価格は上昇すると考えた。そうした市場価格が続いているなかで、追い出されるだろう日本人の農園を乗っ取ることはうまみのある考えだった。市場価格が下落していれば、そうした考えは魅力的ではなかったはずだが、価格は上昇していたのだ。

白人は日本人生産者との今後の競争も恐れていた。彼らが生産を拡大することを嫌った。一世は土地を借りて生産していたが、これからは二世たちが進出してくる。彼らはアメリカ市民であり、かつ高い教育を受けている者が多い。二世が土地を購入し生産を拡大する。白人たちは、日本人が必ずや許容範囲を越えてくるだろうと恐れた。白人生産者は日本人すべて、つまりアメリカ市民である二世も含めて排除できれば、近い将来起こるはずの彼らとの競争を回避できると考えた。

彼らの日本人排斥の動機はこうした理由であったから、このグループの主張は過激であった。彼らは日本人を太平洋沿岸地域から永久に隔離するよう主張した。日本人移民の生産量はかなり高かった。カリフォルニア全体での果樹や野菜の生産額は三千五百万ドル〔現在価値四百億円〕程度と推定される。ロサンゼルス近郊の生花の生産に限ってみても四百万ドル〔現在価値五十億円〕にのぼっている。

ワシントン州とカリフォルニア州では日本人生産者に対する態度には温度差があった。ワシントン州の日本人生産者は州外の遠隔消費地に向けての生産が主であった。カリフォルニアでは近郊消費地へ向けての生産であった。そうしたこともあってか、ワシントン州では日本人の集団隔離を望む者ばかりではなかった。

いずれにしても日本人を隔離することで利益を狙えるグループが存在していたことを忘れてはならない。そうしたグループは隔離政策の実行に向けて、強力な推進力になっていった。

日本人強制収容

一九四二年二月にトーラン委員会の公聴会がカリフォルニアで開かれることになるのだが、その頃はすでに、私がこれまで述べたような日本人社会をめぐる社会的亀裂がはっきりとその姿を見せ始めていた。

一九四一年七月二十六日には日本国籍を持つ人々の資産が凍結されていた。十二月七日、八日に施行された敵性外国人に対する数々の規制は、一世のビジネスに大きなダメージを与えていた。これから何が起こるかわからないなかで取引は停止され、農場では苗付けさえできなかった。経済活動の何もかもが停止した。

地主たちは貸している土地から日本人を排除し始めた。保険会社も日本人を相手にする保険をキャンセルし始めていた。年金の類いも日本人への支払いを停止していた。日系企業は急速に顧客を失っていった。もちろん日系人の雇用情勢も悪化した。大統領令で逮捕された日本人移民の家族は打ちのめされていた。二世たちも職場から追われていった。公務員であった者も何の法的根拠も示されないまま職場から放り出された。都市部でも農村部でも同じ状況であった。

一九四二年一月十七日、サンフランシスコでは日系企業のほとんどが数カ月以内に閉鎖を命じられるのではないかと報じられている。日本人移民の困窮は一九四一年の八月には始まっていたから、一九四二年の一月にはそれがいよいよ重篤になったという方が正しいだろう。

トーラン委員会のメンバーがロサンゼルスにやって来た頃に、ターミナル島の日本人漁民およそ五百家族が追い出されていた。二月十五日に彼らは三十日以内に退去するよう言われていた。しかしそれが突然、二十四時間以内の退去に変わっている。日本人漁民たちの混乱は想像するに余りある。移動先を見つけなければならなかったし、財産を急いで処分しなくてはならなかった。ほとんどの家族が金も行き先のあてもなかった。

日本人移民は軍の指定した軍事警戒第一号エリアから、一九四二年二月十九日から三月二十七日のあいだに自発的に退去することが求められた。留まる者たちに対する処置は、その後に発せられる命令で決まることになっていた。この期間に自発的に退去した日本人の数は一万二百三十一人である。しかしそのうちの四千八百二十五人は軍事警戒第二号エリアに移ったにすぎなかった。なかにはわずか数マイル移動しただけの家族もいた。カリフォルニア州中央部の郊外では、特定の地域が移動先になったため逆に警戒感を高めることになっている。

日本人移民が、中西部や東部の諸州に頼れる縁者を持っているはずもなかった。どこに行っていいかわからない日本人の自発的退去などうまくいくはずがないのは明らかだった。遠距離を移動するための資金もなかった。移動先でどのようなことが待ち受けているかもわからない状況であった。移動する先にはカリフォルニアにいる恐ろしい鬼のような白人と同じ鬼がいるだけかもしれなかった。

自発的に移住していった者は五千三百九十六人いたが、彼らは軍事警戒第一号エリアにも第二号エリアにも指定されていない地域に移っていった。そのほとんどがコロラド州やユタ州であった。そうした者のうちおよそ千二百人が再び軍事警戒第一号エリアに舞い戻ってきたから事態は一層複雑化していった。

軍事警戒第一号エリアあるいは第二号エリアから離れるには他州に移動しなければならなかった。そのためには太平洋岸の東にある山脈を越え、山間部の諸州に移るか、あるいはさらに東に向かって中西部の州にまで移動する必要があった。

トーラン委員会のトーラン下院議員が、こうした諸州の知事に対して日本人受け入れの可能性を問うたのは二月のことだった。その回答はコロラド州のカー知事[*34]を除きすべてが受け入れ拒否の回答だった。カー知事はその後の一九四三年の選挙で敗北している。

拒否の理由は、アーカンソー州知事のホーマー・M・アドキンス[*35]の回答が典型的なものだった。

「わが州民は日本人の風習やその特異さ（peculiarity）を知らない。われわれはこの問題に協力したいのはやまやまであるが、なにぶん州民の九五パーセントはこの州で生まれていて外のことはよく知らない者ばかりだ。この州ではこれまで日本人を見たこともない者ばかりである。こうしたなかで日本人を受け入れるのは好ましいことだとは思わない」

真珠湾攻撃の三十年も前からニューメキシコ州に暮らしていた日本人家族のケースでは、彼らに対する州民の風当たりがあまりにも激しく、この家族は危険を避けるために自ら隔離を望んでいる。日本人への強い反感は、バターン[*36]で捕虜になっていた者のなかにこの州出身の兵士が相当数いたことが関連していた。ニューメキシコの状況は、カリフォルニアでも日本人移民の身に危険が及ぶ可能性が高いことを示唆していた。もし隔離が決定されないなかで反日本人のアジテーションが激化すれば、日本人の安全を確保することは難しくなりそうだった。

日本人移民受け入れについては中西部から東部に向かうほど反感が強まっていた。カンザス州のペイン・ラトナー知事[*37]は、はっきりと「ジャップはいらない。カンザスは彼らを歓迎しない」と述べ、州のハイウェイパトロール隊に同州に入ろうとする日本人はすべて押し戻すよう命じている。

大人七人、赤ん坊一人の日本人グループがコロラド州を横断しようとした際には、ほぼすべての町で足止めされている。一九四二年三月七日の新聞はアリゾナ州を抜けて東進しようとした日本人グループが、ハイウェイパトロールに足止めされた事件を報じている。こうした事件はあちこちで起こっていた。これに対する白人グループの反応の典型がネバダ州弁護士協会の声明である。

「日本人がカリフォルニア州バークレー市で危険であるならば、ネバダ州でも危険な存在であるに決まっている」

ワイオミング州のステート・トリビューン紙は次のような論説を載せている（一九四二年三月八日付）。

「太平洋岸の軍事的にセンシティブな地域から排除される日本人を支援し、彼らに働く場を提供しろなどという指示は馬鹿げている」

デンバーのデンバー・ポスト紙も同じような論調であった（一九四二年三月二日及び九日付）。日本人の受け入れ可能性を問われた州知事のもとには、怒った選挙民から反対を叫ぶ投書が雪崩《なだれ》のように寄せられた。

東に向かおうとした日本人グループには、どこの街でも屈辱的な対応が待っていた。日本人を侮蔑するポスターやサインがそこかしこで見られた。あるレストランでは「私のレストランは衛生に気を使っています。店に入ったネズミのようなジャップは必ず殺しています」というサインを掲げ、床屋は「ひげそりします。ジャップの場合は失敗しても責任は負いません」といった看板を出すなどの嫌がらせがあった。車のダッシュボードには「狩猟解禁。ジャップ狩りも解禁」というものまであった。

小売店も、ガソリンスタンドも、レストランも、カリフォルニアを退去してきた日本人へのサービスの提供を拒否した。こうした日本人への敵愾心はそこかしこで露わになった。一九四二年三月には日本人の西海岸からの自発的退去はうまくいかないことが明らかとなり、日本人移民の隔離に連邦政府が介入しなければならないのは自明のこととなった。日本人移民の自発的退去はやめさせることになった。連邦政府が自主退去停止を命じたのは、一九四二年三月二十七日のことであった。

E（Evacuation、退去）デー

連邦政府は日本人移民隔離政策に責任を持たなくてはならない立場に追いやられていった。連邦政府はその場しのぎの対策を急いで考え出さざるを得なくなった。隔離する方策の立案にあたって、政府には時間的な余裕はなかった。日本人移民は危険な存在であるとの思い込みのなかで、アクションだけは早急に起こす必要があった。

軍がこういった事態を想定していた様子はまるでなかった。入念に準備された極秘の日本人隔離計画Xというようなものはなかったのだ。隔離の政策はあくまで外的要因に押されて、あわてて策定されたものだった。

ディロン・マイヤーは次のように述べている。

「日本人移民強制収容所の設置は、日本人隔離政策のなかで事前に計画されたものではなかった。日本人を軍事上、敏感な地域から排除する、という計画だけがあったにすぎない」

排除のプロセスを通じて、日本人移民の域外への移動はゆっくりとしたものであること、彼らの移動には何らかの支援が不可欠であることがわかってきた。しかし、彼らをどこに移動させるかは、はっきりしていなかった。混乱のなかで、日本人の自発的退去移住についてはとりあえず停止させなければな

らなかったのだ。

戦時市民コントロール局（the Wartime Civil Control Administration：WCCA）が西部方面防衛軍（the Western Defense Command）の一部局として設置され、日本人の隔離に責任を持つことになった。WCCAは日本人を退去させることには責任はあったが、どこに移すかについての権能は持っていなかった。彼らはまず自発的退去をいったんやめさせ、日本人をとりあえず特定の地域に集めることを始めた。それは暫定的な措置だった。

日本人の退去は軍隊式のタイムスケジュールをもって進められた。退去させる地域を順次決めながら彼らを収容する施設を作っていったのだ。西海岸で一斉に進められたというわけではない。退去させられる人々を受け入れる施設は、最低でも千人の収容が可能なものとした。日本人移民がこうした施設に出頭し登録する日は、Evacuation（退去）の頭文字をとって「Eデー」と呼ばれることになった。陸軍が彼らに出頭を命じた日が「Eデー」だったのだ。日本人移民にとって、この「Eデー」は忘れがたい日になった。

日本人を集団で隔離するという決断は計画性をもって始められたのではない。ただ数週間の議論があり、その議論は煽動家のアジテーションや根拠の知れない噂話やつじつまの合わない報道といった不確かな情報をもとになされた。

日本人移民にとって、日本人すべてが集団で退去させられるという決定は驚きだった。その驚きは真珠湾攻撃のニュースを聞いたときのショックにも似ていた。それでも彼らはその決定は一時棚上げされるだろうと期待していた。他の方法に取って代わられるだろうとの期待もあった。退去命令の対象となるのは市民権のない一世に限定されるだろうとも考えていた。しかしその命令は日本人の集団に対して出されたものであることがはっきりすると、日本人移民は大きな衝撃を受けた。それはあたかも予期せぬ地震や洪水や火事にあったような感覚だった。

「おれは日本人であることが恥ずかしい」といい、整形手術をした一世もいた。コウジ・クロカワは白人と顔を合わせることを恐れて雇用主の私邸の地下室に籠もってしまい、二十三日間もそこから出てこようとしなかった。

ヒデオ・ムラタは第一次世界大戦を戦った退役軍人であった。退去の始まる前の独立記念日（七月四日）にモンテレー郡から名誉市民証を授与されたばかりであった。

「モンテレー郡はムラタ氏の先の大戦における国家への忠誠心の発露とその勇猛な戦いぶりをここに讃えるものである。わが国の尊厳が侮蔑されたときにあって貴君は敢然と戦いを挑んでくれた」

これが名誉市民証の文言であった。出頭すべき「Eデー」が告げられると、ムラタは友人の郡警察署長に面会を求めている。この出頭命令は間違いではないか、何かのジョークではないかと確認するためであった。しかしその命令は現実であった。それを知ったムラタは近くのホテルに部屋をとり、自らの命を絶った。現場に現れた警察署長はムラタの手首にぶら下がっていた名誉市民証を見た。

しかしほとんどの日本人はこの苦い現実を諦めの境地で受け入れている。なかには隔離収容の作業にボランティアとして働くことを申し出る者までいた。むしろこの現実を積極的に受け入れようと考える者さえいた。

日本人の集団隔離が決定されると白人たちの日本人への感情に変化がみられた。あれだけ国家の安全保障や軍事的視点から彼らの退去を望んでいたにもかかわらず、ある変化が起こったのだった。そこかしこの町で、例外なく、日本人に対する親愛の情の発露がみられた。

各地の新聞は「Bon Voyage」の記事を載せ、日本人がこの悲劇に冷静に対応していることを賞賛した。いつか戻れるときが来たら日本人は必ず歓迎されるだろう、しかし今は「サヨナラ」だ、といった論調の記事が新聞に溢れている。しかし日本人移民の身の上に起こっているこの悲劇が、わがアメリカのよき伝統の崩壊であることを理解する白人市民はほとんどいなかった。

「日本人の血が流れている者すべて」を隔離せよという主張はラジオでも流され、電柱にもそうした主張のポスターが貼られた。特例の配慮もなく、混血の場合はどうするのかといった議論もなかった。一滴でも日本人の血が体に流れているか。ただそれだけが判断基準だった。入っていれば隔離の対象になる。つまり隔離の判断基準はたった一つ、日本人の先祖を持っているか、日本人の血が流れているか。それだけであった。

この点においてドイツのナチスの考え方とは違っていた。モーリス・オプラー博士[*38]は「ナチスは人種やその先祖の血をベースに差別した。しかし彼らは、ユダヤ人はいわゆる人種分類ではないことを知っていたし、一般のドイツ人もそのことはわかっていた」と述べている。つまりナチスでさえも本当のところでは人種を根拠にユダヤ人を差別したわけではなかった。

ところが、わがアメリカはそれをやってしまった。もっと正確に表現するなら、先祖の血脈のみを差別の根拠にしたともいえる。朝鮮人も支那人もいってみれば日本人と同じ人種のようなものである。西洋文明においては先祖の血が個人の価値に関わるような考え方をする伝統はなかったはずだった。われわれの伝統的な道徳観念からも、人に対してその先祖の血を云々することは不文律として忌避される行為だった。

日本人が隔離政策に黙々と従ったことは驚くべきことであった。しかしもっと驚くべきことは他の市民たちのみせた無関心と、彼らが日本人移民への仕打ちに疑いを持たなかったことである。こうした態度は日本人移民がカリフォルニア社会のなかで本当の意味で受容されてはいなかったことを示しているのかもしれない。日本人を隔離する作業は、あたかも取り外しのできる部品を機械から外すような感覚で行われていったのだった。

ＷＣＣＡが日本人移民の臨時収容の場所に選んだのは公園、競馬場あるいは展示場といった施設だった。カリフォルニア州ではマリーズビル[*39]、サクラメント、タンフォーラン[*40]、ストックトン、マーセド[*41]、ターロック[*42]、サリナス、フレズノ[*43]、パインデール[*44]、ツラレ[*45]、サンタ・アニータ[*46]、ポモナ[*47]の町にそうした収容施設が設置された。これらの町では既存の施設が収容所として利用されたがマンザナール[*48]の町ではあらたな施設が建設されている。オレゴン州ではポートランドに、ワシントン州ではプヤラップ[*49]に、アリゾナ州ではケーブクリークとメイヤーキャンプに日本人は収容されることになった。

施設に移された日本人移民たちは登録作業、所持品検査、健康診断を終えると当面の寝場所が指定された。これからいったいどうなるのか、彼らには何もわからなかった。施設のゲートはしっかりと施錠され、そこには見張りが配置された。

陸軍はこうした施設で十万人の受け入れを可能にするよう準備を進め、その作業をわずか二十八日で完了している。日本人を収容するのには百三十七日を要している。一九四二年六月八日には軍事警戒第一号エリアからの退去作業は終わっている。しばらくして第二号エリアからの作業も完了した。太平洋岸の三州（カリフォルニア、オレゴン、ワシントン）とアリゾナ州の一部から日本人は完全に隔離され、収容センターに集められた。例外となった日本人移民もいるが、そうした者は病院や精神病棟に入院していたり孤児院にいる子供たちであった。

施設に日本人を隔離する作業がこれほどスピーディーに、そして効率的に遂行できたのは軍の功績である。カール・ベンデットセン大佐は、何の問題もなく、事故もなく任務が終了したことを報告している。確かに軍のこの作業のやり方は見事だった。それを誰もが認めていた。一九四二年六月八日、収容所に集められた日本人の数は九万九千七百人に及んだ。

軍の作業がこれほどスムーズに完了したのにはそれなりの理由があった。日本人自身がこの作業に驚くほど協力的であったのだ。隔離作業の遂行にあたって日本人が抵抗した事例は全く報告されていない。むしろ協力を惜しまなかった事例で溢れている。

これほどの短時間で商売をたたみ、財産を処分し、そのほかのこまごましたことにまで対応するのは並大抵のことではない。日本人の持つずば抜けた規律と忍従の賜物であろう。退去の日までに何もかも処理してきた日本人の協力的な態度は、収容所に入居した後も変わることはなかった。

彼らが入居した時点でも施設には準備できていない箇所も多かった。とても人間が住める環境ではないところだらけだった。必要な工事を進め、何とか人が住める状態にしたのは彼らだった。施設の管理運営にも前向きに参加している。

収容施設のなかには小さな町に匹敵する規模のところもあった。サンタ・アニータの収容センターには一万八千人もの日本人が収容されていたのだ。これだけの数の人間が一気に収容されれば、町の下水道、医療、教育、警察、郵便、小売、レクリエーション施設等々のシステムに過剰な負担がかかる。ましてやサンタ・アニータの場合、一万八千人を食べさせなければならない。一夜のうちに、こうしたことに対応を迫られる事態に陥ったのだった。

対応が可能だったのは日本人がすべてのプロセスで協力的だったからだった。普通のアメリカ人十万人を収容しなければならないとしたら、どれほどの混乱が生じることか火を見るよりも明らかである。おそらく陸軍の数個師団の出動が必要であろう。それでも十五分おきに叛乱が起きたに違いない。日本人という人種以外であったら、あのような退去隔離の作業を進めることは不可能であった。彼らの精神的苦痛、恐怖、混乱、将来への不安。こうしたことをも考慮すると彼らのみせた態度は驚くべきことと言わねばならない。

ＷＣＣＡは家族単位あるいは共同体単位でまとめて収容所に移そうとした。しかしすべてのケースでそれが可能であったわけではない。収容所に移された人々のなかには、一人きりで、知らない土地で、見ず知らずの人々のなかで生活しなければならない者もいた。不如意な生活環境のなかでイライラすることも多かったはずである。プヤラップの収容所ではトイレが百人に一人の割合でしか備えられていなかった。タンフォーランやサンタ・アニータの収容所は厩舎を改造したもので、少し前まで馬が飼われていたところだった。ヤキマ[*50]ではうち捨てられたダンスホールが収容所だった。こうした劣悪な環境のなかで、日本人移民たちは将来に対する強烈な不安に慄《おの》のいていた。

日本人移民に対しての評価は、収容までの経緯や収容所の環境や将来への不安といった要因を斟酌《しんしゃく》した上でなされなくてはならないのは当然である。彼らがみせた行動は、彼らのわが国への忠誠心そのものなのである。スチムソン陸軍長官[*51]は次のように述べている。

「われわれが決定した日本人隔離政策がうまくいったのは、ひとえに彼らの協力的な態度があったからだ」

経済的ダメージ

日本人を西海岸から退去させたことが経済にどのような影響を与えたのか、あるいはこれからどういった影響が出てくるのか。この問いに答えるのは難しい。カリフォルニアの野菜生産者が言うように、彼らがいなくなっても生産には何の影響もないのだろうか。彼らは栽培地のトータルの面積に変化のないことを唯一の根拠としている。特定の作物を取り上げて、その生産高に今回の事件が与える影響を考えたものではない。

彼らは日本人が消えた土地での生産は、白人生産者がたやすく取って代わり得ると想定しているが、それは現在の小売価格が今後も続くことを前提としている。今の価格は、日本人生産者の退場で一時的に異常に高い水準にあることを考慮していない。この件についてロサンゼルス郡農務局長のハロルド・ライアンは次のように述べている。

「白人生産者が、日本人がやってきたように、狭い土地で高い生産性を上げろと要求されなければ、日本人がいなくなったことによる悪影響はないだろう」

ライアン局長は後日、この分析に注釈を加えている。

「非日本人生産者が、日本人農家のように、限られた土地で、多種の野菜を、利益を上げられるほど生産できるかどうか。これについては未知数である」

日本人の野菜生産者が西海岸から退去させられたことは消費者にとっては明らかにマイナスであった。一九四二年の生鮮野菜についてみれば、南カリフォルニアの消費者は対前年比で一千万ドル支出が増えたと業界紙フェデラル・ステート・マーケットニュースが伝えている。

ロサンゼルスの野菜流通業界は日本人がいなくなってしまったことで大混乱に陥っている。野菜の供給にとんでもないばらつきがでている。トマトについていえば、突然あり余るほどのトマトが市場に出回ったかと思うと、翌週からは全く手に入らないのだ。品質の低下は誰の眼にも明らかだった。

一九四四年一月三日付のカリフォルニア州農務長官のレポートは、生鮮野菜の小売業者が価格を不当につり上げていることを報じている。卸売価格の二倍、ものによっては四倍から五倍の価格がつけられていたのだ。

野菜市場では独占的価格が形成されつつあった。生鮮野菜のバイヤーたちはこうした市場動向に強い不満を表明している。この頃はカリフォルニアの人口が急激に増えていた。そのこともあって、日本人が強制収容される前から野菜の価格はじりじり上がっていた。日本人生産者の退場でその傾向が一気に高まったのだった。

日本人の被った経済的損失も計り知れないものがあった。日本人強制収容作業は何もかもが不確実なままで始まった。それがどう終わるのかもわからない。そのようななかで日本人たちは資産を処分しなくてはならなかった。彼らの損害はおそらく数百万ドル単位だったろう。

連邦政府は、強制退去が完了した後も、彼らが処分できず残した資産をどう管理するかのシステムすら作ることができなかった。この処理を任された役所は責任逃れの言い訳をしたり、むやみに日本人に対して処分を急がせるだけであった。この過程で日本人に対してありとあらゆる類いの不正が行われている。

退去させられた日本人のなかには大きな資産を持っている者がいたから、それを狙う人間が現れるのは自然であった。そうした資産を狙う者が、日本人はけっしてカリフォルニアには戻ってほしくないと思うのは当然のことだった。こうした連中のあくどさを政府が調査していれば、国を揺るがすほどのスキャンダルに発展した可能性もあるほどだった。

サンタ・バーバラ郡にあるサンタ・マリアの町では、日本人から五十万ドル騙し取った例があった。さすがにこの事案では財務省が乗り出して日本人の財産すべてが毟《むし》り取られぬようにしなくてはならなかった。財務省は日本人の資産を凍結し不法な取引に晒されないようにした。しかしその命令も、政治的な圧力で結局は撤回されている。

H・Y・ミナミのケースは典型的なものであった。彼がカリフォルニアにやって来たのは一九〇五年のことであった。南カリフォルニア鉄道の日雇い労働者として働いた。彼は鉄道会社の優先使用権の付いた土地を借りることに成功した。その土地は全くの荒れ地であった。彼はそれを豊かな生産性のある土地に変えて一財産築いている。そうした土地が狙われたのだった。日本人をカリフォルニアに永遠に戻さないという主張の裏にある動機は、こうした欲からきているものだった。日本人の財産は都会にあるものも農村部にあるものも徐々に清算されていった。

直近の調査報告書では、日本人がロサンゼルス市内に保有する資産は五十万ドル〔現在価値五億円〕と推定されている。おそらくこの資産も今後一年間ですべて処分されていくだろう。

「ロサンゼルスでは日本人が所有する土地は一片もなくなるであろう」（ロサンゼルス・タイムズ紙、一九四三年十二月五日付）

収容所に集められた日本人はこうした資産のロスだけでなく、日々の出費でも困窮化していった。彼らには月々支払わなければならないものがあった。たとえば生命保険金などがそうであった。アリゾナにあった二つの収容所だけを見ても、日本人全体で年に五十万ドル単位でその資産を失っていった。

日本人を沿岸部から退去させたことは皮肉な現象を引き起こしている。カリフォルニアを白人だけの土地にしようと主張する者たちは、日本人の強制的な退去と隔離を喜んでいた。アメリカに同化不能の人種九万人をカリフォルニアから排除できたとほくそ笑んでいた。ところが日本人の消えた、いわば真空地帯にとんでもない数の黒人が南部諸州から引き寄せられてきたのだった。その数は十五万人にのぼっている。

黒人たちは、日本人が消えてしまったリトルトーキョーに流れ込んだ。リトルトーキョーがニグロシティー（Brownville）に変わっていった。黒人の流入はこの地区に新たな問題を生み出していた。不足する住宅、学校、レクリエーション施設。最も大きな問題は人種問題であった。この頃軍事産業は好況に沸いていた。ただでさえ人手不足な状態のところに日本人が隔離されてしまったことが引き起こした問題であった。

論理的には、日本人を退去隔離させることで戦争の遂行にあたっての障害はなくなるはずであった。しかしむしろあらたな難問を次々に惹起していった。日本人に浴びせられる非難は観念的な一般論に基づく実体のないものだった。日本人はしっかりと経済活動を営んでいた。家主には家賃も払っていたし、銀行の借り入れにきちんと利子をつけて返済していた。彼らはよい店子でありよい借り手であった。

トーラン委員会の公聴会では、日本人のビジネス上のライバルはだんまりを決め込んでいたし、公聴会で反日本人を訴える者でさえも、ときおりぽろっと日本人を褒める言葉を口にするほどだった。日本人がビジネス社会で責任ある行動をとっていた証である。

ところが日本人の隔離が決定すると彼らの態度はがらっと変わった。悪意のある、刺すような、残酷な言葉で日本人を非難したのである。日本人との事業のパートナーや協力者までがその輪に加わった。

あらゆるタイプの悪口雑言で、日本人はビジネスから締め出されるべきだと訴えたのだった。

ハワイの寛容

西海岸における日本人の隔離がもたらした激しい社会的な地殻変動は、北はアラスカから南はペルーまで広がった。そしてハワイでは大地震とでもいえそうな騒ぎになった。

一九四一年十二月七日時点で、ハワイにおける日本人は十五万九千五百三十四人である。ハワイ諸島の全人口の三四・二パーセントにあたる大きな数字である。このうち三万五千百八十二人はアメリカ国籍を持っていない日本人であった。そうした人々でもハワイでの生活は平均して三十五年にもなっている。

この間、多くの日本人移民がプランテーションでの労働をやめ、都市部に移っていた。農場の単純肉体労働者をやめ、都市部で必要とされる熟練技術者となる者が増えていた。一九〇七年頃には反日本人のアジテーションが少しずつ目立つようになったが、その度合いは危険なものではなかった。ハワイ経済を寡占的に支配している者たちがそうしたアジテーションに対して警戒的だったからだ。経済界のなかには本土での反日本人運動に加担している者もあったが、ハワイに戻ればそうした行動はとっていない。

アンドリュー・W・リンド（ハワイ大学社会学教授）は、「ハワイでは日本人移民の職業階層内の上昇傾向が本土の日本人に比べて進んでいた」と分析している。一九四一年の時点でハワイでは、日本人が就いていない職種はないといってよかった。働いている日本人の一五パーセントは指導的立場や専門職についていた。
ハワイにおける人種間の関係は本土に比べ良好ではあったが、日本人移民の「内に固まろう」とする社会行動は、本土の日本人とそれほどの差はなかった。ハワイでの血族結婚〔非日本人との婚姻のことか〕は四・五パーセントで、本土の二・三パーセントよりも若干多かった。日本語はハワイでは第二外国語であった。一九四〇年の時点で、学校に通う児童の八〇パーセントが日本語学校に通っていた。日本語を教える学校は一七一校に及んでいる。

日本語新聞は十二あり、日本語雑誌も五誌が発刊されていた。島内のラジオ局すべてが日本語アワーの番組を編成していた。日本語専門の映画館も二つあった。神社も寺も普通にあった。ハワイの日本人移民が白人文化に同化するスピードの遅いことに多くの白人が驚いていた、とリンド博士は報告している。

日本人移民には、日本文化そのものに根ざす「内に固まろう」とする性質があり、それが白人社会からの外部圧力によっていっそう特殊なものになっていた。それこそが西海岸に住む日本人を隔離することになった原因であった。これが日本人隔離の原因として最高裁で挙げられた理由でもある。こうした隔離の根拠は、ハワイにおいてはより明確に強調されなければならなかった。

それではハワイという太平洋における最重要の前線基地を防衛するために、わが国はどのような措置をとったのだろうか。真珠湾が攻撃されると、まず戒厳令が敷かれている。市民権を持たない日本人数百人が拘束され、本土に移され収容所に送られている。

真珠湾攻撃後、まっさきに拘束されたのは神道や仏教の指導者、日本語学校の教師、日本領事館のエージェント、日本にいったん帰国し再び戻ってきた帰米者、あるいは本国と密接な関係を持つ団体の指導者たちであった。しかしハワイでは、いわゆる集団的な退去隔離はなかった。

もちろんこれには理由があった。十六万人もの日本人移民を二〇〇〇マイル〔三二〇〇キロメートル〕も離れた西海岸に移送することは物理的に不可能であった。またそんなことをしてしまったら、ハワイ諸島全体の経済に大きなダメージを与えることは避けられなかった。

島の経済にとって労働力の不足は深刻であって、日本人を退去させることなど、とてもできなかった。日本人はハワイにあっては、島の経済を牛耳るグループからのサポートを受けていた。こうしたグループに似た組織が西海岸では日本人の隔離を主張していたのとは好対照であった。

ラマンゾ・アダムス博士[*52]は、ハワイでは本土に比べて早い段階で、人種間平等という意識がはっきりとした形で芽生えていたと分析している。日本との戦争が勃発する前からハワイでは異人種間の結婚がよくみられていて、そうした意識の醸成に一役買っていた。ハワイでは反日本人のアジテーションが根づくことはなかった。ハワイでは日本人は退去隔離されることはなかったのである。

ハワイでも日本人を隔離せよというアジテーションがあるにはあった。たとえばハワイ経済界の有力者J・A・バルチ[*53]などはそうした人物の一人であった。彼は「日本人をこのままハワイに住ませてハワイを支配させ続けてよいのか[*54]」と題した論文を書き、ダイズ委員会の証言でもそうした主張を繰り返していた。彼は確かにハワイ電信電話会社の幹部ではあったが、ハワイ経済界の声を代表しているわけではなかった。

ハワイではなぜ日本人が隔離されることはなかったのか、という問いへの回答の一つにカリフォルニア州がそれに反対したという事実もまた興味深い。H・J・マックラチーとチャールズ・M・ゲーテの二人は、カリフォルニア合同移民問題委員会[*55]の有力メンバーであった。二人は隔離論者であるバルチとの論争のなかで、日本人をアメリカ本土に移住隔離させることには一貫して反対の立場をとっている。

この二人は国家安全保障の観点から、婦女子を含めてすべての日本人を西海岸から隔離することを強く主張した人物である。西海岸は戦略的に重要な地域だから、そこから日本人を排除させるべきだと主張した。わが国の安全保障にとってハワイの重要度は西海岸とは比較にならないほどに高い。それにもかかわらず、この二人がハワイから日本人を退去させることには反対したのだ。彼らの言動をみれば、カリフォルニアで日本人隔離を主張した者たちの真の動機が奈辺にあったかがよくわかる。

ハワイで日本人強制退去隔離が起こらなかったもう一つの重要な理由は、ハワイの軍事司令官となったデロス・エモンズ将軍[*56]の方針に負うところも大きい。ショート将軍の後を受けたエモンズ将軍は、ハワイで反日本人のヒステリー状況が発生することを徹底的に抑え込んだ。

彼は職場から労働者を解雇するにあたって、でたらめなことをしてはいけないとの厳格な態度を示した。「わが国に忠誠心を持つ者はそれをはっきりとした形で示そうとする。それを妨げるようなことをするべきでない」と訴えたのだった。

真珠湾攻撃の混乱のなかで、日本人による破壊工作の噂がそこかしこから上がっていたのは確かだった。エモンズ将軍はこうした噂の真偽をすべて調査させている。その調査結果をもとに、噂が全く根拠のないものであると発表している。真珠湾攻撃の日もこれに呼応した破壊工作は一切見られなかったし、陸軍長官、海軍長官、ホノルル警察、ＦＢＩを含むいくつかの情報収集組織は破壊工作の危険性はないことを表明していた。

エモンズ将軍はこのように思慮深い政策を進め、根拠のない噂を抑え込み、市民相互の信頼関係を取り戻すことに尽力した。しかし本土で日本人移民問題を担当したＪ・Ｌ・デウィット中将は、エモンズ将軍とは対照的な姿勢をみせた。彼はハワイで日本人による破壊活動が行われているという前提で政策を進めていった。

サンタ・バーバラで一九四三年七月十五日にタウンミーティングがあり、私も出席した。その模様はラジオで伝えられている。私はハワイでの破壊活動など一切ないことを説明したのだが、それなりにわかりがよく寛容性のあるはずの参加者でさえ、私に激しいヤジとブーイングを浴びせてきた。

ハワイでの日本人による破壊活動などなかったことがはっきりした後でさえ、映画会社のワーナー・ブラザーズは『エアフォース（空軍）』を製作し配給した。この映画では真珠湾攻撃の後も日本人が破壊工作を行っている模様を描いていた。西部方面防衛軍も戦時情報局も、こうした虚偽の内容を否定することはなかった。[*57]

私は、ハワイと同じような方針が本土において適用可能だったと主張しているわけではない。ハワイにはすでに形成されていた共同体意識が存在していた。それが出来上がっていない西海岸では、日本人を退去隔離することは当然のように語られた。ハワイでは経済的な理由からエモンズ将軍の方針をサポートする動きもあった。メディアも役人もこぞって将軍のやり方を後押しした。この点で本土とは大きな違いがあった。

アメリカ本土でもそうであったが、ハワイの日本人のあいだにあった緊張感や苦悩といったものは戦争の勃発で頂点に達した。日本語学校は閉鎖され、日本語の出版物もわずか二つを残すだけであとは当分のあいだ出版を取りやめることになった。

残った二つの出版物も厳しい検閲に晒されている。日本と関係があるものは徹底的に調べられた。これに不満な日本人も、あるいは白人にとっても、生まれた国、帰化した国に正当に暮らすことができる意味を、あらためて思い知らされる結果になった。[*58]

ハワイの日系移民の社会ではリーダーシップは既に二世世代に移っていた。人種間でいがみ合っていたとされる日本人とフィリピン人のあいだで暴力事件が起こることはなかった。カリフォルニアではこの二つの人種の抗争の存在が、日本人を隔離することの正当化に使われた。

ハワイにおいては、日本人の熟練労働者あるいは半熟練労働者がいたからこそ島の軍事施設の充実が可能になった面もある。日本人が破壊活動を行ったとして訴えられる事件はなかった。

日本人労働者はすでにハワイの労働運動に深く関与していたし、真珠湾攻撃で犠牲になった日本人の民間人は他のどの人種の民間人よりも多い。日本の攻撃に備えて機関銃を製造していたのも、医者や看護婦として傷病兵の面倒をみていたのも日本人であった。

どのようなものであれ、日本人は対日戦争に備えるキャンペーンに参加していた。志願兵が募集されると日本人はこぞって応募している。彼らの勇敢な活躍は島で暮らす人々から絶賛されている。エモンズ将軍の方針が間違っていないことを示していた。日系人志願兵部隊再創設のイニシアチブをとったのはハワイ生まれの二世であった。

ハワイでは、戦争が日系人のアメリカ社会への同化をむしろ加速させた。彼らにとっては戦争こそが国への忠誠心を示すよい機会だった。彼らは、一気に、日本とのあらゆる紐帯を切り離していった。その様は誰もが驚くほどであった。真珠湾攻撃以来、姓を洋風に変えたいという請願は二千四百を超えている。姓名を英語風に変えたり、英語でも発音しやすいように短くしようとするものだった。ただほとんどの場合はファーストネームの変更だけで満足していた。

ヨシエがエレナに、マサオがポールに、トシユキがヘンリーに、チューイチがマイケルに変わった。

ハワイの日系人と白人社会とのあいだには、時間をかけて作られた協力関係や人種間差異に対する高い寛容性があった。これが米日戦争という一大事件のなかでよい方向に働いたのだった。

ハワイと米本土の違いについてもう一点付言しておきたい。真珠湾攻撃の後、ハワイで戒厳令が敷かれた。もちろん軍事的な理由であった。これは米本土で日本人の退去隔離が必要だとするロジックと同じものだった。理由は同じものであったが、その後のハワイでの経過は本土とは違っている。ハワイ司法長官であるガーナー・アンソニーがカリフォルニア・ロー・レビュー誌[*59]で述べていることが参考になる。

ハワイでの戒厳令は素早く施行され、その適用は徹底的なものだった。軍は喫緊の日本軍侵略の可能性が消えた後もこの体制を維持しようと考えている。しかし民政に戻すべきだとの世論はそれを嫌い、二つの勢力は激しく衝突している。このハワイでの政治状況一つとってみても、軍事的な理由を根拠に軍に全権を委ねることがいかに危険であるかを示している。[*60]

アラスカの〝日本人〟

西海岸全域から日本人を退去させる大統領令により、アラスカからも日本人が退去させられることになった。百三十四人がアイダホ州にあるミニドカ収容所[*61]に送られている。ここに送られた日本人のうち四十五人は純粋の日本人ではなかった。アラスカでは日本人は原住インディアンやエスキモーと混住していた。そこで鯨やアザラシを獲って暮らしていたのだ。彼らは英語、インディアン語、エスキモー語に日本語を混ぜこぜにした言葉を使っていた。アラスカから強制移住させられた者のほとんどは、いわゆる日本人との交わりを持ったことは一度もなかった。

南米への波及

南米の最南端からアラスカまでの西海岸に暮らす人々にとって、いわゆる日本人問題はカリフォルニアの団体「黄金の西海岸の子供たち」の動きに影響されるところがあった。カナダにおいては、いくつかの団体が反アジア人連盟[*62]と提携関係を結び、ブリティッシュ・コロンビア州では「カナダの子供たち[*63]」なる組織が「黄金の西海岸の子供たち」にならって結成されている。

カリフォルニアで繰り返されていた反日本人のアジテーションはカナダでも利用されている。カナダのトム・マキンネスやペルーのサリナス・コシオが準備したアジテーションのビラの中身は、V・S・マックラチーの主張と瓜二つであった。

カリフォルニアの反日本人のやり方がカナダでもペルーでも手本にされていった。カリフォルニアで反日本人の暴動が起これば、それはすぐにカナダに、そしてペルーに伝播した。バンクーバーでは一九〇七年九月に、ペルーでは一九四〇年五月十三日に日本人を襲う暴動が起こっている。

南米では今日およそ二十万人の日本人が暮らしている。なかでもペルーとブラジルに暮らす者が多い。日本政府が紳士協定によってわが国への移民を抑制したことから、日本人の移民は南米に向かう者が増えていった。特に一九二四年に排日移民法が成立してからその傾向が顕著になった。

ペルーでは、日本人移民はその定住に法則のようなものがあり、彼らの共同体はすでに述べたような西海岸にやって来た日本人が作り出すコミュニティー特有の性格をみせている。ブラジルへの日本人移民は若干違う傾向がある。ブラジルでは移住計画は、いわゆる日本の殖民会社が予め準備したものであり、細かなところまで管理監督する形で進められている。その監督はその後、日本政府自身が行うようになっていった。

ブラジルでの日本のやり方は、西洋社会のなかに日本そのものを移植するという明確な意思を示していた。また定住に選ばれた場所をみると、明らかに何らかの戦略的プランがあることがわかる。

手に入る証拠を総合すると、南米における日本人移民は北米西海岸にやって来た日本人よりも強い連携をみせている。この地域では二世世代が主要なグループになっているにもかかわらず、白人社会との同化を全く示していない。日本人内部の強い結束があることの証であった。

南米の社会に詳しいヒューバート・ヘリング[64]は「アルゼンチンの小さな日本人社会をみたが、そこでは日本人が白人社会に同化する現象は一切みられなかった」と報告している。ノルマノ、ゲルビ両氏も、ブラジルとペルーのより大きな移民地域を観察しているが、評価は同様であった。

ブラジルやペルーの日本人移民に対する寛容性は高い。両国ではもともと日本人移民を歓迎した歴史がある。それでも一九三七年に中日戦争（the Sino-Japanese War 日支事変）以降、西海岸で繰り広げられた反日本人のアジテーションが始まった。ブラジルでは黄禍協会（Yellow Peril Society）なる組織が作られている。一九三七年十一月には移民上限規制が始まり、移民のために用意されていた六〇〇万エーカー〔およそ二四四万ヘクタール〕の土地がキャンセルされた。

アメリカ西海岸からの退去隔離が決められると、ブラジル政府も同様な施策をとっている。危険人物と看做された日本人は長期間強制収容され、退去隔離政策が実施されている。ペルーも反日本人暴動の発生（一九四〇年五月）を受けて、ブラジルに倣っている。ペルー政府はすべての日本人移民に対して、一九四四年一月一日までに財産の処分を済ませることを命じている。

その他の南米諸国では日本人移民は少なかったが、真珠湾攻撃の報を受けて以後、彼らはすべて逮捕されている。南米各地で逮捕された日本人はほとんどがアメリカ本土にある日本人収容所に送られている。アメリカが日本人に対してとった政策は、南米やカナダの方針に大きな影響を与えたのである。

カナダの追随

カナダ政府はアメリカのやり方に大きな影響を受けている。カナダは一九四〇年に外国人登録法を発効させると、首相はブリティッシュ・コロンビア州で東洋人問題委員会を発足させた。同委員会の考え方はアメリカの方針を踏襲したものであった。

委員会は日本人の破壊工作活動の証拠を何一つ挙げることはできなかったが、東洋人を管理する特別な登録の仕組みを作るべきだと報告している。そうすることが、興奮する白人種の暴発を抑えるには有効だという理屈であった。

真珠湾攻撃の報を受けるや、カナダ王立騎馬警察隊（ＲＣＭＰ）は百七十八人の日本人危険分子を逮捕し長期にわたって拘禁している。彼らを規制する数々の条例が施行され、漁師への漁業ライセンスはキャンセルされ、夜間外出禁止令が出されている。日本語学校は自主的に閉鎖され、新聞の発行も停止されている。

真珠湾攻撃の時点で、ブリティッシュ・コロンビア州には二万三千四百三十八人の日本人移民がいた。この数字はカナダ連邦全体の日本人移民の八五パーセントに相当していた。彼らはカナダ市民権を持てる立場にはあったものの、地方参政権は持てずにいた。職業によっては彼らを規制する多くの条例が施行されていた。またカナダへの移民受け入れも日本のいわゆる紳士協定の規制に沿って運用されていた。

一九四二年一月八日、九日の両日、首都オタワで日本人移民に対する扱いが協議されている。ここで日本人移民を集団で強制収容する提案がなされているが、安全保障上そこまでは必要はないということになった。日本の捕虜になっている二千人にも及ぶカナダ兵への報復の恐れも気がかりだった。

しかしブリティッシュ・コロンビア州の民心は日本人への恐怖感を高めていった。香港は一九四一年十二月二十五日に、シンガポールは一九四二年二月十五日に陥落していた。ハワイでは日本人による破壊工作が続いているという噂も広まっていた。カリフォルニアでの反日本人のアジテーションの内容もブリティッシュ・コロンビアに伝わっていた。何もかもが白人州民を不安にさせた。

ブリティッシュ・コロンビア州選出議員が、こうした州内の情勢を伝えにオタワにやって来たのが一九四二年一月末のことだった。彼らは日本人の血を引くすべての移民を同州から退去隔離することを要求した。連邦の首都であるオタワにはブリティッシュ・コロンビア州からこれを要求する電報、請願書などが溢れるほどに寄せられた。その結果、強制収容は不要であるとの決定は覆されてしまった。ここでも強制収容の決定はけっして軍事安全保障上の理由ではなかったのである。あくまで政治的配慮であった。この経過はアメリカと全く同じであった。

一九四二年三月四日、ブリティッシュ・コロンビア州安全委員会が設立されている。同委員会が、同州海岸部からカスケード山脈[*65]までの地域すべてから日本人を退去させることを決め、その作業を監督することになった。彼らの財産処分を担当する者も指名されている。

一九四二年十一月までに、一万九千八百六十七人の日本人が、南北一〇〇〇マイル〔一六〇〇キロメートル〕に広がる海岸線から退去させられたのだった。集められた日本人は次のようにその行き先を決められた〔総数は一万九八六八であるがママとする〕。

内陸部収容所	一万千九百六十五人
内陸部甜菜農場	三千九百八十八人
内陸部自助センター	千百六十一人
許可を受けた職業への復帰	千三百三十七人
道路建設現場	九百八十六人
その他産業現場	四百三十一人

ブリティッシュ・コロンビア州で始まった反日本人アジテーションは、カリフォルニアでやっていたものに追随する内容であった。こうしたムードに警鐘を鳴らす評論家もいた。たとえばエルモア・フィルポットやアラン・モーレイなどである。しかし新聞の論調は反日本人一色であった。

戦争終結後は日本人をすべて日本に送り返すべきだという意見も多かった。連邦政府は日本人資産をすべて引き継ぐことも検討していた。わが国の内陸州がそうした態度をとったように、カナダの内陸諸州は強制収容される日本人を引き受けることに消極的だった。エドモントン[*66]では「ジャップを絶対に入れるな（Keep the Jap out!）」というポスターがそこかしこに掲げられた。

連邦政府にとって内陸諸州住民の反対は頭の痛い問題であった。彼らの同意なしには日本人を海岸部から内陸の町に退去させることはできないのだ。受け入れる場合でも、戦争終了後は連れてきた日本人はすべてブリティッシュ・コロンビア州に戻すことが絶対条件であった。ブリティッシュ・コロンビア州の問題をこちらに押し付けるな、というのが彼らの言い分であった。

カナダは日本人の退去隔離をわが国のやり方に準拠して実施している。ブリティッシュ・コロンビア州のメディアは、ときおり現れる日本人擁護の論調に激しく反発している。こうした情勢を受けてカナダ連邦政府は、戦争終了後に日本人を本国に強制送還することを真剣に検討していた。

強制退去隔離政策の計画が本格化するに伴い、二世世代のなかには、他の土地に隔離されるプロセスを通じて、むしろ日本人の白人社会への同化が進むのではないかと考える者も出始めていた。同州の田舎町カスロ[*67]で発行されていたニューカナディアン紙は次のような意見を表明していた。

「われわれ日本人に対する偏見と差別は、ブリティッシュ・コロンビア州民のあいだでは当たり前の感情にまで高まっている。この差別に対処するには、われわれは固まって住むことをやめ、西部諸州に拡散して暮らしていくのが最善ではないか。これが同胞有識者の意見である」

「同胞が離れればなれになってしまう」と、この意見を危惧する人々も多かった。しかしカナダの二世世代は、自分たちの将来を考えたとき、この方法がベストではないかと考え始めたのである。二世のなかには遠くモントリオールに移住していった者もいた。ブリティッシュ・コロンビア州では否定されていた多くのチャンスをそこで見出している。ブリティッシュ・コロンビア州からさらに東に移っていく決断は、多くの日本人移民にとって初めてのことであったとラヴィオレット博士は述べている。

東に向かう決断をした人々にとって、それが初めての「カナダ」体験だったかもしれない。そこにはブリティッシュ・コロンビア州に存在した抑圧の空気は少なかった。この戦争はまだ数年続くかもしれないが、新天地に移った人々はその地にしっかりと根をおろしていくだろう。彼らがそうした町でうまくやっているとの報告も上がっている。

こうした流れは白人社会との同化を加速させるだろうし、なかにはもうブリティッシュ・コロンビア州には戻らないという人も出てくるだろう。カナダで実施された強制退去収容でも日本人移民の被った経済的な損失は巨額であった。野菜農場の土地も暴落した。耕す者がいなくなってしまったからだった。

ブリティッシュ・コロンビア州にいた日本人移民の立場は、アメリカ西海岸に暮らしていた日本人移民とほぼ同じであった。彼らは過去三十年にわたる暮らしのなかで、白人社会との関係を改善させてきた。それでも前述のラヴィオレット博士は、日本人移民と白人との関係は、人種をベースにしたカースト制度の亜流のようなものだと看破していた。そしてそれは、日本人がこの地にやって来てからの半世紀に起こった人種問題の結晶であると分析していた。

繰り返しになるが、ブリティッシュ・コロンビア州における反日本人感情はカリフォルニアのそれと同じであった。日本人移民の多くは退去隔離の方針が決定したとき、これは過去半世紀にわたる白人の願いが実現したにすぎないと感じた。ブリティッシュ・コロンビア州民は日本人の退去隔離は当然だと考えていた。そこには躊躇はなかった。連邦政府が決定に迷っていると彼らは怒りを露わにしていたのだった。[*68]

注
＊1　Paul Schuster Taylor 一八九五―一九八四。農業経済学者。カリフォルニア大学バークレー校の経済学教授。日本人強制収容に反対の立場をとった。
＊2　Bernarr Macfadden 一八六八―一九五五。ボディービルダー、評論家。リバティー誌、トゥルーディテ

クティブ誌などを発行。
＊3 たとえばFocus誌（一九三八年七月号）、Friday誌（一九四一年五月号）、Life誌（一九四〇年十月十四日号）の記事＝カリフォルニア人は日系移民を疑う」。Click誌（一九四一年二月号）の記事＝一九四一年には日本は必ずわが国を攻撃する。［原注］
＊4 Frank Knox 一八七四―一九四四。フランクリン・ルーズベルト政権時代の海軍長官（一九四〇―四四）。米西戦争ではラフ・ライダーズの一員としてセオドア・ルーズベルトとともにケトルヒル攻防戦に参加。
＊5 Saturday Evening Post紙、一九三九年九月三十日付。［原注］
＊6 John. L. De Witt 一八八〇―一九六二。陸軍中将（lieutenant general）。日系移民強制収容を主導。
＊7 ロバート委員会暫定報告書（一九四二年三月十九日付）。［原注］
＊8 ハワイでは戒厳令は一九四一年十二月七日に出されている。
＊9 連合艦隊潜水艦「伊十七号」（艦長西野耕三中佐）によるエルウッド製油所の砲撃。
＊10 Husband E. Kimmel 一八八二―一九六八。真珠湾攻撃時の太平洋艦隊司令長官。大将。真珠湾攻撃後、ルーズベルト大統領により解任（一九四一年十二月十七日付）。
＊11 Walter C. Short 一八八〇―一九四九。真珠湾攻撃時の陸軍ハワイ方面司令長官。キンメル将軍とともに解任。
＊12 David Warren Ryder 一八九二―一九七五。ジャーナリスト、コラムニスト。一九四二年、日本関連団体（the Japanese Committee on Trade and Information）から資金提供を受けたとして収監された。彼は一貫して無実を主張。そのなかで彼は支那の組織から資金提供を受けたと述べている。
http://webcache.googleusercontent.com/search?q = cache:http://www.utoledo.edu/library/canaday/findingaids1/MSS-004.pdf
＊13 Joseph Hilton Smyth リビングエイジ、ノースアメリカン・レビュー誌などの雑誌社を所有するとともに通信社であるニグロ・ニュース・シンジケート社を創立。FBIにより、日本政府から十二万五千ドル（現在価値およそ一億五千万円）の資金提供を受けていたとして逮捕された（タイム誌一九四二年九月十四日付）。出版社購入の原資はここから出ているとされた。

＊14 Ralph Townsend 一九〇〇―七五。外交官。上海副領事。一九四二年に大陪審（Grand Jury）によって起訴され有罪。一年間収監された。著作に *Ways that are dark: The truth about China*（邦訳『暗黒大陸中国の真実』）、*America has no enemies in Asia*（邦訳『アメリカはアジアに介入するな!』）がある。

＊15 パシフィック・シチズン誌の一九四一年九月号、同八月二十三日付のシアトル・ポスト・インテリゲンツァー、八月二十一日、二十二日、二十三日のロサンゼルス・デイリーニュース紙など。［原注］

＊16 Eric Cyril Bellquist 一九〇四―七九。一九三六年から七二年までカリフォルニア大学バークレー校教授。一九四三年から四五年までＯＷＩのスペシャリストとして活動。
http://findingaids.stanford. edu/xtf/view?docId = ead/hoover/reg_010.xml;chunk.id = bioghist-1.7.4;brand = default

＊17 Assignment, USA, 1943, p67.［原注］

＊18 *The Correspondents of Time-Life-and Fortune, December 7-The First Thirty Hours*, Alfred A Knopf, 1942.［原注］

＊19 Gilroy カリフォルニア中央部太平洋岸に近い町。サンタ・クララ郡にある。

＊20 El Centro カリフォルニア州南部内陸の町。

＊21 Fletcher Bowron 一八八七―一九六八。第三十五代ロサンゼルス市長。一九三八年から五三年まで市長の職にあった。日系人強制収容政策を推進した中心人物の一人。

＊22 Rafu Shimpo 一九〇三年にロサンゼルスのリトルトーキョーで発刊された日系新聞。現在も発行は続いている。

＊23 Jim Marshall コリアーズ誌記者。一九三七年十二月十二日、南京近郊揚子江にいた米国警備艇（gunboat）パナイ号を日本海軍機が誤射した事件で同艦は沈没した（パナイ号事件）。マーシャルは特派員として同船に乗船しており軽傷を負った。
http://www.usspanay.org/crew.shtml

＊24 Dies Committee 正式には House Un-American Activities Committee（下院非米活動委員会）。反米活動の実態調査に下院に設けられた委員会。委員長はマーチン・ダイ・ジュニア（テキサス州民主党）。

＊25 Thomas Clark 一八九九―一九六七。一九四五年から四九年まで司法長官。その後最高裁判事。
＊26 Earl Warren 一八九一―一九七四。一九三九年から四三年まで州司法長官。同年から五三年まで州知事。同年から六九年まで連邦最高裁判所長官。日系人強制収容を強く主張した。
＊27 Terminal Island ロサンゼルス湾のロサンゼルス港とロングビーチ港の中間にある。およそ一二平方キロメートルの小島。
＊28 Palos Verdes Hills ロサンゼルス南西部のパロスヴェルデス半島の丘陵地帯。
＊29 Catalina Island ロサンゼルス南南西にあり、地中海に似た気候の小島。
＊30 二世はアメリカで生まれたことでアメリカ国籍を持てることから、日本の国籍との二重国籍状態が生まれている。このことが二世の忠誠心を疑う根拠となっている。
＊31 Viering Kersey 一八九〇―一九八〇。一九三五年にロサンゼルス郡の教育長となる。http://wc.rootsweb.ancestry.com/cgi-bin/igm.cgi?op = GET&db = m.llerm&id = I13735
＊32 *Los Angeles Daily News* 一九四一年八月二十一日付。［原注］
＊33 Salinas カリフォルニア州北部の内陸の町。
＊34 Ralph Lawrence Carr 一八八七―一九五〇。コロラド州知事を一九三九年から四三年までつとめている。共和党。
＊35 Homer Martin Adkins 一八九〇―一九六四。アーカンソー州知事を一九四一年から四五年までつとめた。
＊36 一九四二年、フィリピン・ルソン島のバターン半島で捕虜になった米兵を収容所へ移動させる際に、多くの死者が出た事件を指す。
＊37 Payne Ratner 一八九六―一九七四。カンザス州知事を一九三九年から四三年までつとめる。
＊38 Morris Edward Opler 一九〇七―九六。日系アメリカ人の人権保護を主張した社会人類学者。
＊39 Marysville カリフォルニア北部山間の町。
＊40 Tanforan 同じくカリフォルニア北部内陸の町。
＊41 Merced カリフォルニア中央部内陸の町。
＊42 Turlock 同右。

＊43　Fresno カリフォルニア中央部内陸の町。
＊44　Pinedale 同右。
＊45　Tulare 同右。
＊46　Santa Anita カリフォルニア南部ロサンゼルス郡にある町。
＊47　Pomona ロサンゼルス郡の南の町。
＊48　Manzanar カリフォルニア中央部内陸の町。ネバダ州境に近い。
＊49　Puyallup シアトルの南にある内陸の町。
＊50　Yakima ワシントン州南部山間部の町。
＊51　Henry L. Stimson 一八六七―一九五〇。一九四〇年から四五年まで、フランクリン・ルーズベルト政権の陸軍長官。
＊52　Romanzo Adams 一八六八―一九四二。社会学者。ハワイにおける日本人移民研究者。
＊53　John A. Balch 一八七六―一九五一。
＊54　Shall the Japanese be allowed to dominate Hawaii?
＊55　the California Joint Immigration Committee.
＊56　Delos Carleton Emmons 一八八九―一九六五。真珠湾攻撃の十日後にハワイ防衛の司令官となる。
＊57　噂が人種間の不和にどのような影響を与えたかについてはハワード・オダム（Howard W. Odum）の *Race and Rumors of Race*, 1943. に詳しい。〔原注〕
＊58　Stella M. Jones, *Asia and the Americas*, February, 1943.〔原注〕
＊59　同誌 Vol. 30, 1942, p371.〔原注〕
＊60　真珠湾攻撃後に敷かれた戒厳令により、裁判官が民間人から軍人に取って代わり、多くの土地が軍事施設建設のために接収されている。一九四六年、アメリカ最高裁判所はハワイにおける戒厳令の施行は違憲としている。
＊61　Minidoka アイダホ州中央部の町。この町に作られた日本人強制収容所は現在でも歴史的建造物として保存されている。

＊62 Anti-Asiatic League 一九〇七年にカナダで結成。
＊63 the Native Son of Canada.
＊64 Hubert Herring 一八八九―一九六七。歴史社会学者。南米全体を研究対象にした。http://jvlone.com/Herring_1968.pdf
＊65 Cascade Mountains ブリティッシュ・コロンビア州中央部を走る山脈。
＊66 Edmonton アルバータ州北部の町。
＊67 Kaslo ブリティッシュ・コロンビア州内陸の町。
＊68 カナダ連邦政府が、バンクーバーのフレーザーヴァレー一帯に広がる日本人所有の土地を強制的に買い上げる決定をしたのは、筆者がこの稿を書き終えてしばらくしてからのことである。［原注］

5章 退去と強制収容

一九四二年三月十八日、ルーズベルト大統領は大統領令九一〇二号を発令した。日本人強制収容には新たな組織が必要であった。この大統領令によって創設されたのが戦時移住計画局（War Relocation Authority）であった。この組織は幅広い権限を与えられていた。軍事的に敏感な地域から日本人移民を転住させること、及び彼らの管理が任務であった。さらに可能であれば日本人を民間企業や公共事業で再雇用させることもできた。

「日本人を転住させ、彼らの生活を維持させるという面倒な作業から軍を解放しなければならない。それが戦時移住計画局創設の目的である」

これがルーズベルト大統領の言葉であった。しかし彼が明確なポリシーを持っていたわけではない。つまりポリシーを作らせるために戦時移住計画局を作ったといった方が正確である。

広範な権限が戦時移住計画局に与えられたとはいえ、政策実行には考慮すべき条件も多かった。計画局が進める政策は大統領令九一〇二号に基づくのだが、同時に政府の進める戦争計画全般と整合性をとる必要があった。たとえば捕虜を戦争に関わる作業に従事させることは、捕虜の扱いを取り決めたジュネーブ条約に違反する。したがって日本人を強制収容する政策は戦争省（the War Department）や司法省との調整が必要であった。戦時移住計画局が進めようとする施策は、いくつかの局面でこうした省庁の権限との衝突が予想されたからだった。そういった意味で戦時移住計画局は、戦時における最も難しい行政を強いられた部局であった。

一九四二年四月七日、戦時移住計画局長官のミルトン・アイゼンハワー[*1]は西部諸州の州知事とソルトレイクシティーで協議の場を持った。アイゼンハワーは日本人強制収容遂行にあたって以下の三つの基本方針を示している。

一、連邦政府による収容所の設置。隔離された日本人を政府プロジェクトに参加させる。それによって自助の道をつける。

二、隔離された日本人に隔離地域以外で農業を含む民間企業での働き口を斡旋する。

三　農業によって自活したいというグループには支援策を講じる。

この方針に対して、集まった知事たちは強い難色を示した。彼らはしっかりとした管理下に置かれない日本人の退去隔離計画には絶対に反対であった。州知事の強い意向を受けて戦時移住計画局は右の二と三については、その遂行が難しいと判断した。結局、戦時移住計画局は方針一に特化した政策を進めざるを得なくなっている。

戦時移住計画局は戦争省と調整しながら計画を進めていくことになる。戦争省が収容所の設置を担当し、戦時移住計画局がその運営に責任を持つことが決まった。この経緯については第七十八議会[*2]における上院第一回会合議事録第九十六号で詳しく知ることができる。

どこにそうした収容所を設置するのかは頭の痛い問題であった。建物は連邦所有の土地に建てる必要があったし、軍事的に敏感な地域から遠く離れていなければならなかった。また収容される日本人に対して公共事業の作業を通年にわたって提供する必要もあった。そうした施設へはおよそ五千人を収容する計画であった。

こうした条件を勘案しながら三百カ所を超える候補地の調査がなされている。この作業には専門的な知識が必要であったから戦時移住計画局は連邦開拓局（the Reclamation Service）と原住インディアン対策局（the Indian Service）の支援を受けている。この二つの部局が検討したのは、ほとんどが山間部の土地であった。

最終的に建設地として選ばれた土地は当然のことながらこの類いの土地で、全く開発が進んでいないところばかりであった。砂漠に近い環境のアリゾナ州西部、山間部のワイオミング州、頻繁に洪水が起こるアーカンソー州の三角州地帯。こうした場所が選ばれている。[*3]

一九四二年六月五日の時点で、十カ所の候補地が決定し、そのうちの四カ所ではすでに工事が進められていた。一九四二年十一月初めには臨時収容所に集められた日本人がこうした施設に移されている。なかには自宅から直接移送させられた人々もいた。一九四三年七月十日時点で、各施設に収容された日本人移民の数は以下のとおりである。

トパーズ[*4]（ユタ州）	七千二百八十七人
ポストン[*5]（アリゾナ州）	一万五千五百三十人
リバーズ[*6]（アリゾナ州）	一万二千三百五十五人

アマーシュ[*7]（コロラド州）	六千百七十人
ハート・マウンテン[*8]（ワイオミング州）	九千二百九十二人
デンソン[*9]（アーカンソー州）	七千七百六十七人
マンザナール（カリフォルニア州）	八千七百十六人
ハント[*10]（アイダホ州）	七千五百四十八人
リロケーション[*11]（アーカンソー州）	七千六百十六人
ニューウェル[*12]（カリフォルニア州）	一万三千四百二十二人
計	九万五千七百三人

こうした施設には若干名のアラスカから移送された日本人もいた。またハワイからも千七十三人が送られていた。真珠湾攻撃後、収監されていた者も千三百人が釈放され、収容所に移されている。西部方面防衛軍の管轄外の地域にいた若干名の日本人も保護を求めて自発的に収容所にやって来ていた。

収容所

戦時移住計画局が作り上げたこうした収容所は、西部の山間の僻地に政府が資金を出して建設したリトルトーキョーとでもいえそうだった。建設計画は陸軍の工兵部隊が担当していた。ダイズ委員会の調査委員の頭のなかの理解では「適切な居住空間（adequate housing）」が提供されたことになっていた。

しかし急遽、建設されたバラックは一時しのぎの建物だった。全体の計画も杜撰《ずさん》な点が多かった。当初の計画では一家族につき一部屋が用意されるはずであった。しかしそれはほとんど守られていない。安普請の建物、荒涼とした土地。収容所の雰囲気は実に陰鬱であった。塀には鉄条網が張られ、監視タワーで見張られ、武装した兵士が警備していた。夜になれば煌々たるサーチライトがその威力を見せつけていた。

共同の洗面所とトイレはブロックごとに用意されていた。区画ごとに作られた大食堂では一日一人当たりの食費三十四セント〔現在価値五ドル程度〕から四十二セント〔現在価値六ドル程度〕の食事が提供された。収容所で飢える者はいなかった。寒さで凍えて死ぬ者もいなかった。ただそれだけが「適切な居住空間を提供している」という言い訳の根拠であった。

開所当初の戦時移住計画局は、入居準備作業、職員の採用、管理運営方針の立案といった作業に追われていた。職員の採用は戦時移住計画局の性格からいって、そう簡単ではなかった。政府職員のなかに日本人を扱った経験のある人間はいなかったし、日本の文化や言葉を理解する者はほとんどいなかった。それに加えて、こうした収容所が建てられた場所も問題だった。人の住まない荒涼とした土地に行きたいと思う者は少なかった。

幸いなことに、原住インディアンを扱う部局にはこうした環境で働ける職員がいた。収容所のスタッフとして採用された人間は概してリベラルな考え方の者が多かった。ロバート・レッドフィールド博士[*13]は「リベラルで人道主義的な考えの職員が多かった」と指摘している。[*14]戦時移住計画局のやり方がある程度うまくいったと評価されるとしたら、それは長官のアイゼンハワーやディロン・マイヤーの個性に負うところも大きい。また戦時移住計画局がスタッフの採用にあたって、政治的な配慮をしなかったことが功を奏したことを忘れてはならない。

ワシントンの事務局でも収容所でも、若干の庶務事務員を除き職員はすべて白人であった。管理スタッフに日本人は一人もいなかった。

「わが国の歴史上、このような収容所が作られることはこれまでに一度もなかった」と述べたのは前出のレッドフィールド博士であった。日本人収容所は陸軍のキャンプのようでもあり、原住インディアン保護区のようでもあった。あるいは農業安定局がニューディール時代に実施した移住計画（FSA Resettlement Projects）のようでもあったし、危険外国人強制収容施設のようでもあった。

ドイツのオラニエンブルク[*15]やダッハウ[*16]の強制収容所に似た施設だといってしまうと、誇張に過ぎるようだ。自治の考えを取り込もうとしていたし、収容者の憲法上の権利を守らなければならないという意識も強かった。

どの宗派を信じようが構わなかったから信教の自由は認められていた。郵便物の検閲もされていない。集会についても場所と時間の制限はあったが認められており、そこでは英語だけでなく日本語でしゃべることも禁止されてはいない。ほとんどの収容所で新聞が発行され、その論調は歯に衣着せぬものだった。言論の自由は、もちろん外の世界とは比べられないが、あったといえる。いずれにせよ私がここで指摘しておきたいのは、収容所で日本人の言論や信教の自由が完全に剝奪されていたことはないという事実である。

所内で協同組織ができると、靴の修理、床屋、修繕屋を始める者も出てきた。また衣類、菓子、文具、本などを売る者も出てきた。こうした商売は儲けるためではなく、収容者が助け合いのために自らの資金で始めたものだった。施設側には、最低レベルの金額のスペース賃貸料を払っていた。協同組合のような組織であったが、そうした組合のなかには十分な資金を蓄えたものもあった。

収容所の規則は次の三種のカテゴリーに分類することができた。一つは一般的な連邦政府の法律及び収容所の位置する州法、二つ目は戦時移住計画局と計画責任者が設けた規則、そして三つ目が収容者の自治委員会が自ら決めた規則であった。もちろんそれは計画責任者の了承が必要であった。

所内の安全確保は戦時移住計画局の責任であった。所外の安全確保は陸軍が負っていた。軍は憲兵《ミリタリー・ポリス》の小部隊を派遣していた。収容者のなかには規則違反を繰り返す者もいた。そうした違反常習者はアリゾナ州レアップに設けられた拘置所に移されている。その数は七十人前後であった。[*17]

収容所内では働ける者のうち九〇パーセントが、戦時移住計画局が用意した所内の管理運営上必要な職場についている。彼らには職種に応じた給与が支払われている。月額十二ドル、十六ドル、十九ドルの三種があった。この給与水準がどのようにして決定されたのかはよくわかっていないが、当時の軍の給与レベルを参考にしていると思われる。軍の給与は月額二十一ドル程度であった。医療に関わる費用は無料であった。現時点まで収容者の健康状態はすこぶる良い。もちろん収容所に家賃の類いを払う必要はなかった。

戦時移住計画局は、当初、日本人移民に収容所周辺で生活基盤を築かせる事業を興そうと本気で考えていた。しかしこの計画は一九四二年夏までに中止となった。中止の理由はいくつかあった。一つは収容者を臨時雇用で外に出すプログラムが予想以上の成功を収めたことであった。二つ目は、収容所内で日本人を働かせる事業は民間の商売を圧迫するという世論の声が高かったことである。三つ目の理由は、一般的な労働力不足が深刻であり、日本人を雇いたいという民間企業の声が高かったことである。

こうした事情から現在収容所内で実施されている事業は限定的なものになった。陸軍用の擬装網製作、海軍ポスターのスクリーン印刷、海軍造船プロジェクトに必要なモデルシップの製作。これらの限られた仕事だけが所内のプロジェクトとして残っていた。

野菜栽培の仕事もあったが、あくまでも収容所で使われる食材を補完する程度だった。各地の収容所で生産された野菜の総額は、一九四三年の統計では二百七十五万ドル〔現在価値およそ三十億円〕であった。マイヤーズ長官はダイズ委員会で、収容所での野菜生産は市場に出荷することはないと証言している。

収容所が建設された土地はもともと荒地であり、そうした二万エーカー〔およそ八一〇〇ヘクタール〕の土地を耕作地に変えるには排水、灌漑のシステムを作らねばならず、それにはおよそ五年の作業が必要であった。戦時移住計画局は収容所での作業を恒久的に組織化されたものにしたくなかったから、農園はできるだけ小さな規模に留めておこうとしている。

収容所にはおよそ三万人の就学年齢の子供たちがいた。収容者の人口構成は一般のそれよりも子供たちの比率が高かった。なかでも高校就学年齢の子供たちの数が多かった。収容所内にこうした子供たちを教育するシステムをどう構築するかは戦時移住計画局の頭痛の種であった。収容所周辺の教育関係者は必ずしも協力的ではなかった。たとえば二つの収容所があったアーカンソー州は、収容所の高校生を地元の大学に受け入れることを断固拒否している。

戦時移住計画局はアリゾナ大学（the University of Arizona）に対して受講や図書館利用への便宜を図ってくれるよう要請しているが断り続けられた。

「われわれは日本と戦争状態にあって、受け入れ要請されている日本人は敵性人種なのである」

これが学長アルフレッド・アトキンソンの返答であった。

戦時移住計画局はオレゴン聾唖学校に、障害のある児童の受け入れ要請をしているが、戦争の最中にそうした児童を受け入れることはとてもできない、として拒否されている。

戦時移住計画局はこうした外部環境にあって、また極端な教員不足のなかで、なんとかその場しのぎとはいえ、子供たちの教育環境を整えようとしていた。施設ごとにその程度は違っていた。私が実際に確認したなかで最も環境整備ができていたのは、コロラド州アマーシュのグラナダ収容所であった。

収容所によっては、周辺の地域の教員不足のために収容者が教員として動員されるケースもあった。彼らの給与は施設入居者の水準である月十九ドルであったから、一般の白人教員との格差がひどく目立ってしまい問題になっていた。

収容所を取り巻く外部環境はこのようにかなり歪んだものだった。できるだけのことはしていたようであったが、児童たちに適当な教育を受けさせることができていたかは、かなり怪しかった。中西部や東部の教育機関は民間組織の支援もあり、日本人生徒の受け入れを進めてくれている。

収容所によっては大人たちへの教育講座を開設してもいる。たとえばトパーズ収容所では、百六十五の講座が設けられ三千二百五十人が受講している。彼らはこうした講座を通じて自動車修理、ラジオ修理、電気工事、大工仕事、速記術あるいは救急看護の技術を学んだ。語学（英語、ドイツ語）やアメリカ史、アメリカ外交史、心理学、現代政治などの文科系の勉強も可能になっていた。私自身の観察では、こうした講座を熱心に受講したのは二世よりも一世であった。

収容所全体の統計をみると、収容者のおよそ四分の一が何らかの講座を受講していた。最も人気があったのが英語とアメリカ史の講座であった。一世たちにとっては皮肉なことであったが、それまで学ぶ機会のなかった語学や歴史を収容所で学ぶことができたのだった。

二世はアメリカ市民であったが、やはり彼らの権利を傷つける事件は多かった。彼らは真珠湾攻撃以

グラナダ収容所（アマーシュ・コロラド州）

降、特定の職業に就けないことになっていたか、一九四三年一月二十八日には軍隊への志願が可能になっている。現在では二世の退所は簡単な手続きで可能になり、沿岸部の西部方面防衛軍が指定した地域を除けば、自由に居を構えることができる。また投票も、以前の居住地で不在者投票の形で可能であった。つまり市民権を持った二世については、軍事的理由による若干の制限を除けば彼らの権利は相当に保護されていたといえよう。

もちろん日本人排斥を主張する「黄金の西海岸の子供たち」の組織は二世をカリフォルニアの投票人名簿から外そうと法廷闘争を繰り広げていた。しかし彼らの試みは裁判所にはっきりと拒否されていた。第九巡回控訴裁判所がこうした判断を示すと、最高裁判所もその決定を見直そうとはしなかった。

二世の軍人は沿岸部に休暇をとって戻ることは可能になっていた。また、一九四二年八月六日以降は、アメリカ市民権を持つ白人男性と結婚している日本人妻とその子供たちは西部方面防衛軍が指定した地域であっても戻ることができた。

隔離された二世のなかには公務員の職を奪われた人もいて、

州に補償を要求していた。カリフォルニア州人事委員会と州議会はその補償要求を何とかかわそうとしていたが、元の職場に復帰できるよう配慮すべしと国務省から圧力がかかっていた。

一九四三年六月二十一日、最高裁判所がゴードン・ヒラバヤシとアメリカ政府のあいだの争いで判決を示している。ヒラバヤシは戒厳令違反及び収容命令違反で有罪とされていた。裁判所は戒厳令については軍事上必要な措置としてその有効性を認めている。しかし日本人収容の合憲性についてはその判断を避けている。それでも裁判所に出された多くの意見を勘案して、最高裁判所が収容命令の合憲性に強い疑いを持っていたことは間違いなかった。特に二世の収容については違憲の疑いが強かった。

マーフィー判事は、戒厳令は憲法違反すれすれだとの意見を述べ、ダグラス判事は、軍事的理由を根拠に強制収容を実施することは理解できるが、日本人の血が入っているという理由だけで収容を決めることは全く理解に苦しむ、との意見を述べている。最高裁判所長官は多数意見をまとめるなかで、戒厳令に関わる法解釈は示したが、日本人の隔離命令や収容命令の合憲性をめぐる解釈は避けたのだった。

それでも示された多数意見には、市民の持つ権利の保護に関心を持つ者にとって看過できない表現があった。「経験上、われわれを侵略している国と民族的紐帯を持つ者はそうでない者に比べて危険である」という文言がそれであった。

ヒラバヤシ対アメリカ政府の判決に続いて、コレマツ対アメリカ政府の判決が第九巡回控訴裁判所で出された(一九四三年十二月二日)。ここでは隔離命令そのものは合憲であるとの判断を示していた。しかし少数意見ではあったが、デンマン判事は勇気ある反対意見を述べていた。彼は西海岸での反東洋人差別を問題視していた。

ヒラバヤシに対する判決は、明らかに戦時移住計画局による隔離収容政策の実施に拍車をかけた。誰もが最高裁がその判決を追認すると考えたからだった。しかし西海岸から日本人を退去させることは合法だったとしても、アメリカ市民権を保持する者を法的根拠に基づくことなく拘禁することはできないのは明白であった。

収容所退所計画

西部諸州の知事たちは、コロラド州知事ラルフ・カーを除けば、誰もが日本人を受け入れるのを嫌がっていたのは前述のとおりである。そのような環境であったから、収容所から退所させるにあたっては、あからさまな拒否反応を示す知事もあった。アイダホ州のチェース・クラーク知事[*18]はそうした人物の一人であった。彼は一九四二年五月二十二日に次のような発言をしている。

「ジャップはドブネズミ野郎だ。ネズミのように繁殖し、その行動もネズミと同じだ。奴らをアイダホ州には絶対に入れない。大学に受け入れるなどもってのほかだ」

知事のこうした激しい反日本人意識を受けて、同州の知事室は、日本人はアリゾナ、カリフォルニア、コロラド、カンザス、モンタナ、ネバダ、ニューメキシコ、オレゴン、サウスダコタ、ユタ、ワシントンの各州でも忌み嫌われていると声明を出している（一九四二年五月）。

日本人収容者を退所させることには、このような反対の声が上がっていた。その一方で、労働者不足が深刻化していたのもまた事実である。それはすでに一九四二年五月の初め頃から顕在化していた。そのため戦時移住計画局に対しても、収容者を労働市場に出すべきだとの圧力が高まっていった。

最も労働者不足が深刻だったのは甜菜農場[*19]だった。その圧力は同年八月になるといっそう高まりを見せている。マイヤー長官は、それがきわめて強いものだったと認めている。

甜菜砂糖生産業者の動きをみた政治家やメディアの変わり身には素早いものがあった。戦時移住計画局は、早くも五月十五日にオレゴン州との合意が成立して、日本人収容者を同州のマルヒュア周辺[20]の農場で働かせることができた。スプラーグ同州知事[21]はこの合意の一カ月ほど前には、日本人を農場で働かせることには絶対反対の立場をとっていた。彼の行動が政治家の変わり身の早さの証明であった。

戦時移住計画局は、日本人を退所させるにあたって慎重な態度で臨んでいた。手続きも厳重であった。しかし日本人労働者への需要が高まり、戦時移住計画局は一九四二年九月にはそうした手続きもやめてしまっている。

一九四二年末までにおよそ九千人の日本人が西部地区の農園で働くことになった。彼らの評判はよく、労働者の模範であるとまで持ち上げられている。日本人を連れてくることで、ユタ州、ワイオミング州、モンタナ州の甜菜が廃棄されることを免れたのは紛れもない事実だった。モンタナ州にあるアメリカン・クリスタル精糖のマネージャーであるフランク・A・クレランドは次のように述べている（デザート・ニュース紙、一九四二年九月二日付）。

「日本人がいなかったらユタ州、アイダホ州の収穫は廃棄されるところであった」

一九四二年の統計では、退所した日本人が収穫した甜菜の重量は九一万五〇〇〇トンに達している。これはおよそ一二万トンの粗糖に相当した。

深刻な労働力不足はカリフォルニアでも同様に顕著であった。収容所の日本人を受け入れることを頑なに拒んできた同州は、日本人に代わってメキシコから労働者を連れてきた。連邦政府へ圧力をかけ、およそ三万人の労働者を確保している。それには巨額の経費がかかっていた。カリフォルニアはこうした労働者不足が日本人を強制的に退去隔離した結果であることを認めようとはしなかったが、それが現実であった。

一九四四年十一月十八日、戦時労働食料局（the Office of Labor, War Food Administration）のバートン大佐は次のように連邦議会で証言している。

「日本人を退去隔離したことにより、西海岸では州外から大量の労働者を入れざるを得なくなっている。多くの日本人が繁忙期に農業分野で働いていたが、彼らがすべていなくなってしまった」

このことは、日本人を隔離する直接的なコストに加えて、メキシコ人労働者を人量に「輸入」するコストが発生したことを意味していた。

戦時移住計画局は、日本人収容者を季節労働に従事させるプログラムの成功に満足していた。マイヤー長官は早くも一九四二年十月の段階で、同局は日本人をできるだけ収容所の外で働けるようにすると発表していた。この政策によって収容所内部で雇用機会を創出する計画は抑制され、むしろ収容所外の民間の働き口を斡旋する施策を進めることになった。長官の発表からわずか半年で成果が現れている。

中西部や東部にも日本人労働者の職場を提供する事務所が開設され、働き口を探す収容者に職場を紹介していった。戦争終結前であっても、収容者が新たな土地に移住できるようにするのが戦時移住計画局の考えであった。この施策の実施によって、収容所は日本人移民がアメリカ社会に復帰するための中継機関としての機能を発揮した。

方針の転換からわずか一年で日本人を所内から出し、よそに定住先を見つける作業が本格化したのである。一世も二世も条件を付けられずに収容所から出られるようになった。一九四三年には一万九千人が出所している。このうちの八五パーセントは二世であった。二世に限っていえば、市民権があり働ける者はその半数がこの時点で出所したことになる。

こうした方針変更もあって、収容所そのものの環境を整え、居心地を良くするわけにはいかなくなった。戦争が終わるまでには収容者全員を出所させたいと戦時移住計画局は考えていた。多くの二世たちはこの方針の変更によって新たな希望を見出している。わが国のデモクラシーも捨てたものではない、という意識が芽生えてきたのだ。

しかし一世世代は違っていた。彼らは一九四二年末の段階でようやく収容所に落ち着いたという意識を持っていた。できるだけ出所させるという戦時移住計画局の方針は、彼らをむしろ不安にさせている。出所したら全くの根無し草のように放り出されるのではないかと心配したのだ。しかしそうした恐れの感情も次第に薄らいでいった。

現時点では、職場そのものを見つけることに全く問題はない。そこかしこから求人がある。グラナダ収容所内で発行されていたグラナダ・パイオニア紙には求人広告が溢れている。最近の号にもシカゴ地区からの求人が多く掲載されている。そうした求人は賃金の安い底辺の単純労働ではなかった。出納係、研究所助手、出荷係助手、倉庫係、速記者、美容師、機械オペレーター等々。ネブラスカ大学の解剖助手という募集まであった。提示された賃金も悪くはなかった。

退所できない理由はもはや求人の量や質の問題ではなくなっている。むしろ収容者本人の資質の問題であった。技術を持っていない、言葉が不自由である、家族に問題を抱えている、金が全くないといった問題である。

もう一つの問題は、深刻な住宅不足だった。移住予定先でアパートが全く見つからないという状況があった。シカゴ・サン紙はハルエ・マサカのケースを伝えている。彼女の五人の息子はすべてわが陸軍の兵士であった。シカゴへの定住を考えたが住む家が見つからなかったのだ。

戦時移住計画局は住宅不足の問題を何とか解決しようと試みている。民間と協力し、すぐに入居可能な寄宿舎を開設させたり、貯えのない者には移住先までの交通費と五十ドルの当座資金を与えたりしている。もちろんそうした人々の住居探しを支援している。また都会の求職案件だけでなく、家族単位で農業に就けるような支援もしていた。

戦時移住計画局はこうした姿勢ではあったが、それでも出所に強く抵抗する動きもあった。私も何人かの収容者から直接話を聞くことがあった。出所を拒む人のなかには、いわゆる「収容所メンタリティー（reservation mentality）」とでもいえる心理状態に陥っている人が多かった。収容所の生活に短期間のうちに慣れ親しんでしまい、そこから出たくないという心境になってしまう人がいた。確かにこうした特殊なメンタリティーも出所を拒む原因ではあったが、やはり根本は強制隔離政策そのものへの反発であった。

収容所外の生活

職を得て退所した日本人に対する態度は概ね温かいようだ。私の手元にはグラナダ収容所にいた日本人から届いた多くの手紙がある。彼らは全国各地で職を得ていた。デイトン（オハイオ州）、ニューヨーク、ミルウォーキー、ボルドウィン（カンザス州）、カンザスシティー、シカゴ、シフキュース、ノースジャドソン（インディアナ州）、リンカーン（ネブラスカ州）、シンシナティ、レイクウッド（オハイオ州）、アンアーバー（ミシガン州）、フィラデルフィア、ロックフォード（イリノイ州）。これらの町から手紙が届いている。

どの手紙にも移住先で温かく迎え入れられたことが綴られている。彼らが抱えている悩みは住民の対応の問題ではなく、住宅難に関わるものがほとんどであった。もちろん散発的には日本人への嫌がらせはあった。そうした事件があったのはラントン（ニューメキシコ州）、マレンゴ（イリノイ州）、ゴッシェン（インディアナ州）などであった。

一九四三年六月十八日、ニューヨーク州ラーチモントでは、住民が市民権を持つ日本人の住む家を打ち壊す事件が起こっている。七月十七日にはシカゴでフィリピン人らが収容所からやって来た日本人を襲っている。ユタ州のプロボでは若いごろつき連中が退所した日本人に発砲した。

日本人に対する嫌がらせはあったものの、総体的にみれば日本人への態度は驚くほど良好であったといえよう。メディアの姿勢がフェアである地域では、特にその傾向が強かった。シカゴではトリビューン紙やサン紙の論調は受け入れに寛容であった。シカゴ地区を日本人が好んだ理由の一つがこうしたメディアの姿勢であった。

役所が移住してくる日本人を擁護する方針をとった地区では、彼らを迫害するような事件は全く発生していない。ネブラスカ州知事ドワイト・グリスウォルド[*22]やユタ州知事ヘルベルト・モー[*23]などは日本人に寛容な姿勢を示した政治家であった。

居住地が変わることは多くの二世にとって新しいチャンスの発見を意味していた。ありつくことができた職のなかには低賃金の単純労働もあったが、ほとんどが、仮に西海岸に留まっていたらまず見つからないような職場を得ている。

戦時移住計画局も移住させる場所の動向を注意深く観察していた。反日本人の動きが活発化してくると、そうした町へ日本人を移住させることをやめている。移住させた町であっても、その地域の反日本人の動きが激しくなっている場合には、よそに移すことも厭わなかった。言葉を換えて表現するなら、戦時移住計画局は日本人をできるだけわが国に広く薄く定住させようとしていた。このやり方は現在、特定地域に偏って暮らしている他の人種問題の解決にも役に立ちそうである。

しかし戦時移住計画局も日本人自身も、分散して暮らすことを少し意識しすぎていたきらいがある。日本人をできるだけ分散させて移住させようとする計画は、大きな食パンにバターを可能な限り薄く塗るような作業だった。大きな白人のコミュニティーに少数の日本人を入れるだけなら、おそらく日本人への偏見は起こらないだろうという考えに基づいていた。彼らへの差別も回避できるし、雇用の機会も十分に得られるはずだ、と考えられたのだ。

しかし、この方針を徹底すれば日本人を社会の片隅に押しやることにつながる。きわめて少ない日本人の存在を消極的に容認することであって、必ずしも彼らそのものを受容することではなかった。たとえば西部の町には黒人の家族が一つや二つあった。そうした町では彼らの存在を我慢できた。しかし黒人そのものを共同体が受容しているとは言えないのだ。

日本人はできるだけ目立たないようにしていた。そうすることがトラブルを起こさない最善のやり方だと信じていた。トパーズ収容所で発行されていたトパーズ・タイムズ紙（一九四三年五月二十九日付）では、目立ちすぎる行動をとってはいけないと注意を促している。極端なケースになると、出所した後、他の二世と全く話すことをやめた人もいた。これは形を変えた一種の「人種自殺（racial suicide）」と言っても過言ではなかった。

こうした傾向とは逆の行動をとる者もあった。かつてリトルトーキョーに固まったように、ミニ・リトルトーキョーを作ろうとする動きも若干はあった。しかしこの動きの主たる要因は住宅不足だった。同じ地区に集まって住む場所を確保した結果として、日本人が集まっただけにすぎなかった。
したがって、いわゆる日本人街というものが形成されることはなくなった。確かに日本人が集まっている地区はあったが、それが経済的に自己完結できるほどの大きさにはならなかった。単一民族で構成されるコミュニティーはできなかった。

収容所から出てきた人々が作ったコミュニティーがどういうものだったかを理解するにはニューヨークの例が参考になる。二十世紀初頭からニューヨークには日本人の集まる小さな一区画があった。しかしここでは西海岸のリトルトーキョーのように日本人が固まって暮らすというところまでにはなっていない。

ニューヨークに長く住む日本人は、もともと西海岸やハワイに住んでいた人たちであった。ここに暮らす日本人の数はわずか千七百五十人ほどである。一世が千百、二世が六百五十という内訳だ。日本人の資産が凍結される[*24]前には、富裕な日本人商人も多かった。しかしその多くは日本に送還されたか収容所に送られている。

ニューヨークの日本人のコミュニティーにはおもしろい特徴があった。一世の男性の五一パーセントは白人女性と結婚していたのだ。白人とアジア人の混血はユーラシアン（Eurasian）と呼ばれているが、そうした混血はニューヨークに多かった。日本人の血を引くユーラシアンがさらに白人と結婚する過程で、日本人の血は全く目立たなくなっている。ある研究[*25]によると、こうしたユーラシアンは二世に比べるとアメリカ人社会にほぼ完全に溶け込んでいる。

また二世の場合でもニューヨークでは多岐の職業に就いていた。商取引に関わる職業だけではなく、エンジニア、教員、法律家、歯医者といった専門職や自動車修理工や研究所の助手のような職に就いている人もいた。彼らのほとんどが非日系企業に就職していた。いわゆる経済的に自己完結する日本人社会はニューヨークには存在していなかった。[*26]

収容所内の生活

強制的に収容され、そして今度は住む場所を移される。この体験が日本人の集団にどういった影響を与えたのか。これを一般化して語ることはかなり難しい作業である。

一世、二世という世代別、男女別、年代別、都会か田舎かの出身地別、といった分類に基づく分析をしたとしても、それほど有効なアプローチの仕方ではない。こうした分類が役に立たないのは、個々人のバックグラウンドがあまりに違うからである。

教育も、経験も、将来の見通しもみな違っていた。強制収容とそれに続く新居住地での生活に至るプロセス自体は誰もが共通に味わった苦い経験であった。しかしそのことに彼らがどう反応するかは個々人で大きく異なっていた。

強制収容それ自体がきわめて大がかりな試みであり、その計画も変容した。それに応じて収容者の態度も変化した。収容所もすべてが同じような運営の仕方ではなかった。スタッフも運営方針も、収容された人数も異なっていた。

たとえば一九四二年十一月のトパーズ収容所を観察したからといって、日本人収容所全体を語ることはできない。一九四三年十一月のミニドカ収容所では全く違う光景が見られたはずである。同じ収容所を観察し続けても一般化して語ることは難しい。そこでの施策は刻々と変わり、スタッフも移動し、日本人も収容されてはまたすぐによそに移っていった。したがって私がここでいわゆる「収容所内の生活」を描きだすことは、あくまでも実験的なものであることを読者に了解していただかなければならない。

まず確認しておかなければならないのは、収容所で形成されたコミュニティーはきわめて特異なものであったことだ。収容所は大型の監獄である、という表現もできた。そこは人のほとんど住まない、地理的にも隔絶した土地にあった。いわば僻地のゲットー（スラム街）といってもいい建物に、集団で隔離されたのが日本人であった。彼らの心理状態が普通ではないのは当然であった。

彼らがここにやって来るまでの経験だけでも異常であった。アメリカ社会そのものが「日本人」を拒絶するという事実を目の当たりにしてきたのだった。市民権を持つ者もそうでない者もいっしょくたにして、すべての日本人は同じと見立てて強制収容したのだ。いったいなぜ、アメリカ人はこんなことをするのだろう。彼らは心中で市民権とか人権とか全然関係のない、人種そのものを差別の基準にしたアメリカの過去の歴史が、彼らに向けられているのではないかと疑った。

彼らへの仕打ちは強制収容だけで終わるのだろうか。もっとひどい何かが待ち受けているのではないか。収容所にやって来た日本人の心には言いようのない不安が溢れていた。西海岸のメディアが反日本人を煽る報道を繰り返しているという知らせが彼らに届くたびに、そうした感情はますます深刻化していった。

一九四二年にニューウェルの収容所である調査が行われている。そこには日本人収容者に広まっている深刻な不安感が報告されている。日本との戦争が終わってからの彼らの生活はいったいどうなっていくのかという不安であった。[27]もちろん経済的にやっていけるのかという不安もあった。戦いが終わって収容所から出たときに、アメリカ人社会は彼らをどう扱うのか。暴力で迎えられるのか。放火されるのか。食料は足りるか。衣類は手に入るか。冬の燃料はあるのか。病気になったら治療はしてもらえるのか。子供たちの学校はどうなるのか。子供たちに何を倫理規範として教えたらよいのか。

こうした不安に、擬似監獄での閉塞した生活が輪をかけた。こんなところは飽き飽きだ、と思う反面、移住させられる見知らぬ土地や、見ず知らずの人々への言いようのない恐怖もあった。外部世界への恐れが彼らの心に充満していた。こうした感情に加えて、収容所にやって来た他の日本人を恐れる気持ちもあった。

調査報告書はこうした不安の数々を伝えているが、おそらく日本人の持っていた恐れ、そしてこれから持つかもしれない恐怖のすべてを報告することは難しいとしている。こうした心理状態にあった収容所では、ちょっとした噂が瞬く間に所内に広がった。

収容所周辺の地域でも、収容所に関わる噂はたちまち誰もが知るところとなっている。収容所でミルクや肉の需要が増えると、そうした食料を買い占めようとしているのではないかとか、戦時移住計画局は収容所近隣にいる教員を根こそぎ収容所で雇おうとしている、といった流言がまことしやかに飛び交った。

強制収容が実施される前にも、リトルトーキョーに代表される日本人社会に大きな溝が存在したことはすでに述べたとおりである。強制収容はこの溝をさらに深くし、新しい溝まで作ってしまった。一世と二世のあいだにあった世代間の溝はさらに悪化した。収容所内では世代間で、はっきりとした考え方の違いが現れている。家族の固い結束は日本人の特徴でもあった。それが音を立てて崩れていった。

一世は二世を、二世は一世を罵った。昔からあった世代間の考え方の違いは収容所生活であからさまになっていった。世代間相互への疑心暗鬼の感情は破壊的なほどに高まっている。どの収容所にも仲間の日本人リストを作成してそれを売って儲け、ついでに管理者に取り入ろうとする奴がいるとの噂も立っていた。[*28]

強制退去の際のどさくさ紛れの資産処分の過程で、うまい汁を吸ったと疑われた者もいた。そうした連中が見つかると復讐が始まった。市民権を持つ二世への反感も激しく燃え上がっていた、とエディー・シマノは書き留めている。所内では誰もが人種問題に異常なまでに敏感になっていた。

収容者は管理者に協力的なグループとそうでないグループに分かれている。この態度の差は管理者が親日本的かそうでないかとは必ずしも相関していない。戦時移住計画局はこの二つのグループのあいだに発生したいがみ合いを利用して、わが国に忠誠心を示そうとする二世世代にリーダーシップをとらせようと試みた。しかしそのことで二つのグループの関係をますます悪化させてしまっている。外部のグループ、たとえばキリスト教会の支援の姿勢にも問題があった。彼らは日本人に対して宣教の徒らしく憐れみをもって接しているが、この姿勢もかえってグループ間の溝を広げてしまった。

閉じ込められた収容所内の生活のなかで、人種間の差別意識が醸成されたのも致し方のないことであった。[*29] 異人種が他の人種を管理することはカースト制度のような差別意識を生んだ、とジョン・エンブリー教授は分析している。白人の収容所スタッフの住環境は明らかに良かったから、当然に日本人たちとの溝が生まれた。人種の違いによる差別、つまりカーストの存在で、日本人たちは所内でのあらゆる不平不満の原因は管理者にあると毒づくようになった。

収容所での劣悪な住環境は不平不満の最大の原因だった。多すぎる人、プライバシーのない生活、共同トイレ、ホールでの食事。何もかもがフラストレーションの原因になった。

「ひどい居住環境が風紀の紊乱を生み出した。家族が子供の悪い行動を正すこともできなくなっていた」（ジョン・エンブリー）

劣悪な住環境と強制収容にともなう動揺。都会生活者も田舎から来た者も、学のある者もない者も、一つところに押し込められたことからくる当然の混乱であった。若者は所内で暴れていた。ギャングのような行為も起きている。器物損壊も恐喝も日常茶飯事であった。もともとあった親子間の相克や価値観の違いが一気に噴出した感があった。収容所の生活が長引くほど、なけなしの蓄えが減っていく恐怖もあった。その程度がひどくなれば収容所の生活の方がましになるという悪循環であった。

強制収容が始まる一時期、家族間のまとまりがかえって強まったことがあった。収容の直前に結婚する者が突然増えたこともあった。しかし、そうしたまとまりの感情も収容所の生活が続くうちに次第に薄れていった。収容所内では些細なことが一大事になった。誰もが近視眼的なものの捉え方をするようになっていった。こうした傾向は二世世代の方が強かったようだ。蓄えが減っていくことで、収容者はますます戦時移住計画局への依存を高めていった。彼らに不満をぶちまけ、戦争が終われば政府に補償を要求しようと夢想する人も増えていった。

収容所はほとんど人の住まない土地に建てられており、他者とのコンタクトの喪失はアメリカ文化との接触の喪失でもあった。それが彼らの同化のプロセスをも遅らせることになるのは当然だった。日本人は強制収容される以前から他の文化と離れて生活してきたことは、すでに記したところである。強制収容されたことで他の文化とは全く切り離されることになってしまった。前述のジョン・エンブリー教授は次のように述べている。

「各収容所にはおよそ六千から一万七千の日本人がいた。彼らの共通点はただ一つ、先祖が日本人であることだけだった。こうした収容所で使われる言葉は、当然、日本語になってしまっている。収容される前、十代の二世は親の世代の影響から抜け出し始めていた。アメリカ人らしい生活様式に慣れ始めていた。ところが収容所では、前の世代が彼らを日本人として指導した。収容所に押し込められたことで、共同体がばらばらになってしまった。そのなかで、たった一つ頼れそうなもの。それが家族だった。そのことが若者に日本人回帰させることにもなった」

もちろんこうした観察が、すべてのグループに当てはまることはないと初めに断ったとおりである。しかし前の世代からの文化の影響が強くなったり弱くなったりしていたことは事実であった。こうした現象が彼らの同化のスピードを鈍くしているが、多くの日本人にとってはむしろ同化のスピードを速めるという皮肉な結果も生んでいる。

収容所の経験は日本人のまとまり意識を緩め、彼らのなかにあった自己規制のようなものを拭い去る効果があった。つまり家族主義的な考え方が弱まったといえる。学者によっては家族を大事にするという日本人の考え方はよき市民となるための重要なファクターであると考える者もいる。しかし私にはそうは思えない。むしろ同化を邪魔するだけだと考えている。家族主義的な考え方に変化があったことが、必ずしも悪い結果を生むものではないと考えている。

二世世代にとって強制収容所の経験は、大いに戸惑いを感じさせるものであった。彼らはアメリカのデモクラシーを信じていた。しかしそれがものの見事に覆されたのだ。アメリカの民主主義を信用していいのか。強制収容政策が、数千人にもおよぶ規模で二世世代を親日本にさせてしまったこともまた事実であった。彼らはもはやアメリカを信じてはいなかった。彼らがいつか日本に帰国するとき、激しい反アメリカの思想をお土産にするのかもしれない。この傾向はニューウェルの収容所の二世たちに顕著であった。

しかし私には、強制収容所体験はむしろ二世たちのアメリカ民主主義への信頼を高めたのではないかと感じられる。民主主義を受動的に受け止める姿勢から、その理想に向けて行動する積極的な態度への萌芽があった。

「民主主義は間違いを犯すこともある。しかしその間違いを自ら矯正する力を持っているのが民主主義である。そのプロセスに参加することで、われわれは一人前のアメリカ市民として受け入れられる」

多くの二世たちはこのように考えたのではなかったろうか。

私がこうして強制収容政策のもたらした思いがけない、あるいは意図しないプラスの結果を指摘したとしても、強制収容所をそのまま継続させていいと主張しているわけではない。こうした施設を存続させている限り、われわれは自己矛盾に囚われ続けることになる。鉄条網の内側で民主主義の大切さを教授する。民主的プロセスの大事さを非民主的象徴である強制収容所で教えようとする。この矛盾である。こうした自家撞着は所内での雰囲気を居心地の悪いものにしている。収容所によってはその度合いは耐えがたいものになっていた。

アーカンソーの収容所から出てきたばかりの二世の若い女性は次のように証言している。

「収容所内の雰囲気は緊張感ばかりがありました。何か悪いことが起こりそうな予感を誰もが感じていたのです。私は恐ろしさで身をすくめていました。心が休まるときなど一時もありませんでした。度胸のある人、挫けずに頑張っている人は何とかして収容所から出る方法を考え続けていました。収容所に残っているのは、そんな度胸もなく、何を信じてよいかわからなくなった人、アメリカへの忠誠心を疑われて身動きがとれない人なのです。もちろん収容所を出ても、とうてい働き口を見つけられない人やお年寄りや子供たち、体の弱い人も収容所に残っています」

マンザナール、ポストン収容所の事件

一九四二年の秋に起こった二つの事件は、戦時移住計画局の政策に大きな影響を与えている。それだけでなく強制収容された日本人に対する世論にも衝撃を与えた。マンザナールとポストンの収容所で発生した事件は、いってみれば起こるべくして起きたものだった。強制収容所の生活が引き起こす自然の結果だった。

一九四二年という年は、戦時移住計画局が日本人を強制収容する作業そのものに集中していた時期であった。日本人にとっては憤懣を表現する機会さえないほどの混乱が続いていた。しかしその年も暮れる頃になると、日本人は激しい憤りを爆発させることになる。そしてその事件が、強制収容の実施でしばらく沈静化していた反日本人のアジテーション活動を再び活発化させることになった。

戦時移住計画局は収容所に日本人を移す作業に業務を集中しなければならなかった。その結果、収容所内の管理については注意が行き届いていなかった。実際、収容所の管理権限を戦時移住計画局が正式に与えられたのはこの年の八月に入ってからのことである。

こうした状況のなかで、マンザナール、ポストン両収容所で事件が起きたのだった。戦時移住計画局は、世界が大きく動き、革命とでも言ってよいほどの変動期の真っ只中にいることに眼を向けなかった。

その激しい変動は収容所内部に影響を及ぼしていたにもかかわらず、十分な注意を払わなかった。

戦時移住計画局は世界の動きに対してはなるべく触れない方針で臨んでいた。社会そのものへの不安、政治に対する懸念。こうしたものが引き起こした日本人収容者間の大きな溝といったものに眼を背けていた。つまり不干渉主義（a policy of non-intervention）を取ったのだ。しかしその方針は、所内にいるファシスト的な考えを持つ者をかえって勢いづかせる結果になってしまった。

アメリカに忠誠心を示そうとする二世にとっては、その忠誠心を示そうとした政府から裏切られたような感覚であった。一方、一世世代も収容所内で設置される日本人組織で主要なポストに選出されないことに不満を持っていた。いわゆる市民権を持つ二世たちが収容者の三分の二を占めてはいたが、彼らはまだ若く、未熟だった。

彼らの人口構成には三十代、四十代の人々が極端に少なかった。リーダーシップをとるべき世代が欠けていた。一九四二年の秋には早くも二世世代は外に出て働く許可証が発行され出所を始めていた。本来なら所内でリーダー格になれる活力のある二世の若者は早々にいなくなってしまっていた。

収容所内の日本人はばらばらの個の集合であった。およそ一万人（収容所の平均の数字）を放り込んだ所内に、すぐに共同体が出来上がるものではなかった。外の人間からみれば所内に閉じ込められているのは日本人ばかりである。みな同質の人間である。しかし彼らはけっして同質ではなかった。個々人の持つ社会的、経済的、政治的な背景は全く異なっていた。たとえばマンザナール収容所には千三百七十八人の高校生が入っていたが、彼らは二百五カ所の異なる高校に通っていた。出身地も南はサンディエゴから北はシアトルまで広がっていた。

都会に住んでいた者も郡部出身者もいた。政治的にも守旧的な思想の者からきわめて進歩的な者まで混在していた。経済的な豊かさは個々人で大きく違っていた。このような人々が一つところに放り込まれ、極度の緊張を強いられる環境のなかに置かれた。施設は粗末で、人が多すぎた。苛立ちとストレスがいつでも爆発の引き金になりそうだった。

コロラド川の川畔に作られたポストン収容所もオーウェンズ渓谷に作られたマンザナール収容所も、住み心地のよい土地ではなかった。ポストン収容所の気温は夏から初秋にかけては華氏一二〇度(摂氏四九度)まで上がることも稀ではなく、冬になると夜はひどく冷え込んだ。マンザナール収容所の環境も似たようなものだった。

日本人が収容所に千人単位で連れてこられたときですら建物はまだ出来上がっていなかった。砂埃が舞う炎暑のなかで混乱をきわめた収容が続いた。飲むに適した水もほとんどなかった。仕切りも何もない部屋に数家族が放り込まれた。食堂はわずか一カ所であった。

マンザナール収容所はよそとは違い、仮収容所に使われた建物がそのまま収容所となっていた。ここにはロサンゼルス近くのターミナル島から退去させられた島民がいた。まるで牛や馬のように追い立てられた彼らの恨みや憤懣は激しかった。

マンザナール収容所はカリフォルニア州内に建設されていた。ポストン収容所はアリゾナ州にあったとはいえ、カリフォルニア州境はすぐ近くであった。そのためそこに集められた日本人のほとんどがカリフォルニア出身者であった。カリフォルニアから連れてこられた者は揉め事を暴力的に解決しようとする傾向があった。西海岸でも他の州の出身者は彼らほど喧嘩っぱやくはなかった。[*30]

マンザナール、ポストン収容所そしてもう一つ、カリフォルニア州内に設置されたニューウェル収容所に収監された日本人は、ロサンゼルス・イグザミナー紙やロサンゼルス・タイムズ紙の読者が多かった。一九四二年の秋頃には、こうした新聞には反日本人を煽る記事が溢れていた。記事のなかで、政府高官は日本人をみな日本に送り返すと騒いでいた。こんな状況下で収容所内の空気が異常になったのは、ある意味当然ともいえる。ちょっとした不正義もほんの些細な不便さも、収容されている人々の高ぶった心には大事《おおごと》に感じられた。

収容者には何もかもが不安であった。将来が見えなかった。どこをみても彼らはアメリカの敵だと看做されているようだった。あたかも彼ら自身がこの戦争を起こした張本人のようにみられているようだった。彼らは強制収容されることの理屈が飲み込めなかった。理不尽であった。そして築き上げた資産も貯金も失った。収入の道も閉ざされた。

真珠湾攻撃の後、たちまちやってきたＦＢＩのエージェントによる捜索と逮捕の記憶も生々しかった。一世世代と二世世代の溝も深まるばかりだった。収容所のマネージメントはお役所仕事で彼らのイライラを増幅させ、そこで決められた規則は鬱陶しいものだった。収容所の警備も気に障った。マンザナールの警備は特に厳重であった。

約束された施設の改善が遅れるたびに収容者を失望させた。社会から遠く離れた土地に作られた収容所の生活は、時の流れからも取り残される感覚を生んだ。それは収容者をある種の「閉所恐怖症(claustrophobia)」に陥れた。そこにはゴシップが溢れ、不義の噂が飛び交っていた。収容所には、些細なことでも何かとんでもない事件になりそうな空気が満ちていた。ちょっとした口論が殴りあいに発展した。

身の安全は保証されるのか、戦争が終わったら復讐があるのか。そうした悩みが日に日に増していった。やむことのない噂の連鎖。何もかもが収容者を不機嫌にさせていた。報道によると、日本で戦争捕虜になっていたイギリス兵もアメリカ兵も同じような心理状況になっているらしかった。[*31]

不和なグループ同士の抗争も始まっていた。たとえば反ファシストの考えを持つ戦闘的なグループが力を持ったところもある。また明らかに親米でわが国に忠誠心を示そうとするミドルクラス出身の二世グループが、反ファシストを唱えるグループを共産主義にかぶれていると激しく攻撃（red-bait）したところもあった。もちろん逆に徹底的に母国日本に忠誠を示すグループもあった。彼らは所内で何か問題を起こしてやろうとつねに考えていた。

こうした過激なグループが収容所の日本人全体から支持を受けることはなかった。過激な行動を示す者は少数派であった。マンザナールに収容された二世が私に語ったところによると、およそ一万人の日本人の収容者の九五パーセントはこうした過激なグループの活動を、怯えながら、困惑しながら、遠巻きに見ていたようだ。反ファシストを主張するグループは強制収容が始まる前もそうであったように、収容所内では浮いた存在だった。彼らは知性があり勇気があったが、孤立した存在であった。

カール・ヨネダは沖仲仕であったが、長年にわたって反ファシストの闘士であった。日本にいるときもサンフランシスコに移ってからも、そうした活動を続けていた。しかし彼は収容されたマンザナールで生命に関わるほどの暴行を受けている。彼は兵役志願が可能になったらヨーロッパ戦線に出ようと呼びかけていた。彼は現在太平洋南西部で任務についている。所内で反ファシストを叫ぶ者は「アカ（Aka）」つまり「レッド（Reds）」と蔑まれ、トラブルメーカーだと考えられていた。

ミドルクラス出身者で親米感情を示す者は、こそこそと隠れて内部情報を流す密告者だと非難されていた。なかには全く政治的なことに関心を示さず、ただ暴れまわる連中もいた。反ファシストや親米の収容者は、彼らの安全が考慮されたこともあり、早めに退所していった。その結果、所内全体はファシスト・シンパによって占められていった。

こうして、所内の空気は悪化の一途をたどっていった。それが臨界点に達し、爆発をみせたのが一九四二年秋であった。まずポストンで、続いてマンザナールで事件が起きた。他の収容所でも似たような事件があったが規模は小さかった。

ポストン収容所で日本人たちがストライキに入ったのは十一月十四日のことだった。それは二十五日まで続いた。そのきっかけになったのは密告者だと看做された男性を殴りつけた二人の収容者の逮捕だった。これがフラストレーションに満ちた所内の空気に火をつけたのだった。しかしストライキそのものは騒乱もなく粛々と実行されている。

真珠湾攻撃一周年を間もなく迎えようとした一九四二年十二月六日、今度はマンザナール収容所で事件が起きている。一人の収容者が逮捕されただけのことで、ポストンに似た事態になった。こうした事件があっても収容所総体としてみれば、騒乱を起こす者などほとんどなかったのだが、メディアはそうは伝えていない。反日本人の格好のアジテーション材料になってしまっている。一九四三年にはそうした記事がメディアに大量に掲載された。

ニューウェル収容所の事件

戦時移住計画局はこうした事件が報じられるたびに政治家の圧力を受けることになった。マンザナールとポストン収容所の事件を知った西海岸出身の上下院議員の要求もあって、戦時移住計画局はわが国に忠誠を示す者とそうでない者を分離することを決めている。非忠誠のグループをすべての収容所から集めて、一つの収容所で集中的に管理する方針に切り替えた。

この分離管理方式が検討されている過程で、大統領は志願兵で構成される陸軍日本人部隊の創設を発表した（一九四三年一月二十八日）。

「国家のために志願して戦うことは、わが国に忠誠を誓うすべての市民の権利である。先祖の血とは無関係である」

これを受けて陸軍は、収容者から志願兵を募集する作業を始めている。あわせて戦時移住計画局は十七歳以上の収容者の登録作業にとりかかった。この作業は十分な準備のないまま性急に実施されたものだった。陸軍は忠誠心を確認するための質問表を用意していた。収容所のスタッフは、軍の考えも戦時移住計画局の意向も十分咀嚼できていなかった。質問表を受けた日本人は、その真の目的が理解できなかった。それを問いただしてもスタッフはまともな回答ができなかった。

収容所の登録作業と軍部による質問表を伴うリクルート作業が始まったのは、一九四三年二月から三月のことだった。この頃は前述のようなストライキや暴行事件の余韻がまだ生々しい時期であった。登録と募集は本来独立の作業であったのに、関連した作業のように誤解されてしまった。

収容所の登録作業は十七歳以上の者を対象としていた。収容所が用意した質問表は収容者の移住先と雇用先を検討するための資料の意味合いもあった。その質問表の二十八番目の問いは国家への忠誠心に関わっていた。

「あなたは無条件にアメリカ合衆国への忠誠を誓い、どのような敵に対してもわが国を守り、日本の天皇を含むいかなる外国政府や組織への協力を拒否しますか」

十七歳以上の女性には上記の質問に加えて次の質問も用意されていた。

「あなたは、従軍する機会が与えられ、その職務に適任であると認められたら、陸軍看護婦師団[*32]あるいは婦人陸軍部隊[*33]（ＷＡＡＣ）に志願しますか」

市民権を持たない収容者への質問は以下のように修正されたものだった。

「あなたはわが国の法律を遵守し、わが国の戦争遂行をどんな形であれ妨害しないことを誓いますか」

こうした質問の進め方には疑問の声が上がっている。そもそも国家への忠誠心を問うことはかなり難しい作業であって、それは理想的な環境下でも大変なことである。「はい」と「いいえ」の答えで決められるものではけっしてない。仮に日本政府のエージェントであっても、「はい」と答えるだけで忠誠心があると認められるのであれば、そうするに違いないのだ。

おそらく、忠誠心がないとレッテルを貼って特別に隔離する収容者を選び出した作業も、こうした単純なプロセスで進められたはずだ。しかし本来は聴聞委員会のような組織を作ったうえで、個々人を対象にした聞き取りを通じてなされなければならなかったはずだ。忠誠心を問うのはかなり複雑な問題を含んでいて簡単なことではない。そのことを理解できる者はほとんどいなかった。

十分な訓練を受けた法律家が、大統領令によって逮捕された日本人を裁く案件で採用されている。司法省がそうした委員会を設けている。委員に選ばれた法律家はその作業が実に難しかったと告白しているのだ。

「われわれの前にいる日本人は英語をしゃべることができない。その人物はわれわれの敵国の国民である。彼には日本に親族がいる。しかし彼の子供たちはわが国の国民である。彼の息子はわが陸軍の軍人である場合もある。その人物が日本と清国の戦いに従軍していることもある。彼の所属する団体がわが国にとって危険なこともある。彼の国と彼の子供の国が戦争状態にあるのが現実である。そんな人物が委員会の質問に答えたとしても、委員会はいったいどのような結論を導き出せるというのだろうか。彼には妻や子供がいる。彼の受け答えひとつで家族の運命が変わってしまうのだ」

この問題は市民権を持っていない者に対しては割り切って考えることができた。忠誠心の程度を推し量る作業ではなく、国家に対する危険度の問題として考えてしまえばよかった。それは司法判断として割り切れた。しかし市民権を持つ人々の忠誠心を推し量ることは、心理的なあるいは哲学的な作業であった。

忠誠心の計測はあまりに難しい作業であったし、質問そのものも不適当なものが多かった。日本人移民はもともと、わが国の市民権を持てない存在である。その人間にわが国への忠誠度を問うことは、彼らが唯一保持する日本の市民権を捨てさせるようなものである。しかしアメリカの市民権は持つことができない彼らは、日本の市民権を失えばすべてを失うことになってしまうのだ。

彼らには故国に親族がいる。もしわが国への忠誠心を表明してしまったら、そうした親族への悪影響が必ずあるはずだった。その上、カリフォルニア州民は市民権を保持しない移民は日本に送り返せと主張していた。その可能性を前にしてアメリカへの忠誠を誓うことがいかに危険なことかは子供でもわかる。

マンザナール収容所での質問表はかなりの混乱を生んでいる。「defend」という単語が直訳されてしまった。日本人にとってはそれが「武器をとって戦って防衛」するという解釈になりかねなかった。この質問は後になって修正されたが、その時点ですでに収容所には困惑の空気が満ち溢れていた。

市民権を保持している日本人にとってこの質問は、侮辱と捉えられている。彼らはわが国民ではないのではないか、日本国民ではないのか。日本に忠誠を誓っているのではないか。そうした疑いを持たれていることに強く反発している。

いずれにしろ、軍の募集作業と収容所の登録作業に伴って発生した混乱は、所内の不満分子には絶好のチャンスだった。彼らは所内の集会には十分な準備をして参加した。論戦の予行演習も十分だった。マイクを独占し、集会を一方的に進行させていった。しゃべろうとする者をさえぎり、わが国への忠誠の主張をやじり倒した。日本人特別部隊の構想に反対した。差別されている黒人で作られた部隊と同じではないかと反発した。

彼らは強制収容政策そのものの非道を詰った。その不正義を糾弾した。二世の意見を嘲笑い脅かした。「そうか、きさまは市民権を持っているアメリカ人か。それならおまえが無事にここから出ていけるか試してみようじゃないか」

ナイーブな二世にはこの脅しは効果があった。二世たちは自分たちが持っているはずの権利に敏感だった。彼らは国への忠誠心を問う質問には一切答えようとはしなかった。彼らのすべての権利が回復され、西海岸へ戻ることが許されない限り何もしゃべらないという態度をとった。所内の集会は騒然として秩序などは全く期待できなかった。言葉での脅しだけでなく、力を伴ったものもあった。

そうした連中がリバーズの収容所で二十七人、ニューウェル収容所ではおよそ六十人が逮捕されている。アーカンソーの収容所では収容者のT・T・ヤタベ医師が激しい暴行を受けた。ボストンではJACLの会長であったサブロー・キドが、トパーズ収容所ではオバタ教授とタロー・ゴトー牧師が襲われている。

こうした暴行事件に加え、十七歳以上の子供を持つ親にとって、質問表にノーと記入することは大きな問題であった。アメリカに忠誠心を示さないと親が明らかにすることは子供には辛いことであった。

また子供にとってもイエスと答えることは簡単ではなかった。そう答えることは両親たちとの永遠の離別を意味しているかのように感じられた。

私はある一世の寡夫を知っている。彼には四人の子供がいた。男の子二人は陸軍の軍人であった。娘二人は十三歳と十一歳で日本の親戚に預けていた。彼は日本の娘のところに行ってやりたいと思っていた。彼をわが国に忠誠心のない人物と決めつけていいのだろうか。日本に帰りたいという老いた両親を前にして、忠誠心を問う質問に簡単にイエスと答えることのできない二世を、アメリカを愛していないと決めつけることはフェアな行為だろうか。

私はこの問題が引き起こした悲惨なケースを知っている。トパーズ収容所にいた十四歳の少年は、わが国への忠誠を示すことを決心した。両親と兄弟はニューウェル収容所に移送されていった。その一週間後、この少年は精神に変調をきたし病院に担ぎ込まれている。こうした事例はそこかしこにあった。忠誠心を確認するプロセスは家族をばらばらにしていった。そして数え切れないほどの悲劇を生んだのだった。

なかにはこの重大な決心を平凡な理由で決めてしまった人々もいるにはいる。本国に送還されることを望んだ夫婦の場合は、娘が自分たちの気に入らない男と恋仲になったことであった。私は十分忠誠心のある夫婦を知っている。しかし彼らは、自分たちはそうではないと決めつけてしまった。私から見れば全くどうでもいいような理由で、そんな決めつけをした。人間は弱いもので、まともな理由もないまま愚かな考えを持ったり、そうしたことをしでかすものなのだ。

ハワイでは二千五百人の志願兵の募集がかけられていた。それには一万人の応募があった。しかし収容所での募集は右のような混乱のため、わずか千二百人の志願があったにすぎなかった。それでも現段階では八千人の市民権のある二世が陸軍に採用されている。真珠湾攻撃の時点ではその数は四千五百人であった。

二世による志願兵部隊の創設にはすぐさま反対の声が上がっている。[*34] 在郷軍人会、「黄金の西海岸の子供たち」、農民共済組織であるカリフォルニア・グレンジが反対の立場をリードした組織だった。ミシシッピ州選出のランキン下院議員[*35]は議場の演台で、二世部隊は絶対に認めてはならないと熱っぽく訴えている。彼は日本人の血を引く者はすべて強制労働に就かせるべきだと主張していた。

ランキン議員は、二世たちのハワイでの動きがことさら気に食わなかった。多くの二世が兵役を志願するのは、彼らが「第五列（the Fifth Column）」を形成しようとしているからに違いないと疑った。ハワイで日本人による破壊妨害活動の証拠など全くなかった現実を無視した主張であった。ランキン議員は、日本との戦争終結後にはすべての日本人は本国に強制送還し、彼らの保有する資産は国が買い上げるべきだとも訴えていた。日本人の資産保有総額はおよそ二億ドル〔現在価値五千億円〕程度であった。

ランキン議員は、南部は日本の脅威を徹底的に排除する（wipe out the Japanese menace）西部の政策を断乎支持すると表明している。[*36] ケンタッキー州のチャンドラー上院議員[*37]もこの主張に同調している。[*38]

収容所の日本人は忠誠心を試す前述の質問にどのように回答したのだろうか。市民権を持つ男性の七三・五パーセントがイエスと回答し、二一・七パーセントがノーと答えている。女性については八五パーセントがイエス、一〇・四パーセントがノーであった。

市民権を持たないグループの反応は、男性の九六・四パーセントがイエス、〇・七パーセントがノー。女性では、九六・五パーセントがイエス、一・八パーセントがノーであった。日系人全体の回答では、六万五千七十九人がイエス回答（八七・四パーセント）で、六千七百三十三人がノーの回答（九パーセント）であった。

この数字から二つのことが読み取れる。

第一に、多くの収容者は、戦時移住計画局が質問表による分類作業を始めたのは、収容所そのものを閉鎖することを念頭にしているのではないかと疑っていたことである。イエスの答えをしてしまうと、また別の収容所に移される可能性が出てくるのではないかと恐れた。

第二は二世世代の多くが若年層であったことだ。回答した二世の四分の一が十七歳から二十歳であり、二十五歳以下が全体の六割を占めていた。三十代後半から四十代の者は一割にも満たなかった。二世の若者はその意見の表明に親たちの願いを斟酌したらしいと思われる。

質問表の集計が終わると、それに沿った政策が発表された（一九四三年五月二十五日）。忠誠心を示さなかった収容者はニューウェル収容所にまとめ、同収容所内で忠誠心を示した者はよそに移していくという方針を発表した。一九四三年九月十五日から十月十五日のあいだにこの政策が実施されている。

この政策の実施にはダウニー上院議員提出の決議（一九四三年七月六日）が大きく関わっている。私は、おそらく戦時移住計画局自体は、自分たちが実施した忠誠心による日本人収容者の選り分けは現実を反映したものではないとわかっていたのではなかろうか、と考えている。ニューウェル収容所に送られた人は九千人であった。そしてそこからほぼ同数の人々がよそに移されている。

ニューウェル収容所へ移送される者は次のような基準で決められている。第一に本国への帰国を望んでいる者、第二に忠誠心を尋ねる質問にノーと回答し、その後の口頭による釈明の機会があったにもかかわらずノーの立場を変えなかった者、第三に戦時移住計画局長官が危険であると判断した者、第四にニューウェル収容所へ移送される者の近親者で離別を拒否する者。この四つのカテゴリーに入る人々が移送の対象になったのだった。

このシャッフルによって、ニューウェル収容所の「非忠誠日本人」の数は一万三千五百四十人となった。メディアはここに収容されている人々はすべて日本への忠誠心を持つ者とレッテルを貼っているが、私はおそらく、せいぜい四分の一がそうしたカテゴリーに分類される収容者と推量する。本国に帰還を望む人のおよそ九割は忠誠心の有無とは関係なく、本国に親族がいるかいないかを判断の基準にしていた。政治的な思想を根拠に本国帰還を望む者はほとんどいなかったと考えられる。

マンザナール収容所からニューウェル収容所に移された者の一八パーセントは十六歳以下の子供だった。彼らには忠誠心を問う質問さえなされていなかった。移された者の二二パーセントに相当する四百八十三人は、その質問にイエスの回答をしていた。彼らは親族と別れることを拒否しただけであった。マンザナール収容所での調査では、本国送還を望んだ人々のうち八〇パーセントは忠誠心を問う質問にイエスの回答であった。またニューウェル収容所へ移された人々の三五パーセントは未成年者であった。おそらくよその収容所からニューウェル収容所に移された日本人もマンザナール収容所での調査結果と似たようなものに違いない。

私自身、いくつかの収容所で移送の現場を見てきた。彼らの示した苦悶、悲嘆、底知れぬ悲しみ。私が見た光景を「黄金の西海岸の子供たち」のメンバーもしっかりと見ておくべきだった。たとえ彼らがこの現場に居合わせたとしても、「日本人には感情がなく、表情を変えることのない、不気味な連中」であるという思い込みを変えることはなかっただろう。それでも私はこの組織のメンバーには、悲しみにくれる日本人を自らの目で見てほしかったと思う。

日本人収容者の誰もが、ニューウェル収容所に送られる者はいずれ日本に強制送還させられると思っていた。もしかしたらこれが最後の別れになるかもしれなかった。引き裂かれる親と子、離れ離れになる兄弟姉妹。人間が他の人間に行う非人道的な所為。その見本のような出来事がそこにはあった。

私はニューウェル収容所から出されて、よその収容所に到着したばかりの日本人を見ることができた。私がそれを見たのはトパーズとアマーシュの収容所だった。母親たちは虚ろな目をしていた。誰もが放心状態であった。それでもわずかな所持品を失わないように一所懸命だった。眼を離したすきにいなくなった子を懸命に探す母親もいた。収容所にいるはずの親類を探そうとする人もいた。乳飲み子を抱えた人は、粉ミルクを溶く温かい湯を求め、汚れたおしめを洗う場所を探していた。

数百家族が一時に到着した収容所は、一夜にして大混乱に陥った。新しくやって来た人々が親類や知り合いの者と同じバラックに住みたいと思うのは当然だった。これを受けつける所員の方も大変であった。ベテランの職員でさえも気が狂いそうな作業が続いていた。

所内ではおもしろくない目撃談が語られていた。ニューウェル収容所に向かう列車と、東に向かってよそに移される日本人を運ぶ列車がすれ違ったのはワイオミング州内であった。ニューウェル収容所に運ばれる日本人に向かって、東へ走る列車から罵声が浴びせられた。

「くそったれのジャップ野郎。そのまま列車に乗って東京までとっとと帰っちまえ！（Go on back to Tokyo, you Jap bastard!）」

この罵声を浴びせたのは三世の子供たちだった。

強制収容所で行われるプログラムを知っている者には、ニューウェル収容所では必ずや問題が発生するだろうと確信していた。九千人の新収容者は早速収容者間のパワーゲームを始めた。少人数ではあるが騒ぎを起こしたい連中が、収容所の受け入れ作業の混乱を利用してその機会を窺っていた。

事件が起こったのは一九四三年十月十五日のことだった。所内の暴動で一人が死亡し、二十九人が負傷した。その翌朝、収容者は誰一人として所内の作業に姿を現さなかった。収容者のストライキあるいは抗議行動といってもよい不服従はおよそ二週間続いた。

戦時移住計画局が困ったのは、この物理的な抗議よりも国際法の問題であった。戦時移住計画局は、強制収容所の日本人は戦争捕虜ではないと主張していた。その論法からすれば、戦争捕虜の扱いを規定したジュネーブ条約[*39]は適用しなくてもよかった。しかしニューウェル収容所へ忠誠を誓わない者を移送したことで、その立場は難しいものになった。戦時移住計画局はここに収容された日本人はあくまでも隔離された者であって戦争捕虜ではないと言い張るしかなくなった。

しかし現実のニューウェル収容所のありようはその主張とは裏腹に、隔離のための収容所といった生易しいものではなかった。そこをガードする軍隊の規模は大きくなり、建物は厳重に警備された。鉄条網が取り巻き、収容者の交信は検閲され、短期の出所さえもかなわなかった。よその施設とは違い、収容者の自由は厳しい制限を受けていた。

こうした環境下にあって、収容者のなかには捕虜としての扱いを求める者が出てきた。収容者が単に隔離されただけなのか、あるいは戦争捕虜なのか。その議論はある意味、言葉の遊びであった。ニューウェル収容所の扱いは戦争捕虜といってもおかしくないものであったことは間違いない。

ニューウェル収容所で「暴動」が起こったのは一九四三年十一月一日のことであった。この暴動で一人の医師が暴行を受け、器物損壊があり、建物が軍の管理下に入ったのは十一月四日のことであった。軍隊が投入され、所員の私物が建物の外に数日間放り出されたままになった。しかし右の事件を除けば、抗議そのものは「秩序」あるものだった。「暴動」という表現はいささか事実にそぐわないものだった。

収容者の大半は傍観者の立場だった。敵意を露わにする者はわずかで、のんびりとした抗議だった。笑みを見せていた者もいたくらいだ。抗議活動には子供たちも数多く参加していた。

鎮圧を担当した陸軍のデヴィッド・マッコーチ少将は、陸軍は事態を沈静化するのに何の困難もなかったことを認めている。ごたごたを起こしたのはほんの一握りの不満分子だった。彼らは武器も爆発物も持っていなかった。一九四四年一月十四日には所内の秩序は回復し、管理は軍から戦時移住計画局に再び戻されている。

注

＊1 Milton Stover Eisenhower 一八九九―一九八五。初代戦時移住計画局長官。アイゼンハワー大統領の弟。同政権（一九五三―六一）で顧問をつとめる。

＊2 第七十八議会の会期は一九四三年一月から翌年の一月まで。

＊3 一九四二年九月の戦時移住計画局発表資料。［原注］

＊4 Topaz ソルトレイクシティーの南部。

＊5 Poston アリゾナ州西部、カリフォルニア州境。

＊6 Rivers アリゾナ州南部。原住インディアンの土地を利用している。

＊7 Amach コロラド州南東部。

＊8 Heart Mountain ワイオミング州北西部。

＊9 Denson アーカンソー州南東部。

＊10 Hunt アイダホ州南部。

＊11 Relocation アーカンソー州南東部（ジェローム収容所）。

＊12 Newell カリフォルニア州北部（Tute Lake）。

＊13 Robert Redfield 一八九七―一九五八。シカゴ大学教授。人類学者。

＊14 Dillon S. Myer 一八九一—一九八二。第二代戦時移住計画局長官。
＊15 Oranienburg ベルリンの北にある町。
＊16 Dachou ミュンヘンの北西の町。
＊17 Leupp アリゾナ州中央部の町。
＊18 Chase Clark 一八八三—一九六六。一九四一年から四三年までアイダホ州知事。
＊19 この時期の最大生産州はカリフォルニアとコロラド両州であった。製糖業界は米国でも有数のロビー団体でもあった。
＊20 Malhuer オレゴン州東部の町。アイダホ州境にある。
＊21 Charles Sprague 一八八七—一九六九。知事の任期は一九三九年から四三年まで。
＊22 Dwight Griswald 一八九三—一九五四。ネブラスカ州知事。任期は一九四一年から四六年。
＊23 Herbert Maw 一八九三—一九九〇。ユタ州知事。任期は一九四一年から四九年。
＊24 資産凍結は一九四一年七月に実施された。
＊25 *A Social Study of the Japanese Population in the Greater New York.*（発行年不明）［原注］
＊26 真珠湾攻撃以前の時期に、西海岸の西部方面防衛軍管轄地域外に住む日本人の数はおよそ二万人であった。こうした地域の日本人は強制収容所に送られたり、よそに移住させられることはなかった。
＊27 *Annals, American Academy of Political and Social Science*, September, 1943 P151.［原注］
＊28 同右 p154.［原注］
＊29 John Embree 一九〇八—五〇。ハワイ大学教授。人類学者。一九三五年から三六年にかけて熊本県須恵村（現あさぎり町須恵）に妻と娘とともに暮らした。
＊30 *Pacific Citizen*, 1943 January 7.［原注］
＊31 *Joseph Alsop, City in Prison, Saturday Evening Post*, 1943 January 9, 16.［原注］
＊32 陸軍看護婦師団は一九〇一年に創設されている（海軍看護婦師団は一九〇八年）。
＊33 女性兵士を戦場に送ることには反対意見が多かったが兵力不足もあり、一九四二年二月十五日、婦人部隊の創設がアメリカ議会で決議された。

＊34　California Grange 農業における全般的な諸問題に取り組むための最初の組織的な活動は、「Patrons of Husbandry（農業の支援者）」という農民団体によるものであった。この活動は、「グレンジ運動」として知られている。グレンジは、一八六七年に米国農務省の職員によって設立され、当初は、ほとんどの農家が直面していた孤立的な状況に対応するための社会活動に重点を置いていた。グレンジは、女性の参加を積極的に奨励した。一八七三年の恐慌をきっかけにグレンジは拡大し、間もなく二万の支部と百五十万人の会員を持つに至った（アメリカ大使館ホームページ）。

http://aboutusa.japan.usembassy.gov/j/jusaj-ushist9.html

＊35　John Elliott Rankin 一八八二―一九六〇。一九二一年から五三年まで下院議員。反ユダヤ人思想も持っていた。

＊36　サンフランシスコ・イグザミナー紙、一九四三年二月一日付。〔原注〕

＊37　Albert Benjamin Chandler 一八九八―一九九一。一九三九年から四五年まで上院議員。

＊38　アーカンソー・デモクラット紙、一九四三年三月二十八日付。〔原注〕

＊39　Jeneva Convention 一九二九年締結の俘虜の待遇に関する条約を指す。

6章

ひとつのアメリカ

強制収容とそれに伴う他所への計画移住。これは想像を絶する社会実験であった。考えられるすべての知恵と組織を動員した挑戦だった。同時に、数え切れないほどの人間ドラマを生んだ。このドラマをすべて語るには機は熟していない。もう少し時がたった時点で、収容者自身の言葉で語られるだろう。自身の眼で見、肌で感じた事件を彼ら自身の口から証言してくれるだろう。そして彼らの証言は語り手の境遇によって大きく違ったものになるだろう。

農園で働いていた人がいるかと思えば芸術家もいる。小さな店の店主もいれば大学教授もいる。強制収容の体験への反応は個々人によって違うものになるのは当然だ。人によってはひたすら苦々しく、そしてまた辛い体験以外の何物でもなかった。なかにはこれをきっかけに解放され、新たな希望への機会となったと前向きに考える人もいた。強制収容の体験はとてもひとくくりにして語ることはできない。しかしすべての日本人収容者の人生を大きく変えたことは否定できない事実である。

私は彼らを身近に見てきた。しかしそれでも私には、彼らの心情を正確に伝えることはできそうもない。どのような解説をもってしても日本人の感情は読者には伝わらない。私自身の解説はやめることにする。むしろランダムに選んだ日本人の生の言葉をここに記録しておくことにする。私の手もとに届いた手紙、あるいは戦時移住計画局が保存している記録から彼らの声をここに記しておく。

日本人の心情を素直に読者に伝えるには、子供たちが綴った記録が適当であろう。彼らの眼は澄んでいる。そして細かな出来事さえも伝えてくれている。

収容前夜

まず七年生の子供の記憶する収容前夜の記録である。

「その日は家族でサンフランシスコ周辺をドライブしようと準備をしていました。みんなが車に乗って出発しようとしたときに家の電話が鳴るのが聞こえたのです。父が電話を受けに家の中に入ると、なかなか出てきませんでした。十分もたった頃、母が様子を窺いに家に戻りました。その母もなかなか家から出てはきませんでした」

「待ちくたびれた私はカーラジオをつけました。するとかかっていた音楽が突然止まってしまい、速報が始まりました。私はそれを何とか聞き取ろうとしたのです。聞き取りにくかったのですが、日本がパールハーバーを攻撃した、というようなことだけは理解できました。それを聞いた私はすぐ家に駆け込んで、そのニュースを父に伝えたのです」

「父は、いま叔父から電話があったばかりだと言いました。日本とアメリカが戦争を始めたと父は言うのです。もうドライブどころではありませんでした」

似たような子供たちの記録はまだある。

「私たちはちょうどゴールデンゲートパークから戻ってきたところでした。届いたサンフランシスコ・クロニクル紙の一面が目に飛び込んできました。そこには大きな太い真っ黒な活字で『WAR!』と印刷されていました。表紙の半分をその文字が占めていました」

「戦争が始まった、というニュースを聞いて私は新聞を買いに走りました。家を出ると隣の家の人が中に入れ、と声をかけてくれたのです。恐る恐る中に入ると、隣の人は心配することはないと言ってくれました。戦争になっても前と何にも変わらない付き合いだ、と言ってくれたのです」

「翌朝学校に行きました。いじめられると覚悟していました。でも級友たちは逆に励ましてくれました。何人かの男の子が私を嫌な目つきで睨み、汚い言葉をかけてきました。でも私は気にしませんでした。私はアメリカ人だし、これからもアメリカ人であり続けることがわかっていました。そう思うことで私は勇気が出たのです」

「子供たち同士で話していると、一人の子が、先生が戦争の話をしたらどうしようと言いました。みんなは、何か変な感じになるだろうねと言いあいました。この会話の後、みんな戦争のことをしゃべるのはやめにしました。ほかのことをしゃべるようにしました」

日本との戦争が始まって数週間がたった。強制収容の噂が立ち、それが現実のものになりそうだった。二世の女の子は次のように記録している。

「そんなことが起こるはずはないと信じていました。生まれ育った場所。学校に通っている町。そこにいるたくさんの友達。そこから引き離されることなどあるはずはありません。単なる噂だと言う人もいました。でもそれが現実になったらどうなるのだろう。失うものの大きさを考えました。それは強烈な経験でした。一生忘れられない出来事でしょう」

「私は小さかったけれど、両親の眼をみると、そこには悲しみが溢れているのがわかりました。収容所に連行されること自体が恐ろしいことでした。その上、私たちは最初に連れていかれるグループに入っていました。友人たちはみな見送りにきてくれました。次々に勇気づける言葉を静かな声でかけてくれました。もしかしたらそのことで母国（アメリカ）への忠誠心を見せようとしていたのかもしれません」

二世の聡明な男の子ケニー・ムラセは、収容所に移送される日を前にして次のような文章を残している。

「もうすぐまったく見ず知らずの土地に連れていかれる。こんなことが起こるなんて誰一人考えもしなかった。実におかしな気持ちにさせられる。自由の国、自由を実現する戦いを続ける国。それが私たちの国アメリカのはずだった。その国が私たちから自由を奪う。その理屈はぼくらにはとうてい理解できなかった。自由とはいったい何なのだろうか。いま、ぼくらは真剣に考え始めた。単なる一個人として考えているのではない。一億三千万アメリカ国民の一人として思いをめぐらせている」

「ぼくらは怒りに震えている。屋根に上って強制収容なんてファシストがやることじゃないか、と大声で叫びたい。ぼくらは気が狂ったわけじゃない。ぼくらはアメリカに住んでいるのだ。民主主義の国だ。強制収容を正当化する理屈っていったい何なんだ」

「ぼくらには強制収容がなぜ起こったかくらいはわかっている。カリフォルニアは昔から東洋が嫌いだった。そんなことはわかっているけど、ぼくらの心は傷だらけだ。アメリカに住む者はみな、民主主義を信じていたはずじゃなかったのか。きみたちは適当な理由づけをして嫌な気持ちになったり、投げやりになるのを避けようとするだろう。民主主義なんて人間が作り出したおかしな生き物で、現実の民主主義なんてのは理想とはとうてい違うものだ、と考えるかもしれない」

「民主主義はプロセスだ。よりよい結果を目指して努力を重ねるプロセスにすぎない。たまたま非民主主義的な結果が生まれてきたとしても、民主主義そのものが間違っているわけではないと、したり顔で納得するかもしれない。民主主義はまだまだ未成熟、よりレベルの高い民主主義にしなくてはいけないと考えるかもしれない」

「みなさんはアメリカの現実を知っている。人種的、宗教的、政治的なマイノリティーへの差別の存在、労働する権利への攻撃、報道の自由への抑圧。そこら中に転がっているこうした非民主的な現状の数々は、けっして国民の自由意志の結晶ではないことがわかっている」

「現実には力を持っている少数のグループがこうした状況を作り出している。それによって経済的政治的利益を享受している。みなさんは、ぼくらを列車に乗せて遠くの収容所に放り込もうとしている。その狙いはみな知っている。ぼくらを収容所送りにするのは軍事的な理由でないことぐらいわかっている」

「アメリカのなかにもファシストはいるのだ。少数だけれども、そうしたファシストたちが事情をよく知らない多くの人々を誤解させている。あなたたちも事情を知らされていない国民の一人だ。そして本当はあなたたち自身の考え方や行為が民主的プロセスを前進させる大事な部品そのものであることに気づいていないのだ」

ワシントン州でも二人の女の子が自主的に西海岸を離れて他州の大学で学ぼうと考えていた。一人の女の子の名前はユリ・タシマだった。二人がアイダホ州を通過するときだった。神経過敏になっていた保安官が二人を何の理由もなく、逮捕状もなく逮捕し収監している。ユリはその体験をこう語っている。

「一九四二年四月のある夜のことだった。牢屋の固い二段ベッドに腰掛けていた。そこには新しいけれど安物の薄っぺらい毛布だけがあった。ノートブックから破った紙切れに私は『牢屋での一夜』と表題をつけてその夜の思いを書きつけた」

「これは煽動家のしかけた野外演習に違いないのです。それでも自分の置かれた立場を客観的にみつめることは難しい。社会科学を学ぶ学生の私にもとうてい理解できません。私たちの願いは勉強を続けることだけです。誰にも邪魔されずに学問を続けたいのです」

「私たち二人は牢屋のなかで怯えていた。友人は煙草を吸い続けながら一心不乱にセーターを編んで気を紛らわしていた。私は混乱する頭のなかを少しでも整理しようと、心に浮かぶ思いを必死になって紙片に書き留めていた」

「先週の出来事はひどいものだった。小さな町全体が日本人への敵意を剝き出しにした。町の愚連隊の動きが大掛かりな集団暴力に拡大していった。ただ喚くばかりの保安官は何か事が起きても私たちを保護などしないと言っていた。アメリカはファシストに対しての戦いを進めているはずだったのではないか。そのアメリカでファシスト行為の典型を見せつけられるのはショックだった」

「騒然とした町の空気。そのなかにあっても学校の仲間は私たちを助けてくれた。町にも私たちを保護しようとしてくれる人徳者がいた。学長が私たちの収容所送りを容認すると、多くの学生が学長を非難してくれた。学長は政治的権威にゴマをすっていたのだ」

「牢屋に放り込まれたのはわずか一日だった。それでもその夜のことはけっして忘れない。その後にいろいろなことが起こったから、あの夜の出来事は特別なことではなかったことを知っている。それでもあの経験は私にとっては貴重なものになったようだ。私はアメリカ市民だ。自由と平等を求める戦いは地球のどこにいても必要なんだと気づいた」

電柱に貼られた白い紙

ヒロ・クスドはロサンゼルスのターミナル島での経験を次のように語っている。

「ぼくはターミナル島の住人ではなかった。トラックで島に行って、そこにいる女や子供たちの手助けをしてほしいと上司が言ったのだ。一九四二年三月のある朝のことだった。島の男たちはもう皆収容所に連行されていた。彼らは漁師で、そして何よりも海軍基地の近くに住んでいた」

「男たちを連れていった陸軍は、女子供は連行しないと言っていた。しかし今度は海軍がやって来た。二十四時間以内に退去せよ、と命令したのだ。誰もが身支度を整えるのに忙しかった。女たちは無言だった。その代わりただ泣き叫ぶ声が溢れていた。彼女たちは悲しみを抑えることなどできなかった。ターミナル島からの退去は、私たちの強制収容が決まるずっと前に決定され実行に移された」

「島には彼らが持っていけない家財道具を買い付けにくる男たちが押し寄せた。日本人が住んでいたのは借家だった。家財道具を残していけなかった。男たちが示した買取価格はとんでもないものだった。怒りに震えた人のなかには、そんな値段で手放すなら壊してしまった方がましだ、といって持ち物を粉々に壊し始める人もいた」

ある男の子は電柱に貼られたポスターを見たときの経験を語っている。

「ぼくは急いで家に帰って電柱に白い紙が貼られている、と父に伝えた。父はすぐに外に出てその紙に書かれていることを確かめにいった。父についていったぼくも、そこに書かれているメッセージを読み取ることができた。五月一日以降、ホワイトゾーンと決められた地区への日本人の立ち入りを禁止する命令だった」

デーブ・マサカミは次のように書き留めている。

「ぼくらはゾーン1と指定された地域からの自主的な退去を求められた。ぼくらはそれにすぐに従った。実っている作物も放棄して指定地域の外に出た。そこで新しく八〇エーカー〔三二ヘクタール〕の土地を借りてトマトを植えた。トマトの作付けがうまくいったと思った頃に陸軍がやって来て収容所送りになった。ぼくらはもう指定地域の外にいたから臨時収容所には行かずに、そのままポストン収容所に行くことになった」

「リンゼイ[*1]の町を出たのは夜の七時頃だった。まともな食事もとらずに出発した。途中でアップルバター[*2]を塗ったサンドウィッチが出た。それにオレンジとケーキ一切れとハーフピント〔二五〇ミリリットル〕のミルクが配られた。翌朝も同じものが出た。なぜかわからないけれど、誰もがアップルバター・サンドウィッチを列車の窓から投げ捨てていた」

八年生の学童はこんな経験をしている。

「ぼくらはグレイハウンドバスの最後尾の方に席をとった。大勢の人がさよならを言いにやって来て、バスを取り囲んでいた。バスが動き出すと、ぼくの家のピンクの壁がちょっと見えた。あの家にずっと住みたかった。父も母も沈み込んでいた。小さい弟と妹は興奮していた。初めてのバスの旅だから、はしゃいでいたのだ。ただどこか新しいところに行くだけの旅と思っていた」

「母は作り笑いをしているようだった。これから向かう先での苦労を考えていたのだろう。市庁舎の建物の横をバスは抜けていった。みんな、この建物を当分見ることはできないことを知っていた。しばらくして臨時収容所に充てられたタンフォーラン競馬場に着いた」

もう一人の少年は犬との別れを語っている。

「ぼくのいとこが大きなコリーを飼っていた。いとこがそのコリーにすぐに帰ってくるからと言い聞かせていたけれども、コリーは何かいつもと違うのがわかったみたいだった。ぼくらがスーツケースを持っていたからかもしれない。家を出ようとすると、コリーはぼくらの後をついてきた。ぼくはコリーに『帰りな』と言ったのだけれど、コリーはお座りをしてクーンと鳴くだけだった」

「ぼくらはコリーを叱った。でも、ぼくらには彼は人間の友達と同じだった。そのときほど彼がそう思えたときはなかった。ぼくらが何をしゃべっても理解しているのではないかと思えた。ぼくらは歩道まで来るとまた振り返った。コリーは歩道までずっとついてきた。コリーの名前はスプルースだった。ぼくらの家を借りることになった女の人が、面倒をみるから、と言ってくれた。ぼくらが車に乗せられて動き始めても、スプルースはフェンスの内側からぼくらをじっと見つめていた」

臨時収容所に着いた日本人は次のような光景を見ている。

「タンフォーランに着いたのは五月一日のことだった。こんなにたくさんの日本人の集団のなかに放り込まれるのは初めての体験だった。ぼくらは三人家族だったから、厩舎の一角がぼくらにあてがわれた空間だった。食事の時間に食堂に充てられたホールに向かった。そこに行くには泥まみれの道を通らなければならなかった」

「食堂ホールに向かう途中で、いまこの競馬場に連れてこられたばかりの家族たちに出くわした。みながみな一番いい服を着ていた。ほとんどの人が傘をさしていなかったから、ずぶ濡れになっていた。子供や赤ん坊の泣き声がそこらじゅうから聞こえてきた。男の人たちは重い鞄を提げ、女の人たちは目に涙を一杯ためていた。そして泥道の上を歩いていた。一張羅の服に一番いい靴。泥まみれになって歩いていく先はまだ馬の糞尿のにおいが残る厩舎なのだった」

点呼をとるサイレンに怯えた記録も残っている。

「点呼の時間になると、それを知らせるサイレンが鳴った。ぼくはそれが怖くて、ときには喚きだしてしまうこともあった。その喚く声の方が恐ろしいという収容者もいたほどだった。サイレンのたびに部屋に急いで戻る。五分ほどすると担当者がやって来て全員が部屋にいるか点呼する。ぼくは点呼が嫌いだった」

この競馬場に送られた日本人の別の記録も残っている。

「タンフォーランの競馬場は兵士が警備していた。彼らはみな親切だった。ぼくらとジョークを言い合って笑っていた。ぼくらが所内で野球を始めると、監視タワーから大声で『一発大きいのをぶちかませ』などといって応援したりしていた」

「ある晩、お祭りの企画があった。ぼくらは腰巻をつけて南の島の土人の格好をした。誰もがレイを首にかけた。レクリエーションホール#2のチームが衣装の良さで賞をもらった。彼らのテーマは『暴君の休暇』だった。タンフォーランは楽しかった。みんな親切だった。あそこが懐かしい。でもこの収容所では、なんにもやることがない」

臨時収容所にはいくつかのグループが慰問に来ていた。教育講座や文化講座もやっていた。みな幾ばくかの希望を持っていた。しかしそれも長くは続かなかった。不便な生活、苛立ちの連続。臨時収容所の生活もそれほど快適なものではなくなった。

甜菜畑で働いていたポール・アサノは次のように書き残している。

「あの日から一年半が過ぎた。日本人は市民権のある者もそうでない者も、身の回りの持てる限りのものを持って登録作業所にとぼとぼとやって来た。そこで札を付けられ、頭数を数えられ、バスに乗せられた。そして収容所に移送されてきた。友人に別れを告げ、消せない思い出の詰まった土地を後にした。友達、自宅、教会の建物。みな長い歳月をかけて築き上げたものだった。臨時収容所に押し込められ、そこのゲートがガタンと閉まる音が聞こえたとき、これまでの生活がすべて夢のように思えた」

「鉄条網のついたフェンスが、所内から外を眺める私たちと外部世界を遮断していた。哨兵が監視していた。所内に入れられた者全員が激しい憤りを胸に秘めていた」

トーゴ・タナカの記憶も似たようなものだった。

「一九四二年四月二十八日はぼくにとって最悪の日だった。ぼくも家族も収容所のなかにいた。辺りには埃が舞っていた。鉄条網の内側からぼんやりと外の世界を眺めていた。マンザナール収容所で、ぼくと妻がどんな思いでいたか書き留めておきたい」

「その日の午後は激しい砂嵐だった。砂粒が舞い上がって、ぼくらの住むバラック小屋を襲ってきた。隙間から侵入した細かな砂の粒子が目に入り、ぼくらの眼は充血して真っ赤だった。喉はからからだった。そんななかでぼくは、どうやったらこの小さな地獄から逃げ出すことができるのかばかりを考えていた」

「だいたい、ぼくらがここに入れられている理由は何なんだ。ぼくらに何が起こったというのだ。こんなことがぼくらの暮らすアメリカで起こるのか。なぜ、なぜばかりが心に浮かんできた」

キヨシ・ハマナカも同じようになぜを繰り返していた。

「なぜ、おれがここにいるのだ。何かおれが悪いことをしたのか。どんな理屈がまかり通ってこんなことになったのか。何もかもが理解不能だ。その答えはこれからもわからないのかもしれない」

ゴードン・ヒラバヤシは退去命令に従おうとしなかった。彼は収監された牢から私にこんな手紙をくれた。

「この強制退去とは何なのか。この政策は一体何を意味しているのか。いつもそんなことを考えています。考えるたびに激しい無力感に襲われます。ときおり、なんで白人に生まれなかったのかと情けないことを考えたりします。しかしこんなことを考えている限り何も前進しません。あくまで理性的に何が起こったのかを考察しなくてはなりません」

「林語堂《りんごどう》*3は確か、現在の出来事は過去に起こったたくさんの前例の積み重ねの結果だといっていた。そうであるならおそらく、この強制退去隔離という事件もこれまでに多くの人間がそれを煽った結果、顕れた現象に違いないのです。日本人に対する白人の偏見。彼らはそれを両親たちから学んだのかもしれない。あるいは日本人との接触で嫌なことがあったのかもしれない。日本人差別で経済的利益を狙っているケースもあるだろう。近しい人が日本との戦争で死んだという理由もあるかもしれない」

「強制隔離を生んだと思われる原因を一所懸命考える。そうすることがこの問題を解決することに役立つのだろうか。それはわかりません。とにかくぼくは、これまでにあったたくさんの取るに足らない小さな事件の積み重ねが今の事態を生んだ、と考えている」

退去させられた日本人が集められたのは臨時の収容所であった。そのほとんどが競馬場、展示場、遊園地といった施設だった。急ごしらえで数千人の人間を何とか収容できる建物が使われた。そこでの生活にやっと慣れた頃には収容所への移送が決められた。

移住する先はカリフォルニアの沿岸部から遠く離れた山間部の収容所だった。荒地に急ごしらえで建てた建物だった。ユタ、アイダホ、ワイオミング、アリゾナ、コロラド。どこも山ばかりに囲まれた辺鄙なところであった。隔離された日本人はこんな山間部の州には一度も訪れたことはなかった。

「ある日の午後、掲示板でユタの収容所への移送が決められたことが知らされた。急いで所持品をスーツケースに詰めるように命じられ、係員が人数確認をした。友人たちに慌ただしく別れを告げた。子供にも急いで服を着替えさせ名札をつけた」

「私たちは行けども行けども果てることのない砂漠地帯を進んでいった。その光景は次第にヤマヨモギ[*4]の多い草原に変わり、最後は見渡す限りの山並みに変わった。ユタ州のデルタの町に着くと、待ち受けていた兵士にバスに乗ることを命じられた。トパーズ収容所に向かうバスだった。長い時間バスに揺られた。ようやくバラックが見えると、次第にそこにいる人影も見えてきた。みな暗い感じの人ばかりだった」

「建物に入ると、少しばかり調子はずれの音楽が聞こえてきた。後でわかったのだが、それは楽隊の歓迎の演奏だった。バスから降りて地面に立つと砂ぼこりが顔のところまで舞い上がってきた。ここがトパーズ収容所なのだ。降りた場所から割り当てられた部屋のあるバラックを探すのは容易ではなかった。どの建物も同じ格好だったからだ。トパーズは実に巨大な施設だった。ぼくらはそのなかに棲む蟻のような存在だった」

「トパーズは土ぼこりの舞うひどいところだった。細かい土が髪のなかに容赦なく入り込んだ。土ぼこりから逃れる場所はどこにもなかった。部屋のなか、洗濯場、便所、食堂。どこにいても襲ってきた。いったい誰がこんなところに収容所を作ってぼくらを放り込んだのか。それでも、戦争が終わるまではここに住んでいた方がまだ安全だと言う人もいた」

まだ子供だった二世もその経験を次のように描写している。

「サンフランシスコにある家の庭はどうなっているのかな。庭の草花はもう枯れてしまったかな。それともバラもスミレも、生い茂る雑草のなかで頑張って咲いているのかな。手入れが足りなくて枯れていくのと、雑草に囲まれても咲き続けるのと、いったいどっちがいいのかな。家も取り壊されて、不動産屋が案内の看板を出しているかもしれないね。それとも新しい借り手がきて、もうあの家には知らない人が住んでいるのかもしれないね。庭に菜園でも作っているかしら。でもあの家はすごく古かったから、まだ借り手はないと思うけど」

収容所に入っても特別許可証で近くの町に出られることがあった。このときの思いをある青年が綴っている。

「朝、ホテルの一室で目を覚ました。外から聞こえてくる自動車のクラクションの音が心地よかった。ぼくはサンフランシスコに戻ってきたような錯覚に陥った。強制収容などありはしない。あれはすべて夢なのだ。そう思った。しかし夢ではなかった。ぼくらがいるのはソルトレイクシティーだ。たった数日、外出を許された町にいるだけなのだ」

マリー・ツカモトも同じような思いを語っている。

「アーカンソーの収容所に入ったのは、ちょうど一年前だった。そこに到着すると私たちが見たのは、管理された平屋のバラックの列だった。外には埃が舞っていた。私の目から涙がこぼれ出た。アーカンソーの冬は厳しかった。暖をとる燃料も乏しかった。困ったのは、雨が降るとバラックの周りが泥の海になってしまうことだった。女も子供もみんなして溝を掘って排水溝を作った。ブロックを集めて歩ける道を作った。そうしてなんとか泥の海に歩ける道をこしらえた」

「この収容所にはたくさんの人が押し込まれていた。医者、大学教授、裕福な商人もいれば、ただの農業労働者もいた。誰もが小さな空間に閉じ込められた。人間の嫌なところが表に出てきた。誰もが不機嫌だった。ここでの生活に慣れることは、そう簡単なことではなかった」

収容者の誰もが収容所のゲートに特別の思いを持っていた。ゲートは悲嘆の象徴でもあり、希望の証でもあった。入所する者、出所する者。歓迎の声とさようならの言葉がゲートの周辺で交錯した。訪問者もやって来た。甜菜農場に短期で働きにいく者もあった。二世兵士は出征し、そして賜暇《しか》をもらうと家族に会いに戻ってきた。志願し兵役について戦線に出る者もいた。アメリカに忠誠を表明しない男たちはニューウェルに送られていった。もしかしたら、そのまま日本に強制送還されるのかもしれないと思われていた。

強制送還が決まった者はグリップスホルム号[*5]に乗せられるために出所し、ハワイからは新しい収容者がやって来た。手に負えないトラブルメーカーはアリゾナのレアップ拘置所に送られた。

二世の若者がボストン、シカゴ、カンザスシティー、ボルティモアなどで仕事が見つかり出発したかと思うと、今度は陸軍婦人部隊の制服を身に着けた二世の女の子が両親に会いにやって来た。両親はアメリカへの忠誠心を示すことを拒否してニューウェル収容所に移管されることになっていた。

ゲートを通って調査員もたくさんやって来た。目つきだけは鋭い新米刑事もやって来た。カリフォルニア州議会が収容所には豪華なスイミングプールができているという噂を調べに来たりもした。泥の海が、スイミングプールがあるという噂に変わっていたのだった。収容所の食事がサンタ・バーバラの最高級のホテル、ビルトモア・ホテルと同じくらい豪華だという噂の真偽を確かめに来た者もいた。

収容所の白人スタッフは毎夜、違う日本女性と床を共にしている、という噂の真偽も調べている。日本人がこの収容所で死んだり、破滅的な目にあうのは天罰だと信じているカリフォルニア州議会の議員もこのゲートをくぐってやって来た。

ハースト系のメディア[*6]の記者は変わったアングルで建物の写真を撮りに来た。宣教師たちもやって来て、収容者とともに祈りを捧げた。ソーシャルワーカーもやって来た。目を丸くして日本人の境遇に同情し、いろいろな調査をして帰った。どの収容所にも、いつ何時暴発が起こってもおかしくない空気が充満していた。日本人の忠誠心の調査、それのない者は隔離。収容所ではこの作業が最も重要視されていた。

先述のマリー・ツカモトは次のように語っている。

「パールハーバー攻撃以来、一番嫌な思いをさせられたのは忠誠心調査だった。所内全体に息詰まるような空気が充満した。息をするのさえも怖いくらいだった。困惑と混乱が満ちていた。所内を歩く人たちの浮かべる苦悩の表情。流れ落ちる涙。みな無口だった。若い者はあまりのショックで呆然としている人が多かった。押し込められている部屋では、どこでも言い争いが起きていた。しかし大喧嘩になるには部屋が少し狭すぎた」

「争いは両親対子供のあいだでも目立った。それはアメリカ対日本の対立そのものであった。傷つき、苛立つ者同士の喧嘩だった。片方はアメリカを最後まで信じようとする者であり、もう一方はその信頼したはずのアメリカによって傷つき、幻想を打ち砕かれ、疲れ果てた者たちだった」

「いがみ合いが突然やみ、不気味な静寂が収容所を覆うときがあった。その静けさは揉め事の起こる前兆だった。暴行事件が必ず起こった。誰もがここから逃げ出したかった。所内にはあらゆる噂が渦巻き、ギャング風情の連中も出現した」

「他人の者を盗む輩《やから》も出てきた。私たちは内側から崩れだしていた。外部世界は私たちに敵意を剝き出しにしていると思っていた。私たちにはどこにも行く当てもなかった。収容所の生活で、みな突然年老いた感覚になってしまった。季節が変わっても、流れる涙が涸れることはなかった」

「収容所で友人になった人も出所していった。しかし問題は忠誠心調査ではねられた収容者だった。私のいる収容所から千六百人がニューウェルに送られていった。彼らは仲間にからかわれ、弱虫だと馬鹿にされた。なぜアメリカに愛国心を見せられないのかと貶《けな》された。しかしアメリカに心底不忠義な人などいなかった。ほとんどがこの国に四十年以上も住んでいる人たちばかりだった。一度も日本に帰ったことのない人も多かった。彼らは恐ろしく変容した日本を知りはしないのだ」

「ニューウェル行きを覚悟したのはリーダー格の言葉に従っただけに違いない。その決断は彼らの子供たち、市民権を持っている子供たちに悪い影響を与えることは明らかだった。二世の子供たちのなかには、家族が離ればなれになるのを拒否した人も多かった。彼らは、両親の長い苦労に、自分たちが犠牲になることで報いようとした」

「しかし二世のなかには家族との別れを敢えて選ぶ者もいた。彼らこそが本当のアメリカ人の若者であるのかもしれない。彼らは一人取り残されることを甘受した。アメリカだけが祖国であると決めた。家族と別れても、自分だけの人生を歩むと決めた若者もいた。十七歳の少年はニューウェル行きを拒否した。家族と行動を共にしないと決めたのだった」

「収容所にトラックがやって来て近くの鉄道ターミナルに運んでいった。少年はトラックの後ろからずっと歩いてついて来た。家族や敬愛する先生が列車に乗せられた。彼は女性教師を抱きしめると列車に乗せまいとした。しかし最後には諦めて収容所に戻っていった。『ぼくは戻る。ぼくはアメリカ人なのだ』。列車は出ていった。こんな悲劇は、いったいいつまで続くのだろう」

一世の老人たちにとっては、収容所に入れられることは二世世代の味わっている辛さとは違う諦めの空気があった。アカナ・イマムラの言葉がその象徴かもしれない。

「わしら一世の人生はいま振り返ってみれば、まあまあだった。人生の黄昏の時期に来て、たまたま夢も希望もない時代に遭遇したまでだ。戦時移住計画局はどこか全く見ず知らずの土地でやり直せという。生き方の微調整くらいできると言っている。それじゃ、わしらにどこに行けというんだ。もうすぐわしらは死んでいく。そんなわしらに何を頑張れというのだろう」

ハート・マウンテン収容所にいたキヨシ・オカモトも次のように語っている。

「おれはある爺さんをよく知っている。爺さんは四十年前にこの国にやって来て鉄道建設現場で働いた。その後アラスカに渡って缶詰工場をやったり、インペリアル・ヴァレーでは開拓先駆者として汗水たらした男だった。家族も増え、体力も衰えたのでロサンゼルスのリトルトーキョーで小さな店を始めた。その頃ちょっとした手術も経験した。この爺さんの奥さんもよくできた女性で高いプライドを持ち続け、子供たちの教育もしっかりやり遂げている。彼は一億三千万アメリカ国民の典型だった」

「いま、爺さんは病に伏している。彼は来春まで命がもたないことを知っている。自分が死んだら、この収容所の脇にある荒れた丘の一角の墓に葬られるのを覚悟している。もう一ダースほどの仲間がすでにそこで眠っている。彼はもう覚悟はできている。しかしおれは妻やまだ幼い子供のことが気がかりだ。強制収容で資産の大半を失った。おれが死んだらやっていけるかどうか。それだけが心配だ」

ジェームス・ハツアキ・ワカサは年老いた一世だった。彼は結婚していなかった。一九四三年四月十一日、トパーズ収容所に収監されていたワカサは、何を思ったか突然収容所を囲む鉄条網に向かって歩き出した。監視塔の兵士の「止まれ」の命令も聞こえないようだった。たった一人で、放心状態のまま歩き続けた。二度目の停止命令にも従わないワカサは見張りの兵士に射殺された。ワカサに似た境遇の、年老いた独身の一世も少なくなかった。ただひたすら肉体労働だけの人生を送ってきた者たちだった。何に対しても無関心になってしまった老人たちだった。

トシコ・イマムラは一世の老婦人だった。

「私が住んでいたのはワシントン州のヤキマという町でした。そこに二十三年間暮らしたのです。一六〇エーカー〔六五ヘクタール〕のヤマヨモギに覆われた荒地を借り、そこを何とか耕作地にしてジャガイモを栽培しました。ジャガイモはヤキマ美人（Yakima Beauties）の愛称で呼ばれ、評判でした。一九二三年になると私たちへの風当たりが耐えられないものになってきました*7。納屋をダイナマイトで爆破するという脅しもあって疲れきっていました。財産の処分も簡単にはできない状況でした」

「私たちが最後の手段としてとったのは密かに逃げ出すことでした。家も家具も農機具も家畜も貯蔵してあった三〇〇〇トンのジャガイモも、何もかもを置いて逃げ出したのです。夫と私はスーツケースに入るものだけを詰め、四人の子供を連れてカリフォルニアに逃げました。アロヨ・グランデ*8の町で土地を借り、何もかも初めからやり直しでした」

「九年前に一二エーカー〔五ヘクタール〕の土地を購入しました。でもその直後に夫は亡くなってしまったのです。貯金は一銭も残っていませんでした。心労で私も寝込んでしまいました。いつ死んでもおかしくない状態だったのに、ある朝目覚めると突然、身体中に力が湧いてくるのを感じました。それ以来、起床は朝四時、子供たちに朝食をとらせ学校に送り出すと、その日の農作業が始まります」

「雇っているフィリピン人作業員をまとめ、私自身がリーダーとなって黙々と土地を耕し種を播きました。農場では作業が次から次に出てきます。家に戻るのはいつも日が暮れてからでした。夜は夜で翌日の作業計画を立てたのです。本当に牛馬のごとく働きづめでした。そして土地購入の借金もすべて返したのです。子供二人もカレッジを卒業しました。上の娘は結婚しました」

「私はいま収容される身になってしまいました。ここで心を決めました。もう一度日本に帰ります。年老いた両親に会いたい。友達にも会いたい。ヤキマから着の身着のままで逃げてきたときに比べると、今回の収容では土地を貸すことができたし、資産も安全なところに預けておける余裕があったことは幸いなことでした」

収容所の生活

収容所生活の衝撃の度合いは収容者それぞれで大きく違っている。収容所それぞれにも大きな違いがあった。アイダホのミニドカ収容所、ユタのトパーズ収容所、コロラドのグラナダ収容所。この三つが収容所のなかでは優良といわれるところだった。ミニドカの評判は特によかった。この収容所に入れられた日本人は、新しい環境への適応が早かった。所内では全く問題が起きていなかった。

ミニドカに収容された日本人の大半がポートランド周辺に住んでいた人々だった。従来から白人社会への同化が進んでいた地域だった。トパーズもグラナダも、それぞれうまくいっていたから、どの施設がベストであったかは決められない。

　収容所の生活を描写するのに、どういう証言を取り上げるのが最適かは難しい問題である。私はここに二つの事案を紹介しておきたい。一つはハート・マウンテン収容所のものだ。白人の証言であり、収容所生活の陰の部分を伝えるものである。もう一つは二世の友人がトパーズ収容所から私に寄せてくれた手紙である。きわめて客観的な報告である。

　まずはワイオミングのハート・マウンテン収容所からの報告である。

「辺りが白み始めると、収容者たちは朝の雄鶏のように一斉に動き始める。食器を洗う音が響き、朝飯！　と叫ぶ声が聞こえてくる。ほんのりとピンク色になった東の空が徐々に燃えるように赤々とし始める。くすんだバラックの屋根越しに、荒涼とした土地が広がって、そこはまさに大草原地帯そのものだった」

「バラック小屋の内部では人間が蠢《うごめ》いていた。彼らは慌ただしく着替えるとタオルと歯ブラシを持って外に出てくる。戸外の雪や氷が靴の下でサクサクと音を立てる。互いに『寒いね』といいながらトイレに向かう。食堂ではすぐに長い列ができる。朝食はグレープフルーツ、シリアル、フレンチトースト、コーヒーだった」

「陽が差し込む頃になると、バラックの一角からベルの音が聞こえる。子供たちの学級が始まる。学校の建物ではないから、バラックの一室で背もたれのないベンチに腰掛けての勉強だ。教科書は足りないのでシェアして使う。部屋は間仕切りで仕切られているだけだから静かな環境など、とても期待できない」

「管理棟ではブロックの管理者が日々の打ち合わせだ。戦時移住計画局はブロック管理者に二世を任命している。自主管理をさせようとしたのだ。戦時移住計画局への不平不満の伝達もここが中継した。ブロック管理者は自分たちに何の実権もないことを知っていた。だから日がな一日座っておしゃべりをして煙草を吸っていた。一世はブロック管理者にはなれなかったがブロック委員会のメンバーにはなれた。日本人たちはブロック管理者を『密告野郎』、ブロック委員を『大馬鹿者』といって軽蔑した」

「陽が高くなると、バラックとバラックのあいだの狭い通りにも陽が差し込むようになる。夜の寒さで凍っていた土が溶けてくる。長靴も泥だらけだ。泥は靴のなかまで入り込み、足はいつも冷たかった。女の子はなるべく日陰を選んで歩いた。日陰の方が氷が固く、泥にまみれない可能性が高かった」

「所内にはソーシャルワーカーもいた。しかしこんなところで何ができるというのか。子供たちがぐれないようにすることか。レクリエーションのお手伝いか。予算もつけられていないのに、そんなことができるはずがない。管理者が用意した仕事はほとんど無意味な仕事ばかりだった。若者にとって収容所の生活は受刑生活と同じだった」

「収容所で民主主義を教えることは虚しい作業である。わが国労働者の水準の高さを、週四十四時間労働で、わずか四ドルしか得られない収容所で説くことなどできるはずもない。人種平等を説くことだってできやしない。戦時移住計画局自体が白人優位のシステムで動いているのだから無理な話だ」

「ここの子供たちのヒーローはギャングの親分だ。喧嘩してでも必要なものを集めてこられる親分だ。収容所には個人は存在しない。誰も彼もが小さな部品だ。ここに来る前は母親が食事を作っていた。子供をしつけていた。でもここでは食べ物が放り出されるようにあてがわれる。子供と両親が食事を共にできない。食事のしつけも何もあったものではない」

「新聞を読んでいたら、ある政府高官が収容所はうまくいっていると言っていた。寒さで凍えることもなく飢えることもない。仕事もある。こいつは馬鹿じゃないのか。腹をすかさず、ちょっとした仕事があれば人間は幸せなのか。こういう輩に限って、ヒットラーの悪口を言うときに、自由とか精神的解放とか高尚なことをのたまう」

「収容所に入っていると、悲しいときに笑ってしまうへんな癖ができてしまう。もしかしたら、おれらは保護区の原住インディアンと同じだな、ここから一生出られない、と言えばみんなが笑ってしまうのだ。でも、みんなそれがとても笑い事ではないことはわかっているのだ」

「ポモナの臨時収容センターにトイレが二種類あった。大きな便器のある方には『白人スタッフ専用』、小さな便器の方には『日本人管理スタッフ専用』の札がかかっていた」

「収容所の学級で、白人の女性教師が憲法の授業を始めた。するとクラス全体がくすくす笑いを始めた」

「収容者は他の少数民族の問題にもシニカルだった。戦時移住計画局のスタッフにユダヤ人を見つけると、それが噂になった。ニグロやメキシカンを軽蔑した」

「ある午後、模擬裁判が開催された。多くの収容者が集まった。企画した二世はヴォルテールの有名な言葉『きみの意見には賛成できないが、きみがその意見を述べる自由は絶対に護《まも》る』を部屋に掲げて、言論の自由の大切さを訴えていた。模擬裁判も終幕に近づいた頃、一人の白人スタッフがホールに入ってきた。収容者の一人が『もうおしゃべりは終わり。彼は密告者だから』と言うのだった」

「模擬裁判の進行役は、できるだけ自由にしゃべらせようとしながらもナーバスになっていた。もし羽目をはずす発言があって、これからこうした催し物ができなくなったら困るのだ」

「あなたは収容所の自主運営委員会に入りますか。あなたは自身がアメリカ国民であると確信していますか。あなたは国民としての権利を保持していますか」

「アメリカ政府自体はおかしなことをしていませんか。われわれを生かさず殺さず、原住インディアンを居留地に押し込めたのと同じやり方をわれわれ日本人にしていませんか。それとも日本人は全員本国へ強制送還ですか。われわれがもし、ここから退所できたとして仕事が見つかりますか。おれたちはいったい何者なんだろう。アメリカ市民、それとも日本人？　もしかしたらロバと同じただの家畜かもしれない」

　模擬裁判の進行にともない、日本人の心に広がっていた恐怖感が次第に表に出てきた。司会役はその場を収めなくてはと感じた。ブロック管理者の一人が立ち上がってその場を取り繕おうとした。

「キャスリーン・ノリス[*9]か誰かの小説の一節に、男と女はニワトリ数羽を飼ってさえいればニューヨークだろうが草原地帯の田舎だろうが生きていける、とあった。われわれは大草原にいるが、残念ながらニワトリが少ない」

　ハロウィーンの夜は収容所も大騒ぎだった。食堂の壁にはパーティー用のリボンが飾られ、音楽隊も繰り出した。十人の二世の少年が赤と黒の格子模様のネルシャツを着て、少女のピアノで歌いだした。なかなかのレベルだった。収容者たちはじっと聞いていたが一人の男の子がくよくよしないで踊りまくろうぜ、というと氷が一気に解けたように、みな熱狂的に踊りだした。

「おれはいまどこにいるのか一瞬忘れたぜ」という男の子の言葉に、「私はけっして忘れない」という女の子の返事。男の子の顔から笑顔が消えていった。

　こうした収容所の生活から日本人収容者は何か得るものがあるのだろうか。リーダーたるべき人材を生み出すことに役立つのだろうか。日本人への偏見を克服できる人物が現れるのだろうか。それは誰にもわからない。

あるバラックの一室でストーブを囲んで議論が白熱していた。

「ここでの生活は少なくとも飢え死にはしない。家賃もいらない。そういう意味では楽なものだ。しかしその結果、われわれは無気力な生き物になっていく。退化した存在になっていく。そして利己的になっている」

凍える冬の日暮れには収容者は建物のあいだの狭い道を自分のバラックに急ぐ。それぞれの建物から石炭ストーブの煙がたちのぼる。煙は冷えた空気に押し戻されるように低い雲となる。その雲は収容所全体を毛布のように包み込む。遠くから汽笛が響き、監視塔からかすかに音楽が聞こえてくる。見張りの兵士が聞くラジオからの音楽だ。兵士はみな暇で仕方がなかったのだ。それでも監視ライトの光が収容所をしっかりと照らし出していた。

S・J・オキは、自らを未熟な反ファシスト闘士と呼んでいた。私は彼を昔から知っている。いま彼はボルダー[*10]（コロラド州）で語学学校の教師をしている。彼は次のような文章を残している。彼がトパーズ収容所にいた頃の経験である。タイトルは「今思うこと（Notes on What They Think）」である。

「客観的にみて、収容所の生活は耐えられないというほどのものではない。確かに晴れた日には砂嵐に、雨が降れば泥に悩まされた。建物のつくりはいい加減で、小さな部屋一つに六人が押し込められているケースもざらにあった。食事もおそらく戦争捕虜に認められているレベル以下であったろう。収容所によっては医療スタッフが不足していたし、医薬品の量も少なかった。それでも田舎の町にいたら、この程度の医療しか受けられなかっただろう」

「アタさんはサンフランシスコで貿易業を営んでいた。彼はいつも食事のひどさに不満を漏らしていた。一方で、バイトーさんはサンホアキン川の渓谷地帯で農業をやっていた寡婦であったが、彼女は収容所の境遇はアメリカ政府の努力のおかげだと感謝していた。要するに戦時移住計画局は、贅沢はさせなかったかわりに飢えもさせなかったということだ」

「耐えがたかったのは物理的な環境そのものではなかった。収容者はなぜ鉄条網に囲まれ監視塔から見張られる生活を強いられるのか、その論理が理解できないことだった。農業をやっていたヨキダさん（六十五歳）、ロングビーチで雑貨商をやっていた未亡人のワタさん（五十歳）、オークランドのレストラン主の子供のジョン・ゼントウ君（九歳）、UCLA二年生で実家はロサンゼルスのリトルトーキョーで商売をやっていたマリー・ウチダさん、日本への一時帰国から帰ったばかりでハリウッドで野菜を売っていたサス・タナさん。誰もが違う生活環境を生きてきたけれども、同じように、なぜを繰り返していた。なぜこんなところに入れられているのだろう」

「カツ・エンドーはノーウォーク[*11]で農業をやっていた人だった。彼はそのフラストレーションをはっきりと口に出していた。『おれはアメリカ市民だ。カリフォルニアで生まれてそこで育った。日本など知らない。日本が何を意味するか興味はない。残念なのは親父とお袋がおれに青い目と、赤い髪とちょっと高い鼻を恵んでくれなかったことだ。それが、今おれがこんなところに放り込まれる羽目になった理由だ。なんの司法手続きもなく裁判もなく放り込まれた。わがアメリカの憲法は、白人に生まれた者だけに平等なのだ。おれを忠誠心のない危ない輩と決めつけるなら、それでかまわない。でもおれは絶対にこんなところでは死なない。おれの肌が黄色というだけの理由で、ここで死ぬわけにはいかない。いつかここから出て自分の将来を見つけ出す。おれは絶対に東洋に行く』」

ジョーンズ夫人は戦時移住計画局に雇われて小学生を収容所で教えていた。彼女は子供たちが、粗末だけれどもいつもきれいに洗った服を身にまとっているのをみて、溜め息をついていた。

「本音を言えば、ここの子供たちに国旗に敬礼を教えることに心が痛みます。わが国は本当にひとつに結束した国家なのでしょうか。わが国における正義は誰にとっても公平な正義なのでしょうか。この疑問は私の心から消えることは一度もありませんでした」

ヨキタは四十年もカリフォルニアで暮らしてきたが、書類上はつねに市民権の持てない外国人であった。

「おれは四十年間、カリフォルニアの南部や中央部の町で働いてきた。ロサンゼルスなんかサンフランシスコに比べたら、実にちっぽけな田舎町だった頃も知っている。アメリカはおれに市民権を与えなかった。おれは日本に一度も戻ったことはないし、戻ろうとも思わない。強制収容はおれにも家族にもこたえた。戦争だから仕方がないのかもしれない」

「でも、おれに日本をどう思うかとか、真珠湾攻撃をどう考えるかとか聞かんでくれ。おれには何にもわからない。わかっているのは、おれが今住んでいるこの国が母国だということだ。一人息子も軍に入った。ちょっと前にその息子に手紙を書いて、上官の命令には従えよ、よけいなことは考えるなと言ってやった。おれは頑張って生きてきたと思うよ。おれにはもう望みはないが、息子が軍で出世してくれれば、それでいいと思っている。最低でも大尉ぐらいまで行ってはしいもんだ」

ワダも次のように言っている。

「私の息子も軍隊に行った。娘も婦人陸軍部隊に志願した。私は書類上は外国人だ。だから強制収容については何にも言えないのかもしれない。でもロングビーチで冬を過ごせたらどれだけ快適だったかと今でも思う。ここは寒すぎる。ストーブ一つではどうにもならない寒さだ。息子や娘だけは、休暇が出たらカリフォルニアに戻れるようにしてほしいものだ。二人には友達がたくさんいるし、彼らに会いたいはずなのだ」

九歳のジョン・ゼンドーも友達に会いたがっていた。彼の母はこう語っている。

「ジョンは近所でも人気者でした。いつ家に戻れるのかばかりを私に聞いてきます。私たちはオークランドに暮らしていました。レストランをやっていました。ジョンはいつも友達をたくさん連れてきました。白人もメキシカンもチャイニーズもいました。夫はいつも子供たちにアイスクリームを食べさせていました。ジョンは毎日友達のことばかりしゃべっています」

マリー・ウチダは魅力的な二十歳である。

「私が収容されて以来、町がどんな風に変わったか手紙が届きます。リトルトーキョーは誰もいなくなったまま放置されていることや、チャイニーズやコリアンの友達が飛行機製造工場で働いていることなどを伝えてくれました。私は少しのあいだの訪問なら、したいとは思いますけれど、今はロサンゼルスに戻りたいとは思いません」

「父はまだ収容所に入れられたままです。もう父のことはあまり考えません。父はおそらく次の交換船が出たら日本に帰るかもしれません。でも私は帰りません。どこか移住先をもう一度探し出します。そこで仕事を見つけるつもりです。もう勉強を続けるのは無理そうだからです。あるいは婦人陸軍部隊に志願するかもしれません。ただ日本人オンリーの部隊ではだめです。そんな区分けのない部隊なら参加するでしょう」

サス・タナは志願して陸軍の日本人部隊に入った三十二歳である。彼は朗らかな笑い顔を見せる。しかし日焼けした額の下の黒い眉の不自然な動きが何かやりきれない思いを感じさせた。

「ぼくは民主党員だった。日本に一時帰国したが、それから帰ってロサンゼルスで九年間働いた。月給は七十五ドルから八十ドル〔現在価値十六万円程度〕といったところだった。とても貯金ができるほどではなかったから、強制収容のときにも失うものはほとんどなかった。ただ仲間と別れるのは辛かった」

「特に民主党の連中との別れは格別だった。みんないい奴ばかりで、自分が日本人であることを忘れるほどだった。大統領のために、ニューディール政策成功のために頑張っている一人のアメリカ人という感覚だった。おそらく防衛的な任務に就けるだろう。そしたらそこでベストを尽くすつもりだ。いずれにしても日本人の戦闘部隊ができるのが決まったのはよかった。カリフォルニアの馬鹿野郎に、日系アメリカ人も奴らと同じくらいの兵隊になれることを教えてやる」

オサカは四十歳、タナの親友だった。彼も一時帰国したことがあった。彼は反ファシストを強く表明していたせいか、アカ（a Red）と呼ばれていた。彼は日本の帝国主義にも反発していた。カリフォルニアの日本人移民社会のなかで、彼は貧しく暮らしてきた。日本領事館やファシスト的な考えの領事館員や日本人商工会議所のメンバーにも反発していた。彼らが日本人社会のリーダー的な地位を占めていたからだ。彼はふだんは寡黙だが話題が政治のことになるとはっきりと発言した。

「おれはアカと呼ばれているようだが、普通の民主主義者さ。共産党の連中がやっているようなことには反対だ。このことは繰り返し言ってきたんだが、収容所の管理者連中は頭が古くてどうしようもない。だいたい管理者連中の言っていることもめちゃくちゃさ。彼らは反日本人の人種差別はよくないといってわれわれをかばって見せているが、その一方で反ユダヤ、反ニグロ、反メキシカンであったりする」

「ぼくが強制収容についてどう思っているかって？ ある程度の管理は仕方がないと多くの日本人も思

っているだろう。しかし誰も彼も強制収容するやり方はおかしいだろう。もう少し選択的なやり方をすれば、人も金もこれほどかけなくてすんだはずだ。戦争が終わった後の話？　もしこの戦いが本当に民主主義を勝ち取るための戦いであるなら、ぼくら日本人にもチャンスがある」

「本当に民主化されたアメリカに残るのもいいし、民主化された日本の再興のために日本に戻るのもいい。ぼくにはアメリカ政府に補償を要求することは詮ないことだと思える。戦争には犠牲がつきものだ。徴兵された者は徴兵令が憲法に違反かどうかなんていう議論はしない。軍のキャンプに放り込まれても文句は言わない」

「ぼくが一番大事だと思うのは、戦争に勝つことに集中することだ。戦争に勝つことで、アメリカに厳然として存在する民族差別システム（the race caste system）を一掃でき、他国にもある似たような構造を潰すことができれば、すばらしいことだと思う」

「衣服や作法や言葉は変えることができても、肌の色だけは変えられない。逆に言えば、白人でさえあれば、市民権がなくても簡単に多数派に属することができる。ところが市民権があっても肌の色が違うとそうはならないということさ。この偏見がいつまで続くって？　永久にか。ぼくにはこれが未来永劫続くとは思えない」

甜菜畑の労働

一九四二年秋頃から、労働力不足を補うために収容者を一時的に農作業に就けるプログラムが始まった。当初は数百人規模で始まったが次第に数千人規模に拡大した。作業の現場は主に西部諸州の山間部にある甜菜畑であった。農作業に駆り出された収容者にとっては久方ぶりの外の自由な空気を吸えるよい機会になった。制限はあったが、それでもそれなりの労賃が支払われた。いってみれば仮釈放の囚人のようなものだった。

休日にも日本人たちは外に出ることは控えている。レストランにも、ボウリング場にも、劇場にも出かけていない。目立つことを極力控えた。彼らはそうすることで収容所の仲間が外で働けるプログラムに幅広く参加できるようにしておきたかった。

「外で働くことになった仲間は、おとなしくしていなければならないことを知っていた。過激な発言や行動でこのプロジェクトに反対する連中を刺激してはならなかった」

雇い主となった農場主の評判はどこでもよかった。どの農場でも事件は起きなかった。彼らが自重して行動し、目立たないことを心がけた成果だった。最終的に一万五千から一万六千人の収容者がこのプログラムに参加している。

甜菜畑だけでなく、ジャガイモ農場、ニンジン畑、七面鳥の飼育場といった場所でも働いていた。そうした場所で働く日本人から私に、たくさんの手紙が届いている。そうした手紙から、彼らの労働環境は劣悪なところから、ほどほどのところまで千差万別であることが知れる。だからこのプログラムを一般化して語るのは簡単ではない。

ユタ州からの手紙では、ユタに暮らすモルモン教徒の多くが親切であったことが報告されている。どこにいっても丁重に扱われ、仲間として扱ってもらえた経験が綴られている。日本人はそこで久方ぶりに自信を取り戻したようだ。アメリカ社会の一員に戻ったような感覚だった。

町を普通に歩くだけのことが、かけがえのないことのように感じられた。この経験で多くの日本人が外部世界に対する恐怖心を取り除くことができたようだった。数千人規模で退所して、よその町で暮らすことを申し込む者が出てきた。

それでも甜菜畑の仕事はかなりきついものだった。彼らに与えられた住空間は実にみすぼらしいものだった。灯り用のオイルランプ一つと薪ストーブはあったが、もちろんシャワーや風呂はない。ベッドも脚が壊れ、布団代わりに乾草の塊。トイレは外にあって異臭を放っていた。

山間部の少しばかりの平地を耕してできた甜菜畑だったから、朝は霜を踏んで畑に出るが昼になると日が照りつける。日が暮れると冷たい風が山間を駆け抜けていく。こんな環境での労働の報酬は日に三ドルから四ドル五十セント〔現在価値六千円から九千円〕程度だった。しかしそこでの労働は退屈な収容所の生活に比べたら天国だった。農場の生活は次のように描写されていた。

「朝はぶるっと震えがくる寒さだけれども、山あいの谷間の景色は穏やかなものだ。そこかしこにある納屋には黄金色の干草が溢れている。四方に見える山々は、ここを取り囲んでいるというよりも、外部世界の攻撃からぼくらを守る防壁のように感じられる。ぼくらが住み込んでいる小屋の周りを背の高いポプラや杉が囲んでいる。木の葉は秋の陽射しのなかで見事な黄色に変わっていく」

「東の斜面にはトネリコバノカエデ（Box Elder）が黄色に、カエデは朱色に色づき、サルサパリラの葉は黄金色に変わっていた。ぼくら三人は畑に向かって歩き出した。すると無数のイナゴが私たちの前方を跳びはねていった。用水路に沿って歩くと、昔の思い出がたくさん頭をよぎった。ここにいると気分がすっきりする。食欲も戻ってきた。収容されている仲間にはここで働くことを勧める。収容所生活で気が滅入って精神が病んでしまった人にも、この山あいの町の生活が癒しになる」

農場に収容者を送りこむプログラムが成功であることは間違いなかった。自信を持った戦時移住計画局は、こうした計画を通じて収容者を恒久的に移住させていった。

カリフォルニア州の横槍

強制収容以来、カリフォルニア州に戻る人はほとんどなかった。二世で軍隊に入った者が休暇を利用して戻ることがあるくらいだった。わずかながらだが、許可を得て戻り、商用をこなしたり、裁判所に出かけた人はいた。一九四三年十月、セシル・イタノ夫人はロサンゼルスに短いあいだだが戻っている。日蓮宗の寺がどうなっているか心配だったのだ。しかしそこは完全に破壊されていた。

収容者たちが収容される前に多くの家財を預けておいた場所であった。手がつけられないほどの荒されようであった。ミシンも家具も鏡も粉々に壊されていた。スーツケースも直しようもないほどのありさまで、アルバムや写真も散乱していた。変わり果てたカリフォルニアの姿は、まるで悪い夢のようであった。

「この残骸のなかで私は思った。私たちを卑劣な人種、最低な人種と罵ったあのプロパガンダさえなければ、こんなことは起きなかったはずだと。私が願うのは、私たちの恨みがこれ以上ひどくなる前に、こうした行為が終わってくれることだけだった」

二世兵士

二世で軍隊に入った人のすべてが日本人の特別戦闘部隊に組み入れられたわけではない。他の部隊に編入された者もいた。私の手もとにある手紙はそうした兵士からのものである。彼は一年か二年日本に帰っていた。なぜか彼は帰米者扱いから外されていて、真珠湾攻撃後すぐに陸軍に入隊した。

「ぼくはカリフォルニアのあるキャンプ地に送られた。そこで数カ月の基礎的訓練を受けた。この訓練中に強制収容が始まった。キャンプにいた二世兵士の数は一ダースを超えない。一九四二年四月、ぼくらはキャンプXに移動した。そこにはすでに数百人の二世兵士がいた。みな異なる州から集められた者だった。そこでなぜか武装解除され、いわゆる食堂などのサービス関係の業務に就かされた。おそらく日本人を戦闘行為に出しては危ないと思ったのだろう」

「この頃、ルーズベルト大統領はキャンプの視察に回っていた。彼がキャンプXにやって来たのはある朝のことだった。彼がキャンプに到着する少し前に、二世はすべてガレージのなかに押し込まれた。周りはマシンガンを持った兵士が警備した。大統領がキャンプを去るまで、われわれは監視下に置かれた」

「このときが、われわれ二世のモラルが最も低下したときだったかもしれない。あたかもぼくらは軍法会議にかけられた兵士のような扱いを受けたのだった。もし本当に二世が危険な存在だと考えているのなら、そう言ってくれればいいではないか。軍役から外せばよいではないか」

「ぼくが他の兵士と隔離されたのは、カリフォルニアからの日本人強制退去で世の中が大騒動になってからだった。ぼくはもう二度とカリフォルニアには関わりたくなかった。民主主義だとか独裁だとか、そんなことで騒ぐ奴がいない町に行って暮らしたい。ぼくはアメリカが好きだ。どの国よりも好きだ。でもぼくは、自分の顔かたちを変えることはできやしない。どうしたらいいんだい。教えてくれ」

すれ違った列車

すでに述べたように、忠誠を誓うことを拒否した日本人はニューウェル収容所へ、同収容所にいて忠誠心をみせた日本人は別の収容所に移送された。このときの模様をミニドカ収容所内で発行されていた新聞の投稿記事から紹介したい。

「ニューウェルからやって来た列車が、逆にそこに向かう列車と分岐駅ですれ違った。乗っていた日本人は互いを窓越しに見つめあった。もちろん会話ができる距離ではない。どちらも同じ肌の色をした日本人同士だった。みな似たようなアメリカン・ライフを生きてきたに違いない。仲間内で隠語を使ってはしゃいだり、コカコーラをがぶ飲みしたり、ハンバーガーが大好きな連中だった。一世は開墾に精を出し、偉大なアメリカ建国に若干の貢献をしてきたはずだった。最大の工業国家アメリカ、コスモポリタンの国アメリカ。彼らはこのアメリカで生きてきた。人を愛した。彼らの人生は笑いで溢れていた」

「しかし同じ日本人のあいだにはヒマラヤ杉のように高い壁があった。いま見つめあっている二つのグループは全く異なる種として分類されている」

「一方は都会の大通りを歩いて、同じ仲間に囲まれて生きる生活を望んだ。偏見のまなざしで見られるようなことのない社会に生きたかった。しかしそれはカリフォルニアでは果たせぬ夢だった。その夢は彼らの愛していた町でもうばらばらになったのだ。海辺近くの農場の納屋、そこに置かれた鋤、河畔に植えた柳の木々、街角のドラッグストアの看板、高校のバスケットボール部の優勝カップ、渓谷の奥まったところのリンゴ畑。そんなものはもう砕けた夢のひとかけらだった」

「もう一方のグループは、そんな町にでも戻ると決めた。よく知ったドラッグストアのある町に戻りたかった。同じ高校に戻って、また優勝して日本人プレーヤーの名前をカップに刻みたかった。彼らはもう一度戦うことを決心した。日本人に対する差別に再びチャレンジする。アメリカの民主主義が本物になるまで戦い続けるのだ」

収容所生活の変化

収容者たちは徐々に戦時移住計画局のやり方を認めるようになった。しかし収容所そのものの生活がまともでないことは厳然たる事実だった。ここから出てよそに移住させるプログラムに反発する収容者でさえも、収容所にとどまって生活するのは耐えがたかった。フランクリン・スギヤマは、収容者は水中に仕掛けたダイナマイトの爆発で死んだ魚のようなものだと表現している。腹を上にしてプカプカ浮かんでいるだけの存在だと自嘲する。

フランク・ワタナベは子供たちへの影響を一番心配していた。外の世界を知らず、所内の特異な環境のなかで育つ子供たちが気がかりだった。子供たちは外の世界に苛立っていた。ただただ無関心を装う子もいた。親子の健全な関係が育まれることもなく、躾などできる環境ではなかった。親たちは教育に必要な自信を喪失していた。アメリカという国家への信頼も砕けていた。イニシアチブ、自分に対する強烈な自信、成功へのあくなき努力と強い意志。子供たちにこうしたことを伝えなければならないはずだった。

しかし子供たちへの思いは、砂漠の水が瞬く間に蒸発していくように消えていった。高学歴の親でさえ、なるようにしかならない、という態度を見せる者が増えてきた。退所を拒否し収容所に残った人々は、人種問題にきわめて敏感になり、臆病になった。外部世界への恐れの気持ちが強まっていった。

ハンナ・コザサは、次のように所内の空気を伝えている。

「鉄条網のついた壁、監視する兵士、監視塔。周りに見えるすべてがフラストレーションの原因だった。普通の感覚を奪っていった。収容者を投げやりな気持ちにさせていった。積極的な気持ちにさせない空気が充満していた。強制的に割り振られた作業とスズメの涙ばかりの賃金、劣悪な住環境とまずい食事、戦争が終わってもどうなるのかわからないという将来への不安。何もかもが家族の絆を脆くさせ、子供の素行は悪化していった。日本人移民はアメリカの多くの少数民族のなかでも最も犯罪発生率の低いグループであったはずだった」

ハワード・イマゼキは次のように言う。

「強制収容が何もかも歪めてしまった。ほとんどの二世の心は大事な成長の時期に精神的にも肉体的にも傷つけられてしまった。性格が歪んでしまわざるを得なかった」

そんななかでも、ある一世の女性は、ゆっくりとだが楽観的な考え方のできる人間が増えてきたとも語っている。

退所してよそに移住させるプログラムが進んで以降、私の手元に届いた手紙からわかるのは、強制収容の経験を過去のものにしたいという気持ちが二世のあいだに芽生えていることだった。戦時移住計画局の移住計画が一定の効果を上げたのかもしれない。収容所から出て新たな生活の可能性が提示されたことで、強制収容の非道がいくらかでも緩和されたことを示している。

収容された日本人の百人に一人たりとも、この仕打ちが軍事上の必要性から実施されたとは思っていなかった。誰もが、正当性などどこにもないと感じていた。仕方がないと感じていたのは、一握りの強烈な反ファシスト思想の連中だけだった。

二世たちは、この強制収容はカリフォルニアの人種差別主義者の仕業であることを知っていた。彼らが沿岸部から退去させられたのは、黄色い肌と細い目が理由だったことを知っている。これほどの仕打ちを受けても、ジョー・コイデは、戦争が続いているなかで、アメリカ政府がその失敗の矯正を始めたことを評価している。

もちろんその矯正の施策は、よそに移住させ新しい生活を始めさせることであって、十万人の人々が被った社会的・経済的損失の回復などは考えてはいなかった。それでも二世たちは心理的に癒されていった。アメリカン・デモクラシーへの信頼を回復していった。

およそ二万人の日本人が西部方面防衛軍管轄地域の外にいたため、強制収容を免れていた。それでも収容計画の成り行きを、息をひそめて注視していた。ツヨシ・マツモトはそんな日本人の一人だった。

「幸運だったのは、ぼくは戦争の始まる前に沿岸部から離れていたことだった。だから自分が収容されることはなかったけれども、アメリカの民主主義を盲目的に信じてきた自分の不明を思い知らされることになった。アメリカは、自らが高々と標榜してきた民主主義に背を向けた。たとえ収容された日本人に思いやりのある、まともな扱いを見せたとしても、日本人移民に対して行った大失策を帳消しにできるものではない」

「日本の一億の民が、この国の誠実さや高い道徳性に疑いを持っているのは仕方がないことではないか。その思いがぼくの心に突き刺さる。こんな国でも、ぼくはアメリカを好きなのだ」

「アメリカがこの大失策を急いで修正したことに希望を持っている。いまだに奴隷のように生きている人々に向かって、アメリカの民主主義は完全ではないけれど、ほかの国よりはまだましだということを訴えたい。日本人移民もこの国の白人たちと必ずうまくやっていけると信じている。民主主義的な解決ができると思っている。もしできなかったら、ぼくが馬鹿だったということだ」

アメリカ社会への復帰

収容所内の雰囲気はもはや移住するか否かではなかった。みなが、どこかに移住を決めていた。誰もが普通の生活に戻りたかった。アメリカ人として普通の生活をしたかった。移住に伴うリスクも覚悟していた。毎日毎日、誰かが退所し、所内では何人かが荷物をまとめていた。彼らは列車のなかでは目立たないようにしていた。外にいることを恥ずかしがるようにしていた。

初めは列車に乗ることだけでも怖かった。誰もが外の世界を恐れていた。しかし現実は違った。彼らを問い詰める者はいなかった。彼らを疑いの目で見る者はいなかった。日本人であることを意識させられるのではなく、その前に人間であることを実感できたのだった。自分がアメリカ人であると感ずることができた。こうして各地の収容所から、普通のアメリカの町に移っていった。

彼らはアメリカへの反感を持ち続けるというよりも、むしろ強制収容そのものの記憶を消してしまいたいという気持ちが強かった。ジョージ・ヤスコウチは、アメリカ人の仲間として受け入れてくれればいい、憐れみなどはいらないと記録している。

日本人部隊がイタリア戦線で活躍していることも、ニューウェル収容所での反乱の事件も、個人としての日本人移民には無関係である。しかし多くのアメリカ市民にとっては、自分たちと全く異なる身体的特徴の人間が完全な英語をしゃべり、同じアメリカの理想を信じているなどとは理解ができないことらしい。それでも日本人たちは不正義の犠牲者として自らを憐れむことをやめている。

エディー・シマノは割り切った考え方を示している。

「今回の強制収容は、昔の人頭税がかけられたようなものだと思えばいい。あれも市民権の否定だった。強制収容はドラマチックなほどに突然実行された点と、連邦政府が音頭を取ったこと、そして戦争と結びついていたことで悲惨さが激しかっただけだと考えることもできる。人頭税の方が、憲法に保障された権利の否定という点では、問題があるともいえるのだ」

先述したジョージ・ヤスコウチは、二世は順応が早かったことを伝えている。

「二世はアメリカ的なものの考え方に慣れるのが早かった。アメリカ世論も二世に対しては優しかった。三十年前に一世が受けた偏見とは比べようもなかった。少なくともシエラネバダ山脈より東ではそういう傾向が高かった。日系人だけが目立つ形で固まって行動するのを避ければ、嫌がらせは少なかった。彼らはアメリカ社会に個人としてスムーズに同化していくことができた。二世は容易にアメリカ人になることが可能だった。彼らは自らを日系アメリカ人（Japanese American）と呼ばないようにしていた。単純なＡＪとかＡＪＡとかで代替させようとしていた」

「大事なのはアメリカに反発することではなく、日本人移民の苦悩はアメリカの民主主義そのものの問題であることを訴えることだ。問題を指摘して、どんな人種であろうが、どんな境遇の人間であろうが、どんな信条を持っていようが平和的にまとまれることを示すこと。これが重要なのだ。二世は、日本人の問題をより一般化した問題として捉え、それを社会に訴えていかなければならない」

「日本人をスケープゴートにすることを何とも思わないメディアにも、物申さなければならない。海軍では日本人を海軍大学には受け入れていない。それにもかかわらず、日本語教育の要員として二世をどんどん採用するという自己矛盾をおかしている。日本人移民はこの問題をたんなる日本人の問題として捉えてはならない」

「むしろ、同じような偏見に苦しんでいる黒人、カソリックなどの問題と根は同じだという立場をとることが肝要だ。日本人だけの世界で処理することは、自分たちの視野を狭めてしまうことになる。二世はアメリカにおけるデモクラシーをよりレベルの高いものにしていかなければならない」

　ロバート・ホソカワはインディペンデンス市[12]から次のようにコメントを寄せている。

「数カ月前にやっと収容所を出ることができた。鉄条網に囲まれ、監視塔から見張られ、日本人だけが閉じ込められた社会。そこを出て中西部の町の郊外に落ち着くことができた。アメリカ人として義務を果たすこと。誠実であること。そして戦争に勝つための努力を惜しまないこと。こうしたことを大事にした」

「友達もできた。何とか新しい町でやっていけそうだ。未来にも希望が持てそうだ。私たちはアメリカの民主主義の理想の実現に向けての戦いをやめてはいけない。似非《えせ》民主主義に徹底的に立ち向かわなくてはならない。収容所では未来志向で頑張ってきた。自由を奪われた自分には、その大切さがよくわかる。私たちは、普通のアメリカ人にとっては当たり前の自由を失った。だからこそ、その大切さがよくわかるのだ」

「収容所では、自信を失いそうになったことが何度もあった。しかしアメリカそのものへの信頼は持ち続けた。もちろん非アメリカ的な政治家や似非愛国者の嘘やでたらめに何度も苦しめられた。それでも、アメリカ政府がこの移住計画を支援してくれるなら、あの心の痛みをいくらかは消し去ることができるだろう」

「もし日本人移民を、日本人の顔をしているという理由だけで同化できない人種だと決めつけ、差別して、日本に送り返すことになるのなら、そのときこそアメリカの民主主義はおしまいだと思う。これは日本人移民だけの問題ではない。ある人種に起こる悲劇は他の人種にも起こり得る。ルーズベルト大統領が訴えた四つの自由[*13]も力の強い者だけの特権に成り下がる。いま二世たちはアメリカに同化しようと頑張っている」

三世たち

収容所には数千人の三世世代もいた。少ない数だったが四世世代もいた。幼い彼らにとって収容所の生活は巨大なリトルトーキョーの暮らしだったのかもしれない。勉強も遊びも仲間はみな日本人だった。否応なしに日本人であることを意識させられる環境だった。数百人規模で、収容所で生まれた子供もいた。

以下の手紙は二世のエレン・キリヤマが収容所の息子アーサーに宛てたものだ。

「アーサーへ。周りには日本人だけしかいないこのバラックにあなたはなぜ閉じ込められているのか、なぜ町に戻って電車や、バスや自動車に乗れないのかを、お母さんはお話ししておかなければなりません」

「先に収容所に入っていたお父さんと二人で、あなたがここに送られてくると聞いてびっくりしました。それでも息子と暮らせるのはうれしいことでした。だから周りの仲間にあなたのことを話し、あなたのやって来るのを心待ちにしていたのです」

「あの日曜日もゆっくりとおそい朝食をとっていました。何気なく聞いていたラジオから突然信じられないニュースが聞こえてきたのです。日本がパールハーバーを攻撃したというニュースでした。いまでも鮮明に覚えているのですが、すぐに白人の友達がやって来て心配するなと言ってくれたのです」

「あのニュースのあと何もかも変わりました。買ったばかりの車、重宝していたガスレンジ、冷蔵庫、電気掃除機、絨毯、ソファー。何もかも犠牲にしなくてはならなくなりました。お父さんは熱帯魚が好きでした。モーターを使って水を濾過して、灯りもつく水槽には珍しい魚がたくさんいました。エンジェルフィッシュ、ブラックモーリー、スカベンジャー。タニシもいました。私たちは何もかも置いたままにして収容所にやって来ました」

「お母さんはいろんな国のお人形を集めていました。支那、朝鮮、満州、ハワイなどの人形です。これも置いてきました。お父さんとお母さんの夢は崩れてしまったのです。計画は何もかも台無しになってしまいました」

「せっかく築いたビジネスも捨てなくてはなりませんでした。あなたの教育資金も貯めていました。一九四二年の五月まで毎週毎週、銀行に行って少しずつだけど戦争債を買い増していました。五月にはとうとうポモナの臨時収容所に入れられてしまったのです」

「荷物を急いでまとめ、臨時収容所に入る準備の心労で、あなたは予定日よりずっと前に生まれてしまったのです。入所して十日目のことでした。所内の医療スタッフは大騒ぎになりました。ポモナの町の新聞は『最初のジャップの子供が生まれた。これで収容所の人口がまた一人増えてしまった』と伝えたのです」

「抱くことさえ心配なくらいあなたは小さかった。わずか四ポンド〔二キログラム弱〕しかなかったのです。臨時収容所では三カ月暮らしました。そこからワイオミングの収容所に送られたのです。キャンプのなかで生まれた子供ですから、写真は撮れませんでした。初めての写真は百日目に新聞のカメラマンが撮ってくれたものです。お父さんとお母さんが持っているあなたの写真はそれだけです」

「あなたには陸軍に入っている叔父さんがいます。おもちゃを届けてくれているのがその叔父さんです。いとこもいます。マンザナール、ボストン、リバーズそしてミニドカの収容所に入っています。いつか、いとこたちも集めてパーティーをしたいと思っています」

「あなたの最初のクリスマスの日、お母さんはサンタクロースが座っているツリーの下に連れていきました。いろんな色のデコレーションライトがついたきれいなツリーでした。あなたも、ほかの小さな子供たちもサンタから贈り物をもらいました」

「収容所の生活はいつ終わるのでしょうか。あなたはもう疲れてしまって眠そうです。お父さんもお母さんも、あなたの未来をいろいろ考えています。必ずすばらしい未来になるようにしてあげます。お休み」

　右のアーサー君は収容所で暮らしていた赤ん坊だ。

　ジョイスはコロラド州ボルダーで二世の両親と暮らしていた六歳の女の子だ。父親は次のような話を伝えている。

「ジョイスは学校から帰ってくると、母親に『私は本当のアメリカ人になりたい』と言い始めた。ジョイスに『あなたはアメリカ人だよ』と言い聞かせると、『でも本当のアメリカ人になりたい』と繰り返すのだった。彼女がもう少し大きかったら、しっかりと説明をしてやって、彼女の気持ちを静めてやることができたかもしれない。もちろん日本人の血が流れていることを恥ずかしがるような説明はしない。

ヒューマニティーやらアメリカイズムやら、はたまた宇宙の話をしながら語ることをしただろう。日本人のことを話してやることができただろう。でもそのときは、小さな子供を前にして何の説明もできなかった」

スチムソン長官への手紙

スチムソン陸軍長官様

ワシントンDC

お忙しい方だとはわかっていますが、どうしても伝えたいことがあってお手紙を差し上げます。どうしても私の気持ちを聞いていただきたかったのです。

私は、あなたが日系アメリカ人の戦闘部隊創設を決めたことをうれしく思いました。しかし同時に悲しくもなりました。今の法律では、私は敵性外国人です。考え方も振る舞いもアメリカ人です。しかし私は日本生まれです。ですからあくまでも敵国民です。私がアメリカに連れてこられたのは二歳のときでした。そしてニューメキシコ州で育ちました。友人は白人ばかりです。

縮れ毛の友人モッピンスは真珠湾で死にました。日本の戦闘機の攻撃に反撃することもできず死んでいきました。傷病兵になって帰ってきた友人もいます。ディッキー・ハーレル、ボブ・アルドリッジなどはフィリピンで行方不明です。彼らの恨みを晴らせないのは残念でなりません。私はアメリカ市民になることはできません。私は東洋人で肌が黄色だからです。私をアメリカ市民にできない、としている法律は間違っています。

しかしこの問題をいま議論しようとは思いません。私がお願いしたいのは、私が戦えるようにしてほしいということです。この戦いはわれわれ自身の戦いです。自由な国民の意思による戦いです。私にその戦いに参加できるチャンスを与えていただきたいのです。自由な国民の将来が危機に晒されている今、じっとしていることはできません。戦いに自ら進んで参加することには何の迷いもありません。

わが国に対する私の忠誠心は、白人の友人たちが太鼓判を押してくれています。友人たちのなかにはすでに異国の地で戦死した者も少なくありません。彼らは自らの信じた、そして愛した自由のために死んでいったのです。

私は憐れみや特別な配慮をお願いしているわけではありません。ただ戦うチャンスが欲しいだけです。どこで生まれたかという法律の技術的な解釈だけで、自由のために戦えないということが民主主義国家にあってはならないことです。政府高官は、この戦いは国民の戦いであると繰り返しています。人種とは無関係な戦いのはずです。その考えを理解した人間を戦いに参加させないようなことがあってはならないと思います。

私の願いを理解してください。戦いのチャンスが私にも与えられるよう長官のご高配を賜りたいと願っております。

なおこの手紙の写しはルーズベルト大統領にも送付いたしております。

トパーズ、ユタ州にて

ヘンリー・H・エビハラ

注

＊1 Lindsay カリフォルニア中央部内陸の町。

＊2 Apple Butter リンゴを砂糖で煮詰めたもの。いわゆる乳製品のバターではない。
＊3 中国の作家。一八九五—一九七〇。
＊4 ヤマヨモギ（sagebush）ネバダ州の州花。
＊5 アメリカ側が用意した抑留者交換船。スウェーデンの民間船を借り上げた。日本は浅間丸を交換船に利用した。日米の抑留者の交換は二度にわたって実施された。
＊6 新聞王ウィリアム・ランドルフ・ハースト（一八六三—一九五一）が支配した新聞雑誌を指す。反日本人の論陣を張ったサンフランシスコ・イグザミナー紙やロサンゼルス・ヘラルド・イグザミナー紙など。
＊7 ワシントン州では外国人土地所有規制法が一九二一年に制定され、市民権のない移民の土地所有、リースが禁じられた。
＊8 Arroyo Grande カリフォルニア州南部沿岸部の町。
＊9 Kathleen Norris 一八八〇—一九六六。サンフランシスコ出身の小説家。
＊10 Boulder コロラド州首都デンバー近くの高地の町。
＊11 Norwalk ロサンゼルス郊外の町。
＊12 Independence ミズーリ州西部の町。
＊13 Four Freedoms 一九四一年一月六日の一般教書演説で訴えた人類の普遍的な自由。言論と表現の自由、個人がそれぞれの方法で神を礼拝する自由、欠乏からの自由、恐怖からの自由を四つの自由と呼んだ。

7章

日本人に対する偏見の成り立ち

一九〇〇年から二四年までのあいだに、カリフォルニア州の反日本人勢力は徹底した反日キャンペーンを続けてきた。二四年に排日移民法が成立しその目的を達して以来、反日キャンペーンはいったん鳴りを潜めている。しかし一九四一年十二月七日を境に、こうした勢力は西海岸から日本人を一掃しようとするキャンペーンを再開した。日本人はこの国に入れない、という排日移民法の論理的な帰結が、日本人を西海岸から締め出すことにあるのは誰にも理解できた。

まず移民を止める。そして次に排除する。当たり前の順番であった。この後のプロセスは、排除した日本人を西海岸に戻させないことであった。そして究極の狙いは、日本人は大人も子供も、一世から四世まで、市民権があろうがなかろうが、すべて日本に送り返すことであった。

日本人を収容所から退所させる戦時移住計画局のプログラムが軌道に乗ったことから、こうした反日本人勢力の活動があらためて活発化した。火薬の詰まった樽にマッチで火をつけるようなものだった。

一九四二年は概ね平穏であった。日本人はみな臨時収容所か強制収容所のどちらかに集められていた。

しかしこの年の暮れになると、事態は変化していった。日本人を退所させる計画が始動してきたのだ。まず九千人が短期の労働許可を得て、中西部の町に移住していった。なかには退所を完全に認められる人々も出てきた。一九四三年初め、戦時移住計画局は、この年の終わりまでに二万五千人を退所させる計画であることを発表した。

一九四二年十月十二日、司法長官はイタリア人を敵性国民の規制から外した。十二月十二日には、西部方面防衛軍のデウィット中将は西海岸地域のドイツ人に課していた規制を外している。同じ頃、日本人移民もオレゴン州やワシントン州東部の軍事警戒第二号エリアに戻れることになった。ただ、これらの州の第一号エリアやカリフォルニア州へ戻ることは依然として許可されていなかった。

一九四三年一月に実施されたギャロップの世論調査がある。[*1] この調査では太平洋岸の白人の五四パーセントは日本人が戻ってくることに反対ではなかった。一九四二年末には戦時移住計画局は、可能な限り日本人を収容所から出し、よそに移住させる政策を推進していた。おとなしくしていた反日本人勢力は事態の推移を注意深く監視していた。そして機は熟したと判断したのだ。

一九四三年に反日本人運動が再び過熱したのには、もう一つ理由があった。翌年には大統領選挙が迫っていたのだ。これまでの歴史が示しているように、反日本人の主張は票集めには効果があった。反民主党勢力にとって、戦時移住計画局はスケープゴートに最適だった。

日本人問題を、ルーズベルト政権の進めた失敗続きのニューディール政策の象徴とすることは容易だった。収容者を甘やかす組織として攻撃しやすかった。戦時移住計画局を攻撃することで、選挙戦で戦わすべき本質的な議論を避けることができた。収容者に対するリベラルな方針を保守的なものに戻す効果が期待できた。

反日本人勢力は、戦時移住計画局の方針が成功するのではないかと気にしていた。日本人を退所させ、よそに移住させる施策がうまくいくことを警戒していた。日本人を強制収容させた勢力は、戦争が終わるまでは日本人は収容所に閉じ込められるものと理解していた。戦争が終わる前に日本人の退所が始まったのは計算外だった。今後、規制がさらに緩まれば、日本人がカリフォルニアに戻ってくる可能性が出てきてしまった。反日本人勢力は新たな戦いを開始した。

まずは戦時移住計画局の移住計画そのものを妨害することであった。その上でワシントンの議会でこれを大きな問題とし、あわよくば日本人をもう一度収容所に戻すことを狙っていた。それが成功すれば、次には一気に日本人を強制的に本国に送還するキャンペーンに移行する手はずだった。本国に送還するには、日本人が収容所に入れられたままでいる方が都合がいいのだ。

一九四三年一月、反日本人の中心人物であったカリフォルニア州上院のワード議員[*2]は、カリフォルニア州内をめぐり、新しい戦術を仲間と打ち合わせている。これが州規模で反日本人運動を再開しようとする先駆けとなった。そうした会議の席でサンタ・バーバラ郡教育指導主事会議議長[*3]のC・L・プライスケルは次のように述べている。

「今こそ行動を起こさなければならない。日本人に対するわが国民の感情はまことに苦々しいものがある。東部の連中の思いも戦争終了までにより悪化するはずだ。戦争が終わり次第、日本人は強制送還する。日本との条約は日本が戦争をしかけたことで無効になった。ワシントン議会は何も遠慮することはない。戦争終了後、日本人を送り返す法律を通すことにもはや障害はない」

「彼らを移民として受け入れてはいけないのだ。そうすれば日本人問題のいくらかの解決になる。うまくいけば、市民権のある日本人のなかにも一緒に日本に帰ってくれる者が出てくる可能性がある。カリフォルニア州議会はワシントン議会に請願書を出すべきである。私はカリフォルニアで日本人と競争するのはもうごめんだ」

　ワード議員は、日本人問題は日本との戦争が終わってもけっして解決することはないと繰り返していた。彼の考えはハースト系新聞であるサンフランシスコ・イグザミナー紙の一九四三年一月二十五日付の記事によく示されている。

「ヨーロッパの状況はひどい。しかしヨーロッパの戦争は西洋人国家間の戦いである。白人国家の戦いである。その確執がいかにひどいものであっても、その戦いがどれほど悲惨であろうとも、同じ人種間の戦いであること、同じ文化と伝統を持つ民族の戦いである、という事実は忘れてはならない。あくまでもファミリー・アフェアー、つまり家族内の喧嘩のようなものである。どれほどいがみ合っていても、最終的には合意ができる。建設的な調和が期待できる」

　ヨーロッパの戦いをこうした論調で描写する一方で、太平洋での戦いは全く違う性質のものであるとするのがハースト系の新聞であった。一九四三年三月二十三日付のロサンゼルス・イグザミナー紙は「太平洋をめぐる戦いは、東洋人種と西洋人種の戦いである。どちらが世界の支配者になるかの戦いなのである」と主張していた。

　一九四三年に反日本人運動が再燃したのは、反日本人勢力の焦りでもあった。戦時移住計画局の施策の成功で、カリフォルニア全体が日本人問題に対して無関心になりつつあった。反日本人勢力にとって日本人問題は消えてしまってはならなかった。

　集票に都合のいいテーマが消えてくれては困るのだ。ヒットラーがユダヤ人問題をうまく操っていたように、操れる問題がなくなってしまってはならなかった。一九四三年十二月二日付のロサンゼルス・

イグザミナー紙は、日本人問題への関心が薄れることに警鐘を鳴らしている。

一九四三年一月のギャロップ世論調査は、反日本人勢力にとっては芳しくない結果になっていた。日本人に対しての態度がよりフェアなものに変化してきていた。反日本人勢力はその力を減衰させていた。

筆者自身の感覚からでも、徹底的に反日本人である者は三割、どちらかといえば反日本人の考えの者が三割、残りは全く無関心か日本人に対してフェアであるべきだという態度であった。ただメディアの多くが反日本人であった。サンタバーバラ・ニュースプレス紙やタイディング紙はそうではなかったが、それは例外であった。それでも多くの記者や評論家が徐々にフェアな論調で記事を書き始めていた。

カリフォルニアのジャーナリストの長老格であったチェスター・ローウェル[*4]もそうした人物であった。彼はサンフランシスコ・クロニクル紙やロサンゼルス・タイムズ紙に寄稿し、反日本人のアジテーションを繰り返し批判していた。ほかにもコラムニストのビル・ヘンリー、リー・シッピーやチェスター・ハンソン記者が同様な主張をした。つまりカリフォルニア州の世論は、無節操な反日本人のアジテーションがなければ、日本人問題など気にかけてもいなかった、といえるのだ。

かつてカリフォルニアでは誰も彼もが支那人を嫌った時期があった。今日、職業として反支那人を訴えている者以外はそうした主張をする人間はいない。デイリー・アルタ紙はかつて「支那人は人間ではない。弱い生き物を狙う動物と同じ存在だ」（一八五三年六月十五日）と主張していた。それが遠い過去のように感じられる。

反支那人感情が消えた理由は単純である。そうした感情を煽る者がいなくなっただけなのだ。そんなアジテーションが消えてから二十五年もたっている。ハリー・カーは人種問題に詳しいロサンゼルス・タイムズ紙の記者であるが、一九三五年には「ロサンゼルスには反日本人感情など存在しない」と書いていた。

人種偏見はカリフォルニアに最初から存在していたわけではなかった。誰かが作り出した。誰かが人種偏見をそのままにしておきたいと思っていた。それでは誰が、あるいはどういった団体がそう願っていたのだろうか。

反日本人の立役者リスト

今も昔も、カリフォルニアでは人種偏見の活動を組織するのは、うまみのある商売である。特に、日本人いじめは政治的なメリットがあった。強制収容が決まった後も種々の団体が活動していた。こうした団体についてワシントン議会がもっと関心を示し、その活動の実態にメスを入れてほしいものだと思っている。

そうした団体の一つがアメリカイズム教育連盟[*5]である。本部はロサンゼルスのサウスグランド通り八三八番地にあった。カリフォルニア州法の下に設立されたこの団体は、リーダーであるジョン・R・レヒナー博士の性格をそのまま反映した組織だった。

レヒナーは牧師をやっていたこともある人物だった。彼は日本人強制収容計画に賛成か反対か、当初は決めかねていた。「日本人を沿岸部から排除することで苦しむのは日本人だけでなく、その他の住民にも苦痛をもたらす」とも言っていた。そうした趣旨のスピーチ原稿をロサンゼルスの日系新聞ラフ・シンポー紙に送りつけ、掲載を迫った。こうしたことをしておきながら、今度は日本人の危険性を煽る「危険な火遊び（Playing with Dynamite）」と題するパンフレットを配布しているのだ。

レヒナーはカリフォルニア南部の町々を回り、反日本人意識を高揚させるスピーチを繰り返しただけでなく、州議会が先頃二回ほど実施した日本人問題の調査開始のきっかけをも作っている。一九四三年十二月十四日、アリゾナ州フェニックスで大規模な反日本人集会が開かれた。集会の開催は新聞やラジオを通じて大々的に宣伝されていた。レヒナーはこの集会で激しい反日本人演説をぶっている。彼独特の誰にも真似のできない話術で反日本人を煽ったのだ。

カリフォルニアでは多くの市民団体が反日本人の決議を次々と行っているが、それにはレヒナーの組織が関わっていた。彼は日本人問題を、日本人すべてを本国に送り返すことで解決すべきだと主張し、そうしたパンフレットを大量に配った。

レヒナーはカリフォルニア南部の生花生産者の白人グループと緊密に連携していた。このグループの有力者であったT・H・ライトは、アメリカニズム教育連盟の幹部でもあった。彼は一九四三年十月十五日付で、ロサンゼルス法律家協会のメンバー全員に日本人問題の調査に参加するよう要請している。その手紙はアメリカニズム教育連盟の便箋が使われていた。

そこには彼の主張を支持する団体名、個人名が多数印刷されていたが、それは無断で使用したものだった。この手紙が配布される少し前、カソリック教会のジョセフ・T・マックガッケンはアメリカニズム教育連盟のスポンサーから降りていた。

レヒナーはワシントンに赴いて反日活動を行っている。彼は多くの議員と面談しているが、彼は自らをカリフォルニア在郷軍人会の代表だと語っていた。しかしそれは在郷軍人会のあずかり知らぬことであった。一九四四年一月十五日付の会報で在郷軍人会はレヒナーの行為を激しく非難している。

反日本人活動を活発に進めたもう一つの団体は、本土防衛隊（ホーム・フロント・コマンド）である。

サクラメントに本部があった。会長のA・J・ハーダーはサクラメントで法律事務所を開く弁護士であった。

本土防衛隊は、一九四三年六月二十日に大掛かりな反日本人の集会をサクラメントで開催し、すべての日本人をカリフォルニア州から一年間は退去させるべきだと主張していた。彼らの主張はそこで配られたパンフレットでよくわかる。

「ジャップを追い出せ。彼らは信用できない。信用できない人間を隣に置いておくわけにはいかない。善良な人間はアメリカ人になり得る。しかしジャップはそうはいかない。彼らは背中を見せたら襲ってくる、汚い人種だ（a Stabber in the Back gangster）。戦争が終わったら、奴らを日の出る帝国（ライジング・サン・エンパイアー）に送り返してやらなくてはならない」

彼らが最近配布したパンフレットは「ドブネズミのようなジャップに鉄拳を（Slap the Rat）」と銘打って、いかに日本人が醜悪な人種かを訴えている。ジャップは人間さまと交わるべきではない、彼らの性格はあまりにひどい。不誠実、信義に欠ける、信用できない、いい加減、無慈悲、品性下劣、神の冒瀆者、不忠義といった日本人を詰《なじ》る形容詞がちりばめられていた。彼らはありとあらゆるタイプの印刷物を配布して、日本人をカリフォルニアに戻らせることに反対していた。こうした趣旨のあらゆる決議、請願に関与していた。

この活動の資金はサクラメントの富豪C・M・ゲーテ[*6]が出していた。しかし彼はスポンサーとして自分の名前を出すことは差し控えていた。その理由は、彼には多くの公的な立場があったからだと考えられる。サクラメント郡教会評議会の創立メンバーであり、州北部の活動にきわめて熱心であった。また全国レベルの教会評議会活動の先駆的存在でもあった。サンフランシスコの移民委員会の長でもあったし、州合同移民問題委員会の資金担当でもあった。

彼は優生学者マジソン・グラントの思想を正統的に受け継いでいた。彼自身もそれを自認していた。彼は北カリフォルニア州優生学会の重鎮であり、その活動を牽引する中心人物であった。同学会は優生種であるアングロサクソン種の「人種自殺（race suicide）」を憂慮していた。また同時に劣悪な種が出生率を高めていくことを危惧していた。

アメリカ人の祖先ともいえるニューイングランド地方やバージニア州に住むアングロサクソン種をもてはやす一方で、イタリア系を「シシリアの汚れた男たち」、メキシコ系を「どん百姓」と罵っていた。

優生学会パンフレット第十二号には「O―W23　VSNC538」のコード番号が付けられているがそこに興味深い主張が見えている。

「ヒットラーは総統に就任して以来、優生学を科学に応用した。ドイツでは優生学に基づいて裁判所で子供をつくることに不適格な国民を選び出した。こうした裁判所による手続きはけっして人種差別思想に基づいているわけではないことを理解したい」

「ドイツ帝国で実施されている優生学に基づく不良人種排除のプロセスは、注意深く進められている。ドイツの食料は限られている。抱えられる人口の限界に近づいている。優生種を保存するために低劣な種を断種するドイツの政策はしかたがないことなのである。それによって税金の無駄遣いを減らすことができる」

ゲーテ以外にもヒットラーの人種政策を賛美していた者はいる。人種改良機構[*7]の出した一九三五年のパンフレットもナチスの優生学的施策を賞賛していた。一九三五年八月十一日付のロサンゼルス・タイムズ紙は、こうした主張を繰り返していたK・バーカルディ博士の意見を掲載している。

反日本人の団体はまだまだある。パシフィック・コースト日本人問題連盟もそうした団体であった。一九四三年七月十三日に設立されたこの組織は、日本人の危険性を感じているすべての団体の運動をまとまったものにしようとしていた。「黄金の西海岸の子供たち」、在郷軍人会、青年商工会議所の有力者がこの組織の中心にいた。また前ロサンゼルス市長をはじめとする政治家も関与していた。彼らはこの年、日本人の危険性調査を実施させることに成功している。政治家への請願を通じて反日本人決議を数多くものにした実績を持っていた。

この組織の中心人物の一人ジョン・カルターは、プリンストン大学の出身で長老派の牧師でもあった。南カリフォルニア大学学長の秘書を五年間つとめている。現在はカリフォルニア州議会に立候補している。彼は一九四三年十月十九日、カリフォルニア州議会上院で次のような証言をしている。

「日本人をカリフォルニアのキリスト教社会から締め出すことはキリスト教徒の責務である。西海岸の白人は日本人の侵入に混乱している、苦しんでいる。この外の世界からの侵入者から同胞を守ることこそが、われわれの使命なのだ。すべての日本人をわが国から追い払うことに躊躇してはならない。キリスト教徒としては当然にそれを求めなければならない」

おもしろいことなのだが、こうした過激な反日本人を主張しているレヒナー博士もカルター牧師も、初めから反日本人の思想を持っていたわけではない。カルター牧師は一九二四年から二六年にかけて、ロサンゼルスの国際関係評議会で東洋人排斥に反対していたのだ。

サンタ・バーバラ・カリフォルニア市民協会[*8]も反日本人団体である。この組織には昔から反東洋人を主張している有名人がメンバーに加入していた。カリフォルニア市民評議会[*9]も似たような団体であった。この団体は一九四三年十月十一日に設立されている。設立したのは二人の地方政治家であった。皮肉なことに、市民評議会が日本人のカリフォルニアからの永久追放のビラを配っているちょうどその頃、ワシントン議会は支那人については一定の範囲内で移民を再び許可する法律を検討し始めていた。

市民評議会の主張も過激であった。「ジャップはジャップ。骨の髄までジャップであることに変わりはない」と訴えていた。「Remember, a Jap is a Jap」のステッカーを車に貼ることをメンバーに指示していた。ステッカーには日本人の顔をしたネズミが描かれていた。

まだほかにもそうした団体がある。アメリカ日本人排斥基金[*10]である。この団体はロサンゼルス市民により一九四三年十二月十六日に設立されている。この少し前の八月十六日にはサンディエゴの市民によりノー・ジャップＩｎｃ．が組織されていた。

一九四三年に数々の反日本人決議がカリフォルニアでなされているが、その文言は例外なく同じものだった。組織化されたグループが決議文を作成していたことを示唆している。私はそうした決議文や日本人排斥を要求する請願書を調べたことがある。

そうした文書の内容は似たり寄ったりで、個別の組織の調査から排斥原因を述べたようなものは一つもなかった。こうした文書に書かれたことをまともに信じてしまうと、カリフォルニア州民の九五パーセントは、戦争が終わってもカリフォルニアに日本人が戻ることに反対していることになる。

私には、そのように考えている州民はせいぜい三五パーセント程度だろうと思われる。しかし個人としては、組織の公式の主張は間違いだとわかっていても、とてもそれを口にできない。そうした空気のなかで黙ってしまう以外方法がなかった。

激しい反日本人の政治運動は人種偏見というビールスのようなものであった。カリフォルニアからわが国全体に広がっていった。サリナス商工会議所の主たる構成員は野菜生産者やその出荷に携わっている者たちだった。この商工会議所が事務長のフレッド・S・マッカルガーを、反日本人を訴える全国ツアーに送り出した。東部諸州の州民に、収容所から日本人を引き受けることがいかに危険であるかを訴え、戦時移住計画局の日本人移住計画に警鐘を鳴らすのが目的であった。

西部諸州の商工会議所の代表者会議がデンバーで開催されたことがあったが、マッカルガーはここでも反日本人の主張を繰り返している。「戦争が終わっても、日本人をカリフォルニアに戻すことには反対である。しかし、われわれは日本人問題を最終的に処理する考えを持っている」と訴えた。

この演説を受けて商工会議所は、カリフォルニアの意向を満足させるための方策を探るための小委員会を設置している。日本人問題をすべての西部諸州の問題にすることに成功したのだった。さらにマッカルガーは、ペンシルバニア州ピッツバーグでも講演しているが、そこでは日本人の人種そのものの低劣さを訴えた。日本人はアメリカに相応しくない人種なのだ。

マッカルガーの反日本人の講演ツアーは成功した。西部の多くの町の商工会議所が反日本人を決議し、日本人の財産権を制限する請願も起こしている。マッカルガーらの本当の意図が、日本人をカリフォルニアから締め出すことであったなら戦時移住計画局の施策を支持する方が得策であった。他州への移住が成功した方がカリフォルニアに戻る日本人は少なくなるはずだったからだ。

商工会議所の活動も反日本人の動きを強めていたが、やはり最も活発な動きをしていたのは、早くからそうした活動をしてきた組織であった。カリフォルニア合同移民問題委員会、「黄金の西海岸の子供たち」、在郷軍人会、カリフォルニア・グレンジ、アソシエーティッド・ファーマーズなどである。

こうした団体のなかで中心的な組織となったのがV・S・マックラチーが率いるカリフォルニア合同移民問題委員会であった。カリフォルニア労働者連盟はカリフォルニア合同移民問題委員会のスポンサーではあったが、積極的な反日本人のアジテーションは控えていた。

反日本人キャンペーン

現在活発に行われている反日本人キャンペーンは、一九四二年十二月から本格化している。そのきっかけともいえるのは、在郷軍人会カリフォルニア支部が創設した五人のメンバーからなる特別委員会であった。この委員会はカリフォルニア州におけるすべての日本人強制収容に関わる問題を公平な視点から検討することを目的としていた。

有力メンバーは次の三人である。

ハーパー・L・ノウルズ（労働組合活動を規制するラ・フォレット委員会代表）

H・J・マックラチー（カリフォルニア合同移民問題委員会）

ジャック・テネイ[*11]（州上院議員）

この特別委員会は現実には調査活動をしていない。テネイ委員が指揮するダイズ委員会にこの活動を委ねていた。一九四三年、ダイズ委員会は数々の公聴会を開き、日本人問題の調査に当たっている。調査結果はこの年の末に「カリフォルニアにおける反アメリカ的活動」として報告書にまとめられた。日本人問題についての報告は、低俗雑誌のようであり、日本人についての無知をさらけ出している。

この報告の根拠となった証言はレヒナー博士によるものであった。また調査のあったこの年にはすでに一月から在郷軍人会が、カリフォルニアの支部から日本人をカリフォルニアに戻すなという請願を受けていた。カリフォルニア州内の大陪審に対しても収容所の日本人をカリフォルニアには永久に戻さないようにするよう多数の請願書が届けられている。請願書を送ったのは地方議員、教育委員会関係者、役人あるいは一般人と多岐にわたっているのだが、その文面はほぼ同じであった。ほとんどの場合、印刷された統一の用紙が使われていた。

一九四三年一月一日から三月一日のあいだに、何百という単位の組織が反日本人の請願書を提出した。こうした運動と並行した活動も見逃せない。州教育委員長連盟はカリフォルニアで日本語教育を禁ずる提案をしていた。この時期、陸軍も海軍も日本語を操れる人材を探していたことは皮肉である。「黄金の西海岸の子供たち」やカリフォルニア・グレンジは日系人による戦闘部隊の創設にも反対していた。そんななかで、イタリア戦線のサレルノ上陸作戦[12]で日本人部隊が活躍したこともまた皮肉なことであった。

ロサンゼルス郡ガーディナー市は、第一次大戦に参加した日本人市民十七名を名簿から外し、その栄誉を讃えることを拒否した。在郷軍人会は第一次大戦に参加した日本人のための顕彰を中止している。オレゴン州ポートランドの在郷軍人会は、日系人墓地の維持管理にまで反対する始末であった。サリナスの町では絶対に日本人を町に舞い戻らせないと自警団まで組織された。カリフォルニア女性倶楽部連盟[13]は東部や中西部の姉妹組織に対して、そうした地区に日本人が移住してくることに同情する旨の声明を出している。

ロサンゼルス・タイムズ紙で映画評論を担当していたヘダ・ホッパーは、爆発や脱線事故や火事が新しい町に移住してきた日本人と何らかの関係があるような、思わせぶりの記事を書いて日本人への警戒感を煽っていた。サンフランシスコのエルシー・ロビンソンはハースト系新聞のコラムニストであったが、「西海岸に日本人が戻ってきたら奴らの首を掻き切ってやる」と主張する過激派だった。彼女は一九三八年にはオクラホマ州からやって来た貧農たちをもカリフォルニアから追い出せと主張した人物だった。

スタンフォード大学学長であったデヴィッド・スター・ジョーダン[*14]はかつて、カリフォルニアという土地の男っぽく荒っぽい特殊な気質を語っていた。いずれにしろカリフォルニアではあらゆる組織が反日本人の動きに加担したと言っても過言ではなかった。アメリカ革命の子供たち協会[*15]、サンノゼ円卓会議の騎士[*16]、カリフォルニア森林会議[*17]などもそうした団体であった。

メディアは、活発化した反日本人運動を、あたかもカリフォルニアが今にも爆発しそうな状況にあるかのように伝えた。日本人が一人でもカリフォルニアに戻ってくるようなことがあれば、カリフォルニアは合衆国から離脱するのではないかと思わせるほどの勢いであると報道した。

一九四三年一月六日から州議会が始まったが、日本人を戻させないという決議が目白押しで可決されている。こうした決議の賛否を議論するなかで、連邦政府が強制収容政策を容認し実施したこと自体、連邦政府もまた、日本人はアメリカ移民となる人種としては相応しくなく、アメリカ国家への忠誠心もないということを認定したのだという論調も現れてきた。

日系アメリカ人市民同盟の機関紙であるパシフィック・シチズン紙は、「日本人問題につねに火をつけたままにしたい勢力が、用意周到な計画を練っている」と報じている（一九四二年十二月二十四日付）。反日本人勢力の狙いは、強制収容された日本人はアメリカ社会にけっして同化できない人種であるという考えを世論のなかから消さないようにすることであった。日本人を強制収容した動機は安全保障を鑑みた軍事上の理由だけでなかった。収容された日本人の大半は、強制収容の本音は経済的な、あるいは政治的な動機であることを理解するようになったのである。

ビル・ホソカワは次のように述べている。

「日本人に対する執拗な攻撃は、収容政策そのものよりも性質《たち》が悪いと言える。われわれを収容所に追いやった連中の動機が、本当にアメリカの安全を考えてのことだったと看做すことはできない。彼らが本当に誠実であれば、誤った情報による間違った行動を正す時間は十分にあった」

反日本人を主張するグループは収容所から出た日本人をカリフォルニアに戻さないことを強く主張していた。しかし本音はもっと激しいものであった。日本人をもう一度収容所に戻すことであった。

この時点では、カリフォルニアに日本人を戻すことを誰も主張していなかったから、反日本人組織のキャンペーンは力みすぎで空振りに終わっている。要するに反日本人を主張するための根拠は存在していなかった。存在しないのなら作ってしまえばいいと考えるのは自然な成り行きだった。日本人が所有している農機具の問題がこれに利用された。

日本人が自分たちの持っている農機具の使用を拒否しているため、カリフォルニアの農場ではトマトが収穫できずに大変なことになっているというキャンペーンを新聞が始めたのである。マックラチーの所有する新聞フレスノ・ビー紙やサクラメント・ビー紙がそうした報道の先頭に立った。

「二万五千台の日本人所有の農機具が放置されたままになっている。これを利用させないことは日本人による反逆行為そのものである」（フレスノ・ビー及びサクラメント・ビー両紙、一九四三年一月二十八日付）

こうした報道に続いて、サンフランシスコ・クロニクル紙のスポーツ欄担当記者が次のような記事を載せた（一九四三年二月七日付）。

「日本人が所有していたすべての武器を没収すべきである。彼らは収容される前に大量の高価なライフルやピストルを準備していた」

その記事の主張には根拠は一切示されてはいなかった。テネイ議員の所属する委員会は、日本人が隠している農機具はどれだけ時間がかかってもすべて探し出す、と声明を出していた。反日本人を煽るプロパガンダは一九四三年一月から四月まで続いた。

四月の末になっても、州の高官でさえ、トマトの収穫の八〇パーセントが失われるだろう、それは日本人が農機具の使用を拒否しているためだ、と述べるほどだった。明らかに戦時移住計画局に対する嫌がらせであり、カリフォルニアの声を聞かない「頑迷で強情な」戦時移住計画局に対する非難であった。

戦時移住計画局は屈しなかった。カリフォルニアの反日本人プロパガンダは次第に沈静化したが、州民の心に日本人が何か危ないことを企んでいるらしい、という疑いを植えつけることには成功した。

センセーショナルな調査報告書

日本人が意図的に農機具を使わせないでいる、という馬鹿騒ぎはカリフォルニア州内で日本人問題に対する警戒感を高めたままにするには格好の話題だった。しかし、さすがにわが国全体が問題視するほどに発展させることはできなかった。もう少しインパクトのある話題をこしらえる必要があった。一九四三年一月の初め、ワシントン州選出のモンラッドド・ウォールグレン上院議員[*18]、カリフォルニア州選出のルロイ・ジョンソン下院議員[*19]は、日本人強制収容の監督権限を戦時移住計画局から陸軍に移す法案を上程している。

陸軍はその当時もそして現在も、こうした業務を担当することに難色を示している。この法案の上程に時を合わせるように、戦時移住計画局は日本人収容者を甘やかしている、という非難が聞こえるようになった。カリフォルニアの反日本人勢力が、その戦いの舞台をワシントンに移したことで、有力な新聞メディアが日本人問題に関心を示すようになってきた。

日本人強制収容の監督権限を戦時移住計画局から陸軍に移す法案（法案四四四号）はウォールグレン上院議員とオレゴン州選出のルーファス・ホルマン上院議員が提案し[*20]、上院軍事問題小委員会で議論されている[*21]。この小委員会のメンバーはウォールグレン議員やホルマン議員に加えて、チャンドラー議員[*22]、ガーネイ議員[*23]、オマハニー議員[*24]がいた。ホルマン上院議員は、二世のアメリカ市民権剝奪法案まで提出したことがあった。

この小委員会の委員長はチャンドラー議員であったが、この法案が「日本に舐められてたまるか」キャンペーンに沿って上程されたものだと知っていた。彼自身がこの委員会の委員長のポストを積極的に狙っていたこともわかっている。

ヘレン・フラー女史はニューリパブリック誌（一九四三年五月一日）で、チャンドラー議員がハースト系新聞社から反日本人キャンペーンの支援を受けているとの噂があると報道した。ハースト系新聞社は黄禍論を基調にした論陣を張り続けてきた。この新聞社がチャンドラー議員を支持し、上院議員ポストを得るのに大きな役割を果たし、そして同時に日本人の脅威をつねに煽り続けてきたのだった。

チャンドラー議員をめぐる噂の真偽はどうあれ、ハースト系の新聞は「強制収容所における日本人に対する甘やかし」をチャンドラー議員が白日の下に晒したと、一面を使って報道していた。

ロサンゼルス・イグザミナー紙のワシントン駐在記者レイ・リチャードは、日本人収容者の起こしたとされる問題やこれに対する戦時移住計画局の対処について逐一伝えていた。これらはチャンドラー議員が述べていることだ。レイ・リチャードはロサンゼルス・タイムズ紙のウォーレン・フランシス記者と共同で、反日本人の紙面を作り上げ、一九四三年は一年中そうした報道に終始した。

この小委員会が重要証人として喚問したのがディロン・マイヤー戦時移住計画局長とジョセフ・グルー前駐日大使であった。グルー大使は収容されている日本人のうち、わが国に非忠誠的な人物を絞り込んで隔離することは可能であるとの意見を述べていた。しかし彼の意見を西海岸のメディアはほとんど取り上げなかった。チャンドラー議員は各地の収容所の視察もしている。収容所から収容所への移動のたびに、メディアに向かって「センセーショナルな」報告をしていた。

彼の最初の報告は「視察の結果、収容者の六〇パーセントはアメリカにとって危険である」というものだった。もちろん六〇パーセントの根拠を示すことはなかった。これに続けて「日本人移民が、真珠湾攻撃後に計画されたカリフォルニア上陸作戦において、上陸部隊を支援することになっていたことに疑いの余地はない」とまで言い切っている。

彼の視察はまともなものではなかった。わずかな時間の視察で、数少ない質問を矢継ぎ早に浴びせて、さっさと収容所を後にした。しかし、ハースト系の新聞は、チャンドラー議員の視察は精力的で真面目なものであると大々的に伝えている。その報道はレイ・リチャード記者のレポートに基づいていた。

チャンドラー議員が訪問したアーカンソーやアリゾナの収容所周辺では、反日本人プロパガンダの刺激を受けた地元のグループが、戦時移住計画局に対して非難を始めている。チャンドラー議員の収容所視察とほぼ同時期に、両州で反日本人的法案が上程されている。

このようにレイ・リチャード記者が反日本人を煽ったものの、委員会の最終報告は記事の内容とはかなり距離を置いた穏当なものになっている。委員会は、日本人二世は軍役に就けるようにすること、わが国に非忠誠な者は戦争終結まで収容所から退所させないこと、忠誠心のある者については民間事業に就職させること、としていた。委員会の結論が思いのほか穏当なものになったのは、選挙民から反日本人的政策を主張する議員に対して抗議が寄せられたことがその理由だった。ウォールグレン議員のところにも、その政策がファシスト的であるという抗議の手紙が殺到していた。

委員会での議論が白熱すると、カリフォルニアのやり方に反発する政治家も出てきた。アリゾナ州のオズボーン知事[*25]もそうした政治家の一人であった。「カリフォルニア州は日本人移民を完全にシャットアウトしようとしている。もし西部沿岸部諸州がこうした態度をとるのなら、ワシントン議会に対して抗議しなくてはならない。このままでは、戦争が終わってもアリゾナ州にはあまりに多くの日本人が残されてしまうことになる」と主張したのだった。

こうした動きを受けて、戦時移住計画局は日本人収容者の移住先からアリゾナ州は外すことを決めている。反日本人意識の強い沿岸部諸州とのあいだに、日本人のいない緩衝地帯とでもいうべき州が必要だというのは、戦時移住計画局自体の考えでもあった。そしてそのことが日本人をさらに東部の州に移住させやすくした。

カリフォルニアのやり方に反発するのはアリゾナだけではなかった。サウスダコタ州のカール・ムンド下院議員[*26]はダイズ委員会のメンバーでもあったが、「日本人が西海岸の防衛にとって危険な存在だとカリフォルニアは主張している。日本人がカリフォルニアにとって危険であるならば、彼らはネブラスカ州オマハ、ミズーリ州カンザスシティーでも同様に危険なはずである」と述べている。カリフォルニア州はこの抗議に答えようとはしない。

西海岸の反日本人勢力は、チャンドラー議員の視察を利用して反日本人の空気を醸成しようとしたが失敗した。それでも日本人問題に全国的な関心を向けさせることには成功した。委員会での公聴会やハースト系新聞のキャンペーンの結果、中西部から東部、南部の諸州が日本人問題により関心を寄せるようになった。日本人はやはり危ない人種ではないかという意識を植えつけたのだった。

カリフォルニアの政治家はまず、日本人収容者をカリフォルニアに戻さないことを狙った。その過程で、日本人は個人であっても集団であっても、わが国にとって好ましからざる人種であると訴えた。退所できた日本人をカリフォルニアは絶対に受け入れないと主張することで、他州も受け入れに難色を示し始めている。

戦時移住計画局が退所させた日本人をアリゾナ州へ移住させないと決定する前には、同州は日系アメリカ人をアリゾナ州内の大学で受け入れないことを決め、退所してくる日本人の自由を制限することも決めていた。

ワイオミング州は、ハート・マウンテン収容所から出所する日系アメリカ人が同州に居住しても選挙権を登録させないことを決めている。アーカンソー州では、モンゴル系の人種は公立学校で受け入れないことを決めた。ミシガン州、インディアナ州では出所してきた日本人を雇用することに反対する市や町が増えていた。コロラド州では地元紙デンバー・ポストが日本人を雇うことに対する悪意ある記事を載せている（一九四三年二月十四日付）。

カリフォルニアの反日本人運動はこの時期、明らかに勢いを得ている。カリフォルニア各地の議会が、日本人学生の移住計画に反対し、日本人を軍隊に加入させることにも抗議した。アーカンソー州では日本人の土地所有を禁ずる法律を成立させている。

アリゾナ州では日本人との商売が事実上不可能になる法律が成立した。ウィスコンシン州では出所してきた日本人の雇用に反対する大規模な集会が開かれている。戦時移住計画局のプランを妨害したいというカリフォルニアの狙いは成功した。日本人移民を歓迎しないという空気は西海岸から、遠く中西部のオハイオ州トレドまで広がり、そこからさらに東部の港町バージニア州アレキサンドリアまで伝播していった。

ジャップはジャップ（Once a Jap, Always a Jap）

一九四三年四月十九日、J・L・デウィット中将は兵役に就いている日系アメリカ人については西海岸の町に休暇を利用した訪問を許可する指令を出した。この指令は中将個人の意見で決定されたものではなく陸軍省の意向が強く反映したものだった。デウィット中将はサンフランシスコで開かれた下院海軍問題小委員会（四月十三日）で次のように証言している。彼自身は日本人を西海岸に戻したいとは思っていなかった。

「日本人を西海岸に戻しても構わないという意見も出てきていることは承知している。私自身はその考えには断固反対である。ジャップはジャップなのである。彼らがわが国に忠誠を誓っているか否かは関係ない。ジャップは危険である、ということに尽きる。市民権を持っている日系移民であるかどうかも関係ない。理論的には、市民権を持っていようがいまいがジャップであることに何ら変わるところはない」

デウィット中将はなぜか、イタリア移民やドイツ移民については何の憂慮も示していない。日本人だけを危険視している。日本人はアメリカから一掃されなければならないと考えている。中将の考えに同調するカリフォルニア出身の議員の中には「日本人がカリフォルニアに戻ってくれば奴らを叩きのめしてやる」とまで発言する者が出てきていた。

デウィット中将が過激な発言を続けたことと関連しているか不明だが、中将はそのうち更迭されるのではないか、後任はハワイ管区担当のデロス・エモンズ将軍ではないかとの噂も立っていた。こうした話がまことしやかに流れてきたのは、陸軍省が忠誠心の確かな日本人については、西海岸の自宅に戻ることを許可することを決めたことに関係がある、と考えられた。

カリフォルニアの反日本人勢力は一斉に反発している。カリフォルニア出身の下院議員がまず騒ぎ出した。日本人兵士が休暇を利用して故郷のカリフォルニアに戻ることは絶対に許さない、デウィット中将を交代させることがあってはならないと叫び始めた。

ロサンゼルス商工会議所も素早く反応した。代表をワシントンに送り、陸軍省次官のジョン・マックロイ[*27]に抗議している。西海岸のメディアもこの動きに追随している。忠誠心のある日本人は西海岸に戻しても構わないという議論がいかにナイーブで愚かでかつ危険か、と主張し始めた。

ロサンゼルス・タイムズ紙は反対の根拠を徹底的に人種問題に絞っている。「日本人は人種として(as a race)信用できない」(一九四三年四月二十二日付)。したがって日本人である限り市民権を持っていようがいまいが、危ない人種であることにいささかの変わりはないという主張であった。この頃、アメリカ人パイロットの捕虜が東京で処刑されたとのニュースが流れた。

捕虜処刑のニュースは西海岸のメディアには格好の材料になった。世論を反日本人に誘導するのに都合がよかった。従来、改革派と目されていたロサンゼルス市長のフレッチャー・ボウロンは完全に冷静さを失っていた。ワシントンに対して日本人を西海岸に戻すことをやめるようにと主張するだけでなく、アメリカ生まれの二世たちの市民権をも剝奪すべきだと訴えている。
度を越した反日本人の馬鹿騒ぎはますますエスカレートし、強制収容所から日本人は一切出所させるべきではないという声が高まっていった。カリフォルニアの反日本人勢力は、日本人を西海岸に戻しても構わないと主張する者たちは、何らかの危険な意図を持っているのではと疑っている。彼らはダイズ委員会に対して、再度日本人問題の調査を実施すべきだと訴え始めた。
ダイズ委員会のメンバーであったニュージャージー州選出のジョン・トーマス下院議員[*28]は、ロサンゼルスの公聴会にやって来ると、ビルトモア・ホテルに陣取った。公聴会が始まる前から地元紙記者と会見場を設けると定期的にプレスリリースを実施している。
リリースされた情報は反日本人の記事づくりには好都合だった。この時点では委員会はまだ何のヒアリングも行っていなかったし、トーマス議員自身、強制収容所を訪れたこともなかった。その近くに行ったことさえなかった。
トーマス議員のプレスリリースは日本人の恐怖を煽るぞっとするような内容であった。トーマス議員の泊まるビルトモア・ホテルは、あたかも反日本人陣営の指令本部になったかのように反日本人を煽り始めた。それにあわせたように、地元紙は反日本人の記事を連日掲載している。
「収容所からジャップを出すな」（ロサンゼルス・ヘラルド・エクスプレス紙、一九四三年五月十九日付）
「ダイズ委員会委員、日本人を出所させるプランは壮大な茶番であると非難」（同上五月十三日付）
「トーマス議員、ロサンゼルスに日本軍が潜んでいると語る」（同上）
実際のところ西海岸にいる日本人の数はきわめて限定的なものだった。休暇で地元に戻ってきた日系人兵士、病院などに入っている者、白人と結婚した日本人妻で子供のいる者。こうした日本人しか西海岸にはいなかった。

しかしメディアはそうした事実にはおかまいなく、日本人がすでに収容所から解放され、続々と西海岸に戻っているかのごとき報道を続けた。サンホアキン地区商工会議所評議会もそうした事実を知っていながら、日本人を再度強制収容せよ、とする請願書まで出している。

ダイズ委員会の方針

トーマス議員が反日本人で馬鹿騒ぎしているものの、ほとんどのアメリカ市民にとってそれは意味のないことだった。そのため彼は反日本人のレトリックにちょっとした工夫をこらした。丸々と肥えた日本人が収容所から解放される一方で、ガダルカナル島で戦うアメリカ人兵士が食糧不足で今にも餓死しかかっていると市民の愛国感情に訴えた。トーマス議員は一九四三年五月二十五日に次のような声明を発表している。

「私を含むダイズ委員会の委員の調査によれば、日本人収容所の状態は憂慮すべきであることを確認した。収容所で発行されている新聞は、日本人の利益のみを主張している。その上、所内では短波ラジオの使用まで許可されている。日本国内ではラジオの所有は禁じられているというのにだ」

トーマス議員はこうした声明を次々と出しているが、収容所を自ら訪問することはなかった。ダイズ委員会の調査委員の一人であったロバート・ストリップリングは、ワシントン・スター紙上（一九四三年五月二十九日付）で、戦時移住計画局は収容所から日本人スパイや工作員をどんどん退所させていると述べた。トーマス議員は、日本人収容者への食事にはワインが出ているといったデマまで流している。現実には、収容者への食事予算は一日当たりわずか四五セント〔現在価値およそ六ドル〕でしかなかった。

日本人収容者を厚遇しすぎているというアジテーションは何度も繰り返された。一九四三年五月二十八日、ダイズ委員会は次のような声明を出している。

「収容者への食事の手当ては過剰である。日本人収容者はバター、コーヒーといった割り当てられた食品を外にいる友人たちに送ったりしている。日本人収容者の七六パーセントはわが国への忠誠心を示すことを拒否している」

六月四日付のワシントン・タイムズ・ヘラルド紙は次のように報道している。

「収容者には一人当たり五ガロン〔一九リッター〕のウイスキーの割り当てがある」[*29]

この情報源はダイズ委員会の実質上の委員長となるジョー・スターンズとされているが本人はそれを否定している。いうまでもないことであるが、この報道は真実ではない。

つまりダイズ委員会が調査を始めていない時期のわずか一カ月のあいだに、虚偽で悪意に満ちたデマゴギーが、これでもかといわんばかりにメディアに垂れ流されたのだった。これは一九四一年に行われたダイズ委員会の調査員がみせた行為の再現のようなものであった。当時の調査員もダイズ委員長に次のような報告を電信で行っている。

「日本人は県人会という組織を作っている。同じ県出身者の集まりである。ロサンゼルスには十六もの神道寺院が出来上がっている。神としての天皇を中心にした日本民族そのものの優秀性を崇めるものである。これは決して宗教組織ではない」

この報告が、アラン・ヒンドの『東洋の裏切り』*Betrayal from the East* というプロパガンダ本に引用されることになった。ダイズ委員会のメンバー、ジェームズ・スティードマンやロバート・ストリップリングの調査がしっかりしたものであることを示そうとしたのだった。実際のところ、スティードマンもストリップリングも日本についてはブリタニカ百科事典に書かれているほどの知識も持ってはいなかった。

ダイズ委員会による日本人についてのデマにも似た虚偽報道は、ナチスが行ったユダヤ人に対するデマといい勝負だった。ダイズ委員会の公聴会が開かれると、ダイズ委員長はお飾りにされてしまっている。公聴会を取り仕切ったのは野心家のジョン・コステロ下院議員[*30]であった。彼は「黄金の西海岸の子供たち」の強力なメンバーでもあった。彼が公聴会の議長をつとめている。公聴会が開かれたのは一九四三年六月八日から七月七日までであった。

委員会はまず日本人を中傷するのに効果のある証人を呼んでいる。こうした証言は戦時移住計画局の担当者が証言する前に実施されている。メディアに、センセーショナルな反日本人の証言を報道させるのが狙いであった。委員会は反日本人の証言が事実と異なっていて、嘘であることを知っていたようだ。委員会が用意した証人の一人に、解雇された戦時移住計画局の職員がいた。彼の証言には後日、三十五カ所もの明らかな嘘があることがわかっている。

証言聴取が行われているあいだ、戦時移住計画局は問題のある証言に対してコメントを出すことを認められていなかった。明らかな間違いがあっても、それを正すことさえできなかった。メンバーであるハーマン・イーベルハーター下院議員[*31]は、証言や証拠の収集はフェアにやるべきだ、と議長のやり方に異議を唱えている。しかし議長はそれを意に介していない。コステロ議長の公聴会はあたかも日本人を異端審問にかけているかのようであった。

公聴会では、南部カリフォルニア州民の意見を幅広く聴取するという試みは全くなされなかった。後にはそれが全くの嘘であることがばれてしまうのだが、証人はとにもかくにも大袈裟な、おどろおどろしい反日本人ストーリーをしゃべることを奨励されているかのようであった。証人らは日本人に対する集団的暴力行為の可能性をほのめかしていたが、そうした言動がたしなめられることもなかった。

公聴会が開催されているあいだにも、だぼだぼの流行のズボンを身につけた黒人やメキシコ人が反日本人の騒乱を起こしていた。人種間の憎悪を煽った結果として発生した暴動の責任の大半は公聴会にあった。

ダイズ委員会は、戦時移住計画局の日本人移住計画そのものを調査しようなどとは思ってはいなかった。カリフォルニアのメディアを煽り、日本人問題の火をカリフォルニアから絶やさないことが目的だった。公聴会開催前に反日本人を大袈裟に煽るコステロ議員らが実施したプレス声明とは裏腹に、委員会が最終的にまとめ上げた報告書は実にあっさりとした内容であった。

出所し、よそに移住することを申し込んでいる日本人をしっかり調査すること、日本人移民のアメリカ化を着実に進めることを要求し、戦時移住計画局はまともに仕事をしていないと糾弾するにとどまった。

わが国全体の世論はダイズ委員会に対して懐疑的であったことは間違いない。有力紙は公聴会のやり方が人種偏見に染まったやり方で実施された茶番だと非難していた。前述のイーベルハーター議員も「委員会報告は人種偏見意識にまみれたもので、その内容は事実に基づいていない」と述べているほどだ。

ギャノン委員会

日本人問題について検討してきたワシントンの上院軍事問題委員会もダイズ委員会も、これを全国的な大袈裟な問題にすることは失敗してしまった。そのため反日本人勢力は舞台を州議会に移している。何とかして反日本人の空気を拡大させたかったのだ。そこで彼らはカリフォルニア州版のダイズ委員会を設置した。リーダーはジャック・テネイ（州上院議員）であった。この委員会は、一九四三年にはやむことなく日本人収容者移住計画に対して難癖をつけている。アメリカ在郷軍人会はテネイ議員の調査に期待して、同会独自の調査は中止した。

州議会にはテネイ議員の主宰する委員会に似た組織がいくつもできた。そのうちの一つは、ハットフィールド、クイン、スレイター、ドネリーの四人の州上院議員で構成される調査委員会だった。一九四三年十月まで日本人問題を調査し続けた。ロサンゼルスの地方主席検事であるフレッド・ハウザーは同委員会で、収容所から日本人が出所しカリフォルニアに戻るようなことがあれば、大量虐殺（large scale massacres）が発生する可能性があると証言していた。

ロサンゼルス商工会議所の農業部門、つまり生花生産者や種苗業者もハウザーの証言に沿った意見を述べていた。「黄金の西海岸の子供たち」「ゴールド・スター・マザース」[*32]「ネイビー・マザース」[*33]も同様であった。以下は「ゴールド・スター・マザース」の代表が上記委員会で述べた意見である。

ベナフル夫人「私たちはカリフォルニアにはジャップを一人も入れてはなりません」
スレイター議員「どのくらいの期間のことを言っているのですか」
ベナフル夫人「永久にです」

スレイター議員「私はそれを聞きたかった」

実は筆者の私もこの委員会で証言している。証言に続いて長時間にわたって尋問も受けている。そこで話題になったのは「異人種間婚姻」「人種浄化」「人種的雑種」等々であった。私にはこの委員会がまともな公聴会を開いているとは、とても思えなかった。あたかも宗教的儀式を執り行っているように感じられた。

この公聴会は今まで抑制されていた人種的偏見の感情を吐き出すには絶好の場であった。公聴会はロサンゼルスにある州政府ビルの一室で行われた。その部屋の壁には州内の少数民族であるメキシコ人や原住インディアンの姿が描かれていた。絵のなかの彼らも私同様に、室内で繰り広げられる茶番劇を楽しんでいたに違いない。

お芝居のような茶番劇にちょっとしたハプニングが起きたことがある。たまたまロサンゼルスを訪れていたパール・バック女史[*34]が参考人として証言台に立ったのである。彼女の証言はおよそ一時間続いたが、委員たちは時計ばかり気にしていて、早く彼女の話をやめさせたいと思っているのがよくわかった。

委員会は彼女が証言することを予期していなかった。しかしさすがに彼女に対しては丁寧な対応で当たらざるを得なかった。委員たちは、日本人問題にフェアな態度で臨むべきだと主張する一般の証人を、異端宗教を支持する気の違った人間を見るような態度で見ていたが、バック女史に対しては、さすがにそうした態度をみせるわけにはいかなかった。ロサンゼルスの新聞のうち、彼女が証言したことを伝えたのはわずか二紙ほどで、彼女の証言自体を報道しないものがほとんどであった。

この四人の委員による調査委員会に続いて、ギャノン調査委員会が開催された。この委員会の議長はサクラメント郡出身のチェスター・ギャノン議員であった。委員会は日本人問題についてフェアな態度で臨むべきだと主張する個人や団体を調査するという不思議なものだった。特に狙いを定めたのは「アメリカ的信条とフェアプレイに関する委員会（the Committee on American Principles and Fair Play）」であった。この委員会のメンバーにはロバート・ゴードン・スプロール博士（カリフォルニア大学）、レイ・ライマン・ウィルバー博士（スタンフォード大学）、ロバート・ミリカン博士（カリフォルニア工科大学）などがいた。

ギャノン調査委員会はメイナード・セイヤー女史を喚問した。彼女は「アメリカ革命の娘たち」のメンバーであり、また「アメリカ的信条とフェアプレイに関する委員会」のスポンサーでもあった。彼女に対する尋問は、ギャノン調査委員会がどのような性格のものであったかを理解するのに格好の材料である。以下にそのやり取りを示しておく。質問者はギャノン委員長であり、その口調は詰問調である。

委員長「あなたはわが国の権利章典（Bill of Rights）が何たるものか知っているのか。権利章典は州の法律には適用されない。いつ章典が書かれたか知っているのか。それが何たるか知っているか。われわれは、あなたが在郷軍人会や『黄金の西海岸の子供たち』を非難していることも知っている」

セイヤー女史「もちろん知っています。章典は合衆国憲法修正第十条までを意味します」

委員長「あなたは章典についてぐだぐだと御託を並べるが、その内容を全然わかっていない。権利章典はあなたが理解しているような神聖不可侵のものではない。あなたは権利章典が書かれた時点で、わが国にはすでに十五万人の黒人奴隷がいたことを知っているはずだ。権利章典が奴隷について何か意味を持っているかといえば、全くないのだ。奴隷は奴隷なのだ。それにもかかわらず、あなたはこの権利章典が日本人のような少数民族に適用されると主張するのか」

セイヤー女史「私たちの社会はそのような頃からずいぶんと進歩してきたのです。私たちは合衆国憲法で守られている権利が脅かされているいかなるグループも支援します」

委員長「あなたは共産党員か。あなたの言い分は共産党の主張のように聞こえる」

セイヤー女史「私は過去三十年間にわたって共和党員です。よき国民であろうとする多くの活動に携わってきました。私が問題にしているのは、わが国民一般であり、ただ日本人だけの問題として捉えていません」

委員長「あなたの周りには日本と戦っている軍人はいないのですか。仮にあなたに息子でもいれば少しは考えが変わるはずだが」

セイヤー女史「日本と戦争していることと、カリフォルニアに暮らすアメリカ国民の市民権とどんな関わりがあるというのですか。私も西海岸に日本人が戻ってほしくはありません。しかしそれは軍が決めることです。私たちのグループが主張しているのは、たとえ戦時であっても、国民の権利が侵害されるようなことはあってはならないということです」

委員長「あなたは日本人のことを知らないのではないか。サンタ・バーバラ郡に暮らす日本人をみたことがあるか。彼らにはモラルというものがない。自分の妻を平気で他の男に差し出して子供を作らせる。つまり家を継がせる子供を不道徳なことをしてでも作ろうとする。それが日本人なのだ」

セイヤー女史「そんなことは知りもしないし、私たちには何の関係もないことです」

委員長「あなたは、男女が裸になって平気で混浴する人種の人権を守ろうとするのか。カリフォルニアにいる日本人（Japs）の変態的習俗を知らない。倫理観のない彼らのことをわかっていない。セイヤーさん、あなたは一度でも日本人の家に入ったことがあるか。あのジャップの家のなんともいえない異臭を嗅いだことがあるか」

日本人問題の扱いは一九四二年以降、激変してしまった。あの頃のトーラン委員会は、証人には敬意を持った態度で臨んでいた。日本人が強制隔離されている真っ只中で、それは安全保障上必要なことだとされていた時期だった。

一九四三年の十二月になると、権利章典を守るべきだと主張する者は逆に脅迫され、日本人は反吐《へど》が出るほど汚くて（loathsome）、モラルのかけらもない人種ということになってしまった。そして彼らの住む家は臭くてたまらない、ということにされてしまっていた。

しかしギャノン調査委員会のやり方はさすがに顰蹙《ひんしゆく》を買っている。反日本人の論調の記事を書き続けてきたロサンゼルス・タイムズ紙までがそう感じていた。セイヤー女史に対する公聴会のやり取りを受けて同紙は次のように批判した。

「調査委員会は証人を威嚇すべきではない」

ロサンゼルス・タイムズ紙がこうした考えを示したことはかつて一度もなかった。委員会のセイヤー女史に対する侮辱は、それほどひどかったのである。彼女はれっきとした共和党員であり、「アメリカ革命の娘たち」のメンバーであり、パサデナに住むカリフォルニア州民だった。そうした証人を苛めるように扱ったことで、タイムズ紙はこの委員会は「魔女狩り（witch-burning）」委員会であると批判した。これに先立って行われたダイズ委員会や州上院の調査委員会もギャノン委員会と同じぐらいアンフェアなものだった。

しかしロサンゼルス・イグザミナー紙はギャノン調査委員会を支援するかのように、公聴会の模様に六二インチ〔一五七センチメートル〕分もの紙面を割り当てて詳細に報道している。それでも結局はギャノン調査委員会のやり方は逆効果を生んでしまった。

タイム誌はこれについてしっかりとした記事を書いている（一九四三年十二月二十日付）。この記事を契機に、カリフォルニア州内で「気の触れたサムライ」のように反日本人を煽っていた連中はしばらく鳴りを潜めたのだった。

日本人憎悪の足音

一九四三年のカリフォルニアは反日本人キャンペーンの馬鹿騒ぎで明け暮れた。強制収容政策に関わる調査委員会がいくつも開かれている。ワシントンの議会が二つの委員会を、カリフォルニア州議会にいたっては三つの委員会を開催している。日本人を収容所から出すなという勢力がいかに強いものであったかの証明である。一九四三年という年は、年中どこかで日本人の危険性を煽る連中が騒いでいた年だった。請願書を集め、議会に送りつけ、大統領にも彼らの考えを訴えていた。
反日本人の連中は、日本人は危険な人種だ、という意識をアメリカ全土にばら撒いていた。日本人に対する人種的中傷はカリフォルニアだけでなく、コロラドやダコタの山奥にもアーカンソーやイリノイの平野部にもこだました。こうした動きの象徴がこの年の十二月五日にアイオワ州ハンブルグの町で行われた集会であった。千五百人の農家がアイオワ州、ミズーリ州、ネブラスカ州からやって来て、収容所の日本人をこの地域に移住させるなと気勢を上げている。[35]
これに似た集会は各地で開催された。こうした地域は反日本人のアジテーションがあるまでは日本人を歓迎するムードだったのだ。ディロン・マイヤーの言葉を借りれば、一九四三年はまさに「日本人への敵意の足音がそこら中に響いた」年だった。
カリフォルニア州の反日本人の意識は、実に無節操なやり方で煽られ続けていた。新聞は上海をはじめとする極東地域で捕虜になった同胞の話を最大限に利用した。確かにアメリカ人捕虜が受けた仕打ちはひどいものがあったろう。しかしそれに対する憤りは日本という国に向けられるべきものであり、市民権を持つ日本人移民に向けられるべきではなかった。しかし新聞はおどろおどろしい話をこれでもかというほど取り上げている。
「カリフォルニアで歯医者をやっていたJ・S・ペイン博士は爪を根元から剝がされた」（ロサンゼルス・タイムズ紙、一九四三年十月六日付）
「海軍中佐であるC・M・ワッセルは『後生だからジャップは鉄条網のなかに閉じ込めておいてくれ』とロサンゼルス・ロータリークラブで訴えた」（ロサンゼルス・ヘラルド・エクスプレス紙、一九四三年十一月十七日付）
ガーネット・ガーディナー夫人は上海で七カ月収監されたらしいのだが、彼女はサンディエゴとロサンゼルスで反日本人の集会を企画している。サンディエゴでは彼女の狙いどおり、四千人が「日本人収容者は絶対に西海岸に戻すな」という請願書に署名している。彼女は次のように述べたと報道されている。
「収容所の日本人はステーキを食べ、甘いチョコレートも与えられている。奴らは、われわれでさえ手に入らないこともあるステーキが気に入らなかったら捨てるらしい。これを聞いたときに私はわが耳を疑った」（ロサンゼルス・タイムズ紙、一九四三年十一月十七日付）

実際に日本との戦いで傷ついたり虐待を受けた人に対しては同情の感情は湧いてくる。しかしガーディナー夫人はこうした話を噂で聞いただけだった。こうした類いの話はほかにもあって、それに同情するようなことはとうていできない。

ラルフ・フィリップ博士は中国で二十六年間、布教活動に携わっていた。彼は日本人兵士が五万人の中国人兵士を殺し、ときには数千人の女までも平気で襲ったと述べていた。しかし私は神の使徒としての活動をしてきた人物がこうした話を、アメリカの市民権を持っている七万人もの日系アメリカ人への憎悪を煽る目的が見え見えの公聴会でしてはいけないのではないかと考えている。たとえ彼の見聞が事実であったとしてもである。

捕虜交換船グリップスホルム号で送還されてきた同胞は、日本国内で臨時の収容所に収監されている。彼らは虐待を受けていて、そういったことはしゃべらないようにと脅かされてきているかもしれない。しかし一ダース以上の送還者が収容所内での扱いはフェアであった、と述べている事実も忘れてはならないのである。

一九四三年にはアール・ウォーレン州知事は、人種間問題に関わる委員会の設置を命じている。そのメンバーの一人にレオ・カリーヨという人物が任命された。彼は「黄金の西海岸の子供たち」のメンバーであったが、メキシコ人の血が流れていた。カリーヨは任命されるとすぐに反日本人のスピーチを州内の各地で行っている。

「ワシントンでは日系アメリカ人は保護されるべきだ、などという議論が持ち上がっているが、とんでもないことだ。そんなことを言っている連中は、日本人がどんな生物か知りはしない。奴らはシロアリみたいなものだということがわかっていない。奴らをカリフォルニアに戻したら、神聖なカリフォルニアの地を汚す。その穢《けが》れで、われわれでさえ住めなくなってしまう。要するに日系アメリカ人などというものは存在してはいけないのだ」（ロサンゼルス・タイムズ紙、一九四三年十月六日付）

ロサンゼルス郡のシェリフだった人物も似たような発言をしている。彼もカリーヨと同じく「黄金の西海岸の子供たち」のメンバーだった。

こうした動きとは逆の動きもあった。この年の十二月に開催された州農業委員会で三人の委員（ポール・S・タイラー委員、スチュワート・メイッグス議員、グレイス・マクドナルド議員）が中心になって、日本人収容者をカリフォルニアに戻すこと、および彼らをフェアに扱うことを、要請する決議案を州議会に提出している。この三人の委員は前知事であるカルバート・L・オルソン[*36]によって任命されていた。

ウォーレン知事はすぐにこの問題に対応した。自分の息のかかった人物を新たに任命してこの請願の動きを潰している。日本人にフェアな態度で臨むことを主張する者に対しては侮蔑的な言葉が投げつけられた。そんな連中は「日本人大好き人間（Jap Lovers、Kiss-a-Jap-a Day boys）」だと蔑まれた。ラジオでも中傷が繰り返された。

当時の状況を示す格好の記事がいくつかある。

「日本人がカリフォルニアに戻ってくれれば、軍人たちが奴ら（Nips）を撃ち殺す可能性があると地方検事語る」（ロサンゼルス・タイムズ紙、一九四三年十月十九日付）

「日本人がカリフォルニアに戻れば、必ず暴動になる」（同紙、一九四三年十二月十日付）

こうした記事に加えて、小説家たちが日本のカリフォルニア侵攻をテーマにした物語を書き始めた。たとえばホイットマン・チェンバース[*37]は『日本のカリフォルニア侵略』*Invasion!*を書いている。この小説では、日本がカリフォルニアに侵攻し、ロサンゼルスを征服することになっていた。

私は一九四二年のトーラン委員会でのエリック・ベルクイスト博士の警告を覚えている。彼は日本人問題に対するカリフォルニアの態度は、必ず歴史に大きな汚点を残すと予言していた。

「日本人大好き人間」に対してどのような攻撃が加えられたかを理解するのに格好の事例がある。それはロサンゼルス・タイムズ紙が行った世論調査である。この質問がどのように行われたかをみてみたい。

質問1　戦時移住計画局は日本人問題を処理する能力があると思いますか。
思う　六三九　　思わない　一万七七三

質問2　戦争終了までのしばらくのあいだ、日本人の管理は陸軍に委ねるべきだと思いますか。
思う　一万一二〇三　　思わない　三七二

質問3　恥も外聞もなく（avowedly）わが国に忠誠心を示したという日本人を収容所から出所させ、中西部諸州で働かせるという方針を支持しますか。
支持する　一一三九　　支持しない　九七五〇

質問4　わが国に居住する日本人を、日本に捕らえられている同胞と交換することが仮に可能であったら交換計画を支持しますか。
支持する　一万一二四九　　支持しない　二五六

質問5　戦争終了後憲法を改正し、すべての日本人を送還し二度とわが国への移住を認めないことにすることに賛成ですか。
賛成する　一万五九八　　賛成しない　七三二

質問6　仮に上記のように憲法が改正された場合、わが国で生まれている（市民権を持つ）日本人には適用しないことに賛成ですか。

賛成する　一八八三　　賛成しない　九〇一八

質問7　カリフォルニア州を含むすべての太平洋岸の州から日本人を永久に排除すべきだと思いますか。

思う　九八五五　　思わない　九九九

この調査結果は一九四三年十二月六日付の紙面で発表されている。その紙面には「世論は日本人移民に対して新しい政策を強く要望」との見出しが付けられ、収容所から日本人を退所させる戦時移住計画局のやり方に不満を持つ読者の声が大きく取り上げられていた。同じページには日本人移民にフェアであろうとする人々に対して「日本人大好き人間」のレッテルを貼り、彼らを揶揄《やゆ》する風刺画が添えられていた。

私が指摘するまでもなく、この質問の内容とその順序をみれば、ある意図が隠されていることは明らかである。いったい誰が「恥も外聞もなく」忠誠心を示したという日本人を退所させたいと思うだろうか。

質問5もおかしい。ずっと前から日本人はわが国には移民できなくなっていたのである。一九〇八年からは紳士協定で移民数が抑制され、一九二四年から排日移民法で日本人はわが国に移民できなくなっている。質問のそこかしこに、この調査を実施した人間の悪意が見え隠れしていた。

この年に起こったもう一つの事件も政治的な目的で日本人出所計画を攻撃していることを示している。

戦時移住計画局のオハイオ州クリーブランド事務所の職員が、[*38]日本人が中西部や東部の諸州に移住してくれれば、こうした州の農民ももう少し頻繁に風呂に入り体を洗うようになるだろうという文章を書いたことがあった。全く悪気のない記事であったのだが、これが反日本人キャンペーンには格好の材料になった。

この文章をみつけて記事に仕立て上げたのは、ワシントン・タイムズ・ヘラルド紙であった。中西部や東部の農民が不潔であるとの含意を持たせたこの記事は、農民たちに日本人への反感を植えつけるのにうまく利用された。この記事は全国の新聞に転載されている。

農民共済組織であるグレンジ（the National Grange）は早速、この記事に反発した。オハイオ州選出のロバート・タフト上院議員[*39]やカリフォルニア州のジョン・コステロ下院議員は議会で、この記事を問題視する演説をしている。西海岸の新聞にもこの記事が利用された。

「日本人がきれい好きだとは驚き。南部人もびっくり」とロサンビルス・タイムズ紙は報じている（一九四三年十二月七日付）。翌日の紙面では「日本人は豚と一緒に寝る人種とハービー氏語る」との見出しでこの問題を扱い、しばらくのあいだ、このテーマを取り扱い続けた。カリフォルニアにいた日本人がいかに薄汚かったかを、これでもかと示す写真も掲載していた。

私は自らの経験から、クリーブランド事務所の職員の見解にうなずける点があることを知っている。私は四年間にわたってカリフォルニア州移民住宅局の責任者であったが、日本人労働者は確かに清潔であった。一九一八年の移民住宅局のレポートでも、日本人労働者はキャンプの居住環境を清潔に保つ努力をしていると褒めている。

日本人を貶《おとし》めようとする記事はほかにもあった。この年の十月に、ある全国紙に次のような見出しが躍った。

「ジャップ女五人が収容所内で色仕掛け。五人は投獄さる」

日本人収容所に入れられていたドイツ人捕虜を、日本人の女性五人が誘惑したと伝えるものだった。

この記事は世間では相当話題になった。グラナダ収容所内で収容者が発行するパイオニア紙は、そんな事実はないと否定したが、これを伝えた新聞は一紙もなかった。

常軌を逸した新聞メディア

ニューウェル収容所に日本人の不満分子を集中的に集めたことは既述のとおりである。しかしこの政策は完全に失敗だった。戦時移住計画局がニューウェルに、いわゆる非忠誠日本人移民を集めたのにはそれなりの理由があった。まずこの収容所は大型であり、周囲には耕作地も広がっていた。ここに隔離された収容者の数は最も多く、食料自給がしやすい土地でもあった。

カリフォルニアの反日本人勢力は永続的に日本人を隔離することを主張してきたが、ニューウェル収容所に非忠誠日本人移民を分離収容する政策に危機感を持ち始めていた。その理由は、分離収容されなかった他の収容所にいる日本人が出所できると気づいたからであった。忠誠分子とそうでない者は分離せよと主張してきた新聞も論調を変えている。

ロサンゼルス・イグザミナー紙はおもしろい論理を展開し始めた。わが国に忠誠を誓えないとした日本人、つまりニューウェル収容所に収容されている日本人はむしろ正直であって、わが国に忠誠心を持っていると表明した日本人の連中の方が胡散臭いと言い始めたのだ。

したがって忠誠心を示した日本人の方が危険で、そうした連中を退所させてよそに移住を認めることは危険きわまりないと主張し始めたのだった（一九四三年十二月二日の論説記事）。彼らにとっては、退所して自由に暮らしている日本人移民はとにかく危険な存在だったのだ。

ニューウェル収容所で起きた騒ぎは、こうした反日本人勢力には願ってもない事件であった。ロサンゼルス・イグザミナー紙は早速、この事件を戦争特集（War Exura）として報じている（一九四三年十月二十九日付）。同紙は、表紙の見出しには二インチ〔五センチメートル〕のスペースを取り、こう報じていた。

典型的な日本人兵士のイメージポスター。「戦争はもうすぐ終わると思ってらっしゃる？　そう思われるなら、どうぞ休暇でもとってゆっくりしてください」

「一万四千人のジャップがストライキ。軍出動し、奴らを鉄条網のなかに押し込める」

十一月十日付のロサンゼルス・タイムズ紙も「奴らはジキルとハイドだ」という見出しのついた風刺画を載せた。そこにはいつものように出っ歯の日本人が描かれ、ゲリラ兵士のように爆弾に火をつけていた。

この事件は継続的に報道された。ニューウェル収容所の日本人収容者「暴動」のニュースは、ふだんの戦争報道を脇に押しやるほどのスペースで一面を使って扱われた。カリフォルニアの役人は、上はウォーレン知事から下は下級法務官まで、この事件に火をつけるのに大なり小なり関わっていた。

ニューウェル収容所に州の調査委員が集まってきた。そこで「判明」したことを逐一報告している。

「爆弾、ナイフ、銃が収容所で見つかる」

「白人職員の寝室に日本人がもぐりこむ」

「職員と収容者が妙にうまくやっている」

「収容者による破壊工作発見」

「職員は日本人の愛人を作っていた」

「職員は日本人を甘やかしている」

「こうした状況の改善には厳しい態度で臨む必要がある」

前述のレイ・リチャード記者は、マイヤー長官は日本人が凶器を所持しているのを知りながら放っておいていると言い切った。長官が日本人にそうした武器を作ることをそそのかしているとも聞こえるほどであった（コール・ブリテン紙、一九四三年十二月二十一日付）。

こうした「調査報告」を受けて、ワシントンではカリフォルニア出身の議員連中が集まって調査委員会を作っている。ウォーレン知事はおよそ二週間にわたって、収容所の問題を何とかしなければならないと訴え続けた。ワシントンではダイズ委員会が再開することになった。カリフォルニア州議会では、二つの委員会が組織され、ニューウェル収容所まで赴いて調査にあたった。

戦時移住計画局の元職員が呼び出され証言した。このやり方はこれまでにも使われた手法であった。メディアは彼を長時間にわたってインタビューした。これに続いて、つじつまの合わない、ときに矛盾する記事がメディアに溢れた。

「マイヤー長官を解雇すべき」

「日本人を退所させるべきではない」

「退所させて他所に移住させるプログラムは中止してはいけない」

「収容所は陸軍の管理下に置け」

「陸軍に収容所管理などの面倒なことはさせるべきではない」

「日本人は全員日本に送り返せ」

「全ての日本人は収容所に放り込んだままにしておけ」


調査を通じて、委員の一人だったジャック・テネイ州上院議員が役に立ちそうな情報を仕入れてきた。ポストンの収容所から出所し、アリゾナで生活していた日本人が、州法で禁じられている砂漠の植物を採取していたという情報だった。

ロサンゼルス・ヘラルド・エクスプレス紙は「カリフォルニアの危機。武装日本兵続々カリフォルニアに上陸」というとんでもないニュースを流している。コステロ下院議員は十一月八日に「数百人規模で日本人収容者がカリフォルニアに戻っている」と、発表している。新聞報道もコステロ議員情報も全く根拠のないデマであった。デロス・エモンズ将軍はこうした情報にはまったく信憑性がないと訴えたが、広まる噂を抑えることはできなかった。噂は全国の新聞で伝えられた。

この頃、どれだけの日本人がロサンゼルスに居住していたのだろうか。現実に調査してみるとわずか二十人という結果であった。そのすべてが白人と結婚した女性で、それぞれに未成年の子供がいた。

根拠なき反日本人の報道は途絶えることなく続いている。一九四三年十二月四日付のロサンゼルス・

タイムズ紙は次のようなニュースを報じた。

「四五〇ケースもの大量のウイスキーがニューウェル収容所に運ばれている」

続いて翌五日にもこのニュースをフォローしている。

「収容所のウイスキー問題に調査のメス」

同日の論説欄では、「ニューウェル収容所の暴動と運び込まれたウイスキーとのあいだには何らかの関連があるはずだ」との臆測記事を流している。あらためて言及する必要はないが、ウイスキーはすべての収容所で認められていなかった。大量のウイスキーのケースはニューウェル市の一般消費者のために送られたものにすぎなかった。

ロサンゼルス・タイムズ紙のエド・アインズワース記者は「収容所の日本人をいたずらが過ぎる少年のように扱ってはならない。彼らは道徳的に退廃している。われわれはアメリカ人同胞を奴らから守る義務がある。リトルトーキョーに舞い戻って編み物教室を開いたり、兄弟愛クラブなどを作ろうとする日本人を大事にしよう、などということよりもずっと重要なことなのだ」と主張した（一九四三年十一月十一日付）。

ニューウェル収容所の事件を報じた数々のニュースは重篤な問題を引き起こしている。この頃、米日両政府は捕虜交換についてスペイン政府を通じて外交交渉を重ねていたが、こうした報道を受けて日本政府は交渉を中止してしまった。戦時移住計画局副長官であったR・B・コゼンスは次のように語って残念がった（USディスパッチ紙、一九四三年十二月十五日付）。

「捕虜交換交渉が頓挫したことは痛恨の極みである。カリフォルニアにおける反日本人キャンペーンがその原因であることは間違いない。メディアだけでなく多くのグループ、そして有力な個人が人種偏見を煽りに煽った。その当然の帰結である」

マイヤー長官は従前よりメディアに自制を促していた。ニューウェル収容所事件のメディアの扱いは度が過ぎていて、必ず問題を引き起こすと憂えていた。しかしメディアの反日本人キャンペーンは入念に計算されたものだったから、捕虜交換交渉が頓挫することになっても、それをやめることはなかった。一九四三年十二月十三日付のロサンゼルス・タイムズ紙は次のような記事を掲載している。

「日本側は捕虜交換交渉を中断。ニューウェル収容所事件調査結果は軽視される」

新聞メディアの論調は常軌を逸していた。陸軍は再三にわたって収容所の管理はできないとしているにもかかわらず、収容所を陸軍の管理下に置くように主張したし、もしそんなことをしたら、日本側も、同様に民間管理下にあるアメリカ人捕虜を軍に委ねてしまうだろうという憂慮の声にも耳を貸そうとしなかった。

さらには、マイヤー長官に対しても文句をつけ始めた。メディアを検閲下に置こうとしていると騒ぎ出した。メディアがこうした馬鹿騒ぎをやめ、静かになったのは、日本が本当に捕虜交換交渉をやめてしまったことが伝わってからのことだった。

メディアのニューウェル収容所事件報道は、反日本人勢力の思惑にとって裏目に出たところもあった。ウォーレン知事は一九四四年一月から始まる特別議会に、反日本人政策を実現する法案を上程していくつもりだった。一九四三年に実施された公聴会や調査の結果が、四十も五十も準備されている法案の根拠になるはずだった。知事はメディアの反日本人キャンペーンがあまりに度を越してしまい裏目に出てきたことに気づくと、一九四四年の議会での中心テーマを刑法改正問題に代えざるを得なくなってしまった。

カリフォルニアメディアの反日本人キャンペーンは、日本で拘禁されているアメリカ人同胞の環境に悪影響を与えたことは間違いのないことだった。一九四三年十一月二十四日、ラジオ・トーキョーが、日本政府はアメリカの日本人移民に対する仕打ちに鑑みて、日本国内に残るアメリカ人に対する扱いを再考せざるを得ないと伝えたのだった。

カリフォルニアの反日本人勢力のやり方は魔女狩り的であった。R・B・コゼンス副長官の言葉を借りれば、彼らは「事実には関心がなくて、捏造《ねつぞう》、半分だけの真実、誇張を平気でやっていた」のだった。彼らの実施した調査や、公聴会で見つけたおもしろい話は、あたかも事実であるかのごとく大袈裟に伝えられた。

こうしたなかで、ハーマン・P・エバーハーター下院議員[*40]のダイズ委員会での発言は傾聴に値する。

「日本人移民に対する根拠のない恐れや敵意が煽られている。そのことでわが国の団結が乱されている。戦時移住計画局は実に真面目に、かつ精力的に業務をこなしている。そうした努力が台無しになっている。われわれの敵は太平洋の向こうにある日本であるのに、あたかも収容所に押し込められている日本人がわれわれの敵であるかのような錯覚を生んでいる。メディアの馬鹿げたプロパガンダの結果である」

「カリフォルニア州の調査と称する活動は、人種偏見意識の形成を助長し、それをますます悪化させている。こうしたやり方は是正しなくてはならない。悪意が秘められた調査に基づいて作られた政策が実施されていけば、わが国は歴史に大きな汚点を残すことになるだろう」

ニューウェル収容所の事件は重大な憲法問題も惹起している。カリフォルニアの反日本人勢力は、この事件を利用して日系移民から市民権を剝奪しようと目論んでいた。一九四三年十二月九日のダイズ委員会では、ビドルという人物が、ワシントンの議会はそうした方針をとるべきだと主張している。そうしたとしても憲法には抵触しないと仄めかしたのだった。

彼は、わが国への忠誠を誓わなかった市民権をもつ日本人を問題にしていた。そうした日本人がニューウェル収容所に集中的に集められていた。しかし問題は十七歳以下の子供たちであった。彼らは忠誠心を確かめる質問を受けていなかった。一万五千人の収容者のうち半数がこうした子供たちだった。日本人すべてから市民権を奪うことは、こうした子供たちの市民権をも奪うことを意味していた。

私がこの原稿を書いている時点では、ニューウェル収容所にいる日本人はすべて本国に強制送還することが既定の方針であるかのような議論がなされている。在郷軍人会の全国組織のリーダーであるウォーレン・アザートン[*41]は、ニューウェル収容所にいる日本人だけでなく、すべての収容所の日本人を送還することを要求していた。

要するに、カリフォルニアの反日本人勢力は、すべての日本人をアメリカから叩き出すことを念頭に活動しているのだ。現時点では彼らの主張が現実になるかどうかは誰にもわからない。J・L・デウィット中将が、いわゆるニューウェル収容所問題最終報告書なるものを発表したのは一九四四年一月二十日のことだった。タイミングを計ったかのようにこの八日後には日本によるアメリカ人捕虜虐待のニュースが流れた。

この虐待については五カ月にもわたって、新聞社が報道の許可を求めていた事件であった。それが最終報告書の発表に合わせたかのように報道されている。カリフォルニアのメディアは収容所の日本人問題を扱う記事のなかに、見事なほどにこの捕虜虐待のニュースをちりばめたのだった。

フィリピンのバターンで捕虜になったウィリアム・ダイエス[*42]の証言が報道されたのもこの頃であった。

ダイエスの体験談を伝える西海岸の新聞各紙の記事を読めばわかることだが、この報道は日本人がいかに残虐であるかを伝え、日本人嫌悪の感情を煽るというよりもむしろ、日本人はすべて強制送還すべきであるという主張を補強するために使われた。日本人への嫌悪は収容所の日本人には向けられるべきではない、といった注意を喚起する言葉を一切みつけることはできなかった。

日本人のバターンでの捕虜虐待が記事になると、ヨーロッパ戦線よりも日本との戦いを優先すべきだと主張するメディアがこの報道を利用するようになった。ハースト系もマコーミック系も同じような方針であった。ダイエスのバターンでの体験談が記事になると、収容所周辺の都市の警察は緊張感を高めている。収容所を暴徒が襲撃することを心配したのだ。

バターン「死の行進」の記事は直ちに世論に影響を与えている。日本人への憎しみが刺激され、各地で暴動が発生した。マーティネズ[*43]にいたホートン・テリー夫人は、アメリカ人の防衛産業に携わる夫を持つ日系アメリカ人であり、アメリカ生まれの子供もいた。彼女は捕虜虐待の記事が出て以来、周囲からひどい嫌がらせを受けている。彼女の暮らす家の窓からはっきりと見えるように「日本人はこの町から出て行け（No Japs wanted here）」のプラカードが掲げられた。

テリー夫人への嫌がらせについては、カリフォルニア州内からも多数の抗議の声が上がったことは忘れてはならないだろう。テリー夫人の弟がヨーロッパ戦線で戦っている事実もあったのだ。

似たような反日本人の事件は他の町でも見られた。ヘイワードの町では西海岸に残っている日本人に対して同じような嫌がらせがあった。コロラド州議会は州内におけるいわゆる「日本人問題」の調査を開始している。そうした動きを補強する世論をロサンゼルス・タイムズ紙は取り上げている。

「私はカリフォルニア州のやり方が全く間違っているとは言い切れないと思う。カリフォルニア州は戦争が終了して、日本人を州内には絶対に戻さないと決めたのだ」

公聴会では日系二世兵士も呼ばれている。そうした兵士の数は九人にのぼっている。

「私たちは海を渡って戦いに臨む。飢え、傷つき、もしかしたらアメリカの土地を二度と踏むことができないかもしれない。私たちにはどうしてもお願いしておきたいことがある。愛する家族や兄弟がこの国で差別されないようにしてほしい」

彼らの願いが聞き入れられるのかは、まだ誰にもわからない。しかしコロラドには真のアメリカ人らしい発言をする政治家がいた。ロイ・クライスラー州上院議員[*44]である。

「私は徹底的に日本人が嫌いである。しかし私はこの個人的な恨みを理由に、アメリカのすばらしさを否定する法律の制定には断固拒否する。わが国ではすべての国民をフェアに扱わなければならない。その信念があるからこそ、わが国はすばらしいのだ」

クライスラー議員の孫は真珠湾攻撃で亡くなっていた。息子は陸軍の軍人であった。

パール・バック女史がロサンゼルスで講演したのは、一九四三年十一月一日のことであった。

「私はカリフォルニアの人々が理性と常識を発揮してくれることを期待しています。アジア各国に対するわが国の態度は、あなた方がアジアとどう向き合うかにかかっているのです。カリフォルニアの人々は、そういう意味ではわが国のリーダーなのです。アジアや南米の国々とどう付き合っていくのか。この問題に対してカリフォルニアがどういう姿勢をみせるのか。東部諸州の人々はそれを見きわめたいと思っているのです」

「カリフォルニアがどう考えているかをいつも気にしているのです。東部諸州はこれまで以上に、あなたがたカリフォルニア人の意見に敏感になっています。あなたがたは気づいていないかもしれませんが、西部の人々の政治的な発言に重みが出てきているのです。おそらくこれからの外交方針は、あなたがたの意見がよりいっそう反映されてくるはずです。その理由は簡単です。アジアがヨーロッパよりアメリカにとって重要になったからなのです。あなたがたが太平洋の架け橋になるかどうか。逆にアジアとわが国の関係を阻害する障害物になるのか。その鍵を握っているのは、あなたがたカリフォルニア人なのです」

彼女のこの講演が終わると、大きな拍手が沸いている。カリフォルニア人もその大半がフェアな心を持っていることの証であった。私はこうしたフェアな心を持っているカリフォルニア人をたくさん知っている。それを書き出せば長いリストができるだろう。

彼らは日系アメリカ人から市民権を剝奪せよという声に抗《あらが》い、戦時移住計画局への容赦ないアンフェアな非難に対しても冷静な態度で臨んでいる。どんな反日本人の集会でも、フェアな態度で臨むことの重要性と憲法精神の尊重を主張するグループがいたのだ。

私自身も一人のカリフォルニア人として、そうした人々の存在に誇りを持っている。ロバート・ゴードン・スプラウル博士、ポール・S・テイラー博士、チェスター・ローウェル。いずれもそうした意見を恐れずに述べた人物である。私にはこうした人々の意見こそが、カリフォルニアの多数派の考えを代弁しているように思えて仕方がない。

注

＊1　Enemy Alien 日本人だけでなく、イタリア人移民、ドイツ移民も対象となっていた。

＊2　Clarence C. Ward 一八九六—一九五五。

＊3　the Chairman of the Board of Supervisors.
＊4　Chester Rowell 一八六七―一九四八。
＊5　the Americanism Educational League 一九二七年創立。アメリカ中心主義の思想普及を特に若い世代にはかろうとする団体。
＊6　Charles M. Goethe 一八七五―一九六六。実業家、優生学者。カリフォルニア州立大学サクラメント校を創設。不適格人種を断種しアーリア人種への人種浄化を主張した。
＊7　The Human Betterment Foundation 一九二八年、カリフォルニア州パサデナで結成された優生学による啓蒙を目指した団体。
＊8　the California Citizens Association of Santa Barbara.
＊9　the California Citizens Council.
＊10　the American Foundation for the exclusion of the Japanese.
＊11　Jack Tenney 一八九八―一九七〇。ロサンゼルス郡選出のカリフォルニア州上院議員を一九四二年から三期つとめる。
＊12　一九四三年九月から始まった連合軍のサレルノ上陸作戦に日系人部隊（陸軍第四四二連隊）が参加した。
＊13　the California Federation of Women's Clubs 一九〇〇年一月設立。当初メンバーは六千人であった。
＊14　David Starr Jordan 一八五一―一九三一。教育者、優生学者。
＊15　the California Society of the Sons of the American Revolution.
＊16　the San Jose Knights of the Round Table.
＊17　the Grand Court of California of Foresters of America.
＊18　Monrad Wallgren 一八九一―一九六一。一九四〇年から四五年まで上院議員、同年から四九年までワシントン州知事。
＊19　Justin Leroy Johnson 一八八八―一九六一。一九四三年から四七年まで下院議員。
＊20　Rufus Holman 一八七七―一九五九。一九三九年から四五年まで上院議員。
＊21　a subcommittee of the Senate Committee on Military Affairs.

＊22　Albert Benjamin Chandler　一八九八―一九九一。一九三九年から四五年まで上院議員、ケンタッキー州選出。

＊23　John Chandler Gurney　一八九六―一九八五。一九三九年から五一年まで上院議員、サウスダコタ州選出。

＊24　Joseph C. O'Mahoney　一八八四―一九六二。一九三四年から五三年まで上院議員、ワイオミング州選出。

＊25　Sidney Preston Osborn　一八八四―一九四八。一九四一年から四八年までアリゾナ州知事。

＊26　Karl Earl Mundt　一九〇〇―七四。一九三九年から四八年まで下院議員。

＊27　John J. McCloy　一八九五―一九八九。一九四一年から四五年まで陸軍省次官。ポツダム宣言の文言に天皇を君主に残す可能性を入れることを主張した。原爆の無警告使用にも懐疑的であった。

＊28　John Parnell Thomas　一八九五―一九七〇。一九三七年から五〇年まで下院議員。

＊29　Joe Starnes　一八九五―一九六二。下院議員（アラバマ州）を一九三五年から四五年までつとめる。

＊30　John Costello　一九〇三―七六。下院議員（カリフォルニア州）を一九三五年から四五年までつとめる。

＊31　Herman P. Eberhater　一八九二―一九五八。下院議員（ペンシルバニア州）を一九三七年から四五年までつとめる。

＊32　The American Gold Star Mothers 息子を戦死させた母親たちの組織。一九二八年に全国組織化。

＊33　The Navy Mothers 海軍軍人の子供を持つ母親の組織。一九三〇年設立。

＊34　Pearl Buck　一八九二―一九七三。ノーベル文学賞受賞女性作家。両親はプロテスタント宣教師で、中華民国で育つ。代表作は『大地』。

＊35　Hamburg アイオワ州南西部の町。

＊36　Culbert Olson　一八七九―一九六二。一九三九年から四三年までカリフォルニア州知事。

＊37　Elwyn Whitman Chambers　一八九六―一九六八。サンフランシスコのジャーナリスト。

＊38　Cleveland エリー湖南岸の町。

＊39　Robert Taft　一八八九―一九五三。一九三九年から五三年まで上院議員。父親はウィリアム・タフト大統領。

＊40　Herman P. Heberharter　一八九二―一九五八。一九三七年から五八年までペンシルバニア州選出下院議員。

民主党。
＊41 Warren Atherton 一八九一―一九七六。カリフォルニア州ストックトン生まれ。在郷軍人会の幹部。復員兵を支援する法律（G. I. Bill）制定に尽力した。
＊42 William Dyess 一九一六―四三。フィリピンで日本軍の捕虜になり、いわゆる「バターン死の行進」の最初の証言をした。アメリカはこの証言が世論の日本への反感を煽り、太平洋戦線への兵力投入要求が過激化することを恐れ、発表させなかった。当時はヨーロッパ戦線への兵力投入が優先されていた。陸軍によりこの報道が許可されたのは一九四四年一月である。
＊43 Martinez カリフォルニア州中央部太平洋岸に近い都市。
＊44 Roy Chrysler 人物不詳。

8章

未来に向けて

一九四三年末の時点で日本人移民は下記のように分布していた。

陸軍兵士として戦っている者　八千から一万人

収容所に入れられている者　およそ八万七千人

（このうちニューウェル収容所に入れられた者は一万五千人）

太平洋沿岸部から自発的によそに移住していた者　八千人

もともと西部方面防衛軍管轄地域に住んでいなかった者　二万人

他州への移住計画で出所した者　一万九千人

（大都市移住者　シカゴ＝三千五百人、デンバー＝千八十三人、ソルトレイクシティー＝七百四十人、クリーブランド＝七百八十七人、デトロイト＝五百三十一人、ミネアポリス＝四百六十四人、ニューヨーク＝四百六人、ワシントンＤＣ＝三百五十人）

収容所にいる者の数字には、農業の季節労働に携わって出所している者数千人も含まれている。

真珠湾攻撃の直後、危険な敵性外国人として五千二百三十四人が大統領令により逮捕されている。しばらくして、およそ四〇パーセントは問題なしとして解放されている。千三百人は戦時移住計画局に引き渡された。五千二百三十四人のうち司法省管轄の拘置所に入れられている者は二千七十九人で、残りは後日解放されている。一九四三年末までに日本に強制送還された者は三百六十八人であった。

戦時移住計画局が今後どのような方針で運営されていくのか誰にもわからない。収容所からの退所を許可されたのは、これまでにおよそ一万九千人である。そのうちの八五パーセントは二世である。退所が認められる二世の半数は、すでに収容所の外で暮らしていることになる。戦時移住計画局がこれまで進めてきた政策、つまりできるだけ退所させ、中西部や東部の州に移住させる政策は概ね成功だった。これからもこうしたプログラムに参加して外に出ることを望む者が増えてこよう。

新しい土地で生活基盤を築き上げることができれば、収容所に残る親族を呼び寄せるようになるだろう。おそらく戦時移住計画局は、現在の個人単位から、グループ単位の移住計画を試みていくだろう。それがうまくいけば、一世も収容所を出て親族と暮らすことが容易になっていくに違いない。二世は現在、徴兵の対象になっている。このことも退所していく二世の数を増やしていくことになるだろう。戦時移住計画局の政策をワシントンの議会が変更させるようなことがなければ、一九四四年末までには新たに三万人が収容所から出ていけるのではないか。

しかしそれでも、残された者をどうするかという問題は残る。不具であったり、眼が不自由であったり、年を取って身寄りのない人々は収容所に残されたままである。十代の未成年者もいる。おそらくこうした人々は戦争の終了まで収容所に残ることになるだろう。

戦時移住計画局の政策に反対する勢力が、今後どのような行動をとるのか。それは日本人収容者の今後のあり方に大きな影響を与える。ある収容所での調査によると、一世の七五パーセント、二世の二八パーセントが、戦争終了までは収容所に残りたいと考えている。戦時移住計画局は、収容所に残さざるを得ない者の数をできるだけ少なくしたいと考えてはいるようだ。しかし、戦争終了までにすべての収容者をよそに移住させることはできないだろう。

収容者の数は全体では減少していくので、いくつかの収容所は閉鎖されることになろう。収容所の一つや二つは、別なところで暮らすための訓練をほどこすセンターにされる可能性も高い。戦争の終わる頃にはそうした機能を持った収容所が山間部の州に少しばかり残っているだけになるだろう。

ニューウェル収容所についていえば、ここに収容されている人々のなかから再審査を要求する者が増えていくだろう。再審査で忠誠心があると認められた夫婦が退所できた最初のケースは、一九四四年四月四日のことであった。そうでない者は自ら日本への帰国を望むだろうし、望まなくても強制送還されるであろう。

西海岸へ戻ることが許されれば、収容所は明日にでも閉鎖可能だと言っても過言ではない。私がある収容所を訪問したときにわかったことだが、収容所に残っている人たちの多くが、よそに移住することを嫌い、西海岸に戻ることを期待していた。

彼らはカリフォルニアに戻れる日が来ることを願っていた。ハート・マウンテン収容所では、およそ半数の収容者が西海岸諸州に戻りたいと願っていた。人間はそこを故郷だと思えない土地に長くは留まれない。西海岸を故郷と思い、いつかそこに戻りたいと願っている収容者が中西部や東部に移住したくないと抵抗するのは当然のことである。

私は農業で暮らしてきた多くの一世と話す機会があった。会話を通じてわかったことは、よその土地で農業をやろうとは思っていないことだった。彼らが得意としている農業は労働集約型のものであった。こうした農業にはそれに適した気候と土壌が揃っていないといけない。それに加えて一世の多くがカリフォルニアに借地、農業機械、倉庫といった財産を残してある。これらの処分ができれば、よそに移ってもいいと考える人もいた。

日本人が西海岸に戻れないかもしれないことがわかってくると、別の土地での生活を考えざるを得ないと思う人が増えていった。彼らのビジネスの多くが日本人を相手にするものだったから、日本人のいないところに戻っても仕方がないと諦め始めたのだった。

こうした日本人収容者は、西海岸で荒れ狂う反日本人アジテーションのありさまを知り、東に向かわざるを得ないと覚悟し始めている。特に二世世代はカリフォルニアの仕打ちを苦々しく思っていた。ハート・マウンテン収容所内で発行されているハート・マウンテン・センチネル紙の記事（一九四三年九月八日）はその心情を伝えている。

「カリフォルニアはもう日本人を受け入れないと頑張る必要はない。収容者はカリフォルニアではもや歓迎されない人種になってしまったと悟っている。彼らは将来のためにはその目を東に向けざるを得ないと考えている。東に住む人々は感情を抑制でき、欲に目がくらんで日本人に悪意を向けたりはしない。東の人とはまっとうな人間関係を築けそうだと考えている。カリフォルニア人の生活態度は日本人を忌み嫌うように出来上がってしまっている。カリフォルニアは昔とは違ってしまった。日本人によそよそしく、信じられないほど醜い土地に変わってしまった」

「真珠湾攻撃以来、カリフォルニアには反日本人の悪意が渦巻いている。クズのような人間がそこらじゅうから湧いてきた。そうした連中がカリフォルニアじゅうに蔓延《はびこ》って腐臭を放っている」

「カリフォルニア人というのは何もかも一番になるのが好きだ。一番大きい競馬場、最大の野球場、広大な邸宅。栽培するオレンジもグレープフルーツもアメリカで一番大きいと自慢する連中である。一番でかくないと言われると、今度は一番うまいと言い張る。こんな性格のカリフォルニア人だから日本人差別競争でもトップを走ろうとするのだろう」

「カリフォルニアに戻れば、すぐに追い返されるだろう。われわれは醜悪なカリフォルニアのことはもう忘れることにしよう。恐怖の思い出をいっぱい詰め込んだ箱のなかにカリフォルニアの仕打ちも放り込んで、鍵をかけて忘れてしまおう。われわれは大西洋岸や中西部の土地に、より信頼できる本当の友をみつけることができるに違いないのだ」

サンフランシスコ・クロニクル紙のウィリアム・フリン記者の調査がある。カリフォルニアから強制収容されていった日本人九万三千七百十七人のうち半数は、カリフォルニアには戻らないと決めていて、四〇パーセントはまだ迷っていた。残りは戻りたいと考えているが、反日本人行為を恐れていた。

それでもほとんどの収容者は、少なくとも住んでいた家の現状はみておきたいと願っていた。二世兵士は休暇を利用して戻ることができた。彼らはかつての故郷がどんな対応をするのかを確認したかったようだ。そうした兵士が私に語ったところによると、驚くほどの歓迎にあったらしい。昔の友人がレストランに誘って、心から歓待してくれたという。

日本人が戻ってきたら殺してやるとか、必ず暴力沙汰が起きるなどと言われていたが、そういった事件は起こらなかった。戦時移住計画局にもおよそ五万通の手紙がカリフォルニアじゅうから寄せられている。日本人の友人がいかにアメリカを愛しているかを訴える内容であった。そうした手紙を書いた人を筆者自身も知っているケースがあった。

こうしたことを考えると、西海岸には二度とリトルトーキョーはできないかもしれないが、日本人は必ず西海岸の町に戻れるのではないかと私は思う。戦時移住計画局が進めるよその州への移住計画は、西海岸に戻りたいと本心では願っている日本人の気持ちに逆らう政策である。

集団で戻ることはできないだろうが、個人ベースで少しずつ、ゆっくりと戻ってくるだろう。彼らは辛い経験を経てむしろ強い人間になっていよう。それでもカリフォルニアに戻ることに不安は隠せない。ラリー・タジリは次のように書きとめている。

「西海岸から離れて暮らすと、自分がマイノリティー人種であることを忘れる。アメリカ人であることを感ずることができる。ニューヨークは実に快適だ。ここは自分自身が日本人であることを忘れさせてくれる」

人種偏見解消の転機

いま私たちは、日系アメリカ人の将来を考えるときである。カリフォルニアの危険なまでの反日本人の態度をなくすことはもちろん重要なことである。カリフォルニアだけでなく、わが国民が全体として人種観を変えていかねばならないときに来ている。もちろん少数民族の側にある日本人も、その考え方を少しずつ修正しなくてはならない。多数派もその考え方や態度の矯正が必要である。

この章で扱うのは日本人移民であるのは当然であるが、ここでの議論は日本人以外のわが国の少数派の人種にも当てはまるのである。

まず確認しておきたいことは、西海岸に暮らす日本人移民と日本本国との関係はもはや完全に断ち切られているということだ。アラスカを含む西海岸の日本人移民だけでなく、南米西海岸にあるペルーに暮らす日本人についても同様なことが言える。いわゆる日本人コミュニティーといわれる閉鎖的な社会は消えてしまったし、そこらじゅうのリトルトーキョーはもはやない。これまでのように西海岸の特定の地域に日本人が固まることはなくなった。このことで白人社会との摩擦の可能性が減少した。日本やドイツの政策で、彼らが白い眼を向けられる可能性も、強烈な人種差別主義者の攻撃の的になる可能性も減少した。

強制収容された日本人を他州に移住させる政策によって、いわゆる日本人問題を西海岸の人種差別主義の分からず屋（local race bigots）から遠ざけることができた。日本人移民が全国に分散したことで、少数派の人種をどう扱うかはローカルな問題から連邦政府が責任をもって対応にあたるべきアメリカ全体の懸案になった。

これまで連邦政府は日本人問題の対処にあたって、西海岸で荒れ狂う反日本人勢力の煽動に効果的な対処ができなかった。しかしこれからは違う。西海岸から日本人移民が激減し、別の土地に移っていったことで、むしろ連邦政府がこの問題のイニシアチブをとることになった。強制収容と他州への移住政策によって、わが国の人種政策が連邦政府による民主的プロセスによって進められることになったと言い換えてもよい。

日本人移民が国内各地に分散したことで、日本人への偏見はその影を潜めていくことは確かだろう。特定の地域にある少数派の人種が集中的に暮らしていることが、人種偏見を生み出す直接的な原因であるとまでは言い切ることはできないが、いくらかの関連性はあるだろう。デヴィッド・バローズ博士[*1]はこのことを、一九四二年四月号のカリフォルニア・マンスリー誌で警告していた。

日本人が東部や中西部の州で生活を始めたことで、そうした地域の白人種が日本人と接触する機会を増やしていった。そのことの影響は出始めている。全国紙といえる有力新聞が、西海岸の地方紙がばらまく人種偏見的なナンセンス記事を非難するようになっている。他の少数人種、なかでも黒人種は日本人に対して理解を深めていった。

アメリカに暮らす少数人種は、日本人移民が直面している問題が彼らの抱えてきた悩みと同質であることに気づき始めたのだ。それだけではなく、多数派である白人種を含むアメリカ人全体が、わが国は人種差別という大きな問題を抱えていることに気づき始めた。この大きな問題の解決なくして、個別の少数人種の問題を処理することなどできないことを悟り始めたのだ。

現在進行している戦争がもたらすこれからの世界のありようは、わが国がこれから国内の少数人種問題とどう向き合っていくかということと大きな関連性がある。人種差別感情が解消されることがなければ、国対国の関係にも不信感は払拭できず、互いを警戒することになる。同じような警戒感はわが国内にも蔓延し続けることになろう。

今次の戦いで、日本とドイツは徹底的な敗北を喫するに違いない。われわれは、ドイツや日本に対して甘やかした態度で向き合ってしまった。この間違いは繰り返してはならない。両国は西海岸で差別されている日本人の問題を自国の政治に利用してきた。この二つの国の強大な軍事力が無力化されなければ、わが国に住む日本人移民が抱える問題に解決策を見出すことはできないだろう。真珠湾攻撃のずっと以前から日本人は信用できない、それは日本という国そのものが信用できないからだと言われ続けてきていた。

一九四〇年十二月二十五日付のニューカナディアン紙は、二世世代に向けて次のような記事を掲載している。

「われわれは徹底的に恐れられ、嫌われている。祖国日本があのドイツ、イタリアと同盟関係を結んだからだ。独伊二カ国はカナダが戦わなければならない敵国である。日本がこの二つの国と同盟を結んだことは、本来われわれには関係ないことだ。しかし多くの白人カナダ人は、日本人移民がこの同盟を密かに大喜びしているのではないかと疑っているのは事実である」

「彼らは日本人を嫌い、そして恐れている。日本は独伊と同じ思想であり、独裁主義で非民主的だと疑っている。繰り返しになるが、こうした疑いを持たれる原因はわれわれにはないのである。しかしわれわれが白人に向かって、日本には日本的な民主主義があるのだという主張をやめれば、彼らはわれわれに対する恐れの気持ちを軽減するかもしれない。もう少し信頼してくれるかもしれない。もちろん卑屈になる必要はない。地球のある場所でうまくいっているやり方が、よそでもうまくいくとは限らないからだ」

「カナダと日本の関係が悪いこと、われわれのカナダに対する忠誠心が疑われていること。これは間違いないことだ。われわれが祖国を愛し、その価値観に理解を示すことは自然なことではある。しかし現今の世界情勢のなかでは、そうした態度を前面に出すことは、いま暮らしているこの国に反抗していることになるだろう」

「われわれに対する白人種の恐れを解消するためには努力が必要である。われわれを理解したいと考えている白人種も少なくない。彼らはわれわれをどう理解していいのかわからないでいる」

「この国では確かにわれわれを差別しているところがある。当然の権利が否定されている事実もある。しかしだからといって、われわれはダチョウのように嫌なことを見ないようにと地面に頭を突っ込んでいてはいけない。白人社会のわれわれに対する態度は、確かにフェアではない。しかし彼らがなぜそうした態度で臨んでくるのか、なぜわれわれは嫌われているのかをはっきりと理解し、その改善に努力することも大事なことである」

日本との戦争の進行で、日本人移民の忠誠心に対する疑いの問題は解消に向かっている。西海岸諸州やハワイにおける日本人に対する疑念は、日本との問題で危機が起きた場合に日本人移民がどう反応するのかわからないという心配から起きたものである。日本人をよく知る者は、わが国に対する彼らの忠誠心を疑うようなことはなかった。しかしそれを証明しろといわれたら、どうすることもできない。それが忠誠心を測ることの難しさだった。

戦争が勃発したことで、二世はその忠誠心を現実にみせる機会に恵まれた。戦争のような事態が発生しない限り、忠誠心を証明しろといわれてもできるものではなかった。二世世代にとっては格好の機会に恵まれたといえる。

二世にとって、忠誠心テストにパスするのは大変なことであったが、彼らはそれをうまくやっているようだ。これからは日本人移民への恐怖感や疑いがすっきりと晴れていくことになろう。この戦争は二世にとってはある意味、この国の人種偏見から「解放される」ための戦いであった。また、差別されていた日本人移民が東に向かって移住することで、彼らへの偏見も消えていこう。新たに移り住んだ土地には、日本人に対する偏見や悪感情はみられなかったからだ。新天地での差別意識のない暮らしは、周囲の白人に対する日本人自身の態度も変えていった。

前出のロバート・E・パーク博士は『戦時におけるアメリカ社会』*American Society in Wartime* のなかで次のように述べている。

「アメリカは孤立主義的な外交を展開してきたようだが、孤立主義はもはや時代遅れになってきている」

この変化のなかで、国内の少数人種への態度も変わっていかざるを得ない。パーク博士は次のようにも述べている。

「戦争するにしろ平和を構築するにしろ、わが国が多民族国家であるという事実は重要なファクターである。多民族国家であることが財産なのか、それとも足枷になるのかは、われわれ自身が国内の人種問題にどのような解決策を見出せるかの能力にかかっている」

「人種問題についての考え方のありようは、わが国の国益をも左右する問題である。われわれはまだこの問題を解決してはいない。少数人種とどう向き合うかについて、わが国はまだその答えを見出してはいないが、革命的な変化がもうすぐ来そうなことは確実である。今次の戦争はわれわれの人種観を大きく変化させたことは間違いないが、アメリカ人全体の根本的な態度を変えるまでには至っていない」

現代の社会科学は、異文化の対立にどう対処すべきかについて十分な知恵を提供できそうだ。異文化がうまく融合するためのヒントを与えてくれそうだ。たとえば人類学という学問も応用科学の一つであるという風な考え方に変わっている。

これまでの（優生学のような）社会科学は、人種や人種間衝突という概念に多くの間違った解釈を生み出してしまっている。アメリカにおけるアングロサクソン人種の正当な権利としての働く場を移民が奪ってしまうと主張したのは、フランシス・A・ウォーカー[*2]のような学者だった。

スタンフォード大学の社会学教授エドワード・ロスが反日本人の主張をカリフォルニアで繰り返していたことはすでに述べたが、彼の「移民を認めることで、アングロサクソン人種は種の自殺行為（race suicide)」に走っているという考えは広く世論に受け入れられていた。

逆に、前述のカール・カワカミやシドニー・ギューリックは、日本はその人口問題の解決のために余剰人口を世界各地に送り出すことが必要だと主張した。日本政府はこのロジックを政策運用にあたってうまく利用した。それが黄禍論をじわじわと高める原因にもなった。日本政府は人口問題に起因する海外移民の必要性についてプロパガンダ広報活動を実施した。人口統計の数字を都合のよいように操作した。ワシントン軍縮会議でも相当な予算を使って、日本は海外に移民を送ることがどうしても必要だと訴えた。

ところが日本人移民の実態をみると、移民たちの出身地は過剰人口に悩む地方ではなかった。また海外に送り出す移民の数は、人口過剰問題を解決するには至らないものであった。日本の主張は、過剰人口問題の本質、つまり日本の社会構造そのものが原因であることから目をそらす結果を生んでいる。過剰人口問題で一番苦しんでいるのはインドである。H・N・ブレールスフォード博士がいみじくも述べているように、人口問題の解決策を海外にみつけることはできないのである。

大戦が始まって以来、わが国では多くの町で人種問題を真剣に考え始めた。都会では多くの調査委員会が設けられている。こうした委員会の動きをまとめる団体が結成され、一九四四年二月にシカゴで大会を開催している。ホーラス・ケイトンは、これほど人種の問題がわが国で関心を集めたのは南北戦争以来のことであると分析している。

黒人も日本人もわが国内で激しい移動を始めている。黒人たちは五十万人が北部州へ、十七万人が西部州へ移動し、日本人移民は戦時移住計画局のプランに沿って中西部や東部の州に移住している。南部の白人たちの北部州や西部州への移動も激しくなっている。北部州で徴兵された新米兵士の訓練は南部で実施され、南部で徴兵された者は西部や北部の州で訓練されている。

南部州では工業化の進展、労働組合活動の高まりが顕著である。労働組合組織CIOもAFLもその運動を過激化させている。こうした社会現象は、わが国で激しい社会変動が起きていることを示すものだ。わが国における人種問題を考察するにあたって、こうした社会の流れをも十分に考慮しておかなければならない。

少数人種グループ内部での変化

戦時移住計画局のプランの重要な成果の一つは、日系二世はわが国民であるという認識が形成されたことであろう。日本人社会特有の家族意識の崩壊が進み、リトルトーキョーという閉鎖社会が消えたことで、日本人理解を妨げる障害物がなくなったともいえる。ヨシタカ・タカギは次のように述べている。「真珠湾攻撃は日本人移民の意識を大きく変えた。日本人社会の指導者層の影響力が消え、日系アメリカ人は、日系人社会の束縛から解放された。何でも自由に発言でき、個人の考えに基づいた行動が初めて可能になった」

真珠湾攻撃は日本人移民の行動パターンをはっきりと変えた。彼らは日系アメリカ人からアメリカ市民として行動できるようになった。彼らはアメリカ人として、アメリカのよき伝統を理解できるようになった。エマーソン[*3]、ソロー[*4]、ホイットマン[*5]、リンカーンといった偉人を自由に学ぶことができるようになった。もはや日本で偉人だと称されている人々について学ぶ必要はなくなった。こうした状況をハート・マウンテン・センチネル紙の評論がよく説明している（一九四三年五月二十二日付）。

「二世世代にとっては、まさに新しい時代が到来していると考えてよい。カリフォルニアは技能を持つ能力ある人材でさえも受け入れようとしなかった。しかしよその土地に行けば、喜んでわれわれを迎えてくれる。組合も加入を認めてくれている。どの町に行っても、われわれはアメリカ人として受け入れられている。よそに移って初めて、本当のアメリカ、よきアメリカをみつけることができている。これはアメリカにとっても喜ばしいことなのだ」

日本人移民は西海岸から中西部や東部へ移住することで、他の少数人種グループと接触の機会を持つことになった。黒人、支那人、フィリピン人らを知ることになる。日本人移民はなかでも黒人の境遇に関心を寄せた。

日本人移民は自らの、そして前の世代の経験を通じて、なぜ偏見が彼らに向けられたのかじっくりと見つめようとした。もしかしたら偏見を生み出した原因が自分たち自身にもあったのかもしれないとも考え始めていた。何が偏見の真の原因なのか。それを何とか理解しようとしていた。それと同時に、アメリカ社会の大きなうねりそのものにも関心を寄せるようになってきた。

人頭税について考察した書籍に関心を示し、雇用均等に関わるワシントンの議会の委員会にも興味を持っている。日本人移民は西海岸から中西部や東部へ移住することで、アメリカ的な人権意識に目覚めたのだった。こうした意識を獲得した日本人は、彼らを中傷する者に対して有効に反撃できるのではないかと考えるようになった。

日本人移民たちは頻繁に司法制度を利用し、彼らの権利を認めさせようと試みている。わが国で少数派のグループが権利回復によく使う方法である。ストライキに訴える方法も労働運動から学んでいる。日本人移民たちは次第に労働運動そのものへの理解を深め、政治的な考え方についても成熟している。

二世の指導者たちは仲間に対して、アメリカ人が結成した組織、特に人種的な混合がみられる組織に加入することを勧めている。日本人だけを対象にした教会に通うことにも注意を促している。そうした教会に通うことは、日本人がアメリカ社会と遊離することになると憂慮した。二世たちはできるだけアメリカ人としての行動をとろうと決めたのだった。

別な土地への移住によって、日本人移民はその社会特有の階層から解放されていった。パシフィック・シチズン紙は、「ほとんどの同胞が『日本人移民』という階層から『プロレタリアート』に移行した」と書いている（一九四三年九月十一日付）。彼らは家族や共同体の束縛から抜け出すことができたようだ。トム・シブタニは次のように述べている。

「二世に代表される少数派の民族にとって重要なことは、自分たちのことだけを考えた狭い利益を追求する運動から、もっと広い視点で、よりよい社会を目指す運動に参加すべきだということだ。二世に求められているのは、日本人の血を引いていることは忘れ、他の少数派の人種と手を携えてファシズムと戦うことである。より平和的で、誰もが幸福になれる世界をともに築いていく運動に参加すべきである」

「この運動はまずわれわれ自身が他の少数人種への偏見を捨てることから始まる。黒人、ユダヤ人、支那人、フィリピン人に対して偏見の目を向けることは、われわれ自身の破滅につながるのである」

日本人移民にみられるこうした姿勢は他の人種グループにも広がっていた。仲間内だけで固まらず、アメリカ人らしく生きようとする姿勢が、どのグループにも顕著になってきた。文化そのものに大きな変革が起こっているといってもよさそうだ。

二世の戦争に対する態度

カリフォルニアで日本人を軍で採用すべきではないと主張していた勢力は、自らは先見の明があると考えていた。つまり市民権を持つ二世が軍隊で活躍の場を与えられると、彼らのわが国への忠誠心が本物であることが世間に知られてしまうことを予見していたのだ。多くの国民が一世の勇敢な戦いぶりを知ることになれば、日本人を同胞として迎え入れるべきだという声が上がることがわかっていた。南部の人種差別主義者が黒人を軍に入れることに難色を示していたのも同じ理由である。

しかしこの戦争が国家資源のすべてを動員せざるを得ない総力戦となった以上、少数人種は軍隊から排除するなどとは言っていられなくなった。真珠湾攻撃の際に勇敢に戦い、勲章まで受けたドリー・ミラー[*6]は黒人であったし、アリューシャン列島の戦いで活躍したホセ・マルティネス[*7]はコロラドの甜菜畑で働いていたメキシコ人であった。

陸軍省は日系人部隊を創設することを決めたのだが、日本人移民がわが国民として認知される大きな一歩になった。二世はどの軍職にも就けるというわけではなかったから、彼らへの差別が消えたわけではなかったが、徴兵制度そのもののなかでは日本人への差別はなくなった。現時点で日系兵士は世界各地に派遣され活躍している。およそ二百人が商船隊に、八千人から一万人が陸軍に配属されている。

彼らはその能力を存分に発揮している。太平洋南西部で情報部員として働いている者もいる。イタリアのサレルノ上陸作戦で先頭に立ったのも日系人部隊だった。この部隊の死傷率は四〇パーセントを超えるほどだった。この戦いに参加した兵士のうち一人が栄誉ある殊勲十字章を、十三人がシルバースター勲章を、五十八人がパープルハート勲章を受けている。

カズオ・コウモト軍曹とフレッド・ニシツジ軍曹は、太平洋南西部の戦闘で勇敢な戦いぶりを賞賛されている。インド戦線でも彼らは活躍している。数百人が米軍だけでなく英軍の情報部員として派遣された。日本人兵士はアフリカ、インド、イタリア、アッツ島あるいはヨーロッパの主要な戦線で活躍している。

マーク・クラーク将軍[*8]は、その指揮にあたって日系人部隊を褒めちぎっている。カール・グールド中佐は、日系人兵士が通訳としてきわめて重要な役割を果たしたことを認めている。他にもR・E・ミッテルステット准将[*9]やファラント・L・ターナー大佐なども日本人兵士の活躍に賞賛を惜しまなかった。

ネブラスカ州ハーシー[*10]出身のベン・クロカワは、ヨーロッパ戦線で二十九回も戦場で戦っている。ルーマニアのプロイェシュティ油田攻略作戦にも参加している。その功績で空軍樫の葉勲章[*11]を受けている。その後もヴィルヘルムスハーフェン[*12]、ボルドー、ダンツィヒ[*13]、フェーゲザック[*14]、ミュンスター[*15]、ラ・パリス[*16]と転戦している。

クロカワがロサンゼルスにやって来たことがあった。地元のラジオ局の番組に出演が予定されていたが、キャンセルされている。この州の例の厄介な問題が改めて惹起されることを恐れたのだった。

ところが、そのクロカワがサンフランシスコを訪れたときは様子が違った。彼はこの町の社交クラブであるコモンウェルスクラブ[*17]で講演したのだが、講演が終わると聴衆はみな立ち上がり、十分以上も拍手が鳴りやむことはなかった。クロカワはそこで次のように語ったのだった。

「プロイェシュティ油田攻略作戦を皮切りに、二十九の作戦に参加しました。私がいま生きていられるのは奇跡です。同胞であるアメリカ人に仲間に入れてもらうために、私が再び戦う必要はないでしょう。われわれ日系移民に対する偏見を持つ連中は、もはや少数派になったと信じています。彼らがどれほどわれわれを差別しても、それは多くのアメリカ人同胞の考えではないことを知っています。蔑まれたとはいえ、私はわがアメリカの理想を疑うことは一度もありませんでした」

「わが国で人種差別をしてきた少数のグループは、何千人という日本人移民を強制送還しようとしてきました。彼らが差別してきた日本人移民は、その一生をかけてわが国への忠誠心を見せようとしてきたし、いまその子供たちはそれを戦場で証明しようとしているのです。私がいまここで、みなさんに向かってしゃべっているのも、こうした仲間がもうヒステリーのような差別にあわず、公平な扱いをされるように願ってのことなのです」

実に何千人という単位の二世たちが軍で活躍し、わが国への忠誠が本物であることを証明したのだった。銃後の人々は戦争債を購入することで戦争に協力した。ボランティア組織を作り、日本向けラジオ放送用の原稿を翻訳し、戦時情報局に提供した。収容所にいる人々も可能な範囲で戦争遂行に協力する姿勢をみせている。

東京を爆撃し捕虜になったパイロットが処刑されたニュースが伝わると、キャンプ・シェルビーで訓練を受けていた二世兵士は十万ドルもの戦争債を購入することで、この処刑に対する抗議の意思を表した。この多額の債券の購入はわずか一日で決まっている。陸軍婦人部隊にも日系女性が参加していたが、その活躍は西海岸の新聞ではほとんど報道されていない。

日本人兵士の活躍を多くのアメリカ人が賞賛したことは間違いない。こうした兵士の両親を日本に送り返すべきだという主張はアンフェアなものだと広く理解されるようになったのである。イタリア戦線での戦死者リストには、多くの日系兵士の名が載っている。こうした現実を前にして、二世から市民権を剝奪せよというデマゴギーを聞くことは実に不快なことである。ヨシナオ・オオミヤ上等兵は、イタリア半島上陸作戦で地雷を踏んで両眼を失っている。彼のような兵士が来年の「黄金の西海岸の子供たち」の総会に出席すべきなのだ。

二世の活躍で彼らの市民権は確固たるものになった。また一世たちも困難な境遇のなかにあって忠誠心を示そうとしたことで、彼らにも市民権を与えるべきだとの主張がその正当性を持ってきた。ランキン下院議員やサンフランシスコ・イグザミナー紙の反日本人の主張はその効果を失った。

新たな政策立案に向けて

わが国はこの国を覆ってきた人種偏見の厚い雲を一掃できる絶好のチャンスを迎えている。この機会を絶対に逃してはならない。国全体がそれに向けて努力しなくてはならない。わが国内には人種問題でファシスト的な考えをする者がいることは繰り返し述べてきた。彼らのやり方も詳述した。彼らは今も、人種問題について全国的な組織を作って彼らの考えを実現しようと狙っている。

人種間の関係が少しながらではあるが、確かに変わりつつある。この変化はわが国における人種問題の存在をいっそう際立たせる効果があった。南部の人種差別主義者は太平洋岸の同類の仲間との共闘の姿勢をみせている。工業化の進んだ北部州に対しても共闘を呼びかけている。日本人移民の中西部や東部への移住によって、シアトルやロサンゼルスの人種問題がデトロイトやシカゴなどでもみられるようになった。

「南部諸州の黒人差別と同様の人種差別はわれわれの町にも広がるのか」「南部と同じように、やって来る日本人は隔離しなくてはならないのか」。この種の議論が交わされ始めた。白人至上主義の連中もこれを問題にし、議論をしかけている。

彼らの強みは、明確なポリシーとそれを実行するプログラムを持っているところだ。彼らは何をすべきかをはっきりと認識している。連邦政府はこの人種問題について、はっきりしたポリシーを持ち得ていない。これでは人種差別勢力の不戦勝になってしまうかもしれない。

彼らは自分たちの立場が危うくなり始めたことをはっきりと認識している。反撃しなくてはならないと考えている。彼らの決意は固く、資金も豊富である。黒人のロニー・スミスが、テキサス州民主党は大統領候補者を決める予備選挙から黒人を締め出している、これは憲法違反だと訴えていた。最高裁判所はスミスの主張を認めている（一九四四年四月四日）。

この判決はテキサス州の白人種には決して容認できるものではなかった。ワシントンにいる南部出身議員はこの判決を強く非難している。その反発は激しく、最高裁判所を非難するというよりも、侮辱といっていいほどの言葉で罵った。裁判所の決定にはあくまで反抗し、その判決をどんな策を使ってでも、ないがしろにすると公言した。何があっても白人至上システムの優位性は崩させないと主張した。

こうした連中に対抗する唯一の手段は、わが国の本当の多数派の意見を連邦政府が政策のなかに反映させ、幅広い影響力を持たせることである。具体的にはどうすればよいか、私の意見を簡潔に述べておきたい。

連邦政府は、現時点では人種問題について明確なポリシーを持っていない。フランクリン・ルーズベルト大統領は防衛産業における人種差別を否定する大統領令八八〇二号[*18]を発令した。連邦政府が、この大統領令以前に積極的に人種差別を否定するような行動をとったことはなかった。人種問題について国民の理解を深めようという施策がとられることもなかった。連邦政府の政策不在は教育の現場でも目立っていた。

学校は少数人種の児童にも開放されていた。そこではわが国の掲げた理想を教えていた。法の下の平等、代表なくして課税なし、人権の尊重、どんな職業も人種による差別なし。こうした理念を子供たちに教えていた。しかし、現実に確固として存在する人種偏見にどう対処していくのかについては何も語られはしなかった。

そもそも人種問題とは何かを議論したり、人種間の文化的差異を理解するためのプログラムは一つもなかった。カリフォルニア州が、反東洋人運動に費やしたコストの十分の一でもこうした教育に向けていれば、どれほど人種に対する寛容の空気が醸成されていただろうかと、残念に思うのである。

今われわれがなすべきことは、次のようなことだろうと考えている。
一、ワシントン議会上下両院の議決。
上下両院は、わが国政府は、人種、肌の色、信条の違い、出生地などを根拠にした差別をしないことを明確にする議決をすべきである。いったん議決がなされれば、軍でも政府機関でも反人種差別の意識は広まっていくし、政府調達にあたっての購買力の影響力を行使することで、民間にもこうした意識を広めることが可能である。裁判所もこうした議決があれば、差別的法令や規則に対して憲法修正第十四条を使って改善を指示する判決を下しやすくなるだろう。
二、人頭税廃止、私刑《リンチ》の禁止、人種公平法および公正雇用委員会の権限強化。
こうした方策の実行に効果があるのは、差別を続ける州に対してはワシントン議会に送り込む議員数を削減するという手もある。われわれが注意しておかなければならないのは、ほとんどすべての州で人種差別の存在を当たり前として、それを織り込み済みの法律が多く存在していることである。差別的な法律を一掃することが何にもまして重要である。こうした法律は連邦政府のイニシアチブで排除されなくてはならない。

南部諸州では、人種問題で公平であろうとすることが州で決められた法律に違反するという状況がある。人種差別をなくそうと行動すれば、牢に放り込まれることを覚悟しなくてはならない。こうした現状を放置してはならない。

三、移民許可や市民権付与に関わる規則から人種差別的内容を削除。

四、人種問題の解消に特化した省庁の設置。

こうした省庁の設置で人種問題解決の責任と権限は連邦政府にあることをはっきりと示すことができる。

私が『われらみな兄弟』*Brothers under the Skin*（一九四二年）を発表して以来、わが国の人種問題への関心が高まったことはうれしいことである。ウォード・シェパード[*19]は私の考えを理解し、有益な提案をしてくれている。人種問題を扱う連邦政府機関には五つの機能を持たせるべきだと提案したのも彼である。調査啓蒙、憲法に鑑みての諸法令にある人種差別的内容の見直し、人種問題に関わる対立が発生した場合の仲裁機能、人種差別を受けている者の救済、人種差別と戦う組織への援助の五つの提案である。

こうした組織目標の達成には、現在ある多くの政府機関の力を利用することができる。われわれの主張は、言ってみればきわめて単純である。アメリカ国民は人種の違いで公共サービスの利用を拒否されたり、施設の使用を断られたりするようなことがあってはならない。ただそれだけのことである。これが実現できなければ、よきアメリカ市民が育つはずはない。私は、インディアン局のようなものではなく、むしろ労働省の児童局のような性格を持った組織を作るべきだと考えている。

ここで人種差別問題に似た性質の問題に、わが国がこれまでどのような経験を積んできたかを概観しておきたい。かつて女性も、現在の少数人種が直面している差別に晒されていたが、女性にも参政権を付与し、財産も女性名義で所有することが可能になった。女性の立場を考慮した労働時間制限や休養時間の設定を義務づける努力も重ねた。労働者そのものが弱い立場であったときもあったが、彼らには集団交渉権を認め、法律でその実効性を担保した。

どのような場合に連邦政府の積極的関与が必要であるかについて、ここではまだはっきりと述べるまでにはなってはいないが、たとえば北部州における黒人人種問題についてはL・D・レディック博士が次のような提案をしている。
一、雇用機会を白人と同じように均等に与えること。
二、住居を得るための機会の均等。
三、市民権の完全なる付与。
四、軍隊内においては黒人隔離政策であるジム・クロウ法の非適用。
五、反黒人プロパガンダや侮蔑行為の停止。
五番目の提案は州独自で実行可能であるが、それ以外については連邦政府が関らざるを得ない。北部州の黒人は、隔離を前提とするどのような提案にも耳を貸さないであろう。逆に南部州はどのような提案であろうとも、隔離政策の継続が前提でなければならないとの立場を崩すことはないだろう。現状はこの全く対立する主張で行きづまってしまっていて、解決策が見出せない状態である。こうした事態を南部諸州だけの特異な問題であるとして放っておくことはできるものではない。

私は連邦政府の積極的介入が絶対に必要だと考えている。南部諸州は白人至上主義を鮮明にしたままである。黒人隔離政策は堂々と継続されている。南部諸州がわが国の黒人種の扱いを牛耳っているように、カリフォルニア州が極東アジア人種の扱いの主人公になってよいのだろうか。人類学者であるアーネスト・フートン博士[*20]は次のように語っている。

「わが国の人種差別のありさまは、たとえてみれば、地下室の墓所のようなものだ。その墓所は、外側は白く塗られてきれいだが、内部は腐敗で膿んでいる。腐臭が漂っている。わが国では政府機関であるアメリカ民族局（Bureau of American Ethnology）がある。しかしこの機関は生身の人間を研究対象とはしていない。乾いた骨、崩れた住居跡、失われた言語や風習。そういったものを研究している。無害だが役には立たないことをやっている組織である」

「わが国はもっとしっかりとした政府組織が必要だ。政治に左右されず抑圧されている少数人種を研究しなくてはいけない。黒人種、メキシコ人種だけではなく他の人種も含めた研究が重要になっている。こうした人種は、この自由な国アメリカで当然の権利を奪われている。不平等のままに置かれている。こうした人種を科学的に研究し、より幸福な社会の建設を図ることが重要である。そうすることで、アメリカ文明はより発展するであろう」

人種問題を理解するには長い時間がかかると多くの人が危惧している。長期にわたる教育が必要であると考える者が多い。しかし私は、たとえそれがどれほど長い年月を必要とする作業であっても、教育から始めなければならないと思っている。

教育は行動の第一歩なのだ。私が先に主張したような、人種問題を扱う強力な政府機関が設置されれば高い効果が期待できる。私はこうした方策以外に妙案はないと考えている。人種問題の解消を目指すプログラムが出来上がれば、わが国民の大多数は支持するに違いない。

一般人は人種差別解消を目指した運動に参加したことはない。しかし私が提案している新組織が設立されれば、プログラムを作り上げる過程で人種差別に対抗できる新しい勢力が生まれてくると信じている。何もせず放っておいて、人種差別勢力と適当に付き合っておけばいいと考えることは容易である。しかしそれではわが国から人種差別意識を一掃し、そうした意識に基づいた差別の文化を取り除くことは永遠にできない。

西部諸州の問題

連邦政府が人種問題を扱う新組織を作ることはもちろん必要だが、これから迎える戦後の世界は異文化の衝突が激しくなるとはっきり認識しておくことも重要である。これについてパーク博士は、「アメリカ社会学ジャーナル」（一九四三年五月号）で次のように述べている。

「私は、より自由でかつ民主主義的な戦後世界が現出すると信じている。そうなれば、わが国はこれまで同じ陣営に属していた国の国民とだけではなく、敵国であった国の人々ともうまくやっていくことを求められる。したがって、われわれはそうした国やそこに暮らす人々を理解しなくてはならないし、そうした国々が置かれている地政学上の特殊性もわかっておかなくてはならない」

「そのためにはフランス、ドイツ、イギリスにあるような外国の言語を深く学べる機関が必要だ。アジアやアフリカの言語に詳しい専門家を養成しなくてはならない。そういう意味では、われわれが住んでいるのはアメリカであるという意識から、むしろ地球に住んでいるのだという新しい感覚が要求される」

パーク博士の分析で、われわれは極東に住む人々の文化や言語について、よりいっそうの理解が必要だということがわかる。われわれは真珠湾を攻撃される以前には日本という国をほとんど知らずにいた。東洋のことはどうせわれわれには理解不能だとして気にも留めなかった。ワシントン・ポスト紙（一九四三年十二月十二日付）によれば、わが国には当時日本語を理解する白人種はわずか六百人しかいなかったのだ。

ジェシー・スタイナー博士[*21]は、われわれが日本人を誤解するのは極東地域の文化と歴史に対する理解が徹底的に欠けていることが原因だと分析している。われわれは日本の歴史やこの国の成り立ちを全く知らない。日本は理解不能だと諦めている。

アメリカ人の関心は自分たちの先祖がやって来た国々に限られている。十分だとは言えないまでも、西洋の歴史は学んでいて、そこに現れたリーダーたちの名前や事績はある程度知っている。しかし日本の歴史を知ろうとする者はいない。ましてや日本人の信仰など馬鹿馬鹿しくて興味を持つ者はいない。それは物好きな学者の研究対象にすぎなかった。

日本人の風習はエキゾチックではあるが非合理に感じられた。日本人は変わった人種であり、彼らの行動は理解不能であると誰もが考えていた。スタイナー博士の言うように、極東文化の研究はわが国の高等教育機関では人気がない。太平洋岸の州にある大学ですら東洋文化を研究することをおろそかにしている。

東洋哲学の講座を持つ大学はいくつかあるが、担当教授は支那人か日本人の学者である。日本人の学者は、日本の帝国主義的行動を非難されるたびに、日本に代わってお詫びする羽目になっている。日本人学者の給料のいくらかは日系団体の拠出金で賄われているというありさまだった。

繰り返しになるが、極東研究を専門とする機関の必要性はこの戦争が終了することで逆に増していくと思っている。戦争でもたらされた破壊からの再興・救済がなされなければならない。わが軍の駐留は避けられないが、そのことは必ずや問題を惹起するはずだ。われわれは戦後に予想されるこうした事態に準備ができていない。にもかかわらず、極東文化を研究する数少ない学者は専門的な細かな議論ばかりしている。こうした地域の文化は一般にはほとんど知られることがないのである。

極東についての情報は専門の学者だけのものであってはならない。西海岸に暮らす同胞も共有すべきものである。彼らが気づいているかどうかは定かではないが、わが国の経済的発展とこの地域の将来には濃密な関連がある。この戦争はカリフォルニア州に「産業革命」をもたらした。飛躍的な経済発展が達成された。他の二州（オレゴン、ワシントン）も程度の差はあるが、同様の発展が見られた。カリフォルニアの主要産業は重工業であってもはや農業ではない。

この戦争で西海岸は、平時であれば二十年、いや五十年もかかったであろう工業化を数年で成し遂げた。一九四〇年以降、およそ百五十万人が西海岸諸州に移住した。その結果、これまでになかった製鉄所やアルミニウム精錬工場が出来上がった。マグネシウム製造プラントもできている。

西海岸は、潤沢な労働力に恵まれ、石油化学工業、木材を原料にする化学工業（wood chemistry）が発展をみせている。その上、鉱物資源も豊かで、水力による電力供給はまだまだ増やすことができる。電力を必要とする軽金属工業にとって戦後の成長には願ってもない環境が揃っている。

ものづくりの環境は十分である。重要なのは、言うまでもなく市場が作れるかどうかである。西海岸諸州の東側は砂漠や高い山々に閉ざされ、人口の希薄な土地が続いている。この戦争で飛躍的な発展を遂げた工業生産力が生み出す製品を吸収できる市場は期待できない。

サンフランシスコ・ニューズ紙のロバート・エリオット氏が指摘しているように、市場は東洋にある。同氏は中国からの需要増を期待している。鉄道用レールをみても中国からの需要は二万マイル（およそ三万キロメートル）と試算されている。最終的には一〇万マイルが必要となると見込んでいる。

中国が必要とする資材はこれだけではない。これから多くの工場を建設し、道路も整備していかなければならない。機械、飛行機、石油化学製品、鉄道用機器、綿花、自動車とタイヤ。中国はありとあらゆるものを必要としている。中国だけでなく東洋全体が同じようにカリフォルニアの製品を必要としているのだ。

東洋が巨大市場に変貌を遂げることは容易に想像できるにもかかわらず、西海岸諸州はこうした明るい未来への準備ができていない。東洋の文化も言葉も全くわかっていない。この地域を理解するのに必要な最低限の情報も持っていない。現在の大学などの教育機関ではこうしたニーズに応えることはとてもできない。人材が全く不足している。

言うまでもないことだが、東洋の巨大な潜在市場の開拓に最も重篤な障害になるのは、やむことのない反東洋人の態度である。今のままでは市場開拓は難しい。この問題についてはすでに理解を示す人々が出てきている。

シアトル商工会議所のJ・J・アンダーウッドは、ワシントン議会下院の移民帰化問題委員会で支那人排斥法は撤廃すべきだと証言している（一九四三年五月二十七日）。その根拠として、戦争終結後に期待される東洋貿易の大きさを挙げている。彼は五十億ドル（現在価値五兆円）の潜在的な市場があると推定している。東洋貿易を発展させるためには、その障害は取り払う必要がある。

「『東洋人はすべて同じで危険である、支那人も日本人と同じで危険である。彼らをわが国に入れることを認めることは地獄への門を開いたままにしておくようなものだ』。こうした主張をそのままにしておいては東洋との貿易は期待できない。太平洋に面している東洋の国々は世界の資源の三分の二を生産し、世界の人口の四分の三を擁しているのだ」

経済的な視点から東洋理解を勧めるこうした論調は、西海岸の人種偏見の態度を改善させていくに違いない。しかし政府の関与がなければ、その進展はゆっくりとしたものになると危惧している。連邦政府は太平洋問題を扱う組織を創設すべきなのである。新組織はカリフォルニアに設置すべきである。ボストン、ニューヨーク、ニューオーリンズあるいはアイオワ州デモインといった都市に作っても役に立たない。あくまでもカリフォルニアに設立することに意味がある。

ジョン・ピカリング[*22]がアメリカ東洋学会[*23]を設立〔一八四二年〕したのは、ボストンであった。太平洋問題調査会の本部はニューヨークである。西海岸にもこうした組織を設立することが必要だ。東洋問題は西海岸に住む者にとってこそ重要なのである。十分な数のスタッフを揃え、地域ごとにしっかりと研究しなければならない。東洋に関する講演会、博覧会、記録映画、専門書、啓蒙活動を通じて極東アジアについての正確な知識を得ることが必要だ。こうした活動があってこそ、レベルの高い世論が形成される。

私は、西海岸における東洋研究の新組織は連邦政府資金で運営されるべきだと考えている。民間資金が入ればその動機に疑いを持たせてしまう。日本政府が資金を出した相互理解を目指す運動は警戒感を生むだけに終わってしまった。先に述べたようにシドニー・ギューリック牧師の日米友好を推進しようとした運動も、フランク・ヘロン・スミス牧師[*24]の活動も結局は負の効果を生んでしまった。

両牧師は日本や日本人についての経験を、何とかカリフォルニアの人々に伝えようと尽力した。しかしこうした行為は逆に西海岸の人々の敵意の火に油を注いでしまった。私の手もとにスミス牧師が作成した小冊子がある。「中国及び日本に対する誤解」(China Japan Imbroglio) と題されたパンフレットである。これは明らかに日本の極東における武力侵略を擁護する内容であった。

日本協会[*25] (Japan Society) に続いて、日米親睦を醸成しようとする団体は生まれてこなかった。同協会で活躍したハミルトン・ホルト[*26]やリンゼイ・ラッセル[*27]のような、真に日本のためになるスポークスマンも現れなかった。西海岸にはアメリカ連邦キリスト教会協議会[*28]のような宗教団体の組織も現れず、この地域の人々の人種偏見意識を矯正する人物も団体も現れなかったのである。

人種偏見の壁を越えて

日本人強制収容プログラムは一刻も早く終了させるべきである。早ければ早い方がよい。そうすることで民主主義は、ときに犯してしまう過ちを、自らのメカニズムのなかで矯正できるという誇るべき前例を作ることができる。それができれば、われわれは胸を張ることもできるのだ。戦時の特殊な施策が、民主主義を逆に強化するシステムに転化する可能性がある。これができれば、日本人強制収容プログラムは「民主主義からの逸脱」だったと頭を下げる必要はないかもしれない。

われわれが実施した日本人への偏見のプログラムは、わが国の民主主義に大きな汚点を残した。しかしそれは修復可能なダメージである。戦争後にはこの施策によって被害を受けた日本人は、おそらく設立されるだろう補償委員会で損害を回復することができるだろう。こうした前例は多いのである。自然災害の被害者に対してさえも補償しているではないか。

戦時移住計画局はかなり正確に被害額を推定する計算式を持っているようだ。もちろん今次の戦争で被害を被ったのは日本人移民だけではない。しかし彼らが、連邦政府自身が実施したプログラムによって甚大かつ特殊な損失を被ったことは疑うべくもない。そういう意味で彼らは補償されるべきである。戦局を鑑みれば、西海岸に日本人を戻させないという法令はすぐにでも撤回するべきである。わが国への忠誠心をはっきりと示した人々については、戻ってくることを許すべきである。もはやリトルトーキョーはない。軍事的に敏感な地域にはもう日本人はいない。わが国への忠誠心が疑われる者は隔離されている。忠誠心のある日本人移民はもはや危険ではない。要するに、わが国に住む日本人の血を引く人たちのすべてが十分な調査を受けたのである。

まだ敗けていないことを示すための、いわゆるアリバイづくりのような攻撃の可能性はあるとはいえ、西海岸への日本侵攻の可能性はなくなった。日本軍はアリューシャン列島から排除され、もはや防戦一方である。西海岸地区をみても、真珠湾攻撃を受けて以来、実施された灯火管制に代表される戦時規制は解除されたり緩和されたりしている。ハワイにおいてさえ戒厳令に基づいた諸規制を緩めている。

日本人移民の西海岸移住許可は段階的に進めなくてはならない。大集団が一気に戻ってくるという事態は避けなくてはいけない。前述のように、日系兵士の賜暇《しか》を利用した訪問は許されている。白人種と結婚している日本人女性は家族と暮らすことを認められている。西海岸に戻れるカテゴリーを順次増やしていく施策が効果的であろう。

この施策の実施にあたって、連邦政府が断乎たる声明を発する必要がある。人種偏見に基づいた反日本人の行為は必ず厳しく罰せられることを知らしめておかなくてはならない。政府にはアメリカ国民の権利を積極的に守るという姿勢の表明が求められる。西海岸の白人種に対しては、一世そしてとりわけ二世が勇敢に戦ったことを周知させるべきである。これがうまくいけば、反日本人の騒動や暴行事件は起きないだろう。

日本人を西海岸から排除する規制が解かれれば、強制収容所も必要性を失っていくし、収容者のモラルも上がっていく。戦時の必要に迫られて実施した政策は、その必要性がなくなり次第にやめるべきだ。それを現実に実行し世界に示すことが大事なのである。そうしなければ収容所に残る日本人の処置は難しくなるばかりだ。ハワイでのやり方と本土でのやり方の齟齬《そご》があからさまになっていく。

日本人収容者のなかには、収容所でなければ暮らせないと思う人たちが危険なほどに増えている。彼らのモラルを高めるには、彼らが持っていた財産をしっかりと処分して現金を作ったり、元の職場に戻れるようにするといった支援が必要であろう。日本人が西海岸地域に戻れるようにすべきだという論調は、雑誌フォーチュンにも現れている（一九四四年四月号）。

「軍が日本人を西海岸から締め出す方針を長引かせようとすればするほど、ハースト系の新聞に代表される反日本人メディアは、日本人が戻ってくれば暴動が起きる、というプロパガンダを続けるだろう」

「暴力を受ける可能性があるからといって、その被害者側を閉じ込めるというのはおかしな話である。わが国には犯罪者を拘禁することはあっても、その被害者を閉じ込めるという伝統はないはずだ」

ルーズベルト大統領は一九四三年九月十四日の演説で次のように述べている。

「わが国への忠誠が疑われる分子の隔離ができれば、戦時移住計画局は日本人収容者を順次退所させていく。アメリカ全土に日本人が分散し、そこで職を得、家庭を持ってもらう。隔離地域の外にいる日本人移民も、この厳しい状況のなかでわが国への忠誠の心をはっきりと示してくれた。隔離され強制収容されてはいても、わが国への忠誠心を持つ日本人移民は、軍事的な必要性が去り次第、元の居住地に戻れるようにすべきである」

もはや隔離を必要とする戦況にはない。日本人移民を返すときが来たのである。

次のステップ

少数人種問題を考えるにあたっては、わが国の歴史をしっかりと理解しておく必要がある。この点について前述のロバート・E・パーク博士がホーラス・ケイトン[*29]に宛てた手紙のなかで次のように述べている。

「黒人種も白人種も、この問題に冷静かつ知的に取り組めるのは、この国には民主主義のための戦いの歴史が溢れているからだということを忘れてはならない。この国にやって来た者は、民主主義のための戦いをすぐさま始めなければならなかった。ユダヤ人もそうであった。他の人種も同じように戦ってきた。ユダヤ人の不幸は黒人種のそれと同質であった」

「ある種の人種だけが民主主義を享受できるというのはおかしいし、ばらばらの大きさに切ったパイのようにその享受のあり方が不均一というのもおかしい。民主主義はそのシステムが国民全体に均等に適用されて初めて意味を持つのである」

わが国の民主主義は他の国にも普遍的に適用できる可能性を持っている。これはわれわれアメリカ人が誇るべきことである。ウィリアム・ディーン・ハウエルズ[*30]はこの点について次のように述べていた。

「新しくこの国にやって来た者たちはこの社会に同化してきた。その結果、われわれは一歩進んだアメリカ人になることができた。われわれの歴史はこの繰り返しだった。現在の少数人種がわが社会に同化することで、われわれはさらに一歩進んだ国民になるのである」

現在の少数人種が、これからの同化プロセスを通じて、よりよいアメリカ人を形成する原動力になるのだ。

注

＊1　David P. Barrows 一八七三―一九五四。歴史学者。カリフォルニア大学学長。ウィリアム・タフトがフィリピン民政長官の時代にフィリピン人啓蒙政策を担当した。
＊2　Francis Amasa Walker 一八四〇―九七。ＭＩＴ学長。ジャーナリスト、経済学者でもあった。
＊3　Ralph Waldo Emerson 一八〇三―八二。詩人。
＊4　Henry David Thoreau 一八一七―六二。詩人。
＊5　Walt Whitman 一八一九―九二。詩人。
＊6　Dorie Miller 一九一九―四三。真珠湾攻撃の際に乗り組んでいたのは戦艦ウェストバージニアであったが、機銃を受け持つ兵士が負傷すると訓練を受けていないにもかかわらず機銃を操作し、攻撃機に銃弾を浴びせた。黒人で初めての海軍十字章を受けた。
＊7　Jose Martinez 一九二〇―四三。アッツ島上陸作戦で活躍。ニューメキシコ州出身。
＊8　Mark Wayne Clark 一八九六―一九八四。陸軍大将。
＊9　Richard Eugene Mittelstaedt 一八八四―一九七三。陸軍准将。一九四三年から四四年にはマウイ島管区の司令官。
＊10　Hershey ネブラスカ州南西部の町。
＊11　the Air Medal with four oak leaf clusters.
＊12　Wilhelmshaven ドイツ北部の港湾都市。
＊13　Danzig ポーランドの港湾都市。

＊14 Vegesack ドイツ北部の都市ブレーメンの一部。
＊15 Munster ドイツ西部の都市。
＊16 La Pallice フランス西部の港湾都市。
＊17 Commonwealth Club 一九〇三年に北部カリフォルニアで創設された親睦組織。排他性は希薄な啓蒙団体。
＊18 Executive Order 8802 一九四一年六月二十五日発令。
＊19 Ward Shepard 一八八七―一九五九。林政学者。原住インディアン問題にも詳しい。
＊20 Earnest Albert Hooton 一八八七―一九五四。人類学者。ハーバード大学教授。
＊21 Jesse F. Steiner 一八八〇―一九六二。ワシントン大学社会学教授。
＊22 John Pickering 一七七七―一八四六。初代アメリカ東洋学会会長。
＊23 the American Oriental Society エール大学と関係が深い。
＊24 Frank Heron Smith 一八七九―一九六五。プロテスタントのメソジスト派宣教師。日本、朝鮮、満州などで布教を経験した後アメリカ本国の日本人教徒の責任者になった。
http://socialarchive.iath.virginia.edu/xtf/view?docId = smith-frank-herron-cr.xml
＊25 Japan Society 一九〇七年ニューヨークで創立。
＊26 Hamilton Holt 一八七二―一九五一。教育者。早い時期から人種問題に取り組んだ。日本協会創立メンバーの一人。
＊27 Lindsay Russell 日本協会創立メンバーの一人。
http://archive.org/details/japantoamericasy00masarich
＊28 Federal Council of Churches 一九〇八年設立。
＊29 Horace R. Cayton, Jr. 一九〇三―七〇。ジャーナリスト。社会学者。黒人種などの国内の少数人種問題に関心を寄せた。
＊30 William Dean Howells 一八三七―一九二〇。作家、新聞編集者。

終章

一九四四年、アメリカの反省

「コロンブスの西へ西への旅はジパング探しが目的であった。コロンブスのこの探検を引き継いでやり遂げた男がペリー提督である」と述べたのはウィラード・プライス[*1]であった。このアナロジーは的を射ている部分が確かにある。

十六世紀後半、日本人は活発に交易活動に関わっていた。その過程でメキシコからやって来たスペイン人と接触した。日本は、一六一〇年にはメキシコ（ニュースペイン）に使節[*2]を送り出し、メキシコとの貿易の可能性を探っている。まだメイフラワー号が新大陸にやって来る〔一六二〇年〕前の出来事である。新大陸の裏口は大きく開かれていたのである。しかし日本はこのチャンスを生かすことはできなかった。この後、国を閉ざしてしまった。日本が開国するのは一八五四年のことであった。

日本の開国については多くが語られている。新しい時代の幕開けのように言われているが、それ自体、何か不思議な事件が起こったような感覚で理解されている。西洋と東洋のあいだに存在した高い障壁が消え、両文明のギャップが埋められ、ついに融合をみせる。そうした画期的な事件だと理解された。

「環太平洋諸国、この大洋に浮かぶ島々。こうした地域が国際政治や文化の中心となる」と予言したのはソワード国務長官であった。[*3]「これからは太平洋の世紀である」と述べたのは歴史家フレデリック・ジャクソン・ターナーであった。[*4]ターナーは「この地域はミステリアスで、われわれの将来にどんな意味を持つのか誰にもわからない」とも言っていたのだが、わが国は彼の意図を明確に理解できずにきてしまったようだ。

われわれアメリカ人はどうも祖先のやって来たヨーロッパばかりを気にしてきたようだ。われわれはむしろ太平洋の向こう側を見るべきだったのかもしれない。太平洋は広すぎた。この大洋はわれわれの文化と東洋のそれを永遠に分かつ障害だと考えていたのだろう。この大洋は東洋とわれわれを隔てているのではなく、結びつける性格を持っていることに気づかなかった。考え方一つで太平洋は異なる文化の架け橋にもなる。東西融合のハイウェイにもなる。

太平洋は確かにハイウェイになった。蒸気船は、かつてローマ帝国の帆船がジブラルタルからフェニキアへの航海に要した日数より短い時間で、シアトルと横浜を結んでいる。一七七六年に大西洋横断に要した日数の四分の一で横浜に着いてしまう。わが国草創期のニューヨーク—ワシントンの移動に要した時間よりも、太平洋を横断する時間の方が短いのだ。難破した日本の漁船はオレゴンの海岸によく漂着したものだ。

太平洋の重要度はパナマ運河の開通（一九一四年）で一気に高まった。この運河は政治的にも経済的にも西洋と東洋の関係を激変させることになった。

カリフォルニアの金の発見も太平洋地域の姿を大きく変える原因であった。この地域でのゴールドラッシュこそが日本開国交渉プロジェクトを急がせる大きなファクターであった。そのことはペリー提督が持参したフィルモア大統領の国書でもはっきりとわかる。

「カリフォルニアの金の年間産出額は六千万ドル〔現在価値千五百億円〕相当である。これに加えて、銀、水銀などの産出も多い」

大統領はカリフォルニアで産する資源を交易に使おうと考えていた。その頃はクリッパー船が活躍し、カリフォルニアと支那を結んでいた。こうした船はどうしても修理や薪水補給の港が必要であった。カリフォルニアでの金発見と日本の開国という二つの事件は深く関連していることを忘れてはならない。日本の開国はカリフォルニア交易発展の一過程なのである。

日本は一六八三年から一八五四年のあいだ、海外移住は禁制であった。禁を破る者には死刑が科せられた。この政策に実効性を持たせるために、外洋航海のできる大型船の建造も禁じられている。開国以降も日本は国を閉ざしていたようだ。一八六七年に徳川幕府が崩壊するがその後も外国に出る日本人は少なかった。一八七五年の時点でわが国に学ぶ学生は二百人程度にすぎない。そういう意味では、日本はまだ閉ざされていたのである。

一八七六年に米布互恵条約〔米国とハワイ王国の通商条約〕が締結され、わが国の資本がハワイ王国に流れ込んだ。その結果、ハワイの砂糖生産が盛んになり、日本人労働者がどうしても必要になった。一八六八年には早くも、百四十七人の日本人[5]がサトウキビプランテーションで働く労働力としてやって来た。やって来たというよりも、誘拐まがいに連れてこられたといった方が正確である。騙して連れてきたような経緯もあり、日本政府が抗議している。そのため、この初めてのハワイ移民の多くは帰国してしまった。

しかし一八八六年には日布労働協約が締結されたこともあって、日本人労働者が初めて外国に移民することが公式に認められることになった。この協定で日本からのハワイ移住者は十八万人にのぼっている〔この数字は間違い。一九〇二年頃にハワイに居住する日本人の数は三万人程度である〕。ハワイは日本人海外移住者が最も多い土地になった。日本人がこの島にやって来たのは、わが国の西漸のもたらしたものだった。わが国は一八九八年にこの島を併合し、さらにフィリピンをも領土化するのだが、このことでわれわれと東洋との接触はより濃密になった。

　東洋人がわが国にやって来た最初のきっかけは、カリフォルニアの金発見であった。そのときやって来たのは支那人種であった。ハワイを併合したことで、今度は日本人が本土にぞくぞくとやって来ることになった。ハワイ併合前には本土ではわずか二千三十九人の日本人を数えるだけだったのだ。ハワイを併合したことで、ハワイにいた日本人契約労働者が大挙して本土にやって来ることになった。あたかも彼らは封建制度の束縛から逃れた農奴のようであった。

　一八九八年に併合される以前のハワイにあっては、契約移民が契約違反すれば刑事罰となった。それを規定する刑法の規定は、併合によってなくなった。日本人移民がアメリカ本土に押し寄せるようになったのはこの後のことであった。一九〇〇年には本土に暮らす日本人移民は二万四千二百三十五人となり、一九一〇年には七万二千百五十七人にまで増加している。

　われわれ自身の西漸運動が逆に東洋から大量の移民を生起させてしまった。われわれアメリカ人は、すぐにはこの事実を理解することができなかった。ただ驚くばかりであったが、それは次第に何ともいえない腹立たしさに変わっていった。こうしてわが国の西海岸地区は人種問題の最前線に姿を変えてしまったのだった。

　日本人移民を何とかして遮断してしまいたい。西海岸は日本からの移民来襲の防波堤にならなければならない。こうした意識は、北はアラスカから南はペルーまで広がり共有された。太平洋岸のこの防衛ラインが突破されてからも、アメリカは孤立主義をとり、人種的にも東洋人をアメリカに入れてはいけないという主張は続くことになる。

われわれ白人種は意識的に、太平洋がオープンになることによって不可避的に発生した文化の衝突に目を向けることをしなかった。歴史的にも明らかなように、わが国の太平洋岸は多様な文化が混在していた。この地域が隔絶していたこともあって、異なる文化ははっきりとした違いを際立たせていた。十九世紀後半に進んだ交通、通信手段の進化や交易の発展は、この異なる文化の対立を解消する方向に働かなかった。むしろその対立に拍車をかけていった。

この地域の人々は、対立の根本の原因は人種問題である、と考えるようになった。こうした考えはこの地域の特徴であって、現在も根強く残る考え方だ。たとえ日本人の血を引く者すべてを日本に送り返したとしても消えることはない。太平洋岸における日本人移民問題はこの地域における文化衝突の一側面にすぎない。

米日関係

わが国と日本の文化の衝突ほどの激しい対立を他に見出すことはそう簡単ではない。日本は資源に乏しく国土も狭い。日本文化の同質性はこうした日本の特徴から生まれてきたものだ。逆に、アメリカの文化の多様性は、あり余るほどの資源と土地の賜物である。また日本の文化は長い年月を経て形成されたものだが、わが国のそれはまだ日が浅い。前者は静的であり、後者は動的である。

食文化、信仰、言語、風習。何もかもが対極にある。「わが国と日本には全く共通性がない」と主張したのはカール・クロウ[*6]である。「この二つの国はお互いを理解するのは不可能である」。それが彼の分析であった。

わが国と日本の文化が見事なほどに異なるという観察は今も昔も変わらない。パーシバル・ローウェル[*7]、ヘレン・ミアーズ、ラフカディオ・ハーン、ミリアム・ベアド[*8]など多くの人物が日本を分析しているが、引き出した結論は同じようなものだった。ローウェルは一八八八年に次のように述べている。

「われわれが直感的に感ずる理解と日本人の理解とは全く逆である。それは滑稽なほどである。しゃべり方でも書き方でも読み方でも同じように逆である。表現方法が逆なだけではない。考え方そのものが、われわれとは正反対だ。われわれが当然だと感ずることは彼らにはひどく不自然で、われわれがおかしなことだと感ずることは、彼らにとっては当たり前のことなのだ[*9]」

ミリアム・ベアドの観察も似たようなものだ。

「日本の文化はわれわれとは正反対の考え方に基づいて形成されている。アメリカの文化は、ヨーロッパ文化とあり余る資源と巨大な富のなかで生まれてきた合成物のようなものである。つねに変化していく文化であり、控えめなところは全くない。日本の文化は、限られた資源のなかで暮らすという要素が色濃く反映している。実際、日本は世界の大国のなかでも最も資源が少ない国である」

「日本にしばらく暮らした後にアメリカの土を踏むと、生き返ったような気持ちになるのは仕方のないことである。それでも、ナイフとフォークを使った食事や政治集会の場面でアメリカ的やり方に戻すには少しばかり時間が必要なほどだ」

日本は次第に西洋文明を取り入れるようになるのだが、太平洋岸地域での日本文化とアメリカ文化の衝突に気づいた。そしてそれを必要以上に大きな問題として国内に伝えている。それはかなり一方的な解釈であり説明だったから、ラフカディオ・ハーンは大いに心配している。彼の死の数年前のことであった。

ハーンが日本に暮らしたのは一八九〇年から一九〇四年までであったが、その間に十二の日本に関する著作を発表している。彼は晩年には何か日本に不吉なことが起きるのではないかと危惧していた。太平洋岸にやって来た日本人移民が引き起こした衝突は、ハーンが危惧したように現実のものになり、それはわれわれが今経験している戦争という最悪の事態の前兆であった。これは誰もが心配していたことだったのだ。

あまりに違う文化のあいだに濃密な接触が始まった。そこにはとんでもないほどの人種的相違があった。それが嫌悪、恐れ、敵意、反感の原因となり、ネガティブな感情は白人種と日本人のあいだに深い溝を作ってしまった。それは、互恵や友好を説く言葉やキリスト教関係者の布教活動や貿易などの商業活動を通じて埋めることができるなどといった程度をはるかに超えた深淵だった。

フランスの詩人ヴァレリー[*10]は次のような分析を残している。

「いま世界は一つにまとまろうとし始めたばかりだ。文化によって習慣、感情、愛情表現が異なっている。長い年月をかけて形成されたそれぞれの文化が融合しようとする過程で衝突が始まるだろう（bitter conflict）」

私の観察は少し違う。文化の差異が生み出す衝突が危険なのではない。文化の違いはそもそも「人種が違う」からだと考え、それで納得してしまうことが危険なのである。

日本で何が起こっているか

一八五四年の開国以来の日本の眼を見張るような発展は西洋人には驚きであった。日本の発展は十九世紀のサクセス・ストーリーの典型であった。それは、東洋人は西洋文明を吸収するだけでなく完全に自家薬籠中のものにする能力があることを証明したようなものだった。この作業をわずか一世代で完遂させたのは驚くべきことである。

これが日本に対して畏敬の念を抱かせていた。この思いは一九四一年十二月七日をもって終了した。日本に対する見方はこの日から全く違うものに変質した。日本の西洋文明の吸収は自らの文化を守ること、生活スタイルを維持することだけが目的だったのではないか、という疑いが生じてしまった。

真珠湾攻撃以降の日本の攻勢を前にして、遅ればせながら、日本の強さの秘密は何かということが気になり始めた。何とかそれを理解しようとして東洋学者たちが引っぱりだされた。彼らが「日本人の考え方は論理的思考に基づいていない」と説明したときに、われわれは「この敵性人種を理解することは不可能である」と納得してしまった。もともとわれわれの心にあった「東洋は不可解」という観念が再び目覚めたのだ。

こうした理解が「ジャップは煮ても焼いてもジャップ」であるという主張に正当性を持たせてしまった。日本人一人ひとりを個人で見るのではなく、ジャップとしてひとくくりにして理解することになってしまった。こうした理解しかできなかったのは、われわれ自身の大きな欠点であった。

かなり前のことになるが、ソースティン・ヴェブレン[*11]は、日本の強さと同時に弱さの本質を考えるヒントを提示してくれている。彼は日本国内で起きている文化衝突に注目した。少し長くなるが、彼が一九一五年に日本をどう見ていたかを以下に示したい。[*12] 彼は日本の将来を恐ろしいほどに見通していた。

「日本が西洋文明を吸収すれば、それと並行して『伝統的な日本精神（Spirit of Old Japan)』の崩壊が起こる。崩壊にどの程度の時間がかかるのだろうか。伝統的な日本精神の存在が好戦的な国家にとっては有効な財産として残っている。しかし必ずこのような精神の崩壊は起こる。現時点では、西洋文明によって物質的に大きな進歩を遂げたものの、日本精神の喪失は多方面にわたって明らかになっている。それでもまだ西洋の新知識と科学のもたらす恩恵が失ったものを上回っている。しばらくのあいだは得るものがプラスとなる時代が続くだろう」

「これからも続くであろう日本の物質的発展が日本帝国の力の誇示に使われるとすれば、伝統的な精神の崩壊が西洋文明のもたらすプラスの効果を帳消しにしてしまう前に日本の強さを見せておく必要に迫られるだろう」

「『伝統的日本精神』が消えてしまっては日本は弱体化する。その前に日本は最初の一撃に打って出る可能性がある。それは今の世代が成熟する頃かもしれない。日本帝国政府はすべての資源を投入する全面戦争を企てるだろう」

　ヴェブレンはこうした分析に続けて、さらにこう書いている。彼の言葉はまるで予言者のそれである。

「日本の人々が西洋の科学や技術を身につければ、古い日本精神は消えていくはずである。日本の伝統のなかの温和な部分はいくらか残るだろうが、帝国の政治運営に役立ちそうな精神はほとんどが消滅していくだろう。日本人の戦いを好む精神は『スペイン人の勇気』と呼ばれるものに似ている。この精神は今後とも、皇帝〔天皇〕の政治とその死後の名声を維持することや、贅沢はしないという国家の指導に使われることもあるだろうが、一般の日本人はこの精神を次第に失っていくはずである。現代の産業化された社会では封建的な観念は捨てざるを得ない」

「日本の孤立主義は、情報伝達システムが内外の情報を伝えるようになっただけで終焉を迎えた。外敵に対する激しい憎悪もなくなった。公教育や近代的な労働習慣の導入で、日本的伝統が立脚してきたオカルト的な考え方、たとえば皇帝は神とつながっているといった考え方は時代遅れになる。日本の神道に基づいたこうした信念は、キリスト教徒のオカルト的な信仰よりも崩壊するのが早いのではないか」

ヴェブレンがこうした観察を発表した一九一五年以来、彼の指摘が正しかったことを示す事件は枚挙にいとまがない。日本は彼が観察して以降、近代化と日本精神のあいだの葛藤で精神的なバランスを失ってしまった。それはもはや精神の病といってもよい。日本精神に立脚している日本の指導者層は、その精神が消滅する前に行動を起こさざるを得なかった。ヴェブレンが予言したとおりになったのだ。その行動はまず満州で起き、やがて日本本土に広がっていった。

日本の指導者は、日本的精神に対する西洋文化の「悪影響」を排除しようと国家の全組織を動員した。そのために捨て去られたはずの悪魔的な、古臭い信仰が再び利用された。日本人はこうしたプロパガンダに弱い民族であることは、強制収容者の観察で十分に証明されている。ミリアム・ファーレイ[*13]は「日本人ほど教え込むのが楽な民族はいない」と述べている。また彼女は一九四三年の論文 *Far Eastern Survey* で次のように分析している。

「日本人が見せる狂信的なまでのナショナリズムは、日本人が偽りの、悪意ある教義を叩き込まれた結果である。その洗脳の程度はまさに完璧である。そのこと自体が日本人はいかに教育しやすい民族であるかということの証左である。世界で最もうまくいったプロパガンダだろう。しかしひとたび眼をわが国に向けてみると、何千人にものぼるアメリカ生まれの日本人がいる。彼らの考え方や振る舞いはわれわれと変わるところはない。民主主義を信じる普通のアメリカ市民である」

こうした分析が示すように、日本人はわれわれとは全く異なる人種と思い込むことはきわめて危険であることがわかる。彼らの考えは理解不能という結論で終わってしまう。そうなると彼らとの今次の戦いをうまく遂行できないし、戦後の世界で彼らと共存することさえできなくなってしまう。極東における戦後外交政策をまともに進めることはできないだろう。

しかしよく考えてみれば、わが国の日本への影響は計り知れないほどである。わが国への日本人の流入とパラレルに、わが国の文化が日本に大きなインパクトを与えていた。日本の支配層が、アメリカ的な考え方が日本を侵していると恐れたとき、西海岸の白人は日本人移民の流入は日本の侵略だと怯えていたのだった。

アメリカ文化はわが国で学んだ人々、日本に戻った二世、いったん日本に帰り再びわが国に戻った人たち（帰米者）を通じて日本に伝えられた。日本国内にはアメリカ文化を知る人々の親族が多いから、間接的なアメリカ文化の影響も大きかった。

日本人はアメリカ人に対して親切だったことはよく知られている。カール・ランドウ[*11]もリーン・ザグスミス[*15]も、反米の気運が高まっているときに、たまたま日本にいたのだが大変親切にされたと報告している。[*16]

「日本人はアメリカ映画が好きで、スラングも知っている。野球も大好きだ。アメリカに渡った親類も大事にしている」

G・C・アレンも似たようなことを言っている。

「アメリカが日本に与えた影響はかなり大きい。特に都市部の若い世代へのインパクトは相当なものがある。政治に関心を寄せる人々は、リベラルな考えをもってアメリカ文化を受容した。個人の自由を尊重する考えは、日本の少数による独裁政治の対極にあった。アメリカ映画、雑誌、アメリカからやって来たビジネスマン、旅行者、宣教師、お雇い外国人教師、アメリカに赴任経験のある日本人ビジネスマン、留学経験者、アメリカで暮らす移民。アメリカと関わってきた人々がその文化の拡散に一役も二役も買っていた」

ジム・マーシャルはコリアーズ誌上（一九三五年十月十九日付）でこう述べている。

「若い世代には英語を話す人々が増えている。ヤンキーのジョークに大笑いし、アメリカ映画を愛し、カフェで食事するのが大好きで、ハリウッドのファッションに目がなく、ジャズにのって踊り、ニューヨークで流行っているカクテルにも詳しい。こうした連中がどこにでもみつかる」

何千もの英語の単語が日本語のなかに取り入れられている。日本国内のこうした現象を書き出して、いかに日本はわが国の影響を受けているかを強調するのは愚かなことだろう。しかし、こうした現象を全く無視することも、同じように愚かなことなのだ。

日本に戻った二世の子供たち

わが国と日本との今後の関係を考えるにあたって、二世が重要な役割を果たすだろうと推測する者は多い。ジム・マーシャルは、太平洋岸に住む二世は日本の将来に大きな影響を与える存在だと述べている。コモンセンス誌（一九四一年六月号）は「二世を恐れるようなことがあってはならない。むしろ彼らに敬意をもって接した方がよい。それがわが国における普遍主義（universalism）の存在を示すことにもなる」と主張している。

二世をめぐっての問題は過去二十年間にわたって議論されてきた。その議論は、わが国だけでなく日本においても同様になされていたことを忘れてはならない。日本に戻った二世が日本においてどのような評価を受けてきたかを述べておきたい。日本で学び、そこにしばらく暮らした二世は帰米（the Kibei）者と呼ばれている。

一九二二年という年に日本に暮らす二世の数は少なかった。二世世代はまだほとんどが幼かったから、その数が少ないのは当然である。しかし徐々に増え続け、ピークに達したのは一九三五年である。この年からその数は減少を始めている。

二世が日本に戻る理由は、親の世代からの勧めがほとんどである。もちろん少なからず自らの意思で日本に戻った人たちもいた。グレイト・ノーザン・デイリーニュース紙（一九四〇年一月一日付）は、二世であるエドワード・チシの言葉を報じているが、それは自らの意思で日本に戻る人間の心情を伝えたものだ。

「われわれ二世は二つの生き方が可能である。一つはアメリカで暮らすことだ。車を持ち、ちょっとした自営業で生業を立て、楽な人生を送る道である。アメリカには食べ物も着る物も安全な住処もあるからだ。もう一つの道は、貧しく限られた土地で人口も過剰な日本に戻ることである。そこでの生活水準が低いことは明らかである」

「日本では食料の値段は高く、衣類は値段のわりに品質はよくない。芝生のある家は稀で、自動車は軍隊の特権物のようなものである。一般人は自動車には手が出せない。燃料も驚くほど高い。熟慮を重ねた末に、私は日本に戻ることにした。それはなぜだろう」

「大成功を収めるには日本の方が機会均等ではないかと考えたのだ。アメリカで成功するための努力というのは、頭突きで石の壁にぶつかるようなところがある。私より能力がある者でも失敗ばかりである。彼らの経験をみていると、日本の方にチャンスが転がっていそうに思える」

こうした考え方は特殊なものではなかった。成功のチャンスは日本にあると考える者は少なくなかった。どんなタイプの人間が成功できそうか。そのためにはどんな勉強や訓練がいるか。そうしたことを教え込んだのは彼らの両親の世代である一世たちであり、すでに日本に戻っていた二世の経験談であった。そうした二世の友人である白人やあるいは彼らの日本行きに資金を出した人たちだった。

一九三七年以降、日本政府は二世の帰国を促している。それはプロパガンダの一環でもあった。日本行きには安い旅費が用意され、日本で学び、働くためのインセンティブが用意されていた。日本領事館のエージェントであったユキ・サトウは次のように述べている。

「できるだけ多くの二世に日本に来てほしい。自分の肌で日本の置かれている状況を感じてほしい。そして日本の伝統文化あるいは制度というものを勉強してほしい」（グレイト・ノーザン・デイリーニュース紙、一九四〇年一月一日付）

このような日本政府の方針もあって、日本に向かった二世の数は増えていった。一九二九年十二月十二日付の羅府新報は「統計上、日本の四十六府県のうちの十四府県に二世は暮らしていて、その数は一万六千三百四十人となっている。だが、実数はこれより多く二万人を超えるのではないか」と報じている。

和歌山ではアメリカ市民連盟（American Citizen League）が結成されている。東京では帰国した二世の女性たちがリア（ＲＩＡ）・クラブを結成している。リアは Raised in America（アメリカで育った女たち）の頭文字をとったものである。彼らは東京の一角にまとまって住んでいた。それはロサンゼルスの日本人移民がリトルトーキョーを作ったようなものであった。

しかし日本に戻った二世たちは日本社会にはなかなか馴染めなかった。一九三九年の調査[*17]によると、東京、横浜で暮らす帰国二世千百四十一人のほとんどが、日本の社会のあり方に反発していた。学校制度、習慣、食べ物、住環境、日本人の考え方。そうした何もかもが不満だった。アメリカに戻りたいと考える者が多くなっていた。その傾向は女子に強かった。

言葉の障害が最も大きな原因だったかもしれない。それと同時に、西海岸での人種偏見から逃れたいとの思いもあったところが、日本でも同様の偏見を受けてしまったこともアメリカに戻りたいと思った理由であった。日本に戻った二世たちは日本社会から隔離された存在になってしまっていた。彼らは「姿かたちは日本人だが頭のなかはアメリカ人」と思われていた。彼らは危ない考えをもった怪しい存在だと疑われてしまった。

こうした事実を示す調査はほかにも多い。ウィリアム・プライス[*18]の調べでは、二世の多くが「日本には自分たちの居場所がない」と感じていたと報告している。彼らは「日本人と違う」と言われ、嫌われていた。その結果、日本に嫌な思いを抱いてわが国に帰ってくる者が増えた。プライスは、日本滞在中は警察が彼の行動を始終監視していたと述べている。

「日本ではアメリカ人と呼ばれ、アメリカではジャップと呼ばれる」と帰国した二世の女性が嘆いていたとジョン・パトリックは報告している。この女性は「日本の食べ物はまずいし、おいしいコーヒーもないし、日本人は汚い」とも訴えていた。ジョンが「どちらの国に住みたいか」と尋ねるとこんな答えが返ってきた。

「もちろんアメリカ生まれの日本人で、実際に日本を体験した者で、日本がアメリカよりもいいなんて思う者は一人もいやしません」

カール・ランドウ、[*19]リーン・ザグスミス夫妻[*20]は日本を旅しているが、次のように語っている。

「両親の故郷である日本に二世が戻ったのは、一九三五年から一九三八年の期間が多かった。日本語や日本文化を学ぼうとする者のほかに、人種差別を受けるアメリカではなかなかうまくいかない職探しにやって来た者もいた。最初から一時帰国のつもりで来ている者もいたし、もうアメリカには戻らないと決心してやって来た者もいた。一九三八年末の時点で、東京や横浜周辺にはおよそ千五百人の帰国二世が暮らしていた。しかし彼らは日本人として受け入れられることはなかった」

「ある工場経営者は次のように言う。帰国二世はあまりにも個人主義だ。彼らは家族を大事にするとか、天皇に尊崇の念を払うとかといった気持ちがみられない。彼らがどんなに日本文化を学ぼうが、日本人は一つの家族であるという感覚がわからない。だから私は帰国二世を雇おうとは思わない。彼らは食事がまずいとかセントラルヒーティングがないとか不平ばかりだ。従業員は指示されたことをすればよい。二世の連中は何もかも頭で理解しないと動かない。アメリカではこうだったとか、こうやるとか、うるさくてかなわない。彼らは見かけは日本人だが中身はアメリカ人だ」

日本に帰った彼らは、アメリカ的な人種差別は消えたが経済的によくはならなかった。二世の女性たちにとって日本女性のへりくだった態度は、それが日本女性のエチケットであっても、見るに耐えなかった。そうした思いを抱いた二世たちの多くがアメリカに帰っていった。日本の習慣を嫌い、日本の生活水準の低さに幻滅し、日本人の詮索好きに辟易して帰国していった。帰国した二世のなかには、ごく少数だが日本外務省に雇われた者がいた。アメリカ政府にとっては危険な存在であった。

わが国と日本との交易は一九四〇年以降、衰退の一途であった。戦争が勃発した時点では、多くの二世はすでにアメリカに帰国したか、そうするつもりであった。真珠湾攻撃以後、日本に残っていた二世がどうなったのか、情報はほとんどない。マックス・ヒルによると、彼らはアメリカ国籍を捨てさせられ、日本陸軍に徴兵されたようだ。

報道によると、[*21] かなりの数の二世がアメリカ国籍を失うことに抵抗したようだ。日本から送還された陸軍大尉ポール・ラッシュによれば、日本に閉じ込められた二世の行動は日本政府により厳しく監視されているらしい。彼らの多くが敵性国家の国民と看做され、収容所に入れられ、日本からの出国は認められていないようである。

西海岸の二世は概して日本への関心は薄かった。一九三四年にエドワード・K・ストロング博士[*22]がカリフォルニアの二世を調査しているが、二世のなかで日本に戻りたいと望んでいる者は一人もいなかったと報告している。日本を訪れた二世もいたが、次のように語っている。

「日本では落ち着かなかった。何もかもが奇妙に感じられた。日本語を読むことができなかったから、道に迷ったらどうしようと不安で、外出もできなかった。日本人は私の服装や立ち居振る舞いにいちいち口を挟んできた」

「東京は確かに近代的な都市である。しかしロサンゼルス出身者はロサンゼルスの方がすばらしい、といつも思っていた」

サトコ・ムラカミはカリフォルニア生まれだが、日本で十五年暮らした経験がある。

「私はいつも、なぜ日本人は爪に火をともすような貧しい生活なのだろうかと考えていた。日本の学校では質問することは好ましいことではなかった。質問者はブラックリストに載せられた。学校で学んだことと社会生活とはあまり関係がなかった」

ラリー・タジリは二世の日本での体験を次のように表現している。

「リトルトーキョーに住んでいる人間は、そこがすばらしいところだとはとてもいえないことを知っている。実入りの少ないフルーツショップが並び、小さな店ばかり。しかしたとえば北部満州のとんでもない田舎の村に行けば、リトルトーキョーだって天国に見えるだろう。二世が日本に行って、リトルトーキョーをすばらしく思うのは、そんな感覚に似たところがある」（パシフィック・シチズン誌、一九三六年四月号）

パシフィック・シチズン誌（一九三八年六月号）は神戸で発行されているジャパン・クロニクル紙の記事を転載し、二世の体験を紹介している。

「東京のある大学教授がアメリカ生まれの日本人の教育の難しさについて語っている。彼はアメリカ生まれに日本の伝統を教育することは不可能だと感じている。もちろんこう結論づける人は彼が初めてではない。しかし彼はアメリカ生まれの二世は、日支関係の混乱をアメリカの視点から捉えることを問題視していた。ハワイ生まれの二世や三世とは、この点がはっきりと違っていた。もっと言えば、彼らは極東問題を支那人の眼でみる癖があった。この教授はこうしたアメリカ生まれの二世をどう教育していいかわからない、と述べていた」

日本との戦争が始まる前の二世の感覚を述べることは、このくらいにしておきたいが、最後にタニ・コイタバシが残した文章を紹介しておきたい。これはパシフィック・シチズン誌（一九三三年十一月号）に掲載されたものである。

「やっと出港のときがやって来た。私の乗る『プレジデント・ジャクソン』号の船体は、手綱を引かれたグレイハウンドが走り出したくてうずうずしているかのように、その巨大な船体を震わせていた。錨を巻き上げるウィンチの音が消え、デッキから桟橋に色とりどりのテープがたなびいている。タラップを大急ぎで駆けあがる者、涙で目を真っ赤にした者、笑顔をみせる者。さよならの時間がやって来た」

「巨人の腹の底が唸っているような汽笛で逃げ出したカモメは、スクリューの動きでできた白波の上を飛び回っている。サヨナラ、ジャパン。古きよき伝統の国、武士道の国、神々の暮らす国。この国は近代化のなかで迷い続けているようだ。連立内閣はばらばらで、この国の政治はまだ子供の段階だ。ここでは軍人の制服と口元に輝く金歯が力と富の証である」

「さよならフジヤマ、さよならビワコ。ぼくはもっと高い山、もっと景色の美しい国に帰ることにする。さよならギンザ。虚栄で飾られた通り。ちょっと裏通りに入れば汚れた街。着飾った通りも十一時になれば真っ暗。約束ばかりが溢れて、どれ一つとして現実になっていない街。さよならトーキョー。ぼくは故郷に帰ることにする」

「屋根裏部屋のような部屋、マッチ箱のような家、門ばかり高いけれど、ちっぽけな庭。ぼくは広々とした庭のある家に戻る。居間からの眺めは山の頂から見るようにすばらしい。そんな家が待っている。お風呂だって、集団で入るのはこりごりだ。一人でゆっくり入りたい。ぼくらの郊外の家の庭には塀も生垣もない。庭は囲って隠すものではない。みんなに見せるものなのだ」

「お腹いっぱいにならない食事とも、もうおさらばだ。ご飯とトーフとショーユ。味も素っ気もない味噌汁、しゃきっとしないコーヒーはもういらない。とんかつだって、子供騙しのカツレツだ。ぼくは、まともな食べ物のある国に帰る」

「厚いアップルパイ、肉汁がしたたるステーキ。アスパラガスは畑からとってきた新鮮なものだ。缶詰のアスパラガスなどもういらない。ここではレタスでさえ、ツマのようにちょこっと皿に載せてあるだけ。ぼくはしゃきっとしたセロリ、とろけそうなメロン、厚いチョコレートがかけられた五層のケーキ。そんなまともな食べ物の国に帰る」

「テンプラにもさようなら。何もかもが、ぼくらとは反対の国日本。瓶のふたの開け方も逆、劇場では封切られた後の映画の特等席が前売り券よりも安くなる。その上、特等席は舞台に近い前列ではなく、バルコニーのある二階席だ。鉄道の荷物車は車体の上部にあるけれど、そこは豪華な展望車にすべきところなのだ。謙遜が美徳で、少しでも自慢したら罪人扱い。何もかもがさかさまの国日本。もうこの国とはおさらばだ」

「サラリーマン（salary men）にもさようなら。彼らの生きがいは年に二回のボーナスと二十年後の退職金。安月給は貰ったその日に消えるほど。女給カフェにもおさらばだ。そこにいるのは女給目当ての男だけ。コーヒーを飲む奴はいやしない。出されるのは酒ばかり。値段を聞けば目の玉が飛び出しそうだ。薄暗い店で大騒ぎ。女給のサービスは金次第。これが日の出る国の真の姿。さようなら」

「ぼくはアメリカに帰る。そこではナイーブな心を持った連中が、日本人は生まれながらに親切で、いつでも行儀がよいと思っている。日本の女性はとってもキュートな蝶々夫人。ハッピコート〔半纏をアレンジした短めのコート〕を身に着けた可愛い女の子。でも家のなかには夜店で買ったガラクタがいっぱい。さようなら日本」

「ぼくはアメリカに帰る。アメリカは日本の友達。でも、きみたちを苛立たせる存在。ぼくはそこに帰っていく。いつでも日本を理解しようとしてきた国、賞賛してくれた国。そして誤解ばかりしてきた国。それがアメリカ。さようなら。ごきげんよう。ぼくはやっぱりアメリカがいい」

日本に戻った二世のなかにはどっぷりと日本の社会につかった人たちもいた。政府の責任ある役職に就き、戦争遂行に一役買っている。[*23] 支那で発行されている新聞の編集者は南カリフォルニア大学の出身だ。ハーバート・エラスムス・モイはコロンビア大学を出ているが、日本のラジオ・プロパガンダに参画している。二世のなかには軍人になった者もいる。クラーク・リー[*24]はその著 *They call it Pacific*（一九四三）のなかで、松井軍曹との出会いを描写している。松井軍曹は南カリフォルニア生まれである。「アメリカは私をアメリカ人として受け入れてはくれなかった。それで日本に帰ったわけだが、日本は私を軍隊に所属させた」

帰国した二世の一部が日本軍人としてわが国と戦っているのは事実である。しかし大部分の二世たちは開戦以降、拘禁されて収容所に入っているか、厳重な監視下にあるようだ。二世の一部が日本軍に参加したり日本政府の職員となっている報道には不明な点もある。ニュースでいう「二世」の定義が曖昧なのだ。アメリカに留学経験のある日本人を二世として誤って報道している可能性もある。本当のところは誰にもわからない。

帰米（キベイ）

日本から再び戻ってきた二世たちを帰米（Kibei）者と呼んでいるが、彼らが日本で、ある意味問題児だったように、わが国でも彼らが問題視されることになった。帰米者は九千人ほどである。一九四二年に日本人移民の調査が行われているが、七二・七パーセントは日本に帰ったことがない。日本で何らかの教育を受けた者は一二・九パーセントであった。ほかは単なる旅行者であった。

日本に戻った二世は日本では疑いの目を向けられた。帰米者は日本だけではなくアメリカでも同じように疑われる羽目に陥った。白人たちが彼らを疑っただけでなく、日本人移民たちまでが彼らに不信の目を向けた。過去二十五年までさかのぼった時代に日本に帰ったことのある者はいた。そうした人たちのなかには、アメリカ兵として第一次世界大戦に従軍した者もいる。この時代の帰米者は何の問題もなかった。彼らに対して帰米者という表現さえ使う必要はなかった。

帰米者が問題になり始めたのは、つい最近のことである。帰米者はアメリカから日本へ、そして日本からアメリカに移動した。彼らは文化の衝突のもたらす激しい混乱に悩むことになった。帰米者のほとんどが感受性の強い年頃でもあった。彼らは日本から帰ってくると今度は強制収容所に放り込まれてしまった。彼らにはアメリカの生活にもう一度慣れる時間などなかった。収容所で問題児として扱われたのはこうした帰米者だった。

わが国の移民の歴史のなかでも、帰米者の問題は非常に複雑な要素を抱えている。わが国と日本の文化の溝はあまりにも深かった。アメリカで日本人の両親に育てられ、日本で教育を受けた。そこでは村八分のような扱いを受けている。その過程でいやというほど自分たちが異分子であることを思い知らされた。そしてアメリカに帰ってみると同じ日本人の移民たちからも、もちろん白人たちからも疑いと不信の目を向けられることになった。

戦時移住計画局の最近の調査では、こうした帰米者を「新タイプの移民グループ」として分類し分析している。このグループの経験は、彼らの両親が初めてアメリカにやって来たときの経験に相通じるものがあったかもしれない。

帰米者のほとんどが長男であった。多感な時期に日本での教育を受けたことで、アメリカで暮らす家族とのあいだに考え方の大きなギャップができてしまった。帰米者はマイノリティーのなかのマイノリティーという立場に陥ってしまっていた。

同じように、日本国内でもアメリカに学んだ若者の問題が存在したはずであるが、その詳細はよくわからない。キリスト教日本学生連盟（the Japanese Student Christian Association）の調べによると、一九四〇年から四一年にかけて、百九十人の日本人が全米二十六州の大学やカレッジで学んでいた。彼らが日本で、わが国における「帰米者」のような扱いを受けたことは想像にかたくない。

東洋のユダヤ人

ウィリアム・ハーストはこの戦争は「東洋人と西洋人、そのどちらが世界を征するかどうかを決める戦い」だと述べている。この主張は、日本との戦いをヨーロッパ戦線よりも重視すべきとする政治勢力によっても繰り返されている。そしてこれがベルリンでも東京でも、彼らの戦争理由を正当化するのに利用された。日本もこの戦いを人種戦争であると考えていたからだ。

メネフィー[*25]が行った調査によれば、アメリカ人の半分は、今度の戦争の責任は日本政府にあるのではなく日本民族にあると考えている。これはわが国民の四分の三が、ドイツやイタリアについてはナチス政府やファシスト政府に責任があると考えている現実と好対照をなしている。国民の三分の一が、戦争が終わっても日本に食糧援助はすべきではないと考えている。ドイツへの食糧援助に反対する者はわずか六分の一である。戦争後に作られる国際連盟のような機関に日本の参加を認めてもよいと考えている国民は、三九パーセントしかいない。

日本民族そのものに反感を持つ態度は太平洋岸で特に強いとメネフィーは報告している。戦争勃発以来、日本に対する、いや日本民族そのものに対する反感が、日本人の顔をした七万人の日系市民に向けられている。

私の知る限り、日本との終戦交渉に柔軟な態度で臨むべきだとか、あるいは条件付きの平和交渉をすべきだと主張している者は一人としていない。日本人移民を少しでもよそに移住させ、退所を進めるという戦時移住計画局の方針を、日本に対する不要な融和政策だと非難する者も多い。一九四四年二月七日付のロサンゼルス・タイムズ紙に、次のような白人女性の投書が掲載されている。

「生粋のカリフォルニア人として一言言っておきたい。わが国内に日本人を解放することはもってのほかです。この政策を進めている役人は、いつもニタニタして信用ならないイエロービースト（Yellow Beasts）のなかで暮らしたことなどないと思います。利他的な行為はこの悪魔の民族（sons of hell）には無用なのです。キリスト教徒としての使命なんぞをふりかざしてお説教するような連中には、もう静かにしてもらわなければなりません」

同じような主張の投書の切り抜きを私は何百とファイルしている。すべて昨年〔一九四三年〕の、西海岸の新聞に載ったものである。退所してくる日本人移民への強烈な嫌悪の情は、カリフォルニアのあらゆるところで見ることができる。ちょっとした反日本人のアジテーションがあれば、日本人をカリフォルニアの最下層人種に追いやることも簡単だ。そんな空気がいっぱいである。そうなれば、彼らは現代の「不可触賤民（untouchable）」とされてしまうだろう。

アメリカ各地に移住していった日本人には、かつて西海岸にあったような移民同士のつながりも希薄である。彼らが差別や迫害の対象になってしまう可能性もある。もし人種差別主義者の主張が通ってしまえば、日本人移民はもう一度強制収容所に集められ、戦争が終わると同時に日本に強制送還されるだろう。これが現実になれば、強制送還はアメリカ一国にとどまらず世界に広がっていくだろう。日本人は東洋のユダヤ人である、とよく言われる。アメリカでは反ユダヤ主義はナチズムとほぼ同義である。その意味で反ナチズムを旗印にするわが国が、ユダヤ人を人種差別のスケープゴートにする可能性は少ないだろう。しかし日本人は違う。日本人は「理想的な内なる敵（the ideal internal enemy）」にできる人種である。すでに西海岸ではそういう風潮が明らかになってきている。蔑みの対象は「鷲鼻の胸糞悪いユダヤ人」から「出っ歯で、目尻が上がった、がに股のジャップ」に変わってきている。

嫌悪の対象をシンボル化すると、長いあいだ隠れ、抑圧された差別意識を露出させ、それに向かって簡単に誘導することができる。シンクレア・ルイス[*26]は「もしカリフォルニアでファシズムが勢いを増すことになれば、その人種的差別はユダヤ人ではなく東洋人に向けられる」と述べていた。

太平洋地域に平和を構築するためには、日本の軍国主義を崩壊させ、日本の軍事力は徹底的に排除されなくてはならないことは確かである。ファシズム思想を完全に一掃することはもちろん重要である。それはどのような犠牲を払ってでも成し遂げなくてはならない。しかし日本を打ち負かすという意味は、ある従軍記者が言うような、日本と日本民族の徹底的な破壊ではない。国土を何の作物も育たないほどに荒廃させ、男は最後の一人まで殲滅し、女子供は別々にし、他の人種と混合させてしまえとその記者は主張するが、これはおかしい。

もしそんなことをやってしまえば、日本人は本当に東洋のユダヤ人になってしまう。非民主主義的な政策を戦後の日本にとることは危険である。日本人を行商でしか生きられない流浪の民にしてしまうようなものだ。極東にユダヤ人のような新しい流浪民族を作り出すようなものだ。それはユダヤ人のディアスポラ（民族離散）など可愛く見えるほどの規模になるだろう。

今日すでに日本人は世界各地に暮らしている。わが国だけでなく、南米、カナダなど太平洋地域のどこにでも彼らは散らばっているのである。彼らはユダヤ人同様、誇り高い民族であり、才能も豊かである。彼らはカメレオンの皮膚の色にも似た優れた環境適応力を持っている。

日本は地理的にもイスラエルに似て、二つの世界を結束する位置にある。太平洋方面で戦いが続くいま、カリフォルニアで次の段階の第二次太平洋戦争勃発の芽が出ようとしている。わが国はこの危険をはっきりと認識しておかなければならない。ロサンゼルスのある新聞の編集者の次の言葉がそれを如実に示している（ロサンゼルス・デイリーニュース紙、一九四三年十月十四日付）。

「日本との戦いはゆっくりと時間をかけるべきである。日本はゆっくりと潰せばよいのである。わが国はこの戦いが終われば、きわめて強大な軍事力を必要とすることははっきりとしている。世論は軍事力拡張に反対するだろう。その観点からすれば、太平洋方面での戦争は長引いている方がよい。東洋の十億の民がいかにわが国にとって危ない存在であるか訴え続ける必要がある」

これは、何の根拠もなく有色人種を恐れよ、とする実に愚かで理不尽な主張である。評論家のファーナー・ナン[*27]は次のような警告を発している。

「われわれアメリカ人は、日本人の血を引く同胞を強制収容してしまった。そこまでのことをしてしまうほど日本人への恐怖心の強さ。そしてわれわれ自身が持っているはずの理想への強い不信感。この二つを鑑みるとき、私には不吉な予感がする。わが国の文化と理想は世界の発展に有益であるはずだし、またわが国自身が世界のなかで正しく位置づけられるためにも重要な役割を果たすはずだ」

「わが国に暮らす日本人は人数からいえば完全なる少数派である。しかし文化の面からみればきわめて重要なグループである。この最少数派に対して、われわれがどのような態度をとるのかが試されている。アジアにわれわれは自由をもたらそうとしている。そこには数億人が暮らしている。わが国に暮らすわずか十万人程度の東洋系市民の最低限の権利さえ守ってあげられないわれわれが、そうした主張を繰り返しても虚しく響くだけではないか」

日本の弱点

いま日本国内のリベラル勢力の存在を語ったりすれば、物笑いになってしまうだろう。それでも日本を研究する多くの学者はそうした勢力が消えていないことを繰り返し述べている[28]。なかには社会革命が起こる可能性まで示唆する者もいる。

日本国内で社会的動乱が起こる可能性とそれを惹起する社会的要因の分析は、フリーダ・アトリーが一九三七年に行っている[29]。彼女は三七年当時「日本は政治的にも社会的にも革命状態に近く、帝政ロシア末期の状態に近似している」と述べていた。この主張は現在の方がより説得力を持っているかもしれない。最近の極東からの報告は、日本は内部崩壊を起こす可能性の高いことを示している。

UP通信社の記者ウォルター・ランドルは中華民国の陸軍総司令である何応欽《かおうきん》将軍[30]と会見〔一九四四年三月二十四日〕しているが、将軍は日本の内部崩壊はドイツよりも早いかもしれないと述べたと伝えている。メディアはあまり注目していないが、一九四四年に日本人の共産主義者である岡野進[31]が、日本人民解放連盟を中国共産党支配地域で結成している。岡野は日本人に革命を訴えるビラを配布している。

アライド・レイバー・ニュース紙の重慶特派員イスラエル・エプスタイン[32]は、最近のレポートのなかで、一九四一年の段階で発生していた社会不安の表れである事件を報告している。この年には激しいストライキが日本各地で発生している。四月には十万人以上が参加したといわれる神戸での騒乱があったらしい。八月には名古屋、九月には小倉、十月には鶴見と続いているらしい。

一九四四年三月二十四日付のフレデリック・クー[*33]のロンドンからのレポートでは、鹿児島で食料をめぐる騒乱があり、農民の組合が解散させられたと報じている。また一九四二年四月には東京上野公園で四万人の労働者が集会を開いたらしい。この集会では三十七人が警官隊に殺されたとされている。また食料を求める騒動の過程で衆議院議員のミツハシ某が逮捕されたらしい。

日本には社会不安の長い歴史がある。軍事的敗北が誰の眼にも明らかになってきた今、革命的な運動が発生する可能性はけっしてゼロではない。一九一八年から三〇年のあいだに共産主義思想が広まっている。岡野のビラが示すように、日本における共産主義思想は根絶やしにされているとは考えられない。日本経済の基盤は脆弱であり、支配階級が自らの権益を犠牲にしてまで、こうした勢力に何らかの譲歩をするとは思えない。高まる社会不安を前にして、支配階級がこれを避けようとしたのが一九三二年の事件であった〔満州国建国〕。日本国民は今次の戦争の責任者はこうした支配階層であると考えるに違いない。

岡野の文章から推察できるのは、ソビエトロシアは日本で革命が起こる可能性を注意深く観察しているという事実である。彼らは日本が軍事的に完敗する前に、そうした状況に陥る可能性を念頭に入れた政策を立案している。

私がこのように日本が現在置かれている状況を述べたのには理由がある。つまり日本人強制収容と、よその土地への移住プロジェクトの問題を正しく考察するためには、わが国の政策が現在日本で起こりつつある事態や、これから起こるであろう事態と密接な関係を持っているということである。日本の事態だけではない。太平洋地域全体で起こっている事態とも関連している。

わが国は太平洋地域の発展に向けて行動することが必要である。しかし日本人に対するわが国の偏見の存在は、そうした行動の正当性に大きな疑念を生まざるを得ないだろう。太平洋地域に新しい秩序が生まれようとしている。わが国の太平洋岸地域はこの新秩序のなかで重要な位置を占めなくてはならない。遠かった国の人々がきわめて密接な関係を持ってくるのである。

太平洋地域をめぐる紛争は広範囲に発生し、そしてまた複雑な様相を呈するだろう。われわれが最初にすべきことは、こうした地域に広がる人々とその文化を正しく理解することである。しかしわが国に人種偏見が存在する限り、そうした理解は不可能である。

ドナルド・カルロス・ピアティー[*34]はタイム誌（一九四四年四月十日号）に、空軍士官の手紙を転送してきた。この士官はB24リベレーター爆撃機に乗り込み、中部太平洋方面で戦っていた。空軍樫の葉勲章も受けているパイロットである。

「われわれは敵兵を殺戮するという任務をしっかりと果たしている。われわれの隊員のなかには人種偏見の欠片《かけら》もない。われわれが最も嫌悪するのは、国内にいて、こうしたわれわれの結束、信念を破壊しようとしている連中である。差別で利益を得、つねに言い争い、それでいて責任回避をし、ああでもないこうでもないと、市民権についてワシントンで御託をならべている奴らだ」

「反日本人の連中が日系アメリカ人にしようとしていることに同意する者は私の部隊には一人もいない。仮に彼らがわが国に不忠な行為を働くのであれば、厳しく罰すればよい。しかし日本人の血を引いているという事実だけで、彼らに手出しをするようなことがあっては絶対にならない。われわれはすべてのアメリカ市民のための戦いを続けている。人種はなんの関係もない。われわれは本質的な人権を守るために戦っているのだ。この神聖な人権を、私たちの見えないところで弄ぶようなことはしてほしくないのだ」

注

＊1　Willard Price 一八八七―一九八三。自然科学者。探検家。一九三〇年代日本各地や南洋諸島をめぐり日本の模様を伝える。スパイ活動の可能性が指摘されている。

＊2　この年、徳川家康はフィリピン臨時総督ドン・ロドリゴをメキシコに送り返した。ロドリゴは前年九十九里沖で座礁遭難し救助されていた。使用された帆船は、三浦按針（ウィリアム・アダムス）が家康の命で造船したものである。

＊3　William Henry Seward 一八〇一―七二。リンカーン、及びジョンソン政権の国務長官。環太平洋地域の領土獲得を積極的に進めた。

＊4　Frederick Jackson Turner 一八六一―一九三二。歴史家。アメリカ歴史学会会長。

＊5　明治元年にハワイにやって来た最初の日本人移民。「がんねんもの」と呼ばれる。移民数は百四十八人あるいは百五十三人とする資料もある。

＊6　Carl Crow 一八八四―一九四五。上海で広告代理店を経営。アンチ・ジャパニーズの主張を繰り返し、大隈重信内閣の対華二十一ケ条要求を大きく報道させた。

＊7　Percival Lowell 一八五五―一九一六。天文学者。石川県穴水町に滞在。帰国後、能登を紹介。

＊8　Miriam Beard 一九〇一―八三。評論家。著書に『日本におけるリアリズム』*Realism in Romantic Japan* がある。

＊9　The Soul of the Far East.［原注］

＊10　Paul Valery 一八七一―一九四五。詩人、思想家。

＊11　Thorstein Veblen 一八五七―一九二九。経済学者、社会学者。
＊12　*The Opportunity of Japan,* 1934, The Viking Press, pp255-255. 〔原注〕
＊13　Miriam S. Farley 生没年不詳。『日本の労働問題』などの著作がある。
＊14　Carl Randau 一八九三―一九六九。劇作家、ジャーナリスト。
＊15　Leane Zugsmith 一九〇三―六九。ユダヤ系作家。
＊16　*The Setting Sun of Japan,* 1942. 〔原注〕
＊17　*The Nisei: A Study of Their Life in Japan,* Nisei Survey Committee of Keisen School Tokyo, 1939. 〔原注〕
＊18　William Price 一八八七―一九八三。自然科学者、旅行作家。
＊19　Carl Randau 一八九三―一九六九。ジャーナリスト。一九四〇年にリーン・ザグスミスと結婚。
＊20　Leane Zugsmith 一九〇三―一九六九。ユダヤ系小説家。
＊21　*Gila Courier*（一九四三年十二月十六日付）〔原注〕
＊22　Edward K. Strong 一八八四―一九六三。社会学者。*The Second Generation Japanese Problem*（1934）などの著作がある。
＊23　Herbert Erasmus Moy 詳細不明。ＦＢＩの資料では日本のプロパガンダ工作に関与した人物としてリストアップされている。
http://research.archives.gov/description/566495
＊24　Clark Lee ＡＰ通信社の記者。*They call it Pacific* ではマニラが日本軍により陥落する状況を記録した。
＊25　詳細不明。
＊26　Sinclair Lewis 一八八五―一九五一。小説家。劇作家。
＊27　Ferner Nuhn 一九〇三―八九。
＊28　Liberalism in Japan, George Sanson, *Foreign Affairs* April 1941; Our Allies in Japan, Harry Paxton Howard, *Commonwealth,* October 9 1942; Our Allies inside of Japan William Henry Chamberlin, *Common Sense,* November 1942. 〔原注〕
＊29　Freda Utley 一八九八―一九七八。共産主義に傾倒。一九三七年に中国訪問。前線視察。中国共産党を美

化した書 *China at War* を一九三八年に出版。アメリカ国内で親中、反日機運が高まる要因の一つとなった。
＊30　何応欽。一八九〇―一九八七。
＊31　野坂参三（一八九二―一九九三）の偽名。戦後、日本共産党議長。
＊32　Israel Epstein 一九一五―二〇〇五。親中派のジャーナリスト。反日宣伝活動に従事し、エドガー・スノーやオーウェン・ラティモアらと親交があった。
＊33　Frederick Robert Kuh 一八九五―一九七八。アメリカ人ジャーナリスト。一九三〇年代にはソビエト諜報機関の影響下にあった報道機関 Federated Press of America と密接な関与があったとされる。
＊34　Donald Culross Peattire 一八九八―一九六四。植物学者。

訳者あとがき

下田玉泉寺は吉田松陰が弟子金子重之輔を連れ、下田港に入っていたペリー艦隊に密航を企て、伝馬船を艦隊に向けて漕ぎだした柿崎村（現下田市柿崎）の浜辺に近い小高い丘に立っている。短い石段を登って山門をくぐると正面に本堂が見える。

この建物で初代駐日本領事タウンゼント・ハリスが執務した。ハリスは日米修好通商条約締結（一八五八年）にあたって、ヨーロッパ列強、特にイギリスの自由貿易帝国主義への防波堤となる条文を密かに忍ばせていた。アヘン貿易を禁止させ、日本が産業化するために必ず必要となる関税収入を確保させるために二〇パーセントの関税率を認めた。この税率は当時アメリカ本国が課していた関税率とほぼ同じ数字であった。

アメリカの明治前期の対日外交は、南北戦争期に任命されたプルイン公使時代を除けば、実に善意に満ちていた。プルイン公使の稚拙な外交の失敗もあって、不平等条約で日本が苦しむことになるのだが、日本の立場に立って早期に是正させようと力を貸したのもアメリカであった。アメリカは有能な人材を惜しげもなく日本に送り込んで日本の明治期の産業化を支えた。この時代の日本のリーダーはアメリカの微笑ましいほどの好意を肌で感じていたのだった。

私は日米友好のピークが一八七九年夏のグラント元大統領の日本訪問であったことを拙著『日米衝突の根源　1858―1908』（11章・グラント将軍の日本訪問）で論じた。日米関係はグラントの訪日以降は次第に悪化していくことになる。アメリカが、米西戦争を通じて、ハワイを併合しフィリピンを領土化し北太平洋を「アメリカの湖」とすると（一八九八年）、アメリカと日本は新領土フィリピンと日本領台湾と指呼の間で対峙することになった。

当時の日本帝国海軍のパワーは太平洋海域では明らかにアメリカ海軍を上回っていた。そうした軍事力の脆弱性をアメリカの軍人や政治家が危惧するなかで日露戦争（一九〇四年）が始まった。アメリカのリーダーが恐れていたとおり、日本帝国海軍はロシア艦隊を壊滅させたのだった。

日露戦争はアメリカの為政者に日本が仮想敵国になったことをはっきりと悟らせる事件であった。しかし軍事力のわずかなアンバランスだけでアメリカは日本を仮想敵国にしたのではない。アメリカ合衆国の内にあった「カリフォルニア共和国」とでもいえそうな「独立国」カリフォルニア州はすでに日本とのあいだで戦争状態にあったのだ。その戦争がいかなるものであったのかは本書の「2章・カリフォルニア州の対日戦争（一九〇〇年―一九四一年）」で詳細に語られている。

日本人移民の完全な排斥をアメリカ合衆国として決定したのは排日移民法（一九二四年）であった。アメリカから日本人を締め出すことを明確にしたこの法律は、最悪のタイミングで成立している。この前年の九月一日に発生した関東大震災で日本が途方にくれていた時期であった。

日米両国の知識人は日米戦争勃発の危機感に溢れていた。両国間の軋轢《あつれき》を何とか緩和しようとする官民の涙ぐましい努力が重ねられた。カルビン・クーリッジ大統領が日本大使に任命したエドガー・A・

バンクロフトもそうした人物の一人であった。

　バンクロフトは「一九二四年（大正十三年）に来日、一九二五年には伊豆下田にハリス記念碑建立を渋沢栄一に提案」している。*渋沢栄一はグラント元大統領の訪日時には民間人の代表としてグラントを歓迎し、日露戦争後に両国間に暗雲が垂れ込めると、実業界のリーダーを率いて訪米（一九〇九年）し、両国の相互理解に尽力した人物であった。

　下田玉泉寺本堂に向かって右手にバンクロフトの提案したハリ人を讃える巨大な記念碑が今でも残っている。日米衝突を何とか回避したいと願う人々の思いの結晶である。しかしこうした友好を願う人々の努力は報われることはなく、満州事変（一九三一年）以後両国の関係は後戻りできないまでに悪化していくことになる。

下田玉泉寺に立つ渋沢栄一らの建立したハリス記念碑（撮影訳者）

　ハリス記念碑建立を日米友好のシンボルとして提案したバンクロフト大使はその建立の実現（一九二七年）を待つことなく軽井沢で突然の死を迎えている（一九二五年）。大使の死はもう止めようもない日米衝突への道を暗示しているかのようであった。

一九二〇年代は軍縮の時代であった。日米両国もそうした努力を重ねた。それがなぜ実を結ぶことがなかったのか。読者はそのヒントを本書の中に見出したのではなかろうか。

マックウィリアムスは一九〇五年にコロラドで生まれているが、父親が牧畜業の失敗で財産を失ってからロサンゼルスに移っている。南カリフォルニア大学で法律を学んだあと弁護士資格を取得し、雄弁な法律家としてカリフォルニアの低賃金農業労働者の地位の改善に尽力した。一九三八年にはカリフォルニア州移民・住宅局の責任者となっている。

こうした経験を通じてカリフォルニアの特殊な歴史とカリフォルニア人の歪んだメンタリティーの存在を肌で感じ取ることになった。彼自身は共産党員ではなかったが、共産主義思想をもつ友人は多かった。本書を読まれた読者であればよくわかることだが、彼の記述はあくまで実証的で共産主義思想を感じさせるものではない。

ところで、著者は「太平洋問題調査会」が本書出版を後援していることを明らかにしている。アメリカの対日外交政策のアンテナショップのような存在であった「太平洋問題調査会」は、なぜこの時期に本書の出版を支援したのだろうか。

本書が出版された一九四四年は、アメリカの対日外交が変化を見せた年であった。国務省極東部長の職に、日本嫌いのスタンリー・ホーンベックに代わって知日派のジョセフ・グルーが抜擢されたのは、この年の五月であった。グルーは十二月には国務次官のポストに上がっている。本書の出版は、アメリカの対日外交の変化と幾ばくかの関連があるのかもしれない。

マックウィリアムスは第二次世界大戦終了後も移民問題に強い関心を寄せている。一九四九年に出版された*North from Mexico*ではメキシコ人移民（チカノ）問題を分析している。彼は一貫して政治家やジャーナリズムが犯しやすいデマゴギーへの警戒を訴え続け、一九八〇年六月二十七日、ニューヨークマンハッタンのユニバーシティー病院（University Hospital）で亡くなった。**七十四歳であった。

本書の翻訳作業はこの書の資料的価値を認めてくれた草思社と編集担当の増田敦子さんの後押しで実現したものである。この場を借りて謝意を表したい。

二〇一二年六月

カナダ・バンクーバーにて　SW

＊　実業史研究情報センターブログ。http://d.hatena.ne.jp/tobira/20080729/1217299799

＊＊　Guide to the Carey McWilliams Papers, 1921-1980. カリフォルニア大学バークレー校　バンクロフト図書館。

著者略歴――――
カレイ・マックウィリアムス *Carey McWilliams*

1905-80年。米国の法律家。コロラド州生まれ。南カリフォルニア大学で法律を学んだ後、弁護士資格を取得。38-42年、カリフォルニア州移民・住宅局長。49年に出版した *North from Mexico* では、メキシコ移民（チカノ）問題を分析。終生、政治家やジャーナリズムが犯しやすいデマゴギーへの警戒を訴え続けた。

訳者略歴――――
渡辺惣樹 わたなべ・そうき

日米近現代史研究家。1954年生まれ。静岡県下田市出身。77年、東京大学経済学部卒業。米国・カナダで30年にわたりビジネスに従事。近年は日本開国いらいの日米関係を新たな視点でとらえるべく、米英史料を広く渉猟。著書に『日本開国』『日米衝突の根源 1858-1908』『TPP 知財戦争の始まり』、訳書にC・マックファーレン著『日本 1852』（いずれも小社刊）がある。カナダ・バンクーバー在住。

日米開戦の人種的側面
アメリカの反省1944

2012年7月31日　第1刷発行

著　者　カレイ・マックウィリアムス
訳　者　渡辺惣樹
装丁者　藤村　誠
発行者　藤田　博
発行所　株式会社 草思社
〒160-0022　東京都新宿区新宿 5-3-15
電話　営業 03(4580)7676　編集 03(4580)7680
振替　00170-9-23552

印　刷　株式会社三陽社
カバー　株式会社栗田印刷
製　本　加藤製本株式会社

ISBN978-4-7942-1911-4 Printed in Japan　検印省略

http://www.soshisha.com/

草思社刊

日本開国
アメリカがペリー艦隊を派遣した本当の理由

渡辺惣樹 著

日本開国は米東部を中国市場と繋げる「太平洋ハイウェイ（シーレーン）」構想の一環だった！　米側史料を発掘・活用し、その対日戦略の原点を示した「新・開国史」！

定価 1,890円

日本 1852
ペリー遠征計画の基礎資料

C・マックファーレン 著
渡辺惣樹 訳

天皇と将軍の並立する権威、勤勉で社交的、勇敢に戦う民族性――。ペリー来航の前年に、大英帝国の一流の歴史・地理学者が驚くべき精度で描き出した「日本の履歴書」。

定価 2,100円

日米衝突の根源 1858―1908

渡辺惣樹 著

開戦は三十年前から想定されていた！　良好な関係にあった日本を仮想敵とみなすまでの米国の動きを、米側資料をもとに描き、太平洋戦争の起源に新解釈を加える。

定価 3,675円

TPP 知財戦争の始まり

渡辺惣樹 著

大統領直結組織IPECを率いるエスピネル女史こそTPPの影のプランナーだ！　中国の知財侵害を抑え込むルールづくりを目指す米国の長期戦略を明らかにする。

定価 1,575円

＊定価は本体価格に消費税5％を加えた金額です。